高等职业教育“十二五”规划教材
汽车专业工作过程导向职业核心课程双证系列教材
人力资源和社会保障部职业技能鉴定中心组编

汽车车身焊接工艺与实训一体化项目教程

主　编　卢宜朗　梁其续
副主编　谈　诚　刘志兴　严安辉　谢　明　苏锦斌
主　审　陈关龙

上海交通大學出版社

内 容 简 介

本书是根据汽车维修专业所面向的主要就业岗位调查，组织召开汽车维修工和汽车维修电工岗位工作任务分析研讨会，选取汽车车身焊接工艺概述；手工电弧焊工艺与实训；气焊焊接工艺与实训；气体保护焊工艺与实训；车身电阻点焊焊接工艺与实训；车身塑料的焊接与粘结实训；等离子弧切割工艺与实训和电烙铁焊接工艺与实训等典型工作任务，整合为汽车维修任务领域，构建了“汽车车身焊接工艺与实训”课程。

本书在完成十五个典型工作任务的引领下，学习汽车车身焊接工艺的各种设备工具及其工作原理、故障诊断与学习选取各种焊接方法。重点强调按企业实际工作过程来培养学生的拆卸、检修、安装与调试、故障诊断与排除等专业能力和职业核心能力。

本书可作为高职高专、技工院校、普通院校、远程教育和培训机构的教材，也可供广大汽车检修从业人员学习参考和职业鉴定前应试辅导。

为了方便老师教学及学生自学，本书配有多媒体课件，欢迎读者来函来电索取。

联系电话：(021)61675263；电子邮箱：shujun2008@gmail. com。

图书在版编目(CIP)数据

汽车车身焊接工艺与实训一体化项目教程 / 卢宜朗，梁其续主编. —上海：上海交通大学出版社，2012
汽车专业工作过程导向职业核心课程双证系列教材
ISBN 978-7-313-07984-8

Ⅰ. ①汽… Ⅱ. ①卢…②梁… Ⅲ. ①汽车—车体—焊接—职业教育—教材 Ⅳ. ①U463. 820. 6

中国版本图书馆 CIP 数据核字(2011)第 249969 号

汽车车身焊接工艺与实训一体化项目教程
卢宜朗　梁其续主编
上海交通大学出版社出版发行
(上海市番禺路 951 号　邮政编码 200030)
电话：64071208　出版人：韩建民
常熟市梅李印刷有限公司印刷　全国新华书店经销
开本：787mm×1092mm　1/16　印张：17　字数：395 千字
2012 年 1 月第 1 版　2012 年 1 月第 1 次印刷
ISBN 978-7-313-07984-8/U　定价：36.00 元

人力资源和社会保障部职业技能鉴定中心组编
汽车专业工作过程导向职业核心课程双证系列教材编审委员会

顾　　问

刘　康　人力资源和社会保障部职业技能鉴定中心主任
王建平　中国人才交流协会汽车人力资源分会常务副会长、秘书长
余卓平　中国汽车工程学会常务理事、同济大学汽车学院院长、教授、博导
王优强　教育部高等学校高职高专汽车类专业教学指导委员会秘书长、教授、博导
陈关龙　上海交通大学汽车工程学院常务副院长、教授、博导
鞠鲁粤　上海大学巴士汽车学院院长、教授
徐国庆　华东师范大学职教研究所副教授、博士
荀逸中　上汽集团华域汽车有限公司副总经理
任　勇　东风日产乘用车公司副总经理
阮少宁　广州元丰汽车销售服务有限公司董事长

名誉主任

谢可滔

编委会主任

李孟强　杨　敏　叶军峰　乔本新

委　　员

（按姓氏笔画为序）

万军海　王长建　王文彪　王会明　王　勇　王　锋　卢宜朗　叶军峰
冯永亮　吕惠敏　朱德乾　乔本新　刘炽平　孙乃谦　严安辉　苏小萍
杨　敏　李支道　李孟强　豆红波　沈文江　林月明　罗雷鸣　郑志中
郑喜昭　项金林　赵顺灵　胡军钢　钱素娟　徐家顺　谈　诚　黄建文
符　强　梁　刚　梁其续　曾　文　谢兴景　雷明森　蔡文创　蔡昶文
谭善茂　黎亚洲　潘伟荣　潘向民

本书编写委员会

主　编　卢宜朗　梁其续
副主编　谈　诚　刘志兴　严安辉　谢　明　苏锦斌
主　审　陈关龙

序

随着社会经济的高速发展和现代制造业的不断升级，我国对技能人才地位和作用的认识得到了空前的提高，技能人才的价值越来越得到认可。如何培养符合未来中国经济社会发展需要的技能人才也得到社会的广泛关注。

人力资源和社会保障部职业技能鉴定中心、中国就业培训技术指导中心担负着为我国就业和职业技能培训领域提供技术支持和技术服务的重要任务。在新的形势下，为各类技工院校、职业院校和培训机构提供技能人才培训、培养模式及方法等方面的技术指导尤为重要。在党中央国务院就业培训政策方针指引下，中心结合国情，开拓创新思路，探索培训方式，研究扩大就业，提供技术支持，为国家就业服务和职业培训鉴定事业的发展，提供了强有力的支撑。与此同时，中心不断深化理论研究，注重将理论转化为实践，成果也十分明显，由中心组编的“汽车专业工作过程导向职业核心课程双证系列教材”便是这种实践成果之一。

我国作为世界汽车生产和消费大国，汽车产业的快速发展和汽车消费的持续增长，为国民经济的增长产生了巨大拉动作用。近年来，我国汽车专业职业教育事业取得了长足发展，为汽车行业输送了大量的人才。随着汽车产业的迅猛发展，社会对汽车专业人才提出了更高的要求。进一步深化人才培养模式、课程体系和教学内容的改革，不断提高办学质量和教学水平，培养更多的适应新时代需要的具有创新能力的高技能、高素质人才，是汽车专业教育的当务之急。

作为汽车专业教育的重要环节，教材建设肩负着重要使命，新的形势要求教材建设适应新的教学要求。职业教育教材应针对学生自身特点，按照技能人才培养模式和培养目标，以应用性职业岗位需求为中心，以素质教育、创新教育为基础，以学生能力培养、技能实训为本位，使职业资格认证培训内容和教材内容有机衔接，全面构建适应21世纪人才培养需求的汽车类专业教材体系。

我热切地期待，本系列教材的出版将对职业教育汽车类专业人才的培养和教育教学改革工作起到积极的推动作用。

人力资源和社会保障部职业技能鉴定中心主任

中国就业培训技术指导中心主任

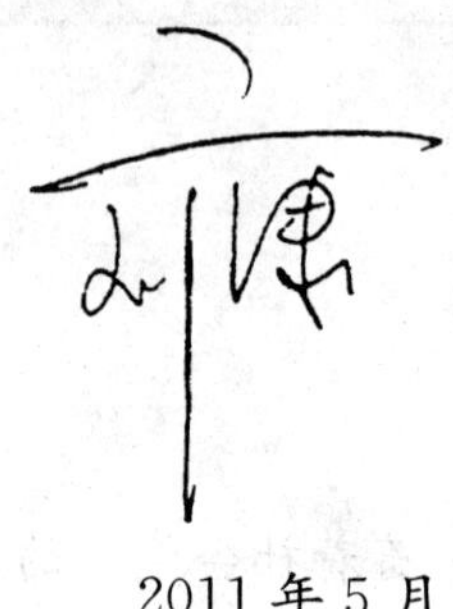

2011年5月

目录

第一部分

课程整体设计

1. 课程内容的选取

本课程选取了汽车车身焊接工艺概述、手工电弧焊焊接工艺与实训、气焊焊接工艺与实训、气体保护焊焊接工艺与实训、车身电阻点焊焊接工艺与实训、车身塑料的焊接与粘结实训、等离子弧切割工艺与实训以及车身电烙铁焊接工艺与实训共八个教学项目15个典型工作任务，具体教学安排建议如下。

项 目 名 称	工 作 任 务
汽车车身焊接工艺的概述	熟知汽车车身焊接工艺的分类；了解汽车车身各种焊接工艺的分布范围
手工电弧焊焊接工艺与实训	掌握手工电弧焊平焊、立焊、横焊、仰焊焊接方式，诊断与排除汽车车身各种附件损坏的故障
气焊焊接工艺与实训	掌握氧-乙炔平焊、立焊、横焊、仰焊焊接方式，诊断与排除汽车车身各种附件损坏的故障
气体保护焊焊接工艺与实训	掌握气体保护焊平焊、立焊、横焊、仰焊焊接方式，诊断与排除汽车车身各种附件损坏的故障
车身电阻点焊焊接工艺与实训	掌握电阻点焊的焊接工艺，诊断与排除汽车车身各种附件损坏的故障
车身塑料的焊接与粘接实训	了解车身塑料的焊接与粘接相关知识，诊断与排除汽车车身各种附件损坏的故障
等离子弧切割工艺与实训	了解等离子弧切割工艺的相关知识，诊断与排除汽车车身各种附件损坏的故障
车身电烙铁焊接工艺与实训	掌握电烙铁焊接工艺，诊断与排除汽车车身各种附件损坏的故障

项目一是汽车车身焊接工艺的概述：能熟知汽车车身焊接工艺的分类；了解汽车车身各

笔 记

种焊接工艺的分布范围。

项目二是以手工电弧焊工艺为主线，学习汽车车身及附件的各种焊接维修技术以及工具、设备的安全使用规范。

项目三是以气焊焊接工艺为主线，学习氧-乙炔焊焊接车身附件的基本技术、钎焊焊接工艺以及安全操作规范。

项目四是以气体保护焊工艺为主线，学习汽车车身及附件的各种焊接维修技术以及工具、设备的安全使用规范。通过汽车车身部件发生故障后的检修来掌握气体保护焊的各种焊接技巧。

项目五是以车身电阻点焊焊接工艺与实训为主线，充分掌握车身电阻点焊焊接技术。

项目六是以车身塑料的焊接与粘接实训项目为主线，学习车身塑料的焊接与粘接相关知识。

项目七是以等离子弧切割工艺与实训为主线，充分掌握车身等离子弧切割工艺的相关维修技术。

项目八是以电烙铁焊接工艺为主线，学习电烙铁焊接车身零、附件的基本技术以及安全使用规范。

2. 课程目标设计

本课程以学习掌握汽车车身焊接工艺为导向，以手工操作能力为依据，基于工作任务分析引领专业知识和实训项目。以汽车车身焊接工艺为主线，通过本课程的学习，使学生学会各种焊接项目的相关知识。教学过程中应注意实训与企业的实际情况相结合，以案例启发学生的思维，激发学生的积极性。

能熟知汽车车身焊接工艺的分类；了解汽车车身各种焊接工艺的分布范围。

能利用手工电弧焊焊接工艺中的平焊、立焊、横焊、仰焊方式进行焊接车身附件。

能根据汽车车身损坏程度选择气焊进行修复任务并熟练掌握氧乙炔的各种操作工艺。

能熟知气体保护焊工艺的焊接原理，利用气体保护焊焊接工艺中的平焊、立焊、横焊、仰焊方式焊接车身附件。

能描述电阻点焊的焊接原理以及掌握汽车车身各钣件之间的点焊焊接技术。

能利用塑料焊接原理对汽车车身零、附件进行修复任务。

能描述等离子弧切割原理并对汽车车身进行分割维修作业。

能运用电烙铁钎焊焊接技术对车身零、附件进行钎焊连接修复任务。

能正确安全使用焊接仪器、仪表和各种焊接工具、设备以及焊接防护用品等，并能实施维修作业。

会根据汽车车身结构件的连接特点，正确选用焊接工具、设备对车身附件进行修理作业并排除常见故障。

在学习或作业过程中严格执行 5S 现场管理及操作规范，能与其他学员团结协作，共同处理工作或学习过程中的一般问题。

能了解现代汽车车身焊接技术，提高汽车制造、修理质量。这对汽车制造、修理行业的品牌提升有着极其重要的意义。

笔记

3. 课程教学资源要求

师资要求：要求具有中级或以上职称，或技师职业资格，或具有3年以上企业维修经验的双师型教师任课。

实训资源：

序号	实习场所名称	实习场所要求	设备序号	设备、工具名称	数量	设备功能/技术指标
1	汽车钣金焊接实训场所	面积：300m² 配电：380V/220V/12V 环保：符合JY/T0380—2006要求	1	交流电焊机	5台	焊接实验
			2	气焊切割焊炬	5把	焊接实验
			3	半自动CO_2弧焊机	5台	焊接实验
			4	挤压式电阻点焊机	5台	焊接实验
			5	等离子弧切割机	5台	焊接实验
			6	电烙铁	5把	焊接实验
			7	氧气瓶	5瓶	气焊供气原料
			8	氧气减压器	5个	供气减压表
			9	乙炔气瓶	5瓶	气焊供气原料
			10	乙炔减压器	5个	供气减压表
			11	塑料焊枪	5把	焊接实验
			12	电动打磨机	5台	打磨切割修复作业
			13	台座钻	5台	钻孔修复作业
			14	手电钻	5台	钻孔修复作业
			15	大力钳	20把	夹具钳
			16	弓形螺旋夹	20把	收紧器
			17	螺旋式拉紧器	20把	拉紧器
			18	钣金锤	20个	钣金手工锤
			19	手钳	20把	钣金手工钳
			20	钣手	20把	拆装工具
			21	撬棍	5根	钣金手工
			22	切削工具（地剪、手剪、电剪、錾子等）	一批	开料工具
			23	中高级轿车	5辆	实习用车
			24	多媒体教学系统	1套	辅助教学

笔记

4. 项目设置与项目能力培养目标分解

序号	项目名称	工作任务	能力(知识、技能、职业素养)目标	课时分配
1	汽车车身焊接工艺概述	了解汽车车身焊接工艺概述的相关知识	熟知汽车车身焊接工艺的分类 了解汽车车身各种焊接工艺的分布范围	4
2	手工电弧焊焊接工艺与实训	利用手工电弧焊焊接原理焊接车身附件	(1) 学习手工电弧焊焊接原理 (2) 学习手工电弧焊焊接设备的型号及组成 (3) 会选用手工电弧焊焊接材料 (4) 会手工电弧焊焊接的引弧、运条、收弧及焊条更换 (5) 掌握平焊、立焊、横焊、仰焊等焊接工艺 (6) 能对车身附件的损坏进行手工焊接修复作业并按行业规范进行维修质量检验	18
3	气焊焊接工艺与实训	运用氧-乙炔设备焊接车身附件:掌握平焊、立焊、横焊、仰焊焊接工艺	(1) 能熟练掌握气焊的基本原理 (2) 能熟练使用氧、乙炔气焊设备和工具 (3) 会气焊火焰的点燃调节和熄灭 (4) 会调节和选用保证焊接质量的工艺参数 (5) 能对车身附件的损坏进行气焊焊接修复作业并按行业规范进行维修质量检验	18
		熟练氧-乙炔焊切割工艺,掌握全位置的切割工艺	(1) 能安全使用氧、乙炔气割设备和工具,并具有维护和保养能力 (2) 掌握气割火焰的点燃调节和熄灭的方法 (3) 掌握气割质量中气割工艺参数的调节与选用 (4) 能对车身附件的损坏进行气焊切割修复作业并按行业规范进行维修的质量检验 (5) 能熟练掌握全位置气割的操作技术 (6) 能熟知气焊、气割的安全注意事项	18
4	气体保护焊焊接工艺与实训	气体保护焊焊接车身附件。掌握平焊、立焊、横焊、仰焊焊接工艺以及掌握手工钨极氩弧焊操作工艺	(1) 能熟练安全使用二氧化碳气体保护焊设备和工具,并具有维护和保养能力 (2) 掌握二氧化碳气体保护焊焊接的引弧、运枪、收弧及焊丝更换 (3) 掌握焊接质量中焊接工艺参数的调节与选用 (4) 了解手工钨极氩弧焊机工作原理以及操作工艺	18
5	车身电阻点焊焊接工艺与实训	了解其工作原理以及焊接车身附件	(1) 能熟练说出电阻焊点焊的工作原理 (2) 能熟练掌握电阻点焊操作技术 (3) 能熟知电阻点焊焊接工艺的注意事项	18
6	车身塑料的焊接与粘接实训	掌握车身塑料钣件的焊接与粘接	(1) 了解塑料钣件的焊接原理 (2) 掌握塑料焊接与粘接的基本方法 (3) 能描述塑料件热矫正的方法	12
7	等离子弧切割工艺与实训	了解等离子弧切割工作原理以及切割车身附件	(1) 能熟知等离子弧切割工作的应用范围 (2) 在汽车钣金维修中能正确使用气割设备及工具	12
8	车身电烙铁焊接工艺与实训	掌握电烙铁的焊接工艺	(1) 能熟知电烙铁焊接工艺的特点 (2) 能熟练掌握钎焊焊接的操作技术 (3) 能描述电烙铁使用的注意事项	12

笔记

5. 课程考核方法方案设计

序号	考核项目	考核任务	考核方式	考核权重
1	汽车车身焊接工艺的概述	熟知汽车车身焊接工艺的分类以及分布范围	过程考核	5%
2	手工电弧焊焊接工艺与实训	能熟练掌握平焊、立焊、横焊、仰焊的焊接方式 能对车身附件的损坏进行焊接修复作业	过程考核	20%
3	气焊焊接工艺与实训	能熟练掌握平焊、立焊、横焊、仰焊的焊接方式以及全位置气割操作技术，并能对车身附件的损坏进行焊接修复作业	过程考核	20%
4	气体保护焊焊接工艺与实训	能熟练掌握平焊、立焊、横焊、仰焊的焊接工艺 能对车身附件的损坏进行焊接修复作业	过程考核	20%
5	车身电阻点焊焊接工艺与实训	能熟知电阻点焊焊接的工作原理并对车身附件的损坏进行焊接修复作业	过程考核	10%
6	车身塑料的焊接与粘接实训	能准确描述车身塑料钣件的塑料类型以及修理方法	过程考核	10%
7	等离子弧切割工艺与实训	能描述等离子弧切割工作的适用范围和操作方法	过程考核	10%
8	车身电烙铁焊接工艺与实训	能准确操作电烙铁进行焊接并能按电烙铁使用注意事项进行维修作业	过程考核	5%
合计				100%

注：过程考核重点考核工作态度、工作结果及工作过程中所起的作用。

6. 课程教学建议

本课程是汽车专业必修的技术课程，是基于汽车钣金维修工岗位工作任务分析而设置的项目课程。各项目之间为递进关系。本书的项目按工作过程系统化原则组织编写。即将项目工作流程“咨询—决策—计划—实施—检验—评估”与汽车维修行业的“维修接待—收集信息—制订维修方案—实施维修作业—维修质量检验—业务考核”相结合，确定了本书的编写思路。即“维修接待(或布置任务)—信息收集与处理—制订维修计划—实施维修作业—检验与评估”。

本书建议按工作过程系统化项目教学和任务驱动组织教学，以解决维修案例为主线，根据汽车车身的结构，将汽车车身焊接工艺与实训的相关焊接形式、工作原理、故障诊断与检修方法等渗透到各项目或任务中，以完成任务展开学习，边学边做。通过项目训练，培养学生“从故障入手—分析故障—制订维修方案—实施检修作业—维修质量检验”等企业工作或学习的过程能力，实现“做中学，学中做”的一体化教学核心思想。要求全面实施任务驱动式的项目教学法。同时，建议创建汽车钣金工作维修站，模拟企业工作环境，从具体车辆典型故障案例入手，按维修接待—收集信息—制定维修计划—实施维修作业—维修质量检查与评估等六个环节实施项目教学。在教学过程中，要求体现教师引导、学生训练为主的现代职业教育理念(职业活动行动导向教学法)，在培养学生专业能力的同时全过程渗透职业核心能力的训练。同时还潜移默化地教给学生解决问题的方法，培养学生的实际工作能力。

第二部分

教 学 内 容

项目一 汽车车身焊接工艺概述

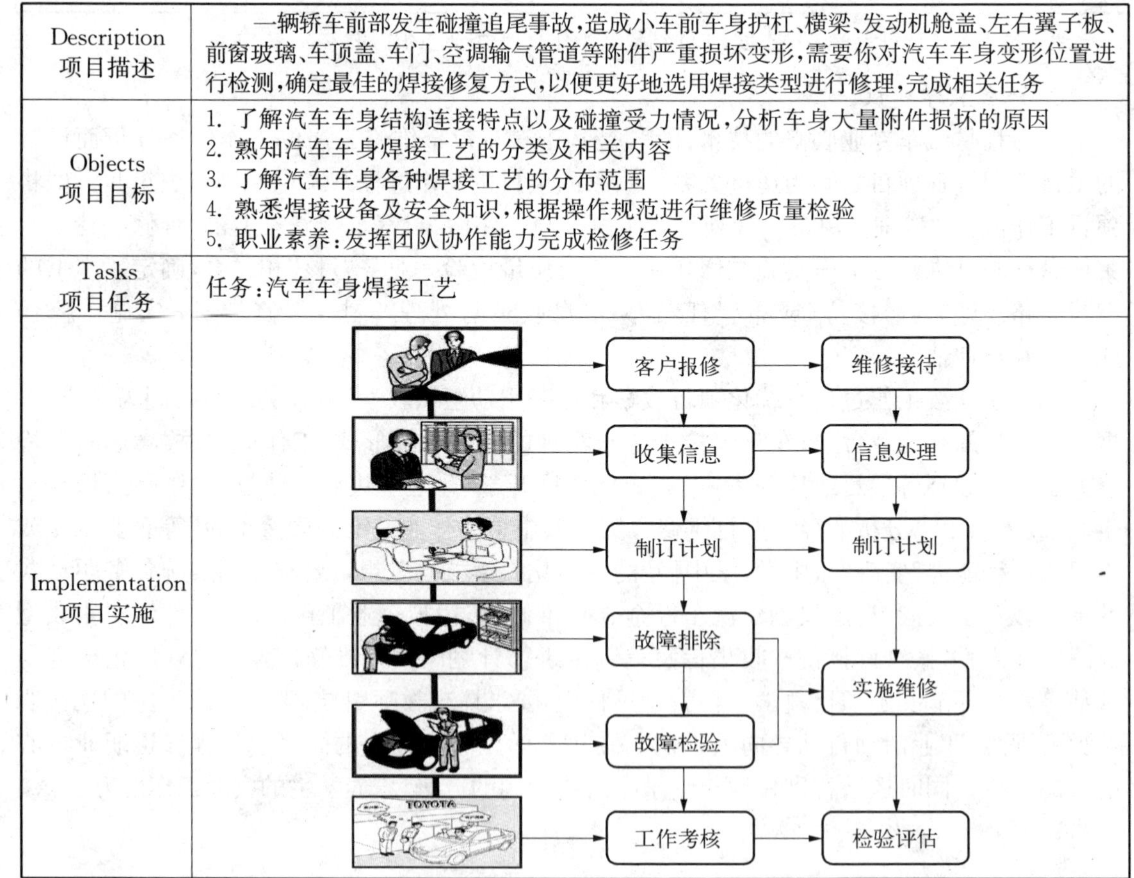

Description 项目描述	一辆轿车前部发生碰撞追尾事故，造成小车前车身护杠、横梁、发动机舱盖、左右翼子板、前窗玻璃、车顶盖、车门、空调输气管道等附件严重损坏变形，需要你对汽车车身变形位置进行检测，确定最佳的焊接修复方式，以便更好地选用焊接类型进行修理，完成相关任务
Objects 项目目标	1. 了解汽车车身结构连接特点以及碰撞受力情况，分析车身大量附件损坏的原因 2. 熟知汽车车身焊接工艺的分类及相关内容 3. 了解汽车车身各种焊接工艺的分布范围 4. 熟悉焊接设备及安全知识，根据操作规范进行维修质量检验 5. 职业素养：发挥团队协作能力完成检修任务
Tasks 项目任务	任务：汽车车身焊接工艺
Implementation 项目实施	客户报修 → 维修接待 收集信息 → 信息处理 制订计划 → 制订计划 故障排除、故障检验 → 实施维修 工作考核 → 检验评估

笔记

一、维修接待

按照表1-1完成待修车辆的维修接待，并准确填写接车问诊表。

表1-1　维修接待与接车问诊表

1. 通过询问客户了解轿车发生故障情况，填写接车问诊表
2. 车间检测初步确认结果及主要故障零部件

接车问诊表

车牌号：__________　车架号：__________　行驶里程：__________(km)

用户名：__________　电　话：__________　来店时间：_____/_____

用户陈述及故障发生时的状况：**一辆轿车前部发生碰撞追尾事故，造成大量附件严重损坏变形等故障，需要你对车身进行检测，确定最佳的焊接方式进行修理，并必须进入维修厂进行修理**

故障发生状况提示：**行驶速度、发动机状态、发生频度、发生时间、部位、天气、路面状况、声音描述**

接车员检测确认建议：**需对前车身进行检修**

车间检测确认结果及主要故障零部件：**需对前车身进行检修，必要时需更换前车身附件**

车间检查确认者：__________

外观确认：

(请在有缺陷部位作标识)

功能确认：(工作正常✓　不正常×)

□音响系统　□门锁(防盗器)　□全车灯光　□工具
□后视镜　□顶窗　□座椅　□护杠
□玻璃升降器　□玻璃　□车门

物品确认：(有✓　无×)

□贵重物品提示
□工具　□备胎　□灭火器
□其他(　　　　　)
旧件是否交还用户　□是　□否
用户是否需要洗车　□是　□否

- 检测费说明：本次检测的故障如用户在本店维修，检测费包含在修理费用内；如用户不在本店维修，请您支付检测费。本次检测费：￥______元。
- 贵重物品：在将车辆交给我店检查修理前，已提示将车内贵重物品自行收起并保存好，如有遗失恕不负责。

接车员：__________　　用户确认：__________

笔记

二、信息收集与处理

汽车车身焊接工艺概述

现代汽车的零部件连接在一起的方法有三大类:即机械连接、焊接和粘接。在汽车钣金修理过程中,焊接占的分量比较大。焊接是现代机械制造业中一种必要的工艺方法,在汽车制造中得到广泛的应用。随着技术的进步,焊接新工艺、新材料、新方法不断运用在汽车制造中,各种焊接问题随之而来。因此,了解各种焊接方式的特点、设备使用性能以及其适用的范围是十分必要的。汽车的发动机、变速箱、车桥、车架、车身、车厢六大总成都离不开焊接技术的应用。

对汽车车身连接钣件中,按焊接的物理特性不同,焊接方式可归纳为三大类:即熔化焊、压力焊和钎焊,如图 1-1 所示。

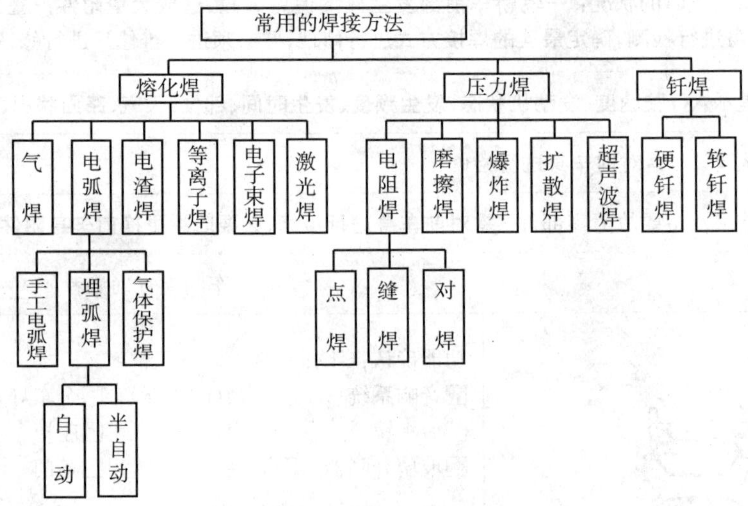

图 1-1　焊接方法分类

常见的焊接种类如表 1-2 所示。主要包括:熔化焊、压力焊、钎焊等。

表 1-2　焊接种类、原理及适应范围

序号	焊接种类	原 理 及 适 应 范 围
1	熔化焊	将被焊金属在焊接部分加热到熔化状态,并向焊接部分加入熔化状态的填充金属(焊条),冷凝以后两块被焊件即形成整体的焊接方法。如手工电弧焊、气焊、气体保护焊、电渣焊、等离子焊、激光焊等都分布在车身大梁、车身钣件部分连接处。其中手工电弧焊、气焊、气体保护焊在汽车修理中应用最多
2	压力焊	用电极对金属焊接点加热使其熔化并施加压力,使之焊接在一起的方法。各种压力焊中,电阻焊的点焊方法在现代汽车制造业中是不可缺少的(如车身钣件中的点焊)。因为点焊不会使焊件产生变形,在汽车制造及修理中得到广泛的应用
3	钎　焊	钎焊是采用熔点低于母材的钎料(钎焊填充材料)加热熔化滴在焊接区域,将工件焊接成一体的焊接方法,如铜焊、锡焊。由于钎焊时,工件受热的温度低于工件材料的熔点,不影响工件的整体形状,因此,被广泛应用于对水箱、油箱以及各种铜管、铝管、导线连接等的修理作业中

笔记

气焊和手工电弧焊是传统的焊接方式。气体保护焊已在现代轿车的制造和修理业中，越来越得到重视，传统的焊接工艺已经不能满足新的要求。例如，汽车上使用新型的合金钢、高强度钢、低合金钢的车身构件和加强筋、支架及底座等的焊接都不能用传统的电焊、气焊，而要采用气体的保护焊。图 1－2 所示为车身各部位使用不同焊接方式的示意图。

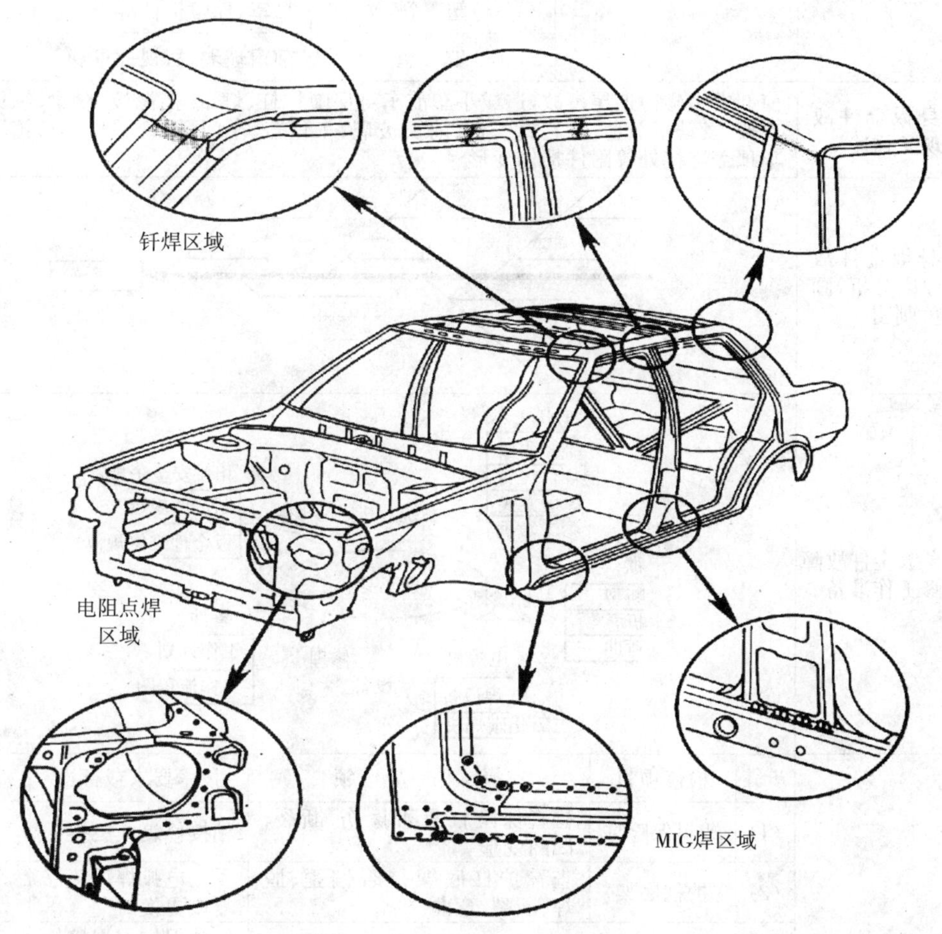

图 1－2　车身不同的焊接方式

在修理汽车车身前，应先查阅汽车制造厂家提供的汽车维修说明书，了解原各损坏钣件焊接的特点。修理时要尽量采用点焊法或气体保护焊；除了在制造时进行过钎焊的零部件外，车身的其他部位切勿进行钎焊；更切勿在新型汽车车身上使用气焊。

三、制订检修计划

一辆轿车前部发生碰撞追尾事故，造成小车前车身保险护杠、横梁、发动机舱盖、左右翼子板、前窗玻璃、车顶盖、车门、空调输气管道等附件严重损坏变形，需要你对汽车车身变形处进行检测，确定损坏钣金件的材料和连接方式，以便正确选用合理的维修手段完成维修任务，如表 1－3 所示。

笔 记

表 1-3 制订汽车车身焊接方式

<table>
<tr><td rowspan="5">1. 车辆信息描述</td><td colspan="3">车 辆 描 述</td><td colspan="2"></td></tr>
<tr><td colspan="2" rowspan="4">车身钣金件材料类型</td><td>金属材料</td><td colspan="2">挡泥板、前横梁、翼子板、护杠支架、水箱支架、前发动机舱罩、纵梁等</td></tr>
<tr><td>各种合金材料</td><td colspan="2">铜管、铝管、水箱等</td></tr>
<tr><td>塑 料</td><td colspan="2">灯罩、保险护杠等</td></tr>
<tr><td>玻 璃</td><td colspan="2">前窗玻璃、后视镜等</td></tr>
<tr><td>2. 车身钣金件故障现象描述</td><td colspan="5">前部发生碰撞追尾事故，造成小车前车身保险护杠、灯罩、挡泥板、横梁、纵梁、水箱支架、发动机舱盖、左右翼子板、前窗玻璃、车顶盖、车门、铜管、铝管、水箱、前柱与车顶盖连接处等附件损伤变形</td></tr>
<tr><td>3. 车身钣金件故障原因分析，画出鱼刺图</td><td colspan="5"> 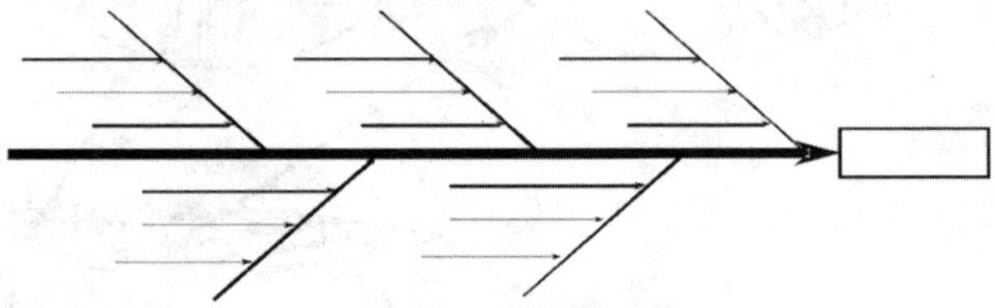</td></tr>
<tr><td>4. 车身钣金件故障检修工作准备</td><td colspan="5">形状大小
维修手段
损坏件位置
焊接方式
参考数据
系统分析
规定
相关安全法规
制造商规定
钣金件维修规范
脱焊
断裂
折叠
弯曲
故障诊断
前车身
备件
工作计划
工作流程图
修理
电焊机
气焊设备
二氧化碳焊机
设备</td></tr>
<tr><td rowspan="11">5. 车身钣金件故障检修流程</td><td>步骤</td><td>检修项目</td><td>操 作 要 领</td><td>技术要求或标准</td><td>检修记录</td></tr>
<tr><td>(1)</td><td>塑料保险杠</td><td>检查保险杠是否擦伤、断裂、凹凸变形</td><td>粘接修复或更换</td><td></td></tr>
<tr><td>(2)</td><td>护杠底架</td><td>查看护杠底架是否偏歪、脱焊、断裂、弯曲</td><td>手工电弧焊焊接修复或更换</td><td></td></tr>
<tr><td>(3)</td><td>挡泥板</td><td>检查挡泥板连接是否变形</td><td>气体保护焊焊接修复或更换</td><td></td></tr>
<tr><td>(4)</td><td>发动机舱盖</td><td>查看发动机舱盖铰链是否变形、盖面有无凹凸、折叠、裂开</td><td>气体保护焊焊接修复或更换</td><td></td></tr>
<tr><td>(5)</td><td>散热器(水箱)固定架</td><td>检查散热器支架是否断裂、脱焊、移位</td><td>气体保护焊焊接修复或更换</td><td></td></tr>
<tr><td>(6)</td><td>铜管、铝管、水箱</td><td>查看铜管、铝管、水箱是否穿孔、裂纹、扭弯、断裂</td><td>钎焊焊接修复或更换</td><td></td></tr>
<tr><td>(7)</td><td>前横梁</td><td>检查前横梁是否脱焊、断裂、弯曲、扭曲</td><td>手工电弧焊焊接修复或更换</td><td></td></tr>
<tr><td>(8)</td><td>前窗玻璃、灯罩、后视镜</td><td>查看前窗玻璃、灯罩、后视镜有无裂纹</td><td>粘接修复或更换</td><td></td></tr>
<tr><td>(9)</td><td>翼子板</td><td>查看翼子板是否擦伤、连接断裂、表面凹凸、折叠、变形</td><td>气体保护焊焊接修复或更换</td><td></td></tr>
<tr><td>(10)</td><td>前柱与顶板连接处</td><td>检查前柱与顶板连接处是否变形脱焊、裂纹</td><td>钎焊焊接修复或更换</td><td></td></tr>
</table>

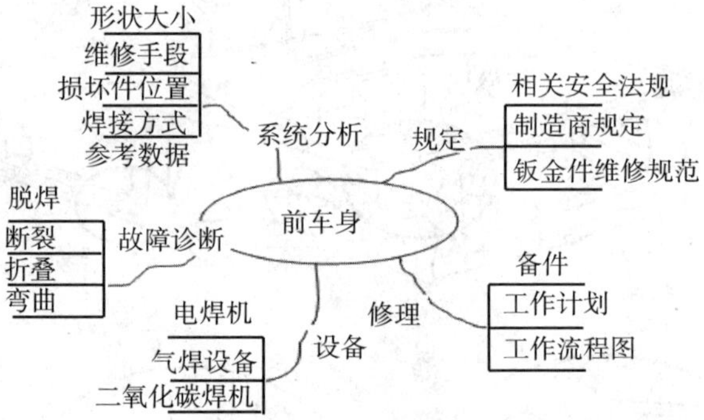

笔记

车身结构件之间连接分布，如图 1－3 所示。

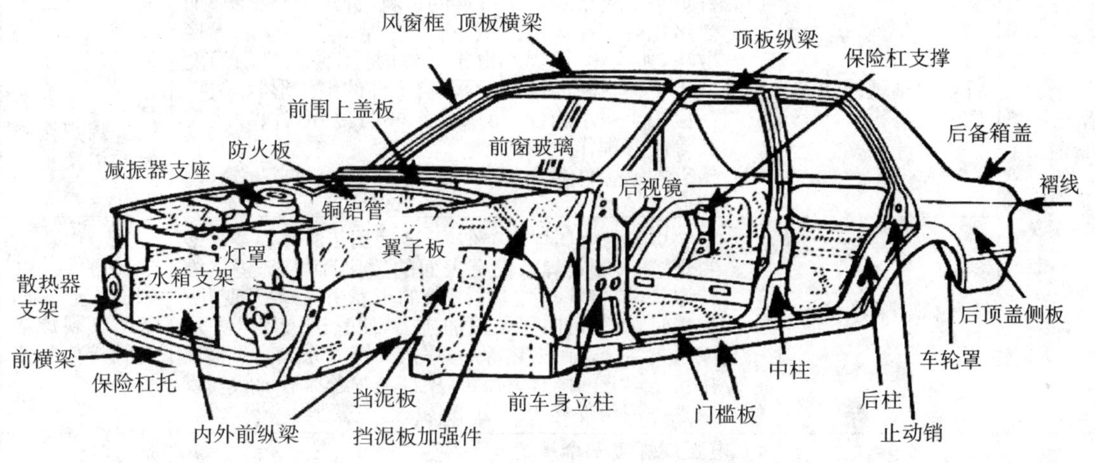

图 1－3　车身损坏附件分布

四、实施维修作业

汽车车身焊接工艺的概述任务书，如表 1－4 所示。

表 1－4　汽车车身焊接工艺的概述任务书

<table>
<tr><td colspan="4">1. 了解汽车车身焊接工艺的概述
2. 熟知汽车车身焊接工艺的分类
3. 了解汽车车身各种焊接工艺的分布范围
4. 熟悉焊接设备及安全知识</td></tr>
<tr><td rowspan="2">1. 车辆信息描述</td><td>车 辆 描 述</td><td colspan="2"></td></tr>
<tr><td>车身焊接工艺描述</td><td colspan="2"></td></tr>
<tr><td>2. 汽车车身焊接工艺概况描述</td><td colspan="3"></td></tr>
<tr><td rowspan="3">3. 汽车车身焊接工艺概述</td><td>检修分类项目</td><td>作 业 要 领</td><td>检修项目记录</td></tr>
<tr><td>熔化焊包括电弧焊、气焊、电子束焊、电渣焊、等离子焊、激光焊，其中电弧焊可分为手工电弧焊、气体保护焊、和埋弧焊（自动和半自动）</td><td>（1）将被焊金属在焊接部分加热到熔化状态，并向焊接部分加入熔化状态的填充金属（焊条），冷凝以后，两块被焊件即形成整体。如手工电弧焊、气焊、气体保护焊、电渣焊、等离子焊、激光焊等都分布在车身大梁、车身钣件部分连接处。其中手工电弧焊、气焊、气体保护焊在汽车修理中应用最多
（2）检查各钣金件是否擦伤、脱焊、断裂、弯曲、折叠、凹凸变形</td><td>保险护杠、挡泥板、横梁、纵梁、水箱支架、发动机舱盖、左右翼子板、车顶盖、车门等需电弧焊焊接修复或更换</td></tr>
<tr><td>压力焊包括电阻焊、摩擦焊、爆炸焊、扩散焊、超声波焊，其中电阻焊可分为点焊、缝焊、对焊</td><td>（1）用电极对金属焊接点加热使其熔化并施加压力，使之焊接在一起的方法称为压力焊。各种压力焊中，电阻焊的点焊方法在现代汽车制造业中是不可缺少的（如车身钣件中的点焊）。因为点焊不会使焊件产生变形，在汽车制造及修理中得到广泛地应用
（2）检查各钣金件是否擦伤、脱焊、断裂、弯曲、折叠、凹凸变形</td><td>挡泥板、水箱支架、发动机舱盖、左右翼子板、车顶盖、车门等需电阻焊焊接修复或更换</td></tr>
</table>

笔记

（续表）

3. 汽车车身焊接工艺概述	钎焊包括硬钎焊和软钎焊	(1) 钎焊是采用熔点低于母材的钎料(钎焊填充材料)加热熔化后滴在焊接区域，将工件焊接成一体的焊接方法，如铜焊、锡焊。由于钎焊时，工件受热的温度低于工件材料的熔点，不影响工件的整体形状，被广泛应用于对水箱、油箱以及各种铜管、铝管、导线连接等的修理作业中 (2) 检查各钣金件是否擦伤、脱焊、断裂、弯曲、折叠、凹凸变形	铜管、铝管、水箱、前柱与车顶盖连接处等需钎焊焊接修复或更换
	其他塑料焊接与粘接	(1) 塑料焊接与金属焊接类似，都要使用热源和焊条。塑料焊接时，塑料焊条仅有表面的软化，而芯部仍然维持原状，焊接完毕之后，焊条的形状并无多大变化。焊接时，焊工可向焊条施加压力，使它进入焊区并形成永久结合。撤去热源后，焊条又恢复原状。塑料焊接仅是焊缝两侧有熔流带，中部与焊条原有形状一致 (2) 检查各塑料件是否擦伤、断裂、弯曲变形	保险护杠、灯罩、前窗玻璃等需塑料焊接与粘接修复或更换
	焊接设备及安全知识	1) 电弧焊焊接安全规范 (1) 工作前应检查焊机电源线、引出线及各接线点是否良好，导线如有破损应及时修换 (2) 禁止将焊机放在潮湿的地面和雨天露天作业。工作区域禁止放易燃易爆品 (3) 推电源闸刀开关要一次推足，然后才开启焊机，停机时，先要关闭电焊机，再关闭电源开关 (4) 移动电焊机位置前，须停机断电，焊接中突然停电，应立即关闭焊机 (5) 高空作业，操作人必须系安全带及采取其他防护措施，工作完毕，应先关焊机后断电源，并清理场地 (6) 焊机出了故障应及时维修 (7) 检查电源线、焊接电缆外皮有无破口，遇损坏处要包扎好。各接线的接触点如有松动应给予紧固 (8) 经常检查焊接钳挟持性能和绝缘性能，不良处给予相应的修复或更换。经常检查、清除吸附在变压器上的铁屑 2) 气焊焊接安全规范 (1) 工作前应清理场地杂物，穿戴防护用品，认真检查乙炔胶管、氧气胶管、胶管接头、钢瓶开关、压力表等有无泄漏现象，乙炔回火保护装置是否有效 (2) 乙炔、氧气瓶要相隔 5m 以上并要远离火源，不得在太阳下曝晒，移动过程不得撞击，不得在地上拖拉、滚动 (3) 严禁使用沾有油污的工具或手扳动氧气开关及接触氧气出气口，禁止在减压阀调整气压过高或过低时使用焊炬作业，学徒工无专业师傅的指导和未经训练的人员禁业使用焊接工具 (4) 焊炬、割炬在操作前用通针清除枪嘴焊渣，确保使用过程焊嘴能畅通 (5) 作业完毕要关上气瓶总阀，排清乙炔管内剩余气体，绕好胶管，清扫场地 (6) 遇焊炬发生回火，应先迅速关闭焊炬的乙炔阀门，后关闭氧气阀门。若焊炬被烧红，应立即卡折住乙炔、氧气胶管，迅速关闭乙炔、氧气瓶总阀，待焊炬冷却后方可使用 (7) 重视胶管清洁，检查接头紧固情况，两气管给予必要的包扎靠连，注重检查乙炔表、氧气表的高、低压指针的准确性，若不准确应给予相应的调整	
检修结论与处理措施			

笔 记

五、检验评估

项目一的检验评估如表 1－5 所示。

表 1－5　项目一的检验评估

评价指标	检验说明	检验记录
汽车车身焊接工艺检查项目	➢手工电弧焊的应用范围 ➢气体保护焊的应用范围 ➢气焊设备的应用范围 ➢塑料焊接的应用范围 ➢焊接设备及安全知识 ➢其他	
汽车车身焊接工艺的概述情况		

评价内容	检验指标	权重	自评	互评	总评
检查任务完成情况	1. 完成任务的情况 2. 完成任务的质量 3. 在小组完成任务过程中所起的作用				
专业知识	1. 能描述汽车车身焊接工艺的概述 2. 能熟知汽车车身焊接工艺的分类 3. 能了解汽车车身各种焊接工艺的分布范围 4. 能描述焊接设备及安全知识				
职业素养	1. 学习态度：积极主动参与学习 2. 团队合作：与小组成员一起分工合作，不影响学习进度 3. 现场管理：服从工位安排、执行实训室“5S”管理规定				
综合评议与建议					

笔记

项目二 手工电弧焊焊接工艺与实训

Description 项目描述	一辆轿车在高速公路上由于碰撞导致翻下路基，造成小车后车身横梁断裂等，进入维修厂进行维修。根据维修接待和车间检测结果，确认车身横梁损坏严重，需要对车身断裂处进行手工电弧焊焊接修复，直到排除故障
Objects 项目目标	1. 能理解手工电弧焊的基本原理，熟知手工电弧焊工艺的要点 2. 了解焊接与焊接电弧的关系，会排除焊接缺陷产生原因以及预防措施 3. 能熟练掌握手工电弧焊的各种焊接方式以及熟悉焊接设备及安全知识
Tasks 项目任务	任务 2.1：手工电弧焊平焊工艺：通过焊接车身断裂损伤附件，掌握平焊焊接工艺的操作技术，并能排除焊接缺陷产生原因以及预防措施，同时能检验维修质量 任务 2.2：手工电弧焊立焊工艺：通过焊接车身断裂损伤附件，掌握立焊焊接工艺的操作技术，并能排除焊接缺陷产生原因以及预防措施，同时能检验维修质量 任务 2.3：手工电弧焊横焊工艺：通过焊接车身断裂损伤附件，掌握横焊焊接工艺的操作技术，并能排除焊接缺陷产生原因以及预防措施，同时能检验维修质量 任务 2.4：手工电弧焊仰焊工艺：通过焊接车身断裂损伤附件，掌握仰焊焊接工艺的操作技术，并能排除焊接缺陷产生原因以及预防措施，同时能检验维修质量
Implementation 项目实施	任务 2.1：手工电弧焊平焊工艺 任务 2.2：手工电弧焊立焊工艺 任务 2.3：手工电弧焊横焊工艺 任务 2.4：手工电弧焊仰焊工艺

任务 2.1 平焊工艺

任务描述	一辆轿车在高速公路上由于碰撞导致翻下路基，造成小车后车身横梁断裂等故障。需进入维修厂进行修理。针对维修接待和车间确认意见，首先诊断与排除汽车车身横梁断裂故障，需进行手工电弧焊平焊焊接修复
任务目标	1. 理解轿车车身结构连接特点以及受力情况，能分析汽车后车身横梁断裂的原因 2. 能熟练掌握电弧焊的基本原理以及手工电弧焊平焊摆动的操作方法 3. 了解金属材料与焊条分类，熟知影响焊接工艺的因素 4. 熟知普通电弧焊工艺要点以及按规范进行维修质量检验 5. 会排除焊接缺陷产生原因以及预防的措施并熟知电焊机的安全操作规范

笔 记

一、维修接待

按照表2-1-1完成待修车辆的维修接待，并准确填写接车问诊表。

表 2-1-1　维修接待与接车问诊表

1. 通过询问客户了解车辆发生故障情况，填写接车问诊表
2. 车间检测初步确认结果及主要故障零部件

接 车 问 诊 表

车牌号：________　车架号：________　行驶里程：________(km)

用户名：________　电　话：________　来店时间：____/____

用户陈述及故障发生时的状况：**一辆轿车在高速公路上由于碰撞导致翻下路基，造成小车后车身横梁断裂等故障需焊接修复，必须进入维修厂进行修理**

故障发生状况提示：**行驶速度、发动机状态、发生频度、发生时间、部位、天气、路面状况、声音描述**

接车员检测确认建议：**需对后车身进行维修**

车间检测确认结果及主要故障零部件：**需对后车身故障与排除，必要时需更换后车身附件**

车间检查确认者：________

外观确认：	功能确认：(工作正常✓　不正常×) □音响系统　□门锁(防盗器)　□全车灯光　□工具 □后视镜　□顶窗　□座椅　□护杠 □玻璃升降器　□玻璃　□车门
(请在有缺陷部位作标识)	物品确认：(有✓　无×) F　E □贵重物品提示 □工具　□备胎　□灭火器 □其他(　　　　) 旧件是否交还用户　□是　□否 用户是否需要洗车　□是　□否

• 检测费说明：本次检测的故障如用户在本店维修，检测费包含在修理费用内；如用户不在本店维修，请您支付检测费。本次检测费：￥________元。

• 贵重物品：在将车辆交给我店检查修理前，已提示将车内贵重物品自行收起并保存好，如有遗失恕不负责。

接车员：________　用户确认：________

笔 记

二、信息收集与处理

按照表 2-1-2 完成任务 2.1 的信息收集与处理。

表 2-1-2 信息收集与处理

小车碰撞侧翻后车身横梁断裂需要手工电弧焊平焊焊接修理

手工电弧焊的原理(图 2-1-1):

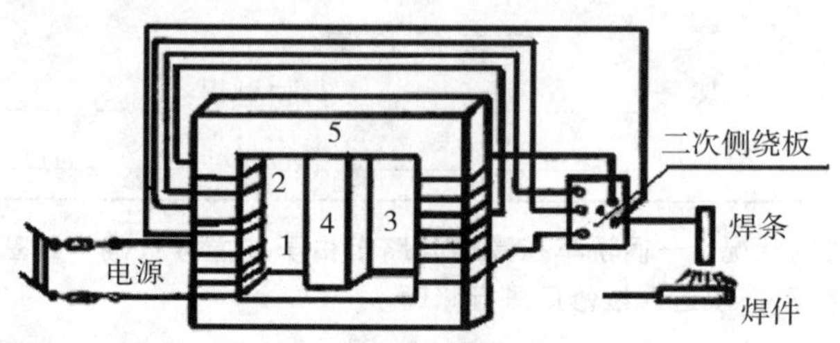

图 2-1-1 交流电焊机构造原理示意图

1—初级线圈； 2,3—次级线圈； 4—活动铁芯； 5—固定铁芯

交流电焊机

上图所示为交流电焊机构造原理的示意图。交流电焊机一般采用活动铁芯漏磁式装置。图中 5 为呈口字形的固定铁芯,在它两对边绕有线圈 1,2,3(其中 1 为初级线圈)

活动铁芯 4 通过手摇柄可沿导杆上、下移动,以调节焊接电流的大小。电焊机外引电缆线一端与工件相连,另一端与电焊钳相接。电焊钳夹持电焊条,与被焊的金属板之间保持一定的距离,产生强烈电弧用于焊接

序号	部件名称	作　用
1	初级线圈	起建立电压的作用
2	次级线圈	起降压的作用
3	活动铁芯	变动其与静铁芯的相对位置,以漏磁量的变化来实现对输出电流的调整
4	固定铁芯	相当于变压器的铁芯达到变动电压、电流大小的目的

1. 手工电弧焊的原理:________________
2. 电弧焊机简称为:________,有________、________电焊机之分
3. 普通电弧焊是利用________________
4. 汽车零部件连接在一起的方法有三大类,即________、________和________

(一) 手工电弧焊机的种类

1. 交流弧焊机

交流弧焊机的外形如图 2-1-2 所示。

笔 记

图 2-1-2　交流弧焊机

(a) 交流弧焊机；(b) 轻便式手提电焊机

2. 直流电焊机

直流电焊机有硅整流电焊机和旋转式直流电焊机两种。相比之下，硅整流电焊机较为优越。

硅整流电焊机由三相降压变压器、三相磁放大器、输出电抗器、吹风机及控制系统组成。接通电源时，吹风机开始工作。当风量达到一定风压时，微动开关接通，交流接触器触头闭合，使三相降压变压器与网路接通，同时使控制变压器与网路接通，磁放大器开始工作，输出所需之直流电。

直流电焊机的正极温度比负极温度高，使用时应根据焊件的厚薄，决定采用正接法或反接法。

(二) 影响焊接工艺的因素

影响焊接工艺的因素和电弧焊名词解释，如表 2-1-3 所示。

表 2-1-3　影响焊接工艺的因素

影响焊接工艺的因素	名 词 解 释
焊接电弧	电弧是一种气体放电现象，在焊接时，将焊条与焊件接触后很快拉开，在焊条端部和焊件间会产生强烈弧光——电弧，称为焊接电弧
焊接电弧构造	分为三个区域；阴极区——电弧紧靠负极的区域；阳极区——电弧紧靠正电极的区域；弧柱区——电弧阴极区与阳极区之间的部分
电弧电压	电弧两电极之间的电压降称为电弧电压
电弧静特性	电弧稳定燃烧时，在电极材料、气体介质和弧长一定的情况下，电弧电压随焊接电流的变化关系称为电弧静特性
电弧偏吹	在正常情况下，电弧有一定的刚直性，即其中心轴线总是和焊条电极轴线一致，随焊条轴线的变化而改变，我们常利用电弧的这一特性来控制焊缝的成形：但有时在焊接中，因气流干扰、焊条偏心、磁场的作用等原因，使电弧中心偏离电极轴线，这种现象称为电弧偏吹
焊接的条件	由焊接电源、焊接电缆、焊钳、焊条、焊件、电弧构成回路

笔记

（续表）

影响焊接工艺的因素	名词解释
工作原理	焊接时采用焊条和工件接触引燃电弧，然后提起焊条并保持一定距离，在焊接电源提供合适电弧电压和焊接电流下，电弧稳定燃烧，产生高温，焊条和焊件局部被加热到熔化状态。焊条端部熔化的金属和焊件金属熔合在一起，形成熔池。随焊条移动，熔池也移动，熔池中的液态金属逐步冷却结晶后变成了焊缝，两焊件被焊在一起
焊接电弧特征	电弧是一种气体放电现象，焊接电弧是由焊接电源供给的具有一定电压的两电极，在气体介质中产生的、强烈而持久的放电现象，能放出强烈的光，产生大量的热，并且电弧的温度高、热量集中，足以熔化所有金属
焊接电弧的构造	包括阴极区、阳极区、弧柱区等三部分。弧柱部分位于阴、阳极之间，呈锥形，周围被电弧焰包围着，中心温度 5 730～7 730℃，阴极区温度 2 130～3 230℃，阳极区温度 2 330～3 930℃。对于交流电弧，因其电源的极性周期性改变，两电极区温度基本一致
化学冶金反应	焊接时，熔池周围充满着大量气体，熔池还覆盖着熔渣，这些气体、熔渣与液体金属之间不断地进行着一系列复杂的物理、化学反应
电源极性	工件与电源输出端正、负极的接法，称为电源的极性。焊件接正极，焊钳接负极的接法为正接法，反之为反接法
化学冶金过程四个特点	温度高，温差大；熔池体积小，存在时间短；熔池金属不断更新；反应接触面积大，搅拌激烈
弧焊电源技术参数	一次电压、一次电流、相数、功率和输出空载电压、工作电压、额定焊接电流、电流调节范围、负载持续率等 $负载持续率=\frac{在选定工作时间周期内焊机负载时间}{选定的工作时间}\times 100\%$ 1. 负载持续率：指在选定的工作时间周期内弧焊电源负载时间与工作时间周期的百分比。图标规定 35%，60%，100% 三种 2. 额定焊接电流：指在额定负载持续率下允许使用的电流

（三）电焊机的安全操作规范

注 意

1. 工作前应检查焊机电源线、引出线及各接线点是否良好，导线如有破损应及时修换。
2. 禁止将焊机放在潮湿的地面和雨天露天作业。工作区域禁止放易燃易爆品。
3. 推电源闸刀开关要一次推足，然后才开启焊机，停机时，先要关闭电焊机，再关闭电源开关。
4. 移动电焊机位置前，须停机断电，焊接中突然停电，应立即关闭焊机。
5. 高空作业操作人必须系安全带及采取其他防护措施，工作完毕应先关焊机后断电源，并清理场地。
6. 焊机出了故障应及时维修。
7. 经常检查电源线、焊接电缆外皮有无破口，遇损坏处要包扎好。各接线的接触点如有松动应给予紧固。
8. 经常检查焊接钳挟持性能和绝缘性能，不良处给予相应的修复或更换。经常检查、清除吸附在变压器上的铁屑。

笔记

提示

- 电焊机的安全操作必须按上述要求规范严格执行，这是防止电焊作业中人身伤亡事故发生的根本，也是企业安全作业的基本要求。

(四) 普通电弧焊工艺要点

电焊具有速度快、强度高、变形小、成本低的优点，在汽车钣金修理中对于非薄板类结构的焊接修理有较广泛的应用。掌握电焊的基本工艺是十分必要的，现将其要点分述如下。

1. 焊前准备

(1) 把焊件摆好或固定。

(2) 把工作区间清理干净、畅通，隔离易燃物品，摆好遮光护栏。

(3) 穿戴好防护手套、鞋、面罩等用品。

(4) 根据焊件厚度、方位，选择焊条和调整焊接电流量。

(5) 点固定位。

(6) 工件测量、整形或加密点固。

2. 焊接开始

1) 引弧与熄弧

引弧是使焊条与焊件之间产生电弧(用焊条芯与工件接触产生电弧)。常用的有敲击法和摩擦法两种。手持焊夹持焊条，轻轻点触焊件迅速将焊条提离工件表面 2～3mm，即可引弧成功。为了提高焊接强度，引弧后将焊条再提起一点，使电弧拉长，在焊缝起头处作短暂停留预热，然后再压低电弧运条施焊。施焊时，焊条离工件表面的高度约为焊条直径的 2/3，如图 2－1－3 所示。

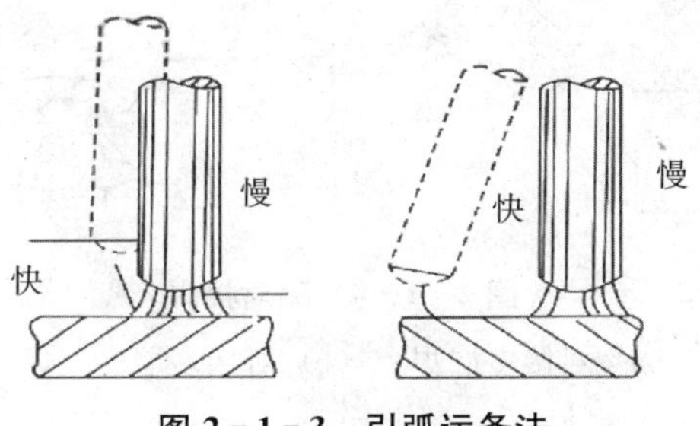

图 2－1－3　引弧运条法

(a) 直击法；(b) 划擦法

连续焊：焊接中途因故暂停或换焊条后继续焊接。先清除熔池前端焊渣，然后从此处引弧，并将焊接移入熔池处。

焊缝收尾时，不能马上提起焊条令电弧熄灭，应将电焊条顺焊缝原路返回 15mm 左右，再回到尾端，此时不再摆动焊条，让电弧自动熄灭，以免在焊缝尾端留下的一个凹坑。常用的有划圈收尾法、反复断弧收尾法、回焊收尾法 3 种。

2) 焊条运动方法

笔 记

焊接时用焊条向下、向后、向左右运动。常用的有直线形、锯齿形、圆圈形、8 字形、三角形 5 种。为控制熔池温度，使焊缝具有一定宽度和厚度，焊接时焊条必须作有规则的运动。通常，焊条的运动有三种形式，焊接要同时实现三种运动才能保证良好的焊接效果，如表 2-1-4 所示。

表 2-1-4 焊条的运动方法

焊条运动形式	操 作 过 程
向下运动	引弧后，焊条开始熔化，为保持一定的焊接电弧，必须使焊条随着熔池而均匀向下运动，且两者速度应该一致。若向下运动速度低于熔化速度，电弧会拉长，以致熄灭；反之，焊条会与工件接触，形成短路熄灭电弧
向前运动	电弧稳定的情况下，焊条从焊缝起点沿着焊接方向移动称为向前运动。移动速度与电流强度、焊条直径、焊缝种类有关。速度太快，来不及熔化焊件，会形成飘浮焊缝；反之，焊件温度过高，熔池加大，焊缝增宽，烧损有益元素，使焊接质量下降。显然，在焊条向前运动的同时，必须有向下运动，否则，电弧将熄灭
左右运动	焊条作左右摆动，使焊缝两边熔化良好，促使焊渣浮到焊缝表面，减少夹渣和气孔。根据焊件性质、焊缝形状和位置，应选择适当的摆动形式

3. 平面焊

平焊可分为平对接焊和平角接焊。薄板焊接时，把焊条沿焊接方向直线形移动，并与工件约成 70°，电流稍大，电弧稍长。

焊件厚度小于 6mm 时，通常采用不开坡口的平对接焊，此时宜用直径 ϕ3～4mm 的焊条进行短弧焊接，并使熔池深度达到板厚的 2/3，焊缝宽度达到 5～8mm，施焊运条方法为直线形；当焊件厚度大于 6mm 时，则应采用开坡口的平对接焊，分为多层焊或多层多道焊，如图 2-1-4 所示。平角接焊如图 2-1-5 所示。

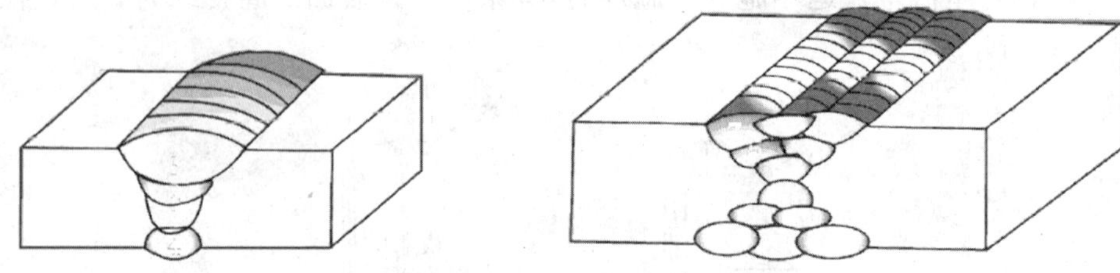

图 2-1-4 平对接焊

(a) 对接多层焊； (b) 对接多层多道焊

45°
55°~65°
80°~85°
65°~80°

不等厚板横向角度　　等厚板横向角度

图 2-1-5 平角接焊

笔记

（五）金属化学成分和结构对焊接的影响

1. 金属的焊接性

金属的焊接性是指金属材料对焊接加工的适应性。主要指在一定的焊接工艺条件下，获得优质焊接接头的难易程度，它包括两方面的内容：

（1）结合性能——即在一定的焊接工艺条件下，一定的金属形成焊接缺陷的敏感性。

（2）使用性能——即在一定的焊接工艺条件下，一定金属的焊接接头对使用要求的适应性。

2. 金属焊接性的判断法

判断金属焊接性最简便的方法是碳当量鉴定法。所谓碳当量是指钢中合金元素（包括碳）的含量按其作用换算成碳的相当含量，可作为评定钢材焊接性的一种参考指标。

钢材的化学成分是决定焊接热影响区是否淬硬的基本条件。在钢材的各种化学元素中，对焊接性影响最大的是碳。碳是引起淬硬的主要元素，故常可把钢中含碳量的多少作为判别钢材焊接性的主要标志，钢中含碳量越高，其焊接性越差。钢中除了碳元素以外，其他元素如锰、铬、镍、铜、钼等对淬硬都有影响，故可将这些元素根据它们对焊接性影响的大小，折合成相当的碳元素含量，即碳当量来判别焊接性的好坏。

下列公式是国际焊接协会推荐的估算碳钢及低合金钢的碳当量公式：

$$CB=\mathrm{C}+\frac{\mathrm{Mn}}{6}+\frac{\mathrm{Cr}+\mathrm{Mo}+\mathrm{V}}{5}+\frac{\mathrm{Ni}+\mathrm{Cu}}{15}$$

式中元素的符号表示其在钢中含量的百分数。根据经验当 $CB<0.4\%$ 时，钢材的淬硬倾向不明显，焊接性优良，焊接时不必预热；当 $CB=0.4\%\sim0.6\%$ 时，钢材的淬硬倾向逐渐明显，需要采取适当预热，控制线能量等工艺措施；当 $CB>0.6\%$，淬硬倾向明显，属于较难焊接的材料，需采取较高的预热温度和严格的工艺措施。

3. 碳素钢的焊接工艺性

碳素钢是以铁为基体，以碳为主要合金元素的铁碳合金（含碳量＜2%）。工业中使用的碳素钢，含碳量很少超过 1.4%，用于制造焊接结构的钢材，其含碳量还要低得多。

（六）车身钢板分析

1. 车身附件材质

整体式车身高强度钢金属材料的分布如图 2-1-6 所示。

2. 车身附件类型

按车身自身受力和防撞挤压影响而分布车身各位置。

车身钢板按其含碳量可分为 4 类：

（1）高抗拉强度钢板。

（2）耐腐蚀钢板（即镀锌钢板）。

（3）镀锌的高抗拉强度钢板。

（4）普通碳素结构钢、优质碳素结构钢。

3. 车身附件名称及安装位置

（1）车顶板、纵梁、地板、护杠底架、避（减）振器、车内衬板等。

笔记

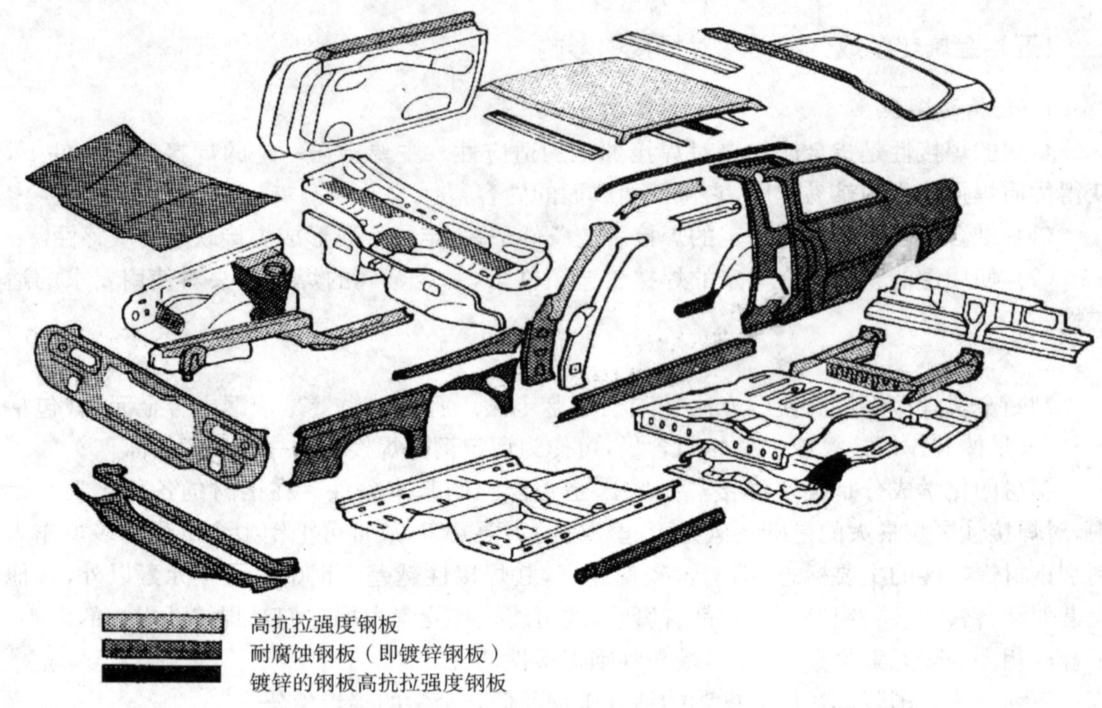

图 2-1-6 整体式车身高强度钢的分布

(2) 发动机舱罩、翼子板、护杠、门槛、后支柱等。

(3) 发动机悬置支架、纵梁弯位、前支撑加强筋、车门护梁、保险杠等。

(七) 焊条选用

(1) 焊芯作用：传导电流，产生电弧，熔化后又作为填充金属，与被熔化的母材熔合在一起形成焊缝。

(2) 焊芯的化学成分：含碳(C)、锰(Mn)、硅(Si)、铬(Cr)、锡(Ni)、硫(S)、磷(P)等合金元素，其中硫、磷为有害杂质，会降低焊缝的力学性能，应控制其含量不超 0.04%；焊重要构件时，不超 0.03%。

(3) 焊芯可分为 3 类：碳素结构钢、合金钢、不锈钢。

(4) 焊芯牌号：采用所含成分的化学元素符号和表示其含量的数字相结合的方法表示。

(5) 性能：利用药皮放出的气体和形成的熔渣，起机械地隔离空气的作用。并通过熔渣与熔化金属的冶金反应，除去氧、氢、硫、磷等有害杂质和添加有益的合金元素；保证焊缝金属的化学性能和力学性能，并且改善焊接工艺性能，使电弧稳定，飞溅减少，焊缝成型好，易脱渣等。

(6) 涂层的成分：稳渣剂、造渣剂、造气剂、脱氧剂、合金剂、稀释剂、粘结剂、增塑剂等 8 种。

(7) 涂层的分类：按涂层可分为 8 种类型；按熔渣特性，分为酸性药皮和碱性低氢药皮两类，如表 2-1-5 所示。

笔 记

表 2-1-5　药皮的种类

药皮种类	类　型	成　分	特　点
酸性药皮	钛型、纤维素型、钛铁矿型、氧化铁型、锰型	氧化钛、氧化铁、氧化锰、碳酸钙、碳酸镁	焊接时容易放出氧的物质，还含有机物造气剂，产生保护气体，焊缝不易产生氢气孔且对铁锈不敏感；但不能消除焊缝中的硫、磷等杂物，只适用于焊接低碳钢
碱性低氢型药皮	低氢型、石墨型、盐基型	大理石 $CaCO_3$、萤石 CaF_2、氯氟化物	焊接时，大理石 $CaCO_3$ 分解生成二氧化碳 CO_2，对熔池金属具有良好的保护作用，有效地清除焊缝中的硫和磷，加之焊缝的元素很少被氧化，所以焊缝金属力学性能良好；用于焊接高强度低合金钢

（八）焊条分类

有按用途分类、按熔渣性质分类、按药皮厚薄分类等 3 种。

（1）根据用途不同，按国家标准划分如表 2-1-6 所示：

表 2-1-6　焊条分类及用途

代号	类　别	用　途
E	碳素钢焊条	主要用于强度等级较低的低碳钢和低合金钢的焊接
E	低合金钢焊条	主要用于低合金高强度钢、含合金元素较低的钼和铬钼耐热钢及低温钢的焊条
E	不锈钢焊条	主要用于含合金元素较高的钼和铬耐热钢及各类不锈钢的焊接
ED	堆焊焊条	用于金属表面层堆焊，其熔敷金属在常温或高温中具有较好的耐磨性和耐腐蚀性
EZ	铸铁焊条	专用于铸铁的焊接和补焊
EX	锡及锡合金焊条	用于锡及锡合金的焊接、补焊或堆焊。其中某些焊条可用于铸铁补焊或异种金属焊接
ECu	铜及铜合金焊条	用于铜及铜合金的焊接、补焊或堆焊。其中某些焊条可用于铸铁补焊或异种金属焊接
TAl	铝及铝合金焊条	这类焊条用于铝及铝合金的焊接、补焊或堆焊
TS	特殊用途焊条	指用于水下焊接、切割的焊条及管状焊条等

（2）根据国家标准 GB5117—1995 的规定，其型编制方法如图 2-1-7 所示：

低合金钢焊条型号编制

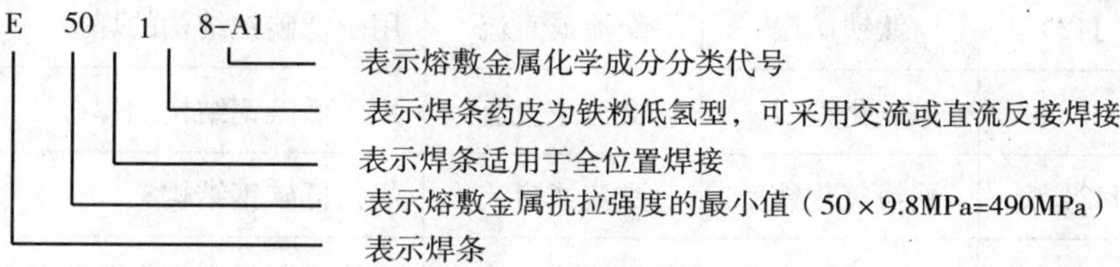

图 2-1-7　低合金钢焊条型号的编制

笔记

（3）碳素钢焊条型号编制如图2-1-8所示：

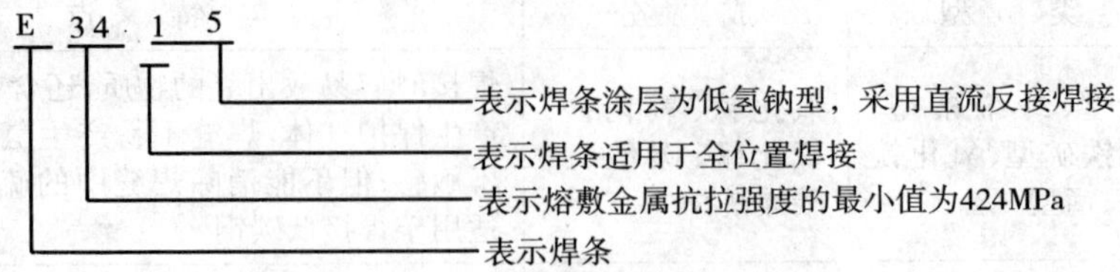

图2-1-8 碳素钢焊条型号编制

（4）焊芯的分类及牌号如图2-1-9所示：

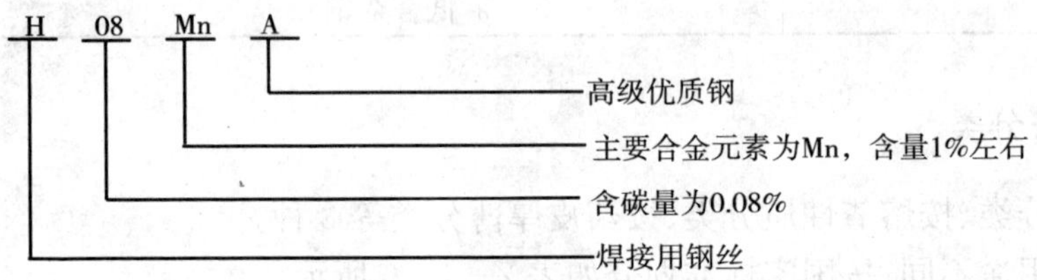

图2-1-9 焊芯的分类及牌号

（5）根据焊芯的成分不同，国标《碳钢电焊条用焊芯》(GB/T 14957—94)将用于焊芯的专用钢丝分为碳素结构钢、合金结构钢和不锈钢3类。

（6）焊芯的牌号，采用所含成分的化学元素符号和表示其含量的数字相结合的方法表示。与钢号表示方法相似，牌号前第一个符号为“H”，表示焊接用钢丝，即“焊”字汉语拼音的第一个字母；H之后是2位或1位数字，表示含碳量；其后是所含合金成分的化学元素符号及含量(数字)；最后如有字母A，表示是高级优质钢，如有字母“E”，表示是特级钢材，未注明的，表示一般钢材，如表2-1-7所示。

表2-1-7 常用低碳钢和低合金钢焊条使用简明

型号	牌号	药皮类型	焊接电源	主要用途
E4313	J421	高钛钠和高钾型	交流或直流	焊接一般低碳钢薄板结构
E4303	J422	钛钙型	交流或直流	焊接较重要的低碳钢结构和同强度等级的低合金钢
E4323	J422铁	铁粉钛钙型	交流或直流	焊接较重要的低碳钢结构的高效焊条
E4323	J422铁重	铁粉钛钙型	交流或直流	焊接低碳钢结构的高效、高速重力焊条
E4301	J423	钛铁矿型	交流或直流	用于低碳钢结构的焊接
E4320	J424	氧化铁型	交流或直流	用于低碳钢结构的焊接
E4327	J424铁	铁粉氧化铁型	交流或直流	焊接低碳钢结构
E4316	J426	低氢钾型	交流或直流	焊接重要低碳钢和某些低合金钢结构
E4316	J426铁	铁粉低氢钾型	交流或直流	焊接重要低碳钢和某些低合金钢结构

（续表）

型号	牌号	药皮类型	焊接电源	主　要　用　途
E4315	J427	低氢钠型	直流	焊接重要低碳钢和某些低合金钢结构
E5024	J501 铁	铁粉钛型 钛钙型	交流或直流	焊接低碳钢及相应强度低合金钢结构
E5003	J502	钛钙型	交流或直流	焊接 16Mn 钢及相同强度等级低合金钢的一般结构
E5001	J503	钛铁矿型	交流或直流	焊接 16Mn 钢及相同强度等级低合金钢的一般结构
E5016	J506	低氢钾型	交流或直流	焊接中碳钢及某些重要低合金钢结构，如 16Mn 钢等
E5016	J506 下	低氢钾型	交流或直流	可用于相应强度等级的碳钢及低合金钢的立向下焊
E5015	J507	低氢钠型	直流	焊接中碳钢及 16Mn 钢等重要低合金钢结构
E5515	J557	低氢钠型	直流	焊接中碳钢及相应强度低合金钢结构
E6015-D1	J607	低氢钠型	直流	焊接中碳钢及相应强度低合金钢结构
E6015-G	J607Ni	低氢钠型	直流	用于相应强度等级的低合金钢结构

（九）平焊焊接方式

1. 直线形运条法

不做横向摆动，适用于板厚为 3～5mm 且不开坡口的对接平焊、多层焊的第一层和多层多道焊，如图 2-1-10(a)所示。

2. 直线往复运条法

直线往复运条法是焊条末端沿焊缝纵向做来回直线摆动的运条方法。如图 2-1-10(b)所示。

3. 锯齿形运条法

锯齿形运条法是焊条末端做锯齿形连续摆动的前移运动，并在两边转折点处稍停片刻的运条方法，如图 2-1-10(c)所示。

4. 月牙形运条法

月牙形运条法是焊条末端做月牙形左右连续摆动的前移运动，并在两边转折点处稍停片刻的运条方法，如图 2-1-10(d)所示。

5. 三角形运条法

三角形运条法分为正三角形运条法和斜三角形运条法，如图 2-1-10(e)所示。

6. 环形运条法

环形运条法分为正环形运条法和斜环形运条法。如图 2-1-10(f)所示。

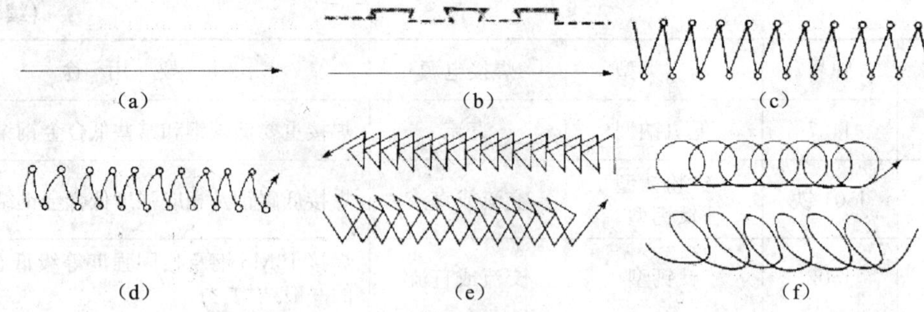

图 2-1-10 对接平焊焊接方法

(a) 直线形运条法；(b) 直线往复运条法；(c) 锯齿形运条法；(d) 月牙形运条法；(e) 三角形运条法；(f) 环形运条法

(十) 平焊焊接缺陷产生原因以及预防的措施

平焊焊接缺陷产生原因以及预防的措施如表 2-1-8 所示。

表 2-1-8 焊接缺陷产生原因以及预防的措施

焊接缺陷	现象	原因分析	防治措施	治理措施
焊缝宽窄差不合格	焊缝边缘不匀直，焊缝宽窄差大于 3mm	1. 焊条(枪)摆动幅度不一致，部分地方幅度过大，部分地方摆动过小 2. 焊条(枪)角度不合适；焊接位置困难，妨碍焊接人员视线	1. 加强焊工焊接的责任心，提高焊接时的注意力 2. 采取正确的焊条(枪)角度 3. 熟悉现场焊接位置，提前制订必要焊接施工措施	1. 加强练习，提高焊工的操作技术水平，提高克服困难位置焊接的能力 2. 提高焊工质量意识，重视焊缝外观质量 3. 焊缝盖面完毕，及时进行检查，对不合格的焊缝进行修磨，必要时进行补焊
咬边	焊缝与木材熔合不好，出现沟槽，深度大于 0.5mm，总长度大于焊缝长度的 10%或大于验收标准要求的长度	1. 焊接线能量大，电弧过长 2. 焊条(枪)角度不当 3. 焊条(丝)送进速度不合适	1. 根据焊接项目、位置，焊接规范的要求，选择合适的电流参数 2. 控制电弧长度，尽量使用短弧焊接 3. 掌握必要的运条(枪)方法和技巧 4. 焊条(丝)送进速度与所选焊接电流参数协调 5. 注意焊缝边缘与母材熔化结合时的焊条(枪)角度	1. 对检查中发现的焊缝咬边，进行打磨清理、补焊，使之符合验收标准要求 2. 加强质量标准的学习，提高焊工质量意识 3. 加强练习，提高防止咬边缺陷的操作技能

笔记

（续表）

焊接缺陷	现　象	原因分析	防治措施	治理措施
焊缝成型差	焊缝高低不平，焊缝波纹粗劣，焊缝不均匀、不整齐，焊缝与母材不圆滑过渡，焊接接头差	1. 焊件坡口角度不当或装配间隙不均匀 2. 焊口清理不干净 3. 焊接电流过大或过小 4. 焊接中运条（枪）速度过快或过慢 5. 焊条（枪）摆动幅度过大或过小 6. 焊枪施焊角度选择不当等	1. 焊件的坡口角度和装配间隙必须符合图纸设计或所执行标准的要求 2. 焊件坡口打磨清理干净，无锈、无垢、无脂等污物杂质，露出金属光泽 3. 加强焊接联系，提高焊接操作水平，熟悉焊接施工环境 4. 根据不同的焊接位置、焊接方法、不同的对口间隙等，按照焊接工艺卡和操作技能要求，选择合理的焊接电流参数、施焊速度和焊条（枪）的角度	1. 加强焊后自检和专检，发现问题及时处理 2. 对于焊缝成型差的焊缝，进行打磨、补焊 3. 达不到验收标准要求，成型太差的焊缝实行割口或换件重焊 4. 加强焊接验收标准的学习，严格按照标准施工
错　口	焊缝两侧外壁母材不在同一平面上，错口量大于10%母材厚度或超过4mm	1. 焊件对口不符合要求 2. 焊工在对口不合适的情况下点固和焊接	1. 加强安装工的培训和责任心 2. 对口过程中使用必要的测量工具 3. 对于对口不符合要求的焊件，焊工不得点固和焊接	1. 加强标准和安装技能学习，提高安装工技术水平 2. 对于产生错口，不符合验收标准的焊接接头，采取割除、重新对口和焊接
夹　渣	在焊接过程中，主要是在层与层间出现外部看到的药皮夹渣	1. 多层多道焊接时，层间药皮清理不干净 2. 焊接线能量小，焊接速度快 3. 焊接操作手法不当 4. 前一层焊缝表面不平或焊件表面不符合要求	1. 加强焊件表面打磨，多层多道焊时层间药皮必须清理干净方可进行次层焊接 2. 选择合理的焊接电流和焊接速度 3. 加强焊工练习，提高焊接操作水平	1. 严格按照规程和作业指导书的要求施焊 2. 对出现表面夹渣的焊缝，进行打磨清除，必要时进行补焊
弯　折	由于焊缝的横向收缩或安装对口偏差而造成的垂直于焊缝的两侧母材不在同一平面上，形成一定的夹角	1. 安装对口不合适，本身形成一定夹角 2. 焊缝熔敷金属在凝固过程中本身横向收缩 3. 焊接过程不对称施焊	1. 保证安装对口质量 2. 对于大件不对称焊缝，预留反变形余量 3. 对称点固、对称施焊 4. 采取合理的焊接顺序	1. 对于可以使用火焰校正的焊件，应该采取火焰校正措施 2. 对于不对称焊缝，合理计算并采取预留反变形余量等措施 3. 采取合理焊接顺序，尽量减少焊缝横向收缩，采取对称施焊措施 4. 对于弯折超标的焊接接头，无法采取补救措施的应进行割除，重新对口焊接

(续表)

焊接缺陷	现 象	原因分析	防治措施	治理措施
弧 坑	焊接收弧过程中形成表面凹陷，并常伴随着缩孔、裂纹等缺陷	1. 焊接收弧中熔池不饱满就进行收弧，停止焊接 2. 焊工对收弧情况估计不足，停弧时间掌握不准	1. 延长收弧时间 2. 采取正确的收弧方法	1. 加强焊工操作技能练习，掌握各种收弧、停弧和接头的焊接操作方法 2. 加强焊工责任心 3. 对已经形成对弧坑进行打磨清理并补焊
表面气孔	焊接过程中，熔池中的气体未完全溢出（一部分溢出），而熔池已经凝固，在焊缝表面形成孔洞	1. 焊接过程中由于防风措施不严格，熔池混入气体 2. 焊接材料没有经过烘焙或烘焙不符合要求，焊丝清理不干净，在焊接过程中自身产生气体进入熔池 3. 熔池温度低，凝固时间短 4. 焊件清理不干净，杂质在焊接高温时产生气体进入熔池 5. 电弧过长，氩弧焊时保护气体流量过大或过小，保护效果不好等	1. 母材、焊丝按照要求清理干净 2. 焊条按照要求烘焙 3. 防风措施严格，无穿堂风等 4. 选用合适的焊接线能量参数，焊接速度不能过快，电弧不能过长，正确掌握起弧、运条、息弧等操作要领 5. 氩弧焊时保护气流流量合适，氩气纯度符合要求	1. 焊接材料、母材打磨清理等严格按照规定执行 2. 加强焊工练习，提高操作水平和操作经验 3. 对有表面气孔的焊缝，机械打磨清除缺陷，必要时进行补焊
裂 纹	在焊接接头的焊缝、熔合线、热影响区出现的表面开裂缺陷	裂纹的产生原因是不同的钢种、焊接方法、焊接环境、预热要求、焊接接头中杂质的含量、装配及焊接应力的大小等不同，但产生裂纹的根本原因是产生裂纹的内部诱因和应力的变化	1. 严格按照规程和作业指导书的要求准备各种焊接条件 2. 提高焊接操作技能，熟练掌握使用的焊接方法 3. 采取合理的焊接顺序等措施，减小焊接应力等	1. 针对每种产生裂纹的具体原因采取相应的对策 2. 对已经产生裂纹的焊接接头，采取挖补措施处理

(十一) 焊接卫生防护措施

(1) 通风设施是消除焊接尘土的危害和改善劳动条件的有力措施，其作用是使作业地带的空气环境符合卫生条件，故应确保通风设施正常工作。

(2) 在厂房内施焊，必须保证在焊接过程中所产生的有害物质及时排出，并原则上进行净化处理。焊接切割时，在有风的情况下，应在上风处焊割。焊修旧车件时，油漆层在高温下燃烧产生有毒气体，刺激口、鼻、眼睛，产生口苦刺痛，应尽量使用长焊丝，人体与焊池距离要远。

(3) 电弧焊时必须使用有防护玻璃的面罩，不随便更换滤光玻璃，穿白色工作服，以反射强光。焊接场所应有良好的采光，因为弧光由亮到暗变化急剧，易使眼睛疲劳。

笔记

案　例

一台美吉越野车前门槛踏板支架发生碰撞事故，造成支架脱焊，需要手工电弧焊焊接修理，在修理焊接过程中，由于维修工所使用的面罩滤光玻璃破损，眼睛受弧光强光照射，造成眼睛红肿刺痛，影响正常工作。

其原因查明：①没有做好眼睛保护准备。②维修时所使用的面罩滤光玻璃破损，没有及时更换新的滤光玻璃。排除方法：提高个人安全作业意识；替换新的滤光玻璃。

三、制订检修计划

制订手工电弧焊平焊工艺检修计划，如表 2－1－9 所示。

表 2－1－9　制订手工电弧焊平焊工艺检修计划

<table>
<tr><td colspan="6">1. 查阅维修资料，了解车辆车身构造类型特点，分析汽车后车身横梁断裂故障的原因
2. 查阅维修手册，熟悉车辆车身构造质量规范
3. 查阅技术通报，熟练车辆后车身横梁断裂故障检修流程，制订汽车后车身横梁断裂故障检修流程</td></tr>
<tr><td rowspan="5">1. 车辆信息描述</td><td colspan="2">车　辆　描　述</td><td colspan="3"></td></tr>
<tr><td rowspan="4">横梁断裂类型</td><td>槽　型</td><td colspan="3"></td></tr>
<tr><td>工字型</td><td colspan="3"></td></tr>
<tr><td>盒形截面组合钢梁</td><td colspan="3"></td></tr>
<tr><td>车身类型</td><td colspan="3"></td></tr>
<tr><td>2. 车身横梁断裂故障现象描述</td><td colspan="5"></td></tr>
<tr><td>3. 汽车后车身横梁断裂故障原因分析，画出鱼刺图</td><td colspan="5"></td></tr>
<tr><td>4. 汽车车身横梁断裂故障检修工作准备</td><td colspan="5">横梁断裂
系统分析：形状大小、维修手段、损坏件位置、焊接方式、参考数据
规定：相关安全法规、制造商规定、钣金件维修规范
故障诊断：断裂、弯曲
修理：备件、工作计划、工作流程图
设备：电焊机设备</td></tr>
<tr><td rowspan="4">5. 汽车车身横梁断裂故障检修流程</td><td>步　骤</td><td>检修项目</td><td>操　作　要　领</td><td>技术要求或标准</td><td>检修记录</td></tr>
<tr><td></td><td></td><td></td><td></td><td></td></tr>
<tr><td></td><td></td><td></td><td></td><td></td></tr>
<tr><td></td><td></td><td></td><td></td><td></td></tr>
</table>

笔记

四、实施维修作业

项目二任务 2.1 的实施维修作业如表 2－1－10 所示。

表 2－1－10 维修作业

1. 根据“汽车后车身横梁断裂故障原因分析”和“汽车后车身横梁断裂故障检修流程”，结合车辆实际情况，从简单到复杂、从外到里、从不拆到拆等故障诊断与排除原则，逐个收集相应检修规范等信息，并制订相应的检修计划
2. 按检修规范和检修计划，逐步进行检修训练，最终排除故障

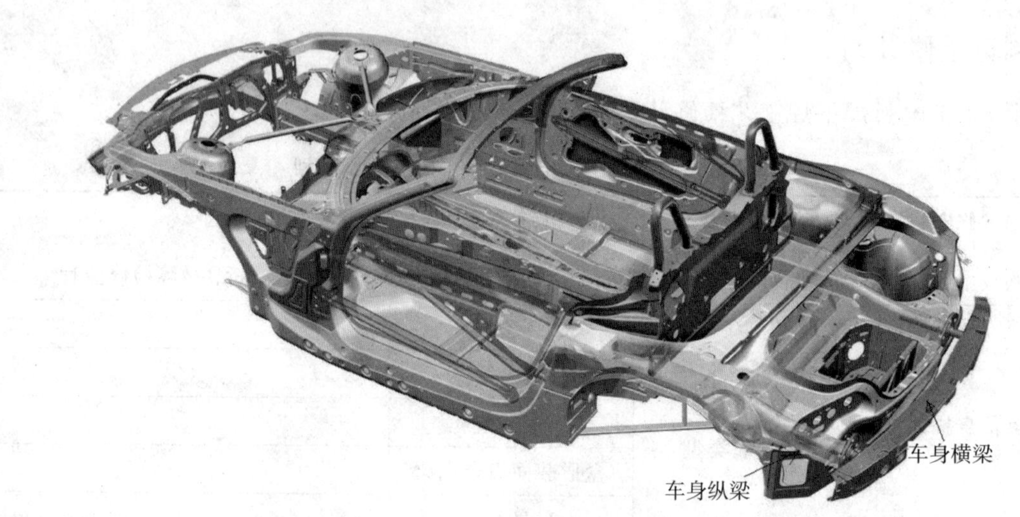

检查步骤	检修项目	操作要领	检修记录
汽车车身横梁外部检查	汽车碰撞后状态	汽车碰撞后侧翻，后车身是否严重变形；行李箱盖是否脱离连接；后窗玻璃是否爆裂；车门是否坠落否则影响乘客安全；后翼子板凹凸是否严重；轮胎是否爆胎否则影响行车安全；后纵横与横梁脱焊断裂否则影响行车安全。车辆需完全大修	
	车身横梁状态	横梁扭曲与纵梁脱离、焊缝裂开，完全失去应有的乘载能力，不能保护乘客安全	
	车身横梁与纵梁状态	由于脱焊失去连接作用，需进行维修或更换，否则对乘客失去应有的保护作用	
	连接点的检查	通过观察车身横梁与纵梁连接处，焊缝已完全脱离，说明乘载存在安全隐患。若不进行维修将影响车身的保护能力，甚至危及乘客安全，必须进行维修或更换	
	焊缝断裂修复	通过分析横梁与纵梁状态可进行焊接修理，采用手工电弧焊平焊焊接的操作技术	

笔记

（续表）

	检查对象	检查要领	检查记录
材质分析及焊接材料	纵梁横梁金属材料	高强度车架是用槽钢或盒形截面组合钢梁制成	
	焊条选用	采用碳素结构钢焊芯保证钢梁结构强度及连接质量	
	焊接方式	平焊焊接方式保证焊接质量	

汽车车身纵梁与横梁的连接：

1. 汽车车身发生纵梁与横梁的连接故障（焊缝断裂），80％是由于碰撞所造成的
2. 通过焊接后可达到原车架所需的强度恢复行驶安全标准

	检修项目	操作要领	示意图	检修记录
汽车车身纵梁与横梁的连接	纵梁与横梁的连接处	清理锈蚀部位；利用夹具固定待焊接焊缝；先分多点点焊固位，然后敲击患处，使纵梁与横梁四周校平直；再利用手工电弧焊实施焊接；尽可能采用平焊焊接，保证焊接质量	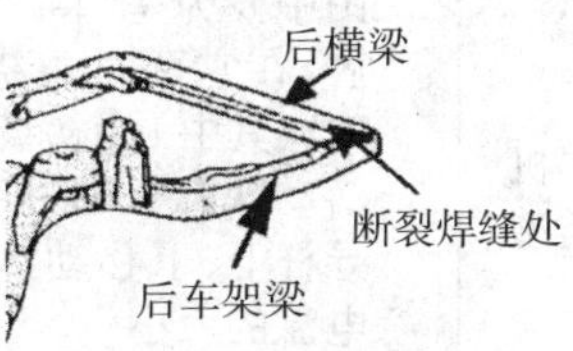	
	钢板大梁矫正	矫正弯曲大梁部位：应尽可能采取就位修理的方法，使用拉具对变形部位施加一个与撞击方向相反的、缓和的力；也可以拆下后再单独对车架进行矫正，弯曲部位采用液压顶施加推力的方法进行矫正，或借助气焊火焰手工锤击方法进行修复	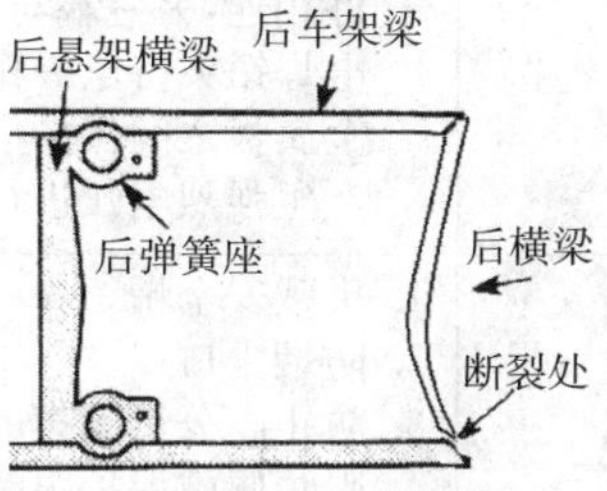	
焊接设备、工具与其他	焊条选用	1. 焊接高强度的焊条如碳素钢焊条 2. 选用清洁、干燥含碳量较低及脱氧能力强的焊条 3. 焊条药皮不得开裂、剥落和变质，焊芯不允许偏心、锈蚀 4. 宜采用短弧焊接减小摆动幅度，放慢焊速 5. 碱性焊条形成的焊缝力学性能较好，一般多用来焊接重要结构		
	焊钳面罩导线	检查焊钳、面罩是否损伤；镜片是否裂开、模糊；导线接口的接线是否紧固；导线保护层是否损伤裂开	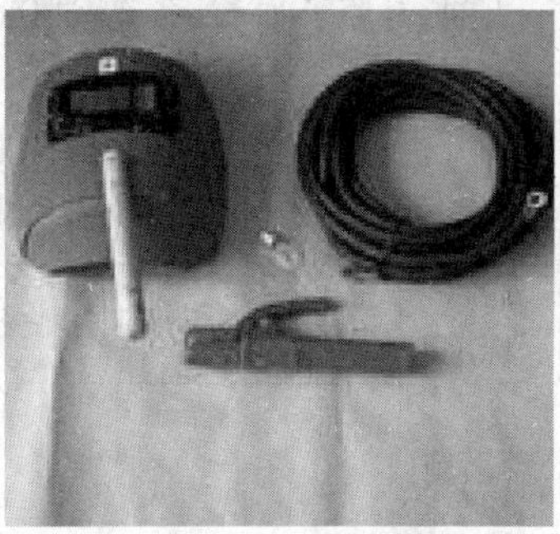	

笔记

(续表)

<table>
<tr><td rowspan="5">焊接设备、工具与其他</td><td>焊接方式</td><td>1. 水平焊缝的焊接按常规操作要领确保焊接质量
2. 焊接时,把焊条沿焊接方向直线形移动
3. 焊条与工件约成 70°,电流稍大,电弧稍长</td><td>直线形往复运条法</td><td></td></tr>
<tr><td>焊机类型</td><td>手工交流电焊机如图 2-1-1 所示
1. 交流电焊机一般采用活动铁芯漏磁式装置
2. 图中 5 为呈口字形的固定铁芯,在它两对边绕有线圈 1,2,3(其中 1 为初级线圈)
3. 活动铁芯 4 通过手摇柄可沿导杆上、下移动,以调节焊接电流的大小
4. 电焊机外引电缆线一端与工件相连,另一端与电焊钳相接
5. 电焊钳夹持电焊条,与被焊的金属板之间保持一定的距离,产生强烈电弧进行焊接</td><td>焊钳
调节电流档位</td><td></td></tr>
<tr><td>安全防护用品</td><td>1. 头戴安全帽
2. 防烟尘口罩
3. 防止高分贝噪声的耳塞
4. 眼睛佩戴保护眼镜
5. 脚穿耐高温的鞋(各种皮鞋护脚套)
6. 手戴上高温绝缘手套
7. 下身穿长裤
8. 上身穿长袖上衣
9. 防紫外线面罩
10. 护脖等防护用品</td><td></td><td></td></tr>
<tr><td>气体灭火剂</td><td>气体灭火剂主要有两种类型:一是不燃性气体,主要有二氧化碳、氮气以及其他惰性气体;二是卤代烷灭火剂,它们由低级的烷烃如甲烷分子中的氢被卤族原子如氟、氯等取代得到的产物。气体灭火剂是以气态或液态形式贮存,而以气体形式灭火,它们可以用于 A,C 类火灾和带电设备火灾的扑救</td><td></td><td></td></tr>
<tr><td>质量标准</td><td>符合维修手册及维修行业标准</td><td>对照汽车维修行业标准</td><td></td></tr>
<tr><td colspan="2">检修结论与处理措施</td><td colspan="3"></td></tr>
</table>

笔记

五、检验评估

项目二任务 2.1 的检验评估如表 2-1-11 所示。

表 2-1-11 检验评估

检验与评价内容	检验指标	权重	自评	互评	总评
维修质量检验	观察焊缝成型状态确保焊缝高宽一致、焊透均匀、有足够的强度;无气孔、凹坑、咬边、焊瘤、烧穿、熔化不透、裂纹、焊缝不直、高度宽度不均匀、熔深不够等不良现象 提示:焊缝质量必须按国标、维修行业质量标准完成修理任务				
检查任务完成情况	1. 能描述汽车车身结构特点,明确纵梁与横梁连接工艺的相关特点以及国标、维修行业质量标准的相关知识 2. 在小组所扮演的角色,对完成任务过程中所起作用				
职业素养	1. 学习态度:积极主动参与学习 2. 团队合作:与小组成员一起分工合作,不影响学习进度 3. 现场管理:服从工位安排、执行实训室“5S”管理规定				

任务 2.2 横焊工艺

任务描述	一辆轿车在高速公路上由于碰撞导致翻下路基,造成小车后车身横梁断裂等故障,需进入维修厂进行修理。针对维修接待和车间确认意见,首先诊断与排除汽车车身横梁断裂故障,需进行手工电弧焊平焊焊接修复。在修复过程中发现横梁断裂处也需要进行横焊焊接,本任务继续来排除小车后车身横梁断裂等的故障
任务目标	1. 理解轿车车身结构连接特点以及受力情况,能分析汽车后车身横梁断裂的原因 2. 能熟练掌握电弧焊的基本原理以及手工电弧焊横焊摆动的操作方法 3. 了解金属材料与焊条分类,熟知影响焊接工艺的因素 4. 熟知普通电弧焊工艺要点以及按规范进行维修质量检验 5. 会排除焊接缺陷产生原因以及预防的措施,并熟知电焊机的安全操作规范

一、维修接待

按照表 2-2-1 完成待修车辆的维修接待,并准确填写接车问诊表。

笔记

表 2-2-1 维修接待与接车问诊表

1. 通过询问客户了解车辆发生故障情况，填写接车问诊表
2. 车间检测初步确认结果及主要故障零部件

接 车 问 诊 表

车牌号：________ 车架号：________ 行驶里程：________（km）

用户名：________ 电 话：________ 来店时间：____/____

用户陈述及故障发生时的状况：**一辆轿车在高速公路上由于碰撞导致翻下路基，造成后车身横梁与纵梁连接处断裂等故障需焊接修复，必须进入维修厂进行修理**

故障发生状况提示：**行驶速度、发动机状态、发生频度、发生时间、部位、天气、路面状况、声音描述**

接车员检测确认建议：**需对后车身进行维修**

车间检测确认结果及主要故障零部件：**需对后车身故障与排除，必要时需更换后车身附件**

车间检查确认者：________

外观确认：

（请在有缺陷部位作标识）

功能确认：（工作正常✓ 不正常×）

□音响系统 □门锁（防盗器） □全车灯光 □工具
□后视镜 □顶窗 □座椅 □护杠
□玻璃升降器 □玻璃 □车门

物品确认：（有✓ 无×）

F E

□贵重物品提示
□工具 □备胎 □灭火器
□其他（ ）
旧件是否交还用户 □是 □否
用户是否需要洗车 □是 □否

· 检测费说明：本次检测的故障如用户在本店维修，检测费包含在修理费用内；如用户不在本店维修，请您支付检测费。本次检测费：￥________元。

· 贵重物品：在将车辆交给我店检查修理前，已提示将车内贵重物品自行收起并保存好，如有遗失恕不负责。

接车员：________ 用户确认：________

笔 记

二、信息收集与处理

按照表 2 - 2 - 2 完成任务 2.2 的信息收集与处理。

表 2 - 2 - 2　信息收集与处理

<table>
<tr><td colspan="2">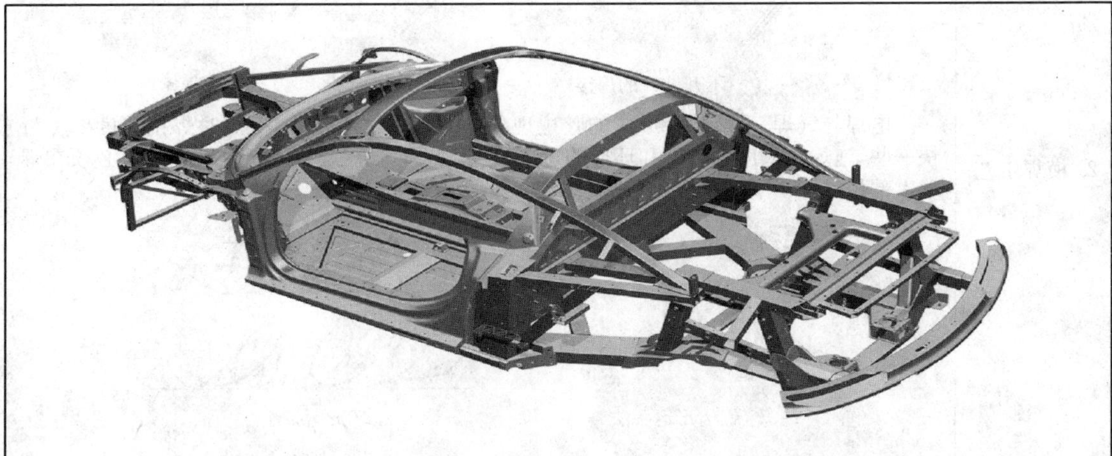</td></tr>
<tr><td>1. 分析</td><td>车身横梁与纵梁的材质类型:高强度车架横梁是用槽钢或盒形截面组合钢梁制成
小车碰撞侧翻后车身横梁与纵梁之间断裂需要手工电弧焊横焊焊接修理</td></tr>
<tr><td>2. 横焊工艺</td><td>1）横焊工艺要点如下图所示
引弧:用焊条芯与工件接触产生电弧。常用的有敲击法和摩擦法两种
（1）直击法是将焊条垂直于焊件进行碰触,然后迅速将焊条提起并与焊件保持 3～4mm 左右的距离向右或左平行移动,即可产生电弧。这种引弧方法大多用在焊接处地方狭窄或焊件表面不允许有擦伤的情况下
（2）划擦法:将焊条在焊件上轻轻划擦一下(划擦长度约为 20mm),然后与焊件保持 3～4mm 左右的距离向右或左平行移动,即可产生电弧
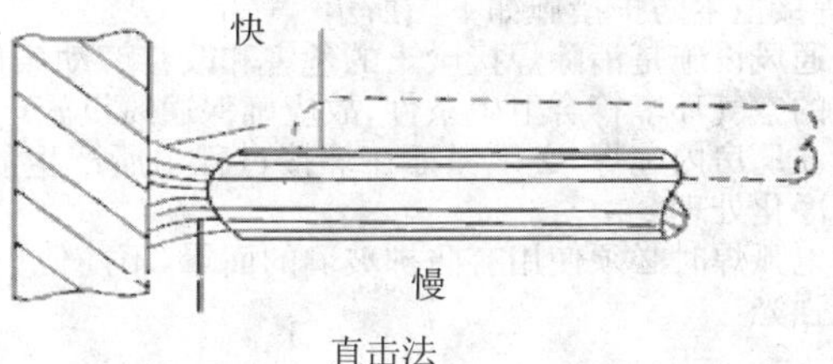

直击法
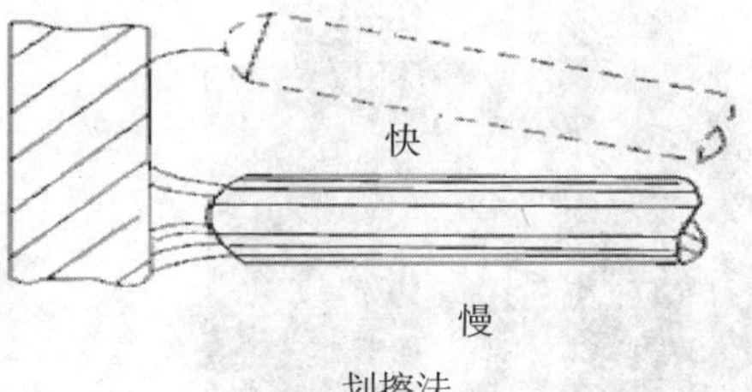

划擦法
2）横焊焊接技术
横焊时,应选用较小直径的焊条和较小的焊接电流,并采用短弧法及适当的运条法。当焊件较厚时,应该开坡口,这时应采用多层焊或多道焊的方法。第一层焊缝采用直线形运条法,第二层焊缝宜用斜环形或斜锯形运条法。焊接时应保持较短的电弧和均匀的焊速,如下图所示</td></tr>
</table>

笔 记

（续表）

2. 横焊工艺	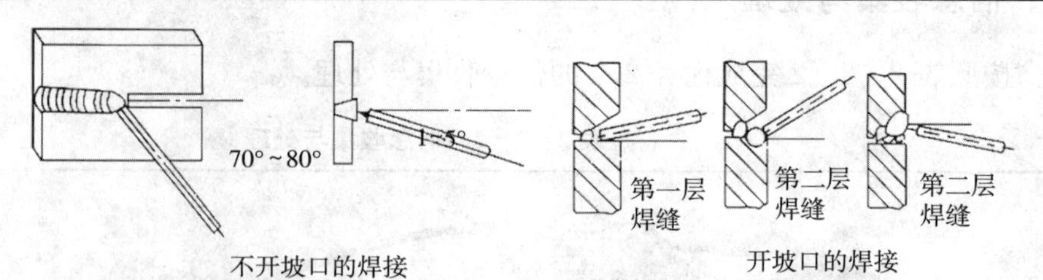 不开坡口的焊接　　开坡口的焊接 电焊与气焊一样，都会形成的咬边现象。为避免这一缺陷，横焊时焊接速度要尽量快一些，施焊时采用锯齿形和环形的运条形式，如下图所示。焊条每摆动一次，必须在焊缝上部稍停顿一下防止熔滴下落。 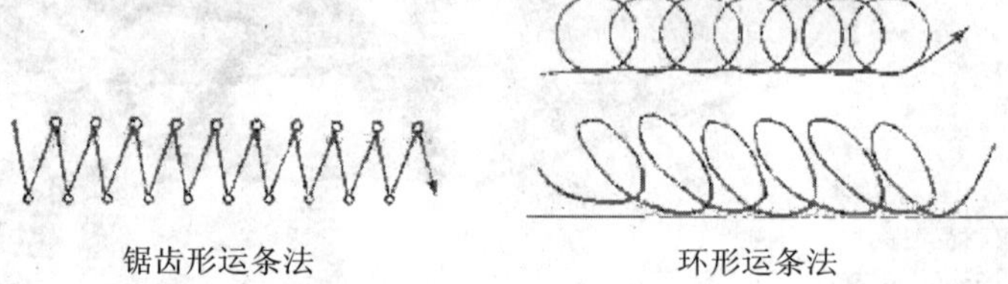 锯齿形运条法　　环形运条法
3. 手工电弧焊焊接安全操作	1）钣金工夜间从事焊接工作时 需用电灯照明，电灯使用的安全电压是 36V。对于潮湿的环境，人体电阻减小，规定使用电压为 12V。凡在金属容器或管道中焊接均应采用 12V 电压 2）焊接过程注意事项 （1）焊接前，应戴好面罩、皮手套、穿好绝缘鞋，检查焊接设备和工具是否安全，如下图所示 （2）在狭窄地方焊接时，要穿好绝缘鞋，并要两个操作者轮换工作，一人随时监护操作者，遇有危险迹象时，立即切断电源进行处理 （3）加强个人防护，高空作业时不要触及高压线；雨天不要露天焊接 3）焊接卫生防护措施如下图所示 （1）通风设施是消除焊接尘土的危害和改善劳动条件的有力措施，其作用是使作业地带的空气环境符合卫生条件，故应确保通风设施正常工作 （2）在厂房内施焊，必须保证在焊接过程中所产生的有害物质及时排出，并原则上进行净化处理 （3）电弧焊时必须使用有防护玻璃的面罩，不随便更换滤光玻璃，穿白色工作服，以反射强光   皮手套、口罩、各类防护眼镜、绝缘鞋、面罩、长袖上衣、长裤、工作帽 焊接防护用品

笔记

案　例

一台广本丰田轿车追尾事故造成前护杠支架脱焊，需要手工电弧焊横焊焊接修理，在焊接修理过程中，作业人员穿拖鞋进行维修工作，造成脚跟灼伤的人身安全事故。其原因查明：

1. 维修作业人员安全意识差，穿拖鞋工作造成身体灼伤。
2. 车间疏于管理安全不到位。

排除方法：作业前穿好防护用品，单位领导应提高安全意识并严格管理。

焊接缺陷产生的原因以及预防的措施：如表2-2-3所示。

表2-2-3　焊接缺陷产生的原因以及预防的措施

焊接缺陷	现　象	原因分析	防治措施	治理措施
焊缝余高不合格	管道焊口和板对接焊缝余高大于3mm；局部出现负余高；余高差过大；角焊缝高度不够或焊角尺寸过大；余高差过大	1. 焊接电流选择不当 2. 运条（枪）速度不均匀，过快或过慢 3. 焊条（枪）摆动幅度不均匀 4. 焊条（枪）施焊角度选择不当等	1. 根据不同焊接位置、焊接方法，选择合理的焊接电流参数 2. 增强焊工责任心，焊接速度适合所选的焊接电流，运条（枪）速度均匀，避免忽快忽慢 3. 焊条（枪）摆动幅度不一致，摆动速度合理、均匀 4. 注意保持正确的焊条（枪）角度	1. 加强焊工操作技能培训，提高焊缝盖面水平 2. 对焊缝进行必要的打磨和补焊 3. 加强焊后检查，发现问题及时处理 4. 技术员的交底中，对焊角角度要求做详细说明
焊缝成型差	焊缝高低不平，焊缝波纹粗劣，焊缝不均匀、不整齐，焊缝与母材不圆滑过渡，焊接接头差	1. 焊件坡口角度不当或装配间隙不均匀 2. 焊口清理不干净 3. 焊接电流过大或过小 4. 焊接中运条（枪）速度过快或过慢 5. 焊条（枪）摆动幅度过大或过小 6. 焊枪施焊角度选择不当等	1. 焊件的坡口角度和装配间隙必须符合图纸设计或所执行标准的要求 2. 焊件坡口打磨清理干净，无锈、无垢、无脂等污物杂质，露出金属光泽 3. 加强焊接联系，提高焊接操作水平，熟悉焊接施工环境 4. 根据不同的焊接位置、焊接方法、不同的对口间隙等，按照焊接工艺卡和操作技能要求，选择合理的焊接电流参数、施焊速度和焊条（枪）的角度	1. 加强焊后自检和专检，发现问题及时处理 2. 对于焊缝成型差的焊缝，进行打磨、补焊 3. 达不到验收标准要求，成型太差的焊缝实行割口或换件重焊 4. 加强焊接验收标准的学习，严格按照标准施工

笔记

（续表）

焊接缺陷	现　　象	原因分析	防治措施	治理措施
焊缝宽窄差不合格	焊缝边缘不匀直，焊缝宽窄差大于3mm	1. 焊条（枪）摆动幅度不一致，部分地方幅度过大，部分地方摆动过小 2. 焊条（枪）角度不合适；焊接位置困难，妨碍焊接人员视线	1. 加强焊工焊接责任心，提高焊接时的注意力 2. 采取正确的焊条（枪）角度 3. 熟悉现场焊接位置，提前制订必要的焊接施工措施	1. 加强练习，提高焊工的操作技术水平，提高克服困难位置焊接的能力 2. 提高焊工质量意识，重视焊缝外观质量 3. 焊缝盖面完毕，及时进行检查，对不合格的焊缝进行修磨，必要时进行补焊
咬　边	焊缝与木材熔合不好，出现沟槽，深度大于0.5mm，总长度大于焊缝长度的10%或大于验收标准要求的长度	1. 焊接线能量大，电弧过长 2. 焊条（枪）角度不当 3. 焊条（丝）送进速度不合适	1. 根据焊接项目、位置，焊接规范的要求，选择合适的电流参数 2. 控制电弧长度，尽量使用短弧焊接 3. 掌握必要的运条（枪）方法和技巧 4. 焊条（丝）送进速度与所选焊接电流参数协调 5. 注意焊缝边缘与母材熔化结合时的焊条（枪）角度	1. 对检查中发现的焊缝咬边，进行打磨清理、补焊，使之符合验收标准要求 2. 加强质量标准的学习，提高焊工质量意识 3. 加强练习，提高防止咬边缺陷的操作技能
错　口	焊缝两侧外壁母材不在同一平面上，错口量大于10%母材厚度或超过4mm	1. 焊件对口不符合要求 2. 焊工在对口不合适的情况下点固和焊接	1. 加强安装工的培训和责任心 2. 对口过程中使用必要的测量工具 3. 对于对口不符合要求的焊件，焊工不得点固和焊接	1. 加强标准和安装技能学习，提高安装工技术水平 2. 对于产生错口，不符合验收标准的焊接接头，采取割除、重新对口和焊接
弧　坑	焊接收弧过程中形成表面凹陷，并常伴随着缩孔、裂纹等缺陷	1. 焊接收弧中熔池不饱满就进行收弧，停止焊接 2. 焊工对收弧情况估计不足，停弧时间掌握不准	1. 延长收弧时间 2. 采取正确的收弧方法	1. 加强焊工操作技能练习，掌握各种收弧、停弧和接头的焊接操作方法 2. 加强焊工责任心 3. 对已经形成对弧坑进行打磨清理并补焊

笔记

（续表）

焊接缺陷	现　　象	原因分析	防治措施	治理措施
弯　折	由于焊缝的横向收缩或安装对口偏差而造成的垂直于焊缝的两侧母材不在同一平面上，形成一定的夹角	1. 安装对口不合适，本身形成一定夹角 2. 焊缝熔敷金属在凝固过程中本身横向收缩 3. 焊接过程不对称施焊	1. 保证安装对口质量 2. 对于大件不对称焊缝，预留反变形余量 3. 对称点固、对称施焊 4. 采取合理的焊接顺序	1. 对于可以使用火焰校正的焊件，应该采取火焰校正措施 2. 对于不对称焊缝，合理计算并采取预留反变形余量等措施 3. 采取合理焊接顺序，尽量减少焊缝横向收缩，采取对称施焊措施 4. 对于弯折超标的焊接接头，无法采取补救措施的应进行割除，重新对口焊接
夹　渣	在焊接过程中，主要是在层与层间出现外部看得到的药皮夹渣	1. 多层多道焊接时，层间药皮清理不干净 2. 焊接线能量小，焊接速度快 3. 焊接操作手法不当 4. 前一层焊缝表面不平或焊件表面不符合要求	1. 加强焊件表面打磨，多层多道焊时层间药皮必须清理干净方可进行次层焊接 2. 选择合理的焊接电流和焊接速度 3. 加强焊工练习，提高焊接操作水平	1. 严格按照规程和作业指导书的要求施焊 2. 对出现表面夹渣的焊缝，进行打磨清除，必要时进行补焊
裂　纹	在焊接接头的焊缝、熔合线、热影响区出现的表面开裂缺陷	裂纹的产生原因是不同的钢种、焊接方法、焊接环境、预热要求、焊接接头中杂质的含量、装配及焊接应力的大小等不同，但产生裂纹的根本原因是产生裂纹的内部诱因和应力的变化	1. 严格按照规程和作业指导书的要求准备各种焊接条件 2. 提高焊接操作技能，熟练掌握使用的焊接方法 3. 采取合理的焊接顺序等措施，减少焊接应力等	1. 针对每种产生裂纹的具体原因采取相应的对策 2. 对已经产生裂纹的焊接接头，采取挖补措施处理

笔记

(续表)

焊接缺陷	现　　象	原因分析	防治措施	治理措施
表面气孔	焊接过程中，熔池中的气体未完全溢出（一部分溢出），而熔池已经凝固，在焊缝表面形成孔洞	1. 焊接过程中由于防风措施不严格，熔池混入气体 2. 焊接材料没有经过烘焙或烘焙不符合要求，焊丝清理不干净，在焊接过程中自身产生气体进入熔池； 3. 熔池温度低，凝固时间短 4. 焊件清理不干净，杂质在焊接高温时产生气体进入熔池 5. 电弧过长，氩弧焊时保护气体流量过大或过小，保护效果不好等	1. 母材、焊丝按照要求清理干净 2. 焊条按照要求烘焙 3. 防风措施严格，无穿堂风等 4. 选用合适的焊接线能量参数，焊接速度不能过快，电弧不能过长，正确掌握起弧、运条、息弧等操作要领 5. 氩弧焊时保护气流流量合适，氩气纯度符合要求	1. 焊接材料、母材打磨清理等严格按照规定执行 2. 加强焊工练习，提高操作水平和操作经验 3. 对有表面气孔的焊缝，机械打磨清除缺陷，必要时进行补焊
电弧擦伤焊件	焊缝焊接完毕，焊接接头表面药皮、飞溅物不清理或清理不干净，留有药皮或飞溅物；焊接施工过程中不注意，电弧擦伤管壁等焊件造成弧疤	1. 焊工责任心不强，质量意识差 2. 焊接相关工具准备不全或有缺陷	1. 焊接前检查相关工具，准备齐全并且正常 2. 加强技能，增强焊工责任心，提高质量意识	1. 制定防范措施并严格执行 2. 加大现场监督检查力度，严格验收制度，发现问题及时处理

案　例

一台三菱吉普车由于碰撞车身门槛位置而造成踏板支架断裂，需要手工电弧焊横焊焊接修理。在修理焊接过程中，由于维修人员操作不当造成支架焊穿现象，影响维修质量。后查明其原因为：

1. 维修人员焊接操作技术差。
2. 焊前没有进行试焊准备，电流档位过大。

排除方法：

1. 操作人员应培训上岗、掌握焊接技术。
2. 清理待焊口油污、泥砂等杂物。
3. 调节合适档位、先试后焊、保证焊接质量。

笔记

三、制订检修计划

制订手工电弧焊横焊工艺检修计划，如表 2－2－4 所示。

表 2－2－4　制订手工电弧焊横焊工艺检修计划

<table>
<tr><td colspan="4">1. 查阅维修资料，了解车辆车身构造类型特点，分析汽车后车身横梁断裂故障的原因
2. 查阅维修手册，熟悉车辆车身构造质量规范
3. 查阅技术通报，熟练车辆后车身横梁断裂故障检修流程，制订汽车后车身横梁断裂故障检修流程</td></tr>
<tr><td rowspan="5">1. 车辆信息描述</td><td colspan="2">车　辆　描　述</td><td></td></tr>
<tr><td rowspan="3">横梁构造类型</td><td>槽　型</td><td></td></tr>
<tr><td>工字型</td><td></td></tr>
<tr><td>盒形截面组合钢梁</td><td></td></tr>
<tr><td></td><td>车身类型</td><td></td></tr>
<tr><td rowspan="8">2. 使用手工电弧焊立焊的方法</td><td>步　骤</td><td>操作要领</td><td>示　意　图</td></tr>
<tr><td></td><td></td><td rowspan="7"> 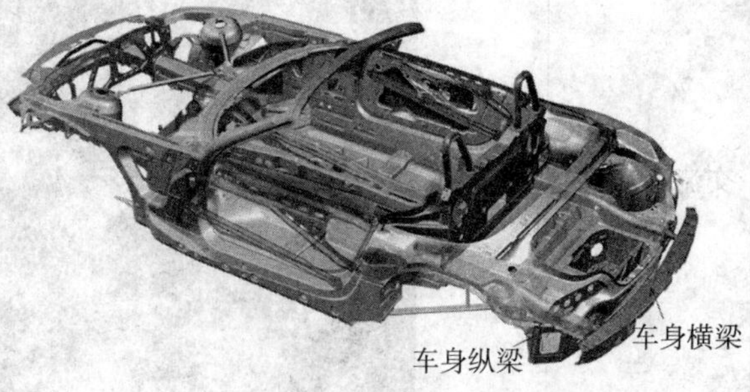车身纵梁
车身横梁</td></tr>
<tr><td></td><td></td></tr>
<tr><td></td><td></td></tr>
<tr><td></td><td></td></tr>
<tr><td></td><td></td></tr>
<tr><td></td><td></td></tr>
<tr><td></td><td></td></tr>
<tr><td>3. 汽车车身纵、横梁断裂故障原因分析，画出鱼刺图</td><td colspan="3"></td></tr>
<tr><td>4. 汽车车身横梁断裂故障检修工作准备</td><td colspan="3"> 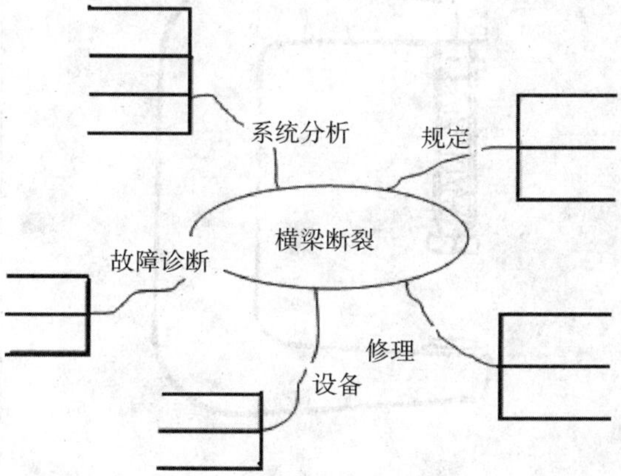系统分析
规定
横梁断裂
故障诊断
修理
设备</td></tr>
</table>

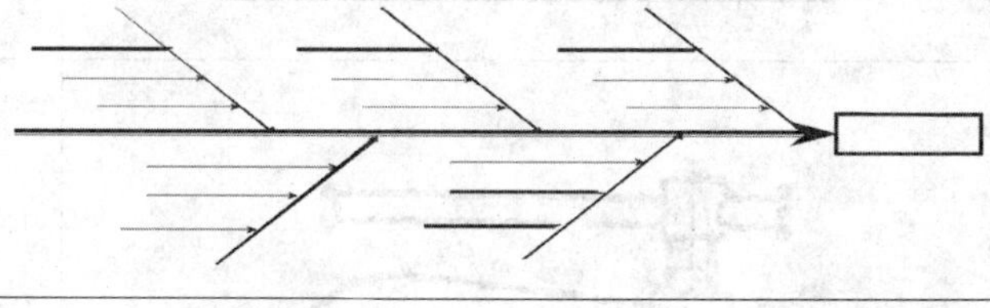

笔记

（续表）

	步 骤	检修项目	操 作 要 领	技术要求或标准	检修记录
5. 汽车车身横梁断裂故障检修流程					

名 称	示 意 图	特点应用说明
碱性焊条	见表 2-1-10	
交流电焊机		1. 电焊钳夹持电焊条，与被焊的金属板之间保持一定的距离，产生强烈电弧用于焊接 2. 电焊具有速度快、强度高、变形小、成本低的优点，在汽车钣金修理中对于非薄板类结构的焊接修理有较广泛的应用
弓形螺旋收紧夹具		有足够的夹紧力度，可定位夹紧缩小钣件之间的间隙，使两钣件紧贴，方便组焊钣金件

笔 记

（续表）

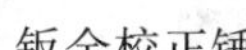 钣金校正锤		焊后锤击焊缝敲掉焊渣，也可释放周围应力使横梁、钢板矫正平直
焊钳面罩导线	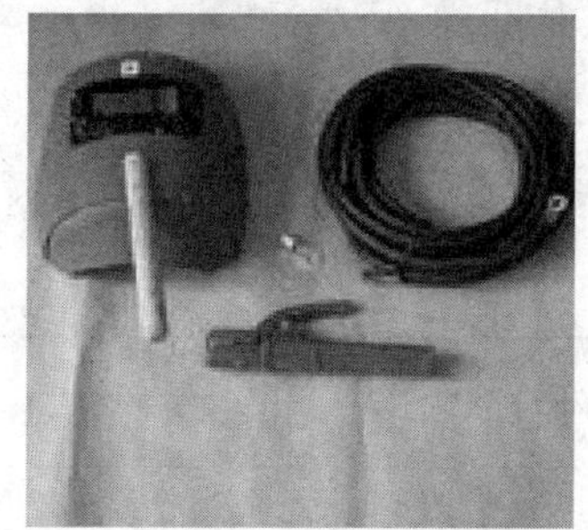	1. 检查焊钳、面罩是否损伤 2. 镜片是否裂开、模糊 3. 导线接口接线是否紧固 4. 导线保护层是否损伤裂开
车身横梁	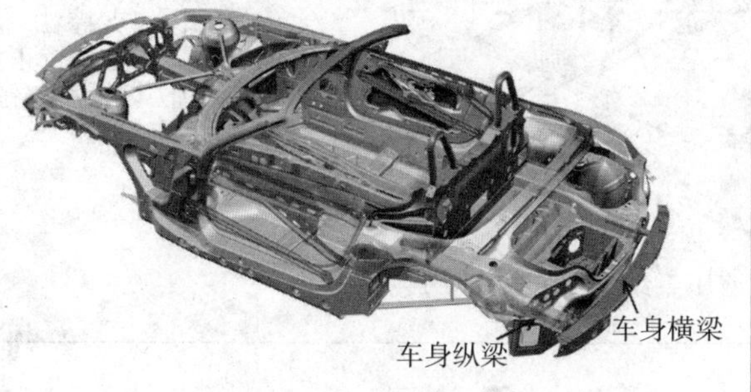	高强度车架是用槽钢或盒形截面组合钢梁制成，必须有足够强度承受汽车行驶时的各种载荷，甚至在发生碰撞时，仍能保持汽车其他部件的正常位置
后车身结构的剖面图	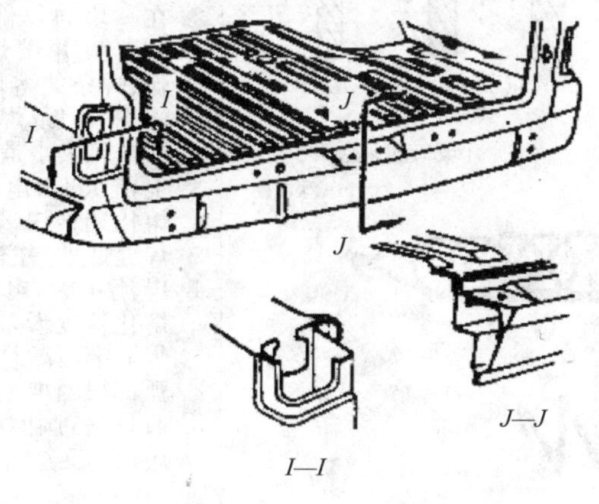	高强度车架是用槽钢或盒形截面组合钢梁制成

笔记

（续表）

防护用品	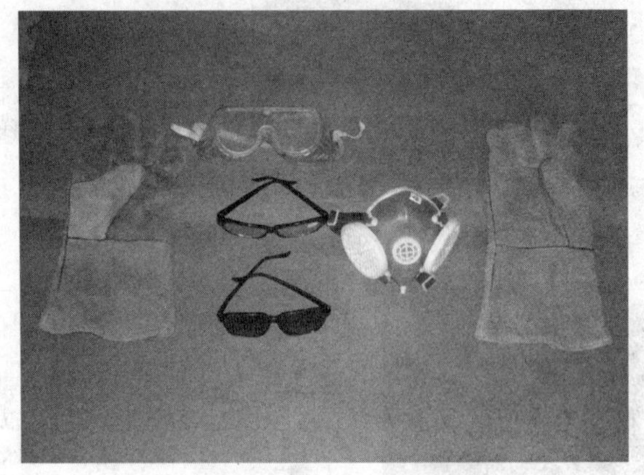	检查防护用品是否完好并符合安全标准 1. 头戴安全帽 2. 防烟尘口罩 3. 防止高分贝噪声的耳塞 4. 眼睛佩戴防护眼镜 5. 脚穿耐高温皮鞋(各种皮鞋护脚套) 6. 手戴高温绝缘手套 7. 下身穿长裤 8. 上身穿长袖上衣 9. 防紫外线面罩 10. 护脖等防护用品
气体灭火剂	见表 2-1-10	
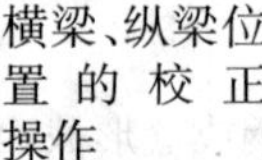 横梁、纵梁位置的校正操作	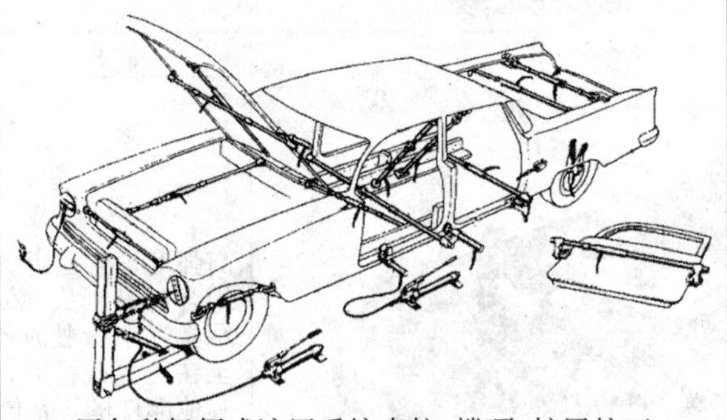 用各种轻便式液压系统牵拉、撑顶、扩展校正	牵引法、支撑法、撬杠法、牵引+支撑法、火焰校正法、热(冷)消除应力法以及手工锤击法进行校正矫平直
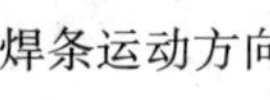 焊条运动方向	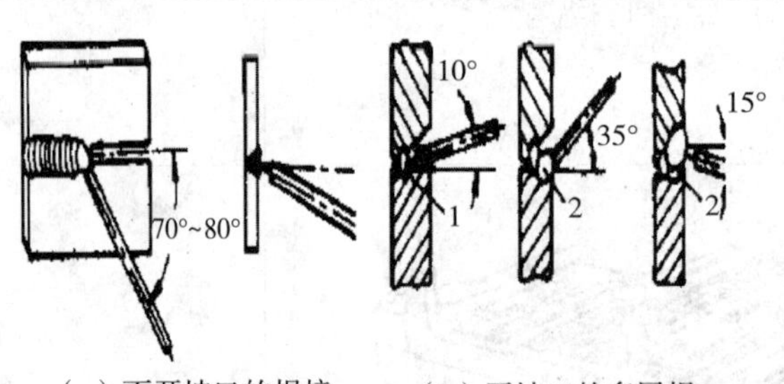 （a）不开坡口的焊接　（b）开坡口的多层焊  环形运条法 锯齿形运条法	1. 横焊时，应选用较小直径的焊条和较小的焊接电流，并采用短弧法及适当的运条法 2. 在一块与焊件等厚的钢板条上引弧并试焊一段，观察电弧、焊条的熔化速度、熔池、熔渣飞溅以及焊缝成形等，来判断电流大小是否合适 3. 电流大时，电弧吹力大，焊条熔化速度快，熔池深，飞溅大，焊缝低平，并有咬边现象 4. 电流小时，电弧吹力小，焊条熔化速度慢，熔池浅，飞溅小，焊缝窄而高且不平整，甚至引弧都很困难 5. 收尾法：画圈收尾法、后移收尾法 、反复断弧收尾法

笔记

- 实施维修作业前，必须遵守安全作业规范进行操作，操作时个人防护用品应配备，防止意外事故发生！

四、实施维修作业

项目二任务2.2的实施维修作业如表2-2-5所示。

表2-2-5 维修作业

<table>
<tr><td rowspan="3">检修交流电焊机</td><td colspan="3">当打开电开关后应检查电焊机是否运作正常。焊接前，应戴好面罩、皮手套、穿好绝缘鞋，检查焊接设备和工具是否安全。否则应更换电焊机。焊接时，要穿好绝缘鞋，并要两个操作者轮换工作，一人随时监护操作者，遇有危险迹象时，立即切断电源进行处理并确保通风设施正常工作。电弧焊时必须使用有防护玻璃的面罩，不随便更换滤光玻璃，穿白色工作服，以反射强光</td></tr>
<tr><td>检查内容</td><td>操 作 要 领</td><td>检修记录</td></tr>
<tr><td>焊机电路运作是否安全</td><td>穿好人身安全用品，调整电焊机到适当的焊接档位，手持焊钳夹紧焊条，轻敲试板点弧确保正常使用，否则应更换</td><td></td></tr>
<tr><td rowspan="3">检修碱性焊条</td><td colspan="3">检查焊条类型、牌号；焊条药皮不得开裂、剥落、潮湿和变质，焊芯不允许偏心、生锈等不良现象；应选用清洁、干燥含碳量较低及脱氧能力强的焊条。否则应更换</td></tr>
<tr><td>检查内容</td><td>操 作 要 领</td><td>检修记录</td></tr>
<tr><td>焊条能否正常使用</td><td>检查焊条焊芯有无脱掉药皮、潮湿等不良现象，否则应更换。进行引弧练习，确定电流档位是否合适，否则进行调整</td><td></td></tr>
<tr><td rowspan="3">检修弓形螺旋收紧夹具</td><td colspan="3">检查弓形螺旋收紧夹具的螺纹是否要加润滑油，有无损伤，夹具有无裂纹，保证其夹紧力度足够，方便定位夹紧钣件之间的间隙，实施作业组焊钣金件</td></tr>
<tr><td>检查内容</td><td>操 作 要 领</td><td>检修记录</td></tr>
<tr><td>检查弓形螺旋收紧夹具能否正常使用</td><td>检查弓形螺旋收紧夹具的螺纹是否要加润滑油；有无损伤，夹具有无裂纹；保证有足够的紧固功能；方便定位夹紧钣件，实施作业组焊钣金件</td><td></td></tr>
<tr><td rowspan="3">钣金锤</td><td colspan="3">当手柄有裂纹时钣金锤会飞脱伤人；锤头损伤造成修复困难；如果是锤头损伤，则需要更换</td></tr>
<tr><td>检查内容</td><td>操 作 要 领</td><td>检修记录</td></tr>
<tr><td>有无松动损伤</td><td>手柄是否裂纹，锤头是否损伤，便于锤击焊缝，敲掉焊渣、释放周围应力，使横梁与纵梁，钢板矫正平直</td><td></td></tr>
</table>

笔 记

（续表）

<table>
<tr><td rowspan="2">车身横梁、纵梁校正方法</td><td>检查内容</td><td>操 作 要 领</td><td>检修记录</td></tr>
<tr><td>是否平直没变形</td><td>采用牵引法、支撑法、撬杠法、牵引＋支撑法、火焰校正法、热(冷)消除应力法以及手工锤击法进行校正平直
观察横梁、纵梁焊缝有无裂纹，测量平面度测量平直有无扭曲变形</td><td></td></tr>
<tr><td rowspan="2">焊缝焊接</td><td>检查内容</td><td>操 作 要 领</td><td>检修记录</td></tr>
<tr><td>焊缝位置</td><td>继续平焊接后的修理，观察横梁与纵梁受伤情况，利用弓型螺旋夹具夹紧断裂处。让其恢复到正常位置上便于横焊焊接修复</td><td></td></tr>
<tr><td rowspan="2">电动（或气动）砂轮机</td><td>检查内容</td><td>操 作 要 领</td><td>检修记录</td></tr>
<tr><td>使用方法</td><td>1. 选用结构特性符合被削磨材料和削磨性质的砂轮
2. 使用时磨削速度不能高于砂轮的额定速度
3. 磨削或切割时，施力不要过大，应均匀地施力，以防砂轮破碎；作业人员应戴上防护镜
4. 手拿砂轮时应注意使其不要碰撞或磕碰坚硬的金属等物体上，砂轮应远离油脂、水或其他溶剂</td><td></td></tr>
<tr><td colspan="2">检修结论</td><td colspan="2"></td></tr>
</table>

五、检验评估

项目二任务 2.2 的检验评估如表 2－2－6 所示。

表 2－2－6　检验评估

<table>
<tr><td>检验与评价内容</td><td>检 验 指 标</td><td>权重</td><td>自评</td><td>互评</td><td>总评</td></tr>
<tr><td>维修质量检验</td><td>观察焊缝成型状态确保焊缝高宽一致、焊透均匀、有足够的强度；无气孔、凹坑、咬边、焊瘤、烧穿、熔化不透、裂纹、焊缝不直、高度宽度不均匀、熔深不够等不良现象
提示：焊缝质量必须按国标、维修行业质量标准完成修理任务</td><td></td><td></td><td></td><td rowspan="3"></td></tr>
<tr><td>检查任务完成情况</td><td>1. 能描述汽车车身结构特点，明确纵梁与横梁连接工艺的相关特点以及国标、维修行业质量标准的相关知识
2. 在小组所扮演的角色，对完成任务过程中所起作用</td><td></td><td></td><td></td></tr>
<tr><td>职业素养</td><td>1. 学习态度：积极主动参与学习
2. 团队合作：与小组成员一起分工合作，不影响学习进度
3. 现场管理：服从工位安排、执行实训室“5S”管理规定</td><td></td><td></td><td></td></tr>
</table>

任务2.3 立焊工艺

任务描述	一辆轿车在高速公路上由于碰撞导致翻下路基，造成小车后车身横梁断裂等故障；需进入维修厂进行修理。针对维修接待和车间确认意见，首先诊断与排除汽车车身横梁断裂故障，需进行手工电弧焊立焊焊接修复。在修复过程中发现横梁断裂处也需要进行立焊焊接，本任务继续来排除小车后车身横梁断裂等的故障
任务目标	1. 理解轿车车身结构连接特点以及受力情况，能分析汽车后车身横梁断裂的原因 2. 能熟练掌握电弧焊的基本原理以及手工电弧焊立焊摆动的操作方法 3. 了解金属材料与焊条分类，熟知影响焊接工艺的因素 4. 熟知普通电弧焊工艺要点以及按规范进行维修质量检验 5. 会排除焊接缺陷产生原因以及预防的措施并熟知电焊机的安全操作规范

一、维修接待

按照表 2-3-1 完成待修车辆的维修接待，并准确填写接车问诊表。

表 2-3-1 维修接待与接车问诊表

1. 通过询问客户了解车辆发生故障情况，填写接车问诊表
2. 车间检测初步确认结果及主要故障零部件

接 车 问 诊 表

车牌号：________ 车架号：________ 行驶里程：________(km)

用户名：________ 电　话：________ 来店时间：　　/

用户陈述及故障发生时的状况：**一辆轿车在高速公路上由于碰撞导致翻下路基，造成后车身横梁上断裂等故障需焊接修复，必须进入维修厂进行修理**

故障发生状况提示：**行驶速度、发动机状态、发生频度、发生时间、部位、天气、路面状况、声音描述**

接车员检测确认建议：**需对后车身进行维修**

车间检测确认结果及主要故障零部件：**需排除后车身故障，必要时需更换后车身附件**

车间检查确认者：________

外观确认：	功能确认：(工作正常✓　不正常×) □音响系统　□门锁(防盗器)　□全车灯光　□工具 □后视镜　□顶窗　□座椅　□护杠 □玻璃升降器　□玻璃　□车门
(请在有缺陷部位作标识)	物品确认：(有✓　无×) □贵重物品提示 □工具　□备胎　□灭火器 □其他(　　　　) 旧件是否交还用户　□是　□否 用户是否需要洗车　□是　□否 F　E

· 检测费说明：本次检测的故障如用户在本店维修，检测费包含在修理费用内；如用户不在本店维修，请您支付检测费。本次检测费：¥________元。

· 贵重物品：在将车辆交给我店检查修理前，已提示将车内贵重物品自行收起并保存好，如有遗失恕不负责。

接车员：________ 用户确认：________

笔记

二、信息收集与处理

按照表 2-3-2 完成任务 2.1 的信息收集与处理。

表 2-3-2　信息收集与处理

<table>
<tr><td>1. 分析</td><td>小车碰撞侧翻后已进行平焊、横焊焊接，但又发现车身横梁与纵梁断裂后还需要手工电弧焊立焊焊接修理。经过分析车身横梁与纵梁的材质类型为：高强度抗拉钢板结构，车架横梁与纵梁是用槽钢或盒形截面组合钢梁制成，其横截面结构如下图所示
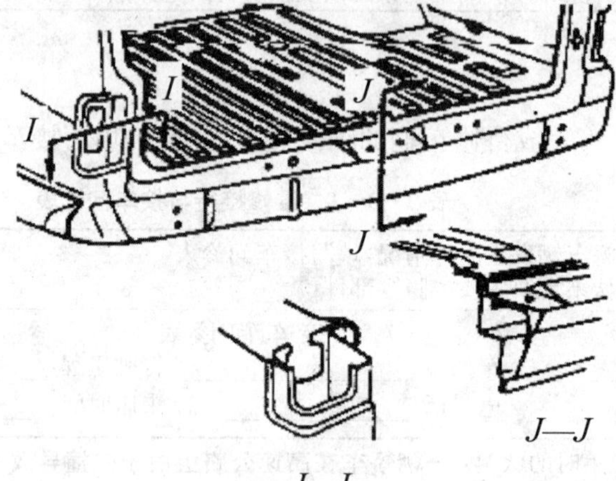

横截面结构（横梁 J—J. 纵梁 I—I）</td></tr>
<tr><td>2. 立焊工艺</td><td>1) 引弧：用焊条芯近似垂直角度约 70～80°左右与工件接触产生电弧。常用敲击法和摩擦法两种
(1) 直击法是将焊条垂直于焊件进行碰触，然后迅速将焊条提起并与焊件保持 3～4mm 左右的距离向上慢慢移动，即可产生电弧。这种引弧方法大多用在焊接处地方狭窄或焊件垂直表面不允许有擦伤的情况下，如下图(a)所示
(2) 划擦法：将焊条在焊件上下轻轻划擦一下（划擦长度约为 20mm），然后与焊件保持 3～4mm 左右的距离向上慢慢移动，即可产生电弧，如下图(b)所示
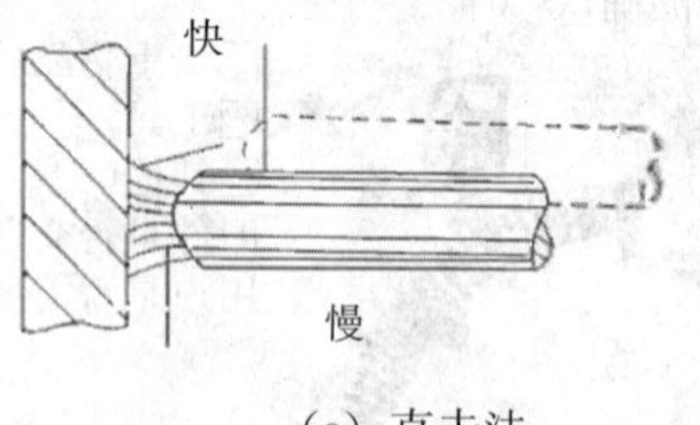

(a) 直击法
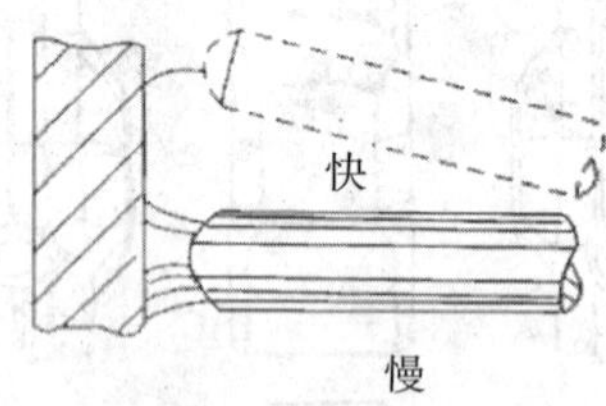

(b) 划擦法
2) 立焊焊接技术
(1) 立焊：选小直径和小电流压弧施焊，焊条约 90°由下而上如下图所示。方法有跳弧法和灭弧法两种
(2) 向下立焊法：只适合薄板和不甚重要结构的焊接。采用较大焊条，后倾 30°直线运条法，尽量避免横向摆动（如直流焊机采用反接法），如下图所示</td></tr>
</table>

笔记

（续表）

2. 立焊工艺	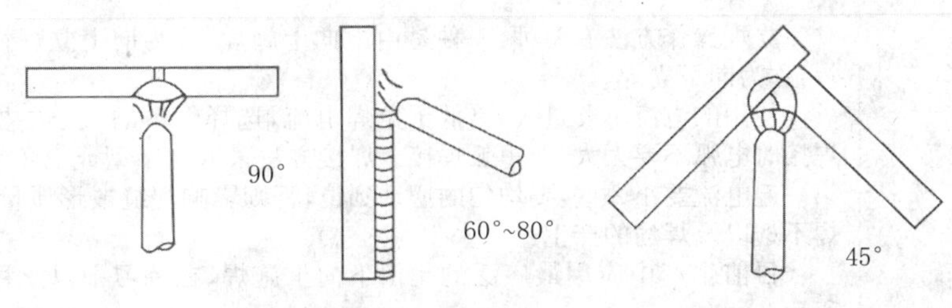 立焊法 ① 立焊时，由于重力作用，熔化的金属容易下淌，难以形成良好的焊缝。采取自下向上的焊接方法并配合适当的操作手法可以获得满意的焊接效果 ② 立焊引弧点一般选在焊缝最低处。引弧后，焊条沿焊缝方向做小范围的上下摆动。焊条向上移动时，焊条末端没有熔滴；向下移动时产生熔滴；当熔滴开始流淌时，焊条上移，使熔滴冷却，起到对后一个熔滴的撑托作用。如此往复，一滴一滴熔化金属依次形成并冷却成为自下而上的一道良好的立焊缝。立焊时，不允许由上向下焊接
3. 立焊操作的保护	措施如下图所示。 (1) 头戴安全帽 (2) 防烟尘口罩 (3) 防止高分贝噪声耳塞 (4) 眼睛佩戴保护眼镜 (5) 脚穿高温皮鞋(各种皮鞋护脚套) (6) 手戴高温绝缘手套 (7) 下身穿全尺寸长裤 (8) 上身穿长袖上衣 (9) 防紫外线面罩 (10) 护脖等防护用品 焊工职业病的发生主要取决于以下因素：焊接烟尘和气体的浓度与性质及其污染程度；焊工接触有害污染的机会和持续时间；焊工个体体质与个人防护状况；焊工所处生产环境的优劣以及各种有害因素的相互作用 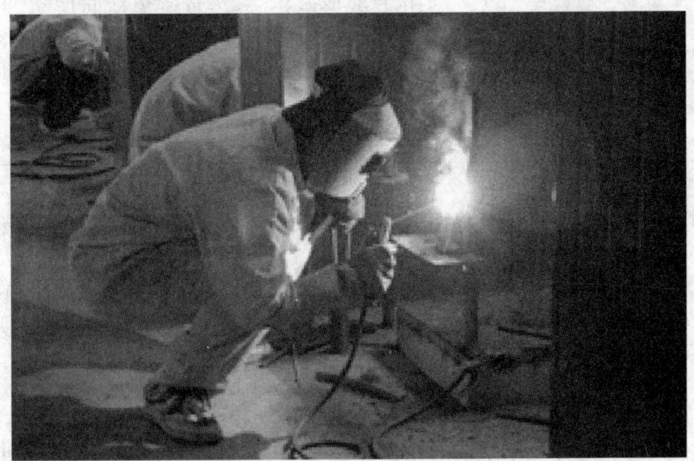 立焊操作的保护

笔记

(续表)

<table>
<tr><td rowspan="4">4. 立焊的操作规程</td><td colspan="2">立焊操作方法有两种:一种是由下向上施焊,称为向上立焊;另一种是由上向下施焊,称为向下立焊
使用的电流不要过大,略低于角焊电流,选择焊条的大小要根据焊件的厚度而定。焊接时电弧不要太大,要短弧焊接。焊接方法采取之字型或三角型。如果是多层焊接,第一遍电流要小一些,要均匀的摆动到位,否则影响焊缝成形质量,会导致咬边、夹渣或焊不透以及焊瘤的产生
目前生产中应用最广泛的是由下向上施焊,在练习中以此种方法为重点,如下表所示
立焊分类与操作方法</td></tr>
<tr><td>立 焊</td><td>操 作 要 领</td></tr>
<tr><td>向上立焊</td><td>(1) 焊接时应选用较小直径的焊条(2.5～4mm),较小的焊接电流(比平时接焊小10%～15%),这样熔池体积小,冷却凝固快,可以减少和防止熔化金属下淌
(2) 采用短弧焊接,电弧长度不大于焊条直径,利用电弧吹力托住熔池,同时短弧操作利于熔滴过渡
(3) 焊条工作角度为90°,前倾角为－10～－30°,即焊条向焊接移动的反方向倾斜,这样电弧吹力对熔池产生向上的推力,防止熔化金属下淌
(4) 为便于右手操作和观察熔池情况,焊工身体不要正对焊缝,要略向左偏</td></tr>
<tr><td>向下立焊</td><td>向下立焊法只适用于薄板和不甚重要结构的焊接,因向下立焊比向上立焊熔化金属及熔渣更易下坠,焊缝易产生夹渣和气孔等缺陷。向下立焊法的特点是焊接速度快,熔深浅,熔宽窄,不易烧穿,焊缝成形美观,操作简单,但需要熟练掌握操作技巧。其操作要点如下:
(1) 焊接电流应适中,保证熔合良好
(2) 焊接时,使焊条垂直于焊件表面用直击法引弧,运条采用较大焊条前倾角,约为30°～40°,利用电弧吹力托住熔池,防止熔池下淌
(3) 采用直线形运条法,尽量避免横向摆动,但有时也可稍作横向摆动,以利于焊缝两侧与母材熔合良好。向下立焊法最好使用熔渣粘度较大的向下立焊专用焊条。除使用交流焊接电源外,普通直流弧焊电源都应使用直流反接法焊接</td></tr>
<tr><td>5. 检验</td><td colspan="2">焊接缺陷及焊缝检验方法缺陷主要表现为焊接尺寸不对、裂纹、咬边、夹渣、焊瘤、气孔、未焊透、烧穿等
在立焊过程中,焊接熔池中的液态金属在重力的作用下,很容易下淌。如熔池的形状为桃形,会使焊缝中间凹起,两侧咬边。尤其多层焊的填充焊道与坡口面所形成的夹角,导致清理熔渣困难,很容易形成夹渣、未焊透等焊接缺陷。所以,立焊、仰焊的关键是控制熔池金属,在施焊的过程中除了选用合适的焊接电流外,要通过运条节奏的控制(即焊条在焊缝中间运条应稍快,两侧稍作停顿)始终保持熔池形状为椭圆形或圆形,使每个熔池的下部边缘平直、两侧饱满、宽度一致、厚度均匀,从而获得良好的焊缝形状</td></tr>
</table>

笔记

案　例

一辆北京现代轿车发生追尾事故，造成前护杠支架脱焊需要手工电弧焊立焊焊接修理，在修理过程中，焊缝出现夹渣、焊不透现象影响了焊接质量。

查明其原因为：

1. 焊前坡口没清理干净，有油污和泥土等杂物。
2. 维修人员没经过专业培训，焊接技术不过关。
3. 焊前没调试好焊机档位等。

排除方法：掌握好焊接专业技术，焊接前做好清洁和试焊准备，确保焊接质量。

三、制订检修计划

制订手工电弧焊立焊工艺检修计划，如表 2-3-3 所示。

表 2-3-3　手工电弧焊立焊工艺检修计划

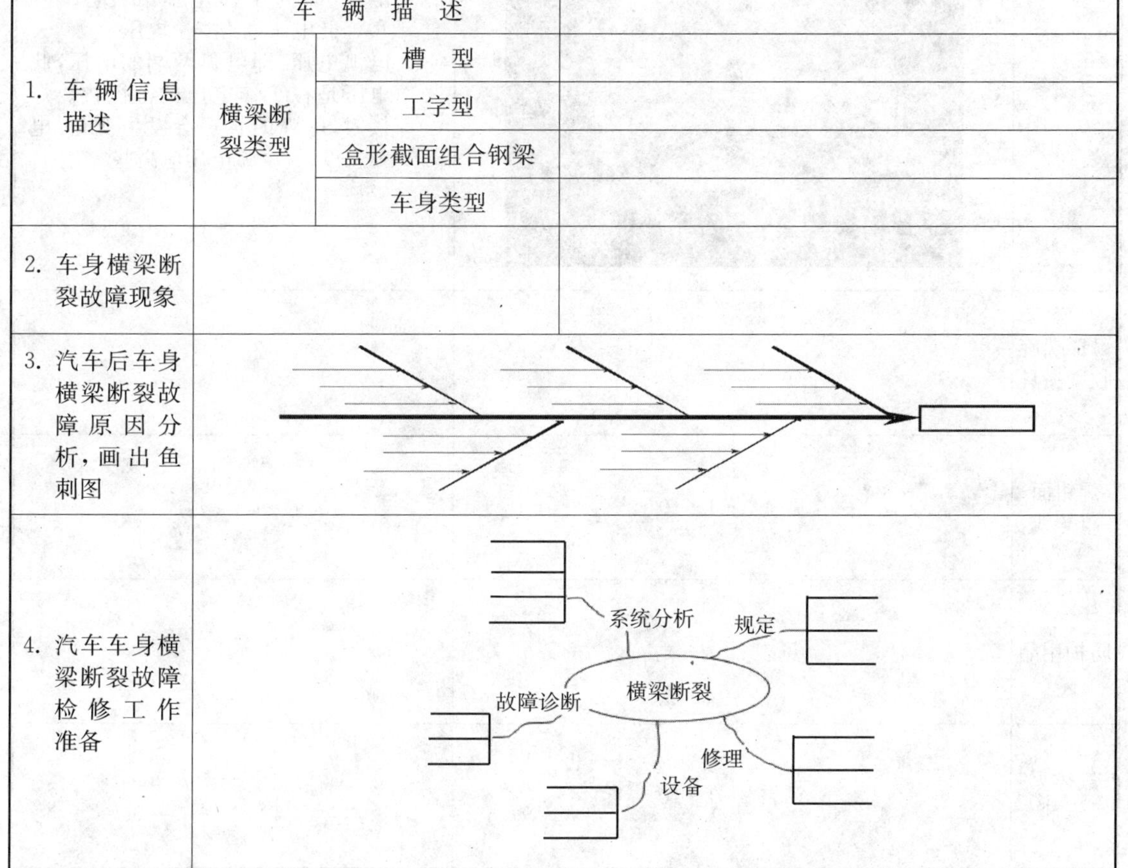

1. 查阅维修资料，了解车辆车身构造类型特点，分析汽车后车身横梁断裂故障的原因 2. 查阅维修手册，熟悉车辆车身构造质量规范 3. 查阅技术通报，熟练车辆后车身横梁断裂故障检修流程，制定汽车后车身横梁断裂故障检修流程			
1. 车辆信息描述	车　辆　描　述		
	横梁断裂类型	槽　型	
		工字型	
		盒形截面组合钢梁	
		车身类型	
2. 车身横梁断裂故障现象			
3. 汽车后车身横梁断裂故障原因分析，画出鱼刺图			
4. 汽车车身横梁断裂故障检修工作准备	系统分析 规定 横梁断裂 故障诊断 修理 设备		

笔记

（续表）

	步骤	检修项目	操作要领	技术要求或标准	检修记录
5. 汽车车身横梁断裂					

名称	示意图	特点应用说明
碱性焊条	见表 2-1-10	
交流电焊机		立焊时电焊机的工作电压的调节，除了一次的220/380电压变换，二次线圈也有抽头可变换电压，同时还有用铁芯来调节的，可调铁芯的进入多少来分流磁路，进入越多，焊接电压越低 (1) 工作电压：焊接起弧以后，要求电压能自动下降到电弧正常工作所需的电压，即为工作电压，约为20～40V，此电压也为安全电压 (2) 电弧电压：即电弧两端的电压，此电压是在工作电压的范围内。焊接时，电弧的长短会发生变化：电弧长度长，电弧电压应高些
弓形螺旋收紧夹具	见表 2-2-4	
焊钳面罩导线	见表 2-1-10	
防护用品	见表 2-2-4	
气体灭火剂	见表 2-1-10	

笔记

（续表）

钣金校正锤	见表 2-2-4	
车身横梁	见表 2-2-4	
后车身结构的剖面图	见表 2-2-4	
横梁纵梁位置的校正操作	见表 2-2-4	
焊条运动方向	90°　60°~80°　45° 焊条运条角度 月牙形运条法　三角形运条法	立焊可以采用断弧焊法和连弧焊法 （1）断弧焊法可以采用的电流相对大些，不容易出现问题。但是效率比较低。如果焊缝较宽可以适当摆动再断弧 （2）连弧焊法采用相对小一些的电流。左右摆动依次往上焊接（有一种方法是从上往下焊的，不常见） （3）月牙形运条法是焊条末端做月牙形左右连续摆动的前移运动，并在两边转折点处稍停片刻的运条方法 （4）三角形运条法分为正三角形运条法和斜三角形运条法两种

- 在拉伸矫正过程中必须遵守车身校正原则：按照先长度校正，再倾斜校正，最后高度校正的顺序进行。

笔记

四、实施维修作业

项目二任务 2.3 的实施维修作业如表 2-3-4 所示。

表 2-3-4　维修作业

<table>
<tr><td rowspan="3">检修交流电焊机</td><td colspan="3">当打开电开关后应检查电焊机是否运作正常。焊接前,应戴好面罩、皮手套、绝缘鞋,检查焊接设备和工具是否安全。否则应更换电焊机。焊接时,要穿好绝缘鞋,并要两个操作者轮换工作,一人随时监护操作者,遇有危险迹象时,立即切断电源进行处理并确保通风设施正常工作。电弧焊时必须使用有防护玻璃的面罩,不随便更换滤光玻璃,穿白色工作服,以反射强光</td></tr>
<tr><td>检查内容</td><td>操　作　要　领</td><td>检修记录</td></tr>
<tr><td>焊机电路运作是否安全</td><td>穿好安全用品,调整电焊机到适当的焊接档位,手持焊钳夹紧焊条,轻敲试板点弧确保正常使用,否则应更换</td><td></td></tr>
<tr><td rowspan="3">检修碱性焊条</td><td colspan="3">检查焊条类型、牌号;焊条药皮不得开裂、剥落、潮湿和变质,焊芯不允许偏心、生锈等不良现象;应选用清洁、干燥含碳量较低及脱氧能力强的焊条。否则应更换</td></tr>
<tr><td>检查内容</td><td>操　作　要　领</td><td>检修记录</td></tr>
<tr><td>焊条能否正常使用</td><td>检查焊条焊芯有无脱掉药皮、潮湿等不良现象,否则应更换。进行引弧练习,确定电流档位是否合适,否则进行调整</td><td></td></tr>
<tr><td rowspan="3">检修弓形螺旋收紧夹具</td><td colspan="3">检查弓形螺旋收紧夹具的螺纹是否要加润滑油,有无损伤,夹具有无裂纹,保证其夹紧力度足够,方便定位夹紧钣件之间的间隙,实施作业组焊钣金件</td></tr>
<tr><td>检查内容</td><td>操　作　要　领</td><td>检修记录</td></tr>
<tr><td>检查弓形螺旋收紧夹具能否正常使用</td><td>检查弓形螺旋收紧夹具的螺纹是否要加润滑油;有无损伤,夹具有无裂纹;保证其有足够的紧固功能;方便定位夹紧钣件,实施作业组焊钣金件</td><td></td></tr>
<tr><td rowspan="3">钣金锤</td><td colspan="3">当手柄有裂纹时钣金锤会飞脱伤人;锤头损伤造成修复困难;如果是锤头损伤,则需要更换</td></tr>
<tr><td>检查内容</td><td>操　作　要　领</td><td>检修记录</td></tr>
<tr><td>有无松动损伤</td><td>手柄是否裂纹、锤头是否损伤、便于锤击焊缝、敲掉焊渣、释放周围应力、使横梁与纵梁、钢板矫正平直</td><td></td></tr>
<tr><td rowspan="2">车身横梁与纵梁的校正</td><td>检查内容</td><td>操　作　要　领</td><td>检修记录</td></tr>
<tr><td>是否平直没变形</td><td>采用牵引法、支撑法、撬杠法、牵引+支撑法、火焰校正法、热(冷)消除应力法以及手工锤击法进行校正平直
观察横梁纵梁焊缝有无裂纹,测量平面度测量平直有无扭曲变形</td><td></td></tr>
<tr><td>焊缝焊接</td><td>断裂情况</td><td colspan="2">继续横焊焊接后的修理,观察横梁与纵梁受伤情况,利用弓型螺旋夹具夹紧断裂处,让其恢复到正常位置上便于立焊焊接修复</td></tr>
<tr><td colspan="2">检修结论</td><td colspan="2"></td></tr>
</table>

笔记

五、检验评估

项目二任务 2.3 的检验评估如表 2-3-5 所示。

表 2-3-5　检验评估

检验与评价内容	检验指标	权重	自评	互评	总评
维修质量检验	观察焊缝成型状态确保焊缝高宽一致、焊透均匀、有足够的强度;无气孔、凹坑、咬边、焊瘤、烧穿、熔化不透、裂纹、焊缝不直、高度宽度不均匀、熔深不够等不良现象 提示:焊缝质量必须按国标、维修行业质量标准完成修理任务				
检查任务完成情况	1. 能描述汽车车身结构特点,明确纵梁与横梁连接工艺的相关特点以及国标、维修行业质量标准的相关知识 2. 在小组所扮演的角色,对完成任务过程中所起作用				
职业素养	1. 学习态度:积极主动参与学习 2. 团队合作:与小组成员一起分工合作,不影响学习进度 3. 现场管理:服从工位安排、执行实训室"5S"管理规定				

任务 2.4　仰焊工艺

任务描述	一辆轿车在高速公路上由于碰撞导致翻下路基,造成小车后车身横梁断裂等故障;需进入维修厂进行修理。针对维修接待和车间确认意见,首先诊断与排除汽车车身横梁断裂故障,需进行手工电弧焊仰焊焊接修复。在修复过程中发现横梁断裂处也需要进行仰焊焊接,本任务继续来排除小车后车身横梁断裂等的故障
任务目标	1. 理解轿车车身结构连接特点以及受力情况,能分析汽车后车身横梁断裂的原因 2. 能熟练掌握电弧焊的基本原理以及手工电弧焊仰焊摆动的操作方法 3. 了解金属材料与焊条分类,熟知影响焊接工艺的因素 4. 熟知普通电弧焊工艺要点以及按规范进行维修质量检验 5. 会排除焊接缺陷产生原因以及预防的措施并熟知电焊机的安全操作规范

一、维修接待

按照表 2-4-1 完成待修车辆的维修接待,并准确填写接车问诊表。

笔记

表 2-4-1 维修接待与接车问诊表

1. 通过询问客户了解车辆发生故障情况，填写接车问诊表
2. 车间检测初步确认结果及主要故障零部件

接 车 问 诊 表

车牌号：________ 车架号：________ 行驶里程：________(km)

用户名：________ 电 话：________ 来店时间：____/____

用户陈述及故障发生时的状况：**一辆轿车在高速公路上由于碰撞导致翻下路基，造成后车身横梁上断裂等故障需焊接修复，必须进入维修厂进行修理**

故障发生状况提示：**行驶速度、发动机状态、发生频度、发生时间、部位、天气、路面状况、声音描述**

接车员检测确认建议：**需对后车身进行维修**

车间检测确认结果及主要故障零部件：**需对后车身故障与排除，必要时需更换后车身附件**

车间检查确认者：________

外观确认：

(请在有缺陷部位作标识)

功能确认：(工作正常✓ 不正常×)

□音响系统 □门锁(防盗器) □全车灯光 □工具
□后视镜 □顶窗 □座椅 □护杠
□玻璃升降器 □玻璃 □车门

物品确认：(有✓ 无×)

F E

□贵重物品提示
□工具 □备胎 □灭火器
□其他(　　　　　)
旧件是否交还用户 □是 □否
用户是否需要洗车 □是 □否

· 检测费说明：本次检测的故障如用户在本店维修，检测费包含在修理费用内；如用户不在本店维修，请您支付检测费。本次检测费：￥________元。

· 贵重物品：在将车辆交给我店检查修理前，已提示将车内贵重物品自行收起并保存好，如有遗失恕不负责。

接车员：________ 用户确认：________

笔 记

- 车辆的维修接待，必须仔细询问顾客车辆故障的原因，细心观察车辆除事故范围外的损伤情况，并注明以防纠纷产生；对车内贵重物品妥善保存或要求顾客自行处理，为维修作业做好必要的准备，如实准确地填写接车问诊表。

二、信息收集与处理

按照表 2-4-2 完成任务 2.4 的信息收集与处理。

表 2-4-2 信息收集与处理

1. 分析	小车碰撞侧翻后已进行平焊、横焊以及立焊的焊接，但又发现车身横梁与纵梁断裂后还需要手工电弧焊仰焊焊接修理 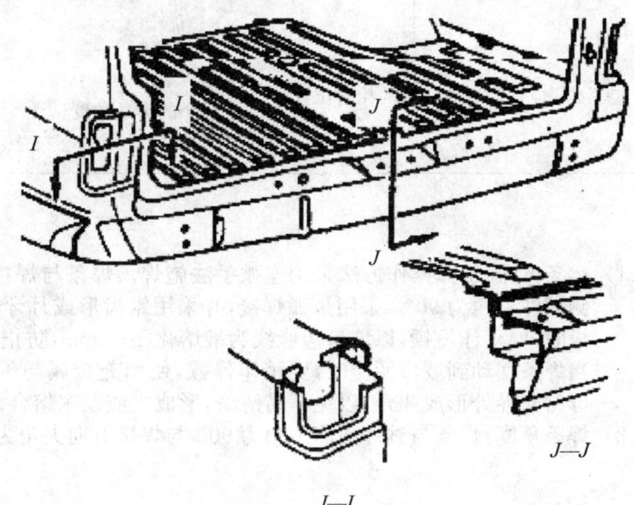 经过分析车身横梁与纵梁的材质类型为：高强度抗拉钢板结构，车架横梁与纵梁是用槽钢或盒形截面组合钢梁制成，如上图所示其横截面结构（横梁 $J-J$，纵梁 $I-I$） 车身损坏件的材质类型：高强度车架横梁是用槽钢或盒形截面组合钢梁制成
2. 仰焊工艺	1）引弧 用焊条芯近似垂直角度约 75°～85°左右与工件接触产生电弧。常用敲击法和摩擦法两种 （1）直击法是将焊条垂直于焊件进行碰触，然后迅速将焊条提起并与焊件保持 3～4mm 左右的距离向左、右慢慢移动，即可产生电弧。这种引弧方法大多用在焊接处地方狭窄或焊件垂直表面不允许有擦伤的情况下，如下左图所示 （2）划擦法：将焊条在焊件左、右轻轻划擦一下（划擦长度约为 20mm），然后与焊件保持 3～4mm 左右的距离向左、右慢慢移动，即可产生电弧，如下右图所示

笔记

（续表）

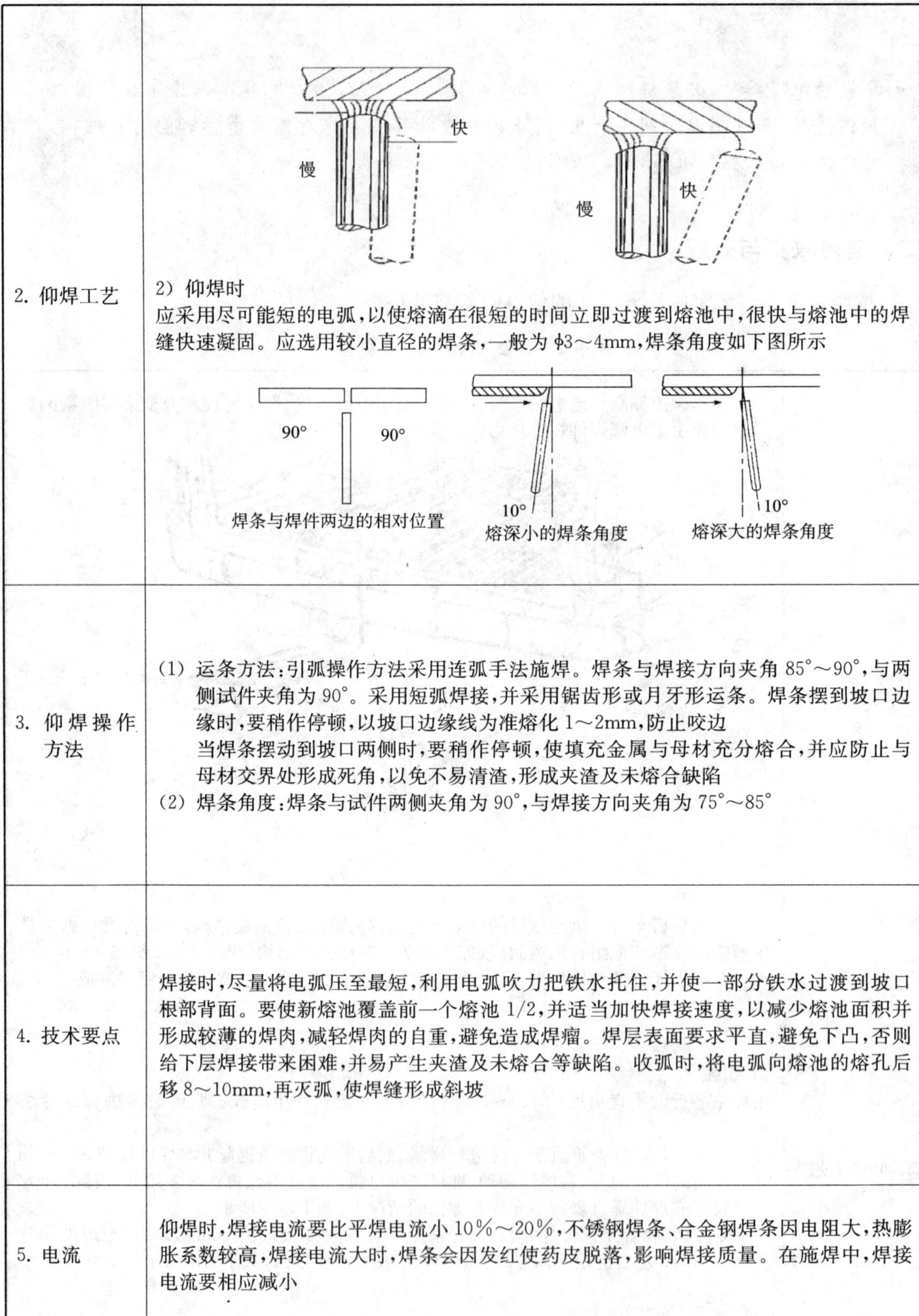

2. 仰焊工艺	2）仰焊时 应采用尽可能短的电弧，以使熔滴在很短的时间立即过渡到熔池中，很快与熔池中的焊缝快速凝固。应选用较小直径的焊条，一般为 ϕ3～4mm，焊条角度如下图所示 焊条与焊件两边的相对位置　熔深小的焊条角度　熔深大的焊条角度
3. 仰焊操作方法	（1）运条方法：引弧操作方法采用连弧手法施焊。焊条与焊接方向夹角 85°～90°，与两侧试件夹角为 90°。采用短弧焊接，并采用锯齿形或月牙形运条。焊条摆到坡口边缘时，要稍作停顿，以坡口边缘线为准熔化 1～2mm，防止咬边 当焊条摆动到坡口两侧时，要稍作停顿，使填充金属与母材充分熔合，并应防止与母材交界处形成死角，以免不易清渣，形成夹渣及未熔合缺陷 （2）焊条角度：焊条与试件两侧夹角为 90°，与焊接方向夹角为 75°～85°
4. 技术要点	焊接时，尽量将电弧压至最短，利用电弧吹力把铁水托住，并使一部分铁水过渡到坡口根部背面。要使新熔池覆盖前一个熔池 1/2，并适当加快焊接速度，以减少熔池面积并形成较薄的焊肉，减轻焊肉的自重，避免造成焊瘤。焊层表面要求平直，避免下凸，否则给下层焊接带来困难，并易产生夹渣及未熔合等缺陷。收弧时，将电弧向熔池的熔孔后移 8～10mm，再灭弧，使焊缝形成斜坡
5. 电流	仰焊时，焊接电流要比平焊电流小 10%～20%，不锈钢焊条、合金钢焊条因电阻大，热膨胀系数较高，焊接电流大时，焊条会因发红使药皮脱落，影响焊接质量。在施焊中，焊接电流要相应减小

笔 记

(一) 焊接注意事项

1. 把焊缝上的油、锈、污清理干净。
2. 点焊焊接电流一定要适当。
3. 焊接角度要对，一般为70°～80°左右。
4. 点打低层采用断弧焊接，保证第一层焊接平整。
5. 点断弧操作时停留时间不要太久，基本停留1s左右断弧。
6. 点如果焊缝采用开V型破口，而且使用碱性焊条焊接，请把极性改成直流正接打底，焊接时把焊条顶到破口最深处，移动时短停留，高频率。
7. 打底焊接时注意事项：

(1) 打底层焊道要细而均匀，外形平缓，避免焊缝中间过分下坠。否则，容易给第二层焊缝造成夹渣或未熔合等缺陷。

(2) 应仔细清理每层焊缝的飞溅和熔渣。

(3) 表面层焊接速度要均匀一致，控制好焊缝高度和宽度，并保持一致。

8. 对接仰焊时，为达到质量标准，可分多层焊缝打底其操作工艺参数，如表2-4-3所示。

案 例

一台五十铃货车由于长期载货造成大梁发生断裂，差点造成翻车事故。在进入维修厂焊接修理过程中，焊接焊缝出现气孔、夹渣现象。

查明其原因为：

1. 维修焊工焊接技术差，没有经过专业培训。
2. 观察分析：焊缝打底没焊好，焊逢表面药皮未清干净造成气孔、夹渣。
3. 底层没焊透，电流太小。

排除方法：焊前坡口清理干净。提高焊接技术，调整合适电流，做好焊接底层工作，确保维修质量。

表2-4-3　仰焊打底层工艺参数

焊接层次	焊条直径/mm	焊接电流/A
打底焊(第一层)	2.5	80～90
填充层(第二、三层)	3.2	115～130

笔 记

（二）焊接缺陷分析

焊接由于起焊时最容易产生凹坑、未焊透、夹渣、气孔等多种缺陷，在焊接仰焊处的接头时，应把先焊的焊缝端头用角向砂轮或錾子去掉 5～8mm 并形成斜坡，以保证接头处的焊接质量。在坡口内引弧，将电弧拉至斜坡后端开始焊接。这时切勿灭弧，当运条至中心线时必须将焊条用力向上顶熔化根部。

（三）质量检验标准

1. 焊缝表面：不得有裂纹、夹渣、焊瘤、烧穿、弧坑、咬边、未焊满、电弧擦伤等缺陷。

2. 焊缝外观：焊缝外形均匀，焊道与焊道、焊道与基本金属之间过渡平滑，焊渣和飞溅物清除干净。

三、制订检修计划

制订手工电弧焊仰焊工艺的检修计划如表 2-4-4 所示。

表 2-4-4　手工电弧焊仰焊工艺检修计划

<table>
<tr><td colspan="4">1. 查阅维修资料，了解车辆车身构造类型特点，分析汽车后车身横梁断裂故障的原因
2. 查阅维修手册，熟悉车辆车身构造质量规范
3. 查阅技术通报，熟练车辆后车身横梁断裂故障检修流程，制定汽车后车身横梁断裂故障检修流程</td></tr>
<tr><td rowspan="5">1. 车辆信息描述</td><td colspan="2">车　辆　描　述</td><td></td></tr>
<tr><td rowspan="4">横梁断裂类型</td><td>槽　型</td><td></td></tr>
<tr><td>工字型</td><td></td></tr>
<tr><td>盒形截面组合钢梁</td><td></td></tr>
<tr><td>车身类型</td><td></td></tr>
<tr><td>2. 车身横梁断裂故障现象描述</td><td colspan="2"></td><td></td></tr>
<tr><td>3. 汽车后车身横梁断裂故障原因分析，画出鱼刺图</td><td colspan="3">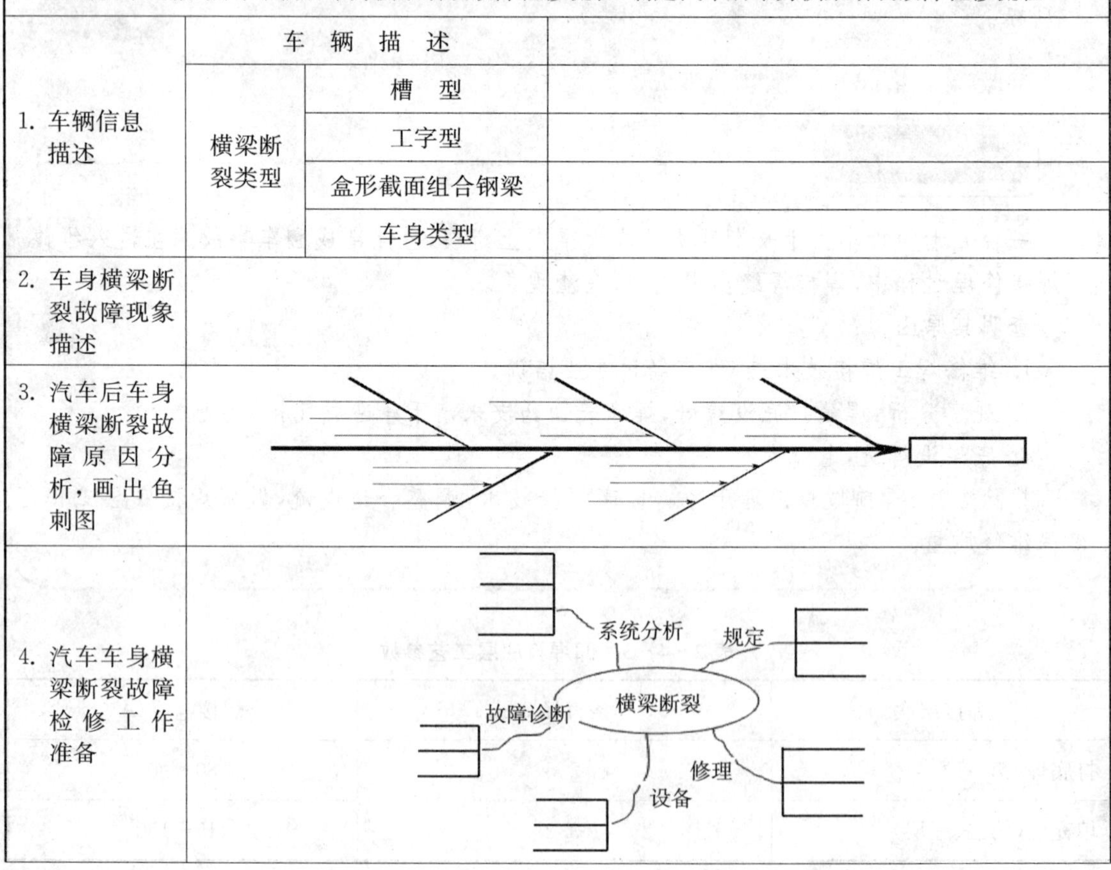</td></tr>
<tr><td>4. 汽车车身横梁断裂故障检修工作准备</td><td colspan="3"></td></tr>
</table>

（续表）

5. 汽车车身横梁断裂故障检修流程	步骤	检修项目	操 作 要 领	技术要求或标准	检修记录

名 称	示 意 图	特点应用说明
碱性焊条	见表 2-1-10	
弓形螺旋收紧夹具	见表 2-2-4	
交流电焊机	 BX1-250交流弧焊机 焊接输出	1. 仰焊时，焊接电流要比平焊电流小 10%～20% 2. 在施焊中，焊接电流要相应减小 3. 其余各条见表 2-3-3
焊钳面罩导线	见表 2-1-10	
钣金校正锤	见表 2-2-4	
车身横梁	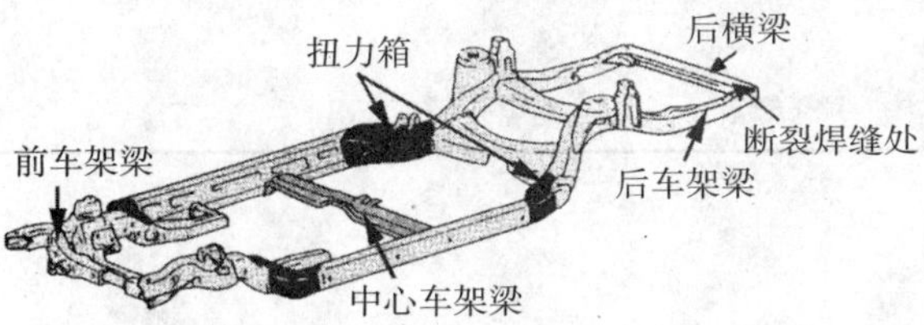 扭力箱 后横梁 断裂焊缝处 前车架梁 后车架梁 中心车架梁	高强度车架是用槽钢或盒形截面组合钢梁制成，必须有足够强度承受汽车行驶时的各种荷载，甚至在发生碰撞时，仍能保持汽车其他部件的正常位置以及乘客安全

笔记

（续表）

后车身结构的剖面图	见表 2-2-4	
横梁纵梁位置的校正操作	见表 2-2-4	
气体灭火剂	见表 2-1-10	
焊条运动方向	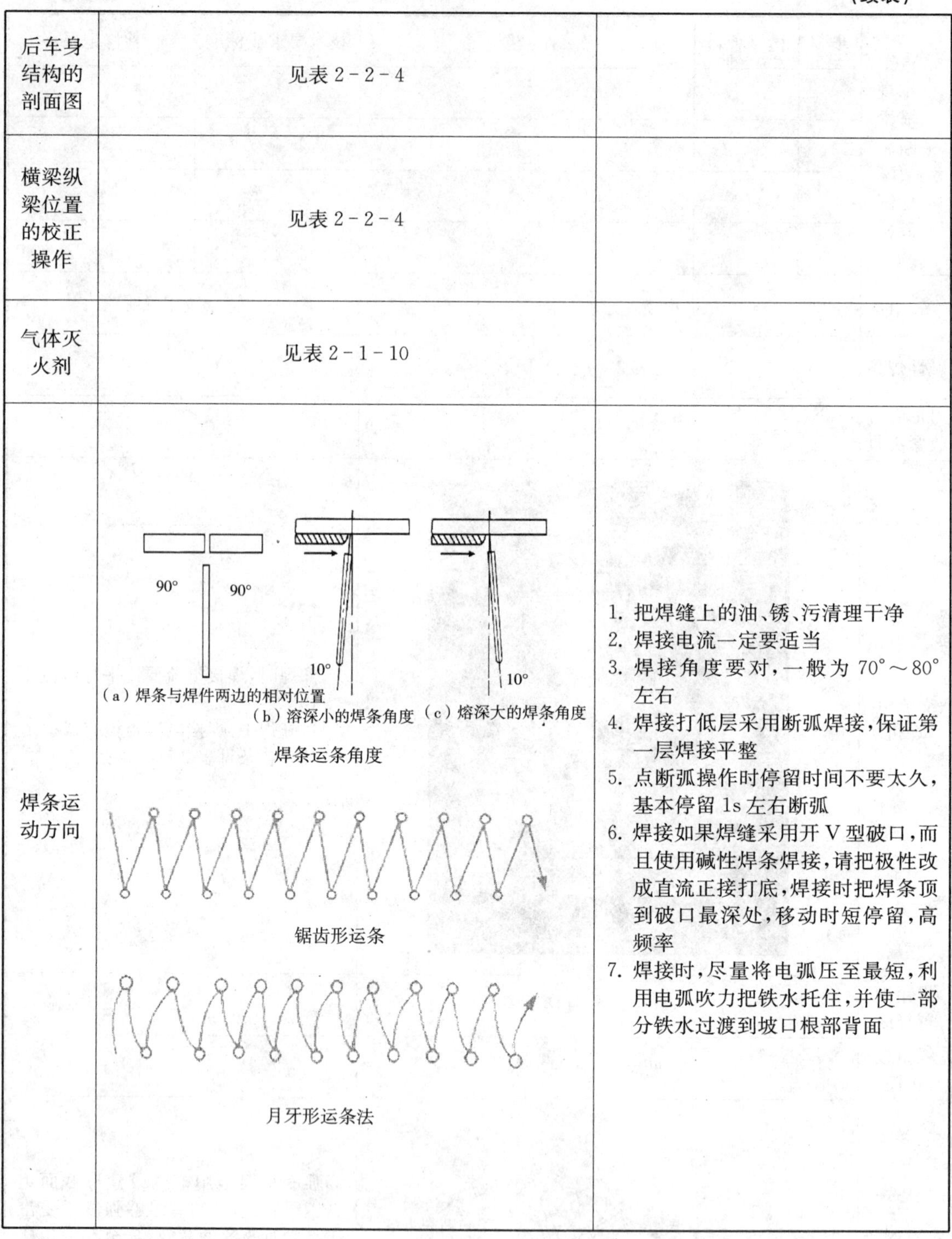 （a）焊条与焊件两边的相对位置 （b）溶深小的焊条角度 （c）熔深大的焊条角度 焊条运条角度 锯齿形运条 月牙形运条法	1. 把焊缝上的油、锈、污清理干净 2. 焊接电流一定要适当 3. 焊接角度要对，一般为 70°～80°左右 4. 焊接打低层采用断弧焊接，保证第一层焊接平整 5. 点断弧操作时停留时间不要太久，基本停留 1s 左右断弧 6. 焊接如果焊缝采用开 V 型破口，而且使用碱性焊条焊接，请把极性改成直流正接打底，焊接时把焊条顶到破口最深处，移动时短停留，高频率 7. 焊接时，尽量将电弧压至最短，利用电弧吹力把铁水托住，并使一部分铁水过渡到坡口根部背面

四、实施维修作业

项目二任务 2.4 的实施维修作业如表 2-4-5 所示。

笔记

表 2-4-5　维修作业

<table>
<tr><td rowspan="3">检修交流电焊机</td><td colspan="3">当打开电开关后应检查电焊机是否运作正常。焊接前，应戴好面罩、皮手套、绝缘鞋，检查焊接设备和工具是否安全。否则应更换电焊机。焊接时，要穿好绝缘鞋，并要两个操作者轮换工作，一人随时监护操作者，遇有危险迹象时，立即切断电源进行处理并确保通风设施正常工作。电弧焊时必须使用有防护玻璃的面罩，不随便更换滤光玻璃，穿白色工作服，以反射强光</td></tr>
<tr><td>检查内容</td><td>操　作　要　领</td><td>检修记录</td></tr>
<tr><td>焊机电路运作是否安全</td><td>穿好安全用品，调整电焊机到适当的焊接档位，手持焊钳夹紧焊条，轻敲试板点弧确保正常使用，否则应更换</td><td></td></tr>
<tr><td rowspan="3">检修碱性焊条</td><td colspan="3">检查焊条类型、牌号；焊条药皮不得开裂、剥落、潮湿和变质，焊芯不允许存在偏心、生锈等不良现象；应选用清洁、干燥含碳量较低及脱氧能力强的焊条，否则应更换</td></tr>
<tr><td>检查内容</td><td>操　作　要　领</td><td>检修记录</td></tr>
<tr><td>焊条能否正常使用</td><td>检查焊条药皮不得开裂、剥落、潮湿和变质，焊芯不允许有偏心、生锈等不良现象，否则应更换，在进行引弧练习时，确定电流档位是否合适，否则进行调整</td><td></td></tr>
<tr><td rowspan="3">检修弓形螺旋收紧夹具</td><td colspan="3">检查弓形螺旋收紧夹具的螺纹是否要加润滑油，有无损伤，夹具有无裂纹，保证其有足够牢固的夹紧性能，方便定位夹紧钣件之间的间隙，实施作业焊接钣金件</td></tr>
<tr><td>检查内容</td><td>操　作　要　领</td><td>检修记录</td></tr>
<tr><td>检查弓形螺旋收紧夹具能否正常使用</td><td>检查弓形螺旋收紧夹具的螺纹是否要加润滑油；有无损伤，夹具有无裂纹；保证有足够的紧固功能；方便定位夹紧钣件，实施作业焊接钣金件</td><td></td></tr>
<tr><td rowspan="3">钣金锤</td><td colspan="3">当手柄有裂纹时钣金锤会飞脱伤人；锤头损伤造成修复困难；如果是锤头损伤，则需要更换</td></tr>
<tr><td>检查内容</td><td>操　作　要　领</td><td>检修记录</td></tr>
<tr><td>有无松动损伤</td><td>手柄是否裂纹、锤头是否损伤、便于锤击焊缝、敲掉焊渣、释放周围应力、使横梁与纵梁、钢板矫正平直</td><td></td></tr>
<tr><td rowspan="2">车身横梁与纵梁的校正</td><td>检查内容</td><td>操　作　要　领</td><td>检修记录</td></tr>
<tr><td>是否平直没变形</td><td>采用牵引法、支撑法、撬杠法、牵引＋支撑法、火焰校正法、热(冷)消除应力法以及手工锤击法进行校正平直。观察横梁纵梁焊缝有无裂纹，测量平面度测量平直有无扭曲变形</td><td></td></tr>
<tr><td>焊缝焊接</td><td>断裂情况</td><td colspan="2">继续立焊焊接后的修理，观察横梁与纵梁受伤情况利用弓型螺旋夹具夹紧断裂处，让其恢复到正常位置上便于仰焊焊接修复</td></tr>
<tr><td colspan="2">检修结论</td><td colspan="2"></td></tr>
</table>

笔记

五、检验评估

项目二任务 2.3 的检验评估如表 2-4-6 所示。

表 2-4-6 检验评估

检验与评价内容	检验指标	权重	自评	互评	总评
维修质量检验	1. 焊缝表面：不得有裂纹、夹渣、焊瘤、烧穿、弧坑、咬边、未焊满、电弧擦伤等缺陷 2. 焊缝外观：焊缝外形均匀，焊道与焊道、焊道与基本金属之间过渡平滑，焊渣和飞溅物需清除干净 提示：焊缝质量必须按国标、维修行业质量标准完成修理任务！				
检查任务完成情况	1. 能描述汽车车身结构特点，明确纵梁与横梁连接工艺的相关特点以及国标、维修行业质量标准的相关知识 2. 在小组所扮演的角色，对完成任务过程中所起作用				
职业素养	1. 学习态度：积极主动参与学习 2. 团队合作：与小组成员一起分工合作，不影响学习进度 3. 现场管理：服从工位安排、执行实训室“5S”管理规定				

任务检验与评估

1. 检查训练任务：真实、完整、有效。
2. 按各学习活动进行自评或互评。

序号	任务检验与评估项目	标准	课程权重	自我综合评价
1	手工电弧焊平焊工艺	通过焊接车身断裂损伤附件，掌握平焊焊接工艺的操作技术，并能排除焊接缺陷产生原因以及采取预防措施，同时能检验维修质量	15%	
2	手工电弧焊横焊工艺	通过焊接车身断裂损伤附件，掌握横焊焊接工艺的操作技术，并能排除焊接缺陷产生原因以及采取预防措施，同时能检验维修质量	15%	
3	手工电弧焊立焊工艺	通过焊接车身断裂损伤附件，掌握立焊焊接工艺的操作技术，并能排除焊接缺陷产生原因以及采取预防措施，同时能检验维修质量	15%	
4	手工电弧焊仰焊工艺	通过焊接车身断裂损伤附件，掌握仰焊焊接工艺的操作技术，并能排除焊接缺陷产生原因以及采取预防措施，同时能检验维修质量	10%	

笔记

想一想：

轿车底盘需改装大梁，在工艺上应如何进行改装而不影响大梁承载负荷？用何种焊接方法进行连接？

笔记

项目三 气焊焊接工艺与实训

Description 项目描述	一辆五十铃大货车在高速公路上由于刹车不当导致翻下路基，造成车辆后车身车箱骨架扭曲断裂变形，需要你对汽车车身变形处进行检测，确定维修方法以便更好地选用焊接类型进行修理排除大货车车箱骨架扭曲断裂变形等故障
Objects 项目目标	1. 能熟练掌握气焊的基本原理 2. 能描述气焊焊接设备工具及安全操作事项 3. 熟练掌握氧、乙炔火焰的类型和调整以及对运条、收尾技巧进行操作 4. 能掌握气焊的火焰矫正以及平、立、横、仰焊焊接操作技术 5. 能根据气焊安全作业规范进行矫正修复作业和维修质量检验
Tasks 项目任务	1. 通过维修货车车身断裂损伤、变形骨架，掌握气焊的火焰矫正以及平焊焊接操作技术，并能排除焊接缺陷产生原因以及预防措施，同时能检验维修质量 2. 通过维修货车车身断裂损伤、变形骨架，掌握气焊的火焰矫正以及横焊焊接操作技术，并能排除焊接缺陷产生原因以及预防措施，同时能检验维修质量 3. 通过维修货车车身断裂损伤、变形骨架，掌握气焊的火焰矫正以及立焊焊接操作技术，并能排除焊接缺陷产生原因以及预防措施，同时能检验维修质量 4. 通过维修货车车身断裂损伤、变形骨架，掌握气焊的火焰矫正以及仰焊焊接操作技术，并能排除焊接缺陷产生原因以及预防措施，同时能检验维修质量
Implementation 项目实施	客户报修 → 维修接待 收集信息 → 信息处理 制订计划 → 制订计划 故障排除 → 实施维修 故障检验 → 实施维修 工作考核 → 检验评估

笔记

一、维修接待

按照表 3-1 完成待修车辆的维修接待，并准确填写接车问诊表。

表 3-1　维修接待与接车问诊表

1. 通过询问客户了解车辆发生故障情况，填写接车问诊表
2. 车间检测初步确认结果及主要故障零部件

接车问诊表

车牌号：________　车架号：________　行驶里程：________(km)

用户名：________　电　话：________　来店时间：____/____

用户陈述及故障发生时的状况：**一辆五十铃大货车在高速公路上由于刹车不当造成翻下路基，车辆后车身车箱骨架扭曲断裂变形，需要你对汽车车身变形部位进行检测，确定维修方法以更好地选用焊接类型进行修理。车辆必须进入维修厂进行修理**

故障发生状况提示：**行驶速度、发动机状态、发生频度、发生时间、部位、天气、路面状况、声音描述**

接车员检测确认建议：**需对货车车身进行维修**

车间检测确认结果及主要故障零部件：**需对货车车身故障排除，必要时需更换货车车身附件**

车间检查确认者：________

外观确认：

(请在有缺陷部位作标识)

功能确认：(工作正常✓　不正常×)

□音响系统　□门锁(防盗器)　□全车灯光　□工具

□后视镜　□顶窗　□座椅　□护杠

□玻璃升降器　□玻璃　□车门

物品确认：(有✓　无×)

F　E

□贵重物品提示

□工具　□备胎　□灭火器

□其他(　　　　)

旧件是否交还用户　□是　□否

用户是否需要洗车　□是　□否

· 检测费说明：本次检测的故障如用户在本店维修，检测费包含在修理费用内；如用户不在本店维修，请您支付检测费。本次检测费：￥______元。

· 贵重物品：在将车辆交给我店检查修理前，已提示将车内贵重物品自行收起并保存好，如有遗失恕不负责。

接车员：________　用户确认：________

笔 记

二、信息收集与处理

按照表 3－2 完成项目三气焊焊接工艺的信息收集与处理。

表 3－2 信息收集与处理

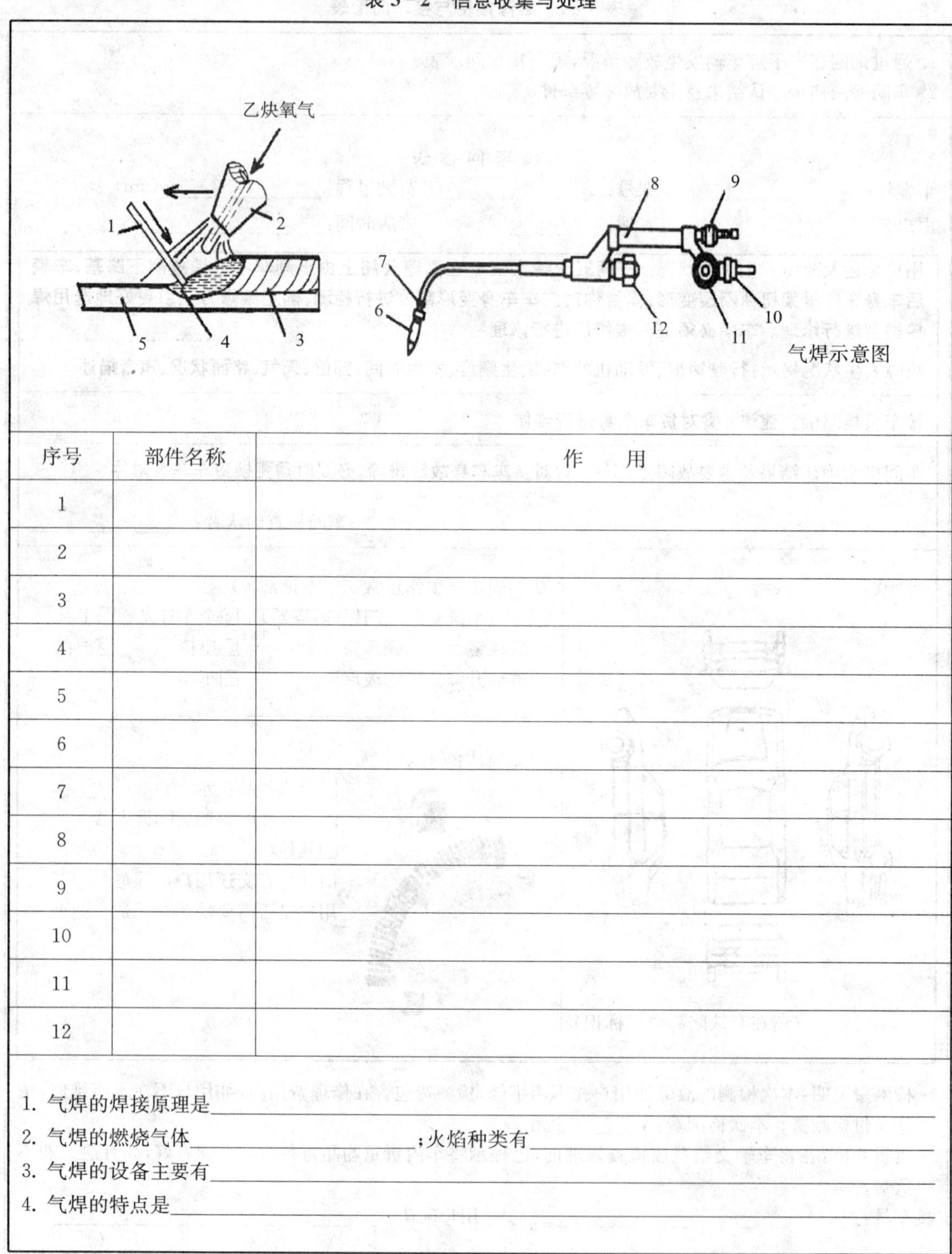

气焊示意图

序号	部件名称	作 用
1		
2		
3		
4		
5		
6		
7		
8		
9		
10		
11		
12		

1. 气焊的焊接原理是____________________
2. 气焊的燃烧气体________________；火焰种类有________________
3. 气焊的设备主要有____________________
4. 气焊的特点是____________________

笔记

(一) 车身骨架的材质

检测确认货车侧翻后车身骨架发生扭曲、断裂变形,需要气焊焊接、加热矫正修复。经过分析车身骨架的材质类型为普通低碳钢型材。低碳钢具有很好的塑性加工性能,强度和刚度也能满足汽车车身的要求,骨架也具备足够的弯曲刚度和强度,可保证有足够的可靠性与寿命,可使汽车在正常行驶过程中减小变形,保持车身不变。本项目要求必须学习气焊相关工艺来完成维修任务。

(二) 气焊工艺

1. 气焊的原理

氧乙炔焊是熔焊的一种形式,乙炔和氧气在一个腔内混合,在喷嘴处点燃后作为一种高温热源(大约 3 000℃),将焊条和母材熔化。它是一种由化学能转为热能的熔化焊方法。其焊接过程如表 3-2 所示。

2. 气焊概述

气焊通常使用的气体是乙炔和氧气。乙炔是可燃气体,氧气是助燃气体。乙炔和氧气混合燃烧形成的火焰称为氧乙炔焰。气焊的焊丝只作为填充金属,和熔化的母材一起组成焊缝。由于将热量集中在某一个部位,热量将会影响周围的区域而降低钢板的强度。因此整车厂都不赞成使用氧乙炔焊来修理汽车。但氧乙炔在车身修理厂有其应用,如进行热收缩、硬钎焊和软钎焊、表面清洁和切割非结构性零部件。气焊铸铁、不锈钢、铝、铜等金属材料时,还应使用气焊溶剂,以去除焊接过程中形成的氧化物,改善液态金属流动性,并起保护作用,促使形成致密的焊缝。

与电弧焊相比,气焊火焰的温度较低,热量较分散,加热缓慢,生产率低,焊件变形严重。气焊不易焊较厚的工件。气焊时焊缝金属的保护较差。但是,气焊火焰易于控制。操作简便,灵活性强,气焊设备不需电源。

1) 氧乙炔焊接和切割设备

主要由氧气瓶、乙炔瓶、焊炬等组成,如表 3-3 所示。

表 3-3　气焊主要设备工具及作用

序号	部件名称	作　用
1	氧气瓶	氧气瓶是运送和储存高压氧气的容器
2	乙炔瓶	乙炔瓶是储存和运送乙炔的容器
3	减压器	是将高压气体降为低压气体的调节装置。对不同性质的气体,必须选用符合各自要求的专用减压器
4	回火防止器	截留回火气体,保证乙炔瓶的安全
5	焊　炬	将乙炔和氧气按一定比例均匀混合,由焊嘴喷出,点火燃烧,产生气体火焰
6	焊　嘴	由大小不同的焊嘴喷出,点火燃烧,产生大小不同的气体火焰燃烧工件
7	氧气、乙炔管	输出高压氧气用于助燃,以及输出乙炔气体用于燃烧

钢制气瓶内装有氧气、乙炔,如图 3-1 所示。

笔记

(1) 氧气瓶。

氧气瓶是运送和储存高压氧气的容器,其容积为40L,工作压力为15MPa。按照规定,氧气瓶外表漆成天蓝色,并用黑漆标明"氧气"字样。保管和使用时应防止沾染油污;放置时必须平稳可靠,不应与其他气瓶混在一起;不许曝晒、火烤及敲打,以防爆炸。使用氧气时,不得将瓶内氧气全部用完,最少应留100～200kPa,以便在再装氧气时吹除灰尘和避免混进其他气体。

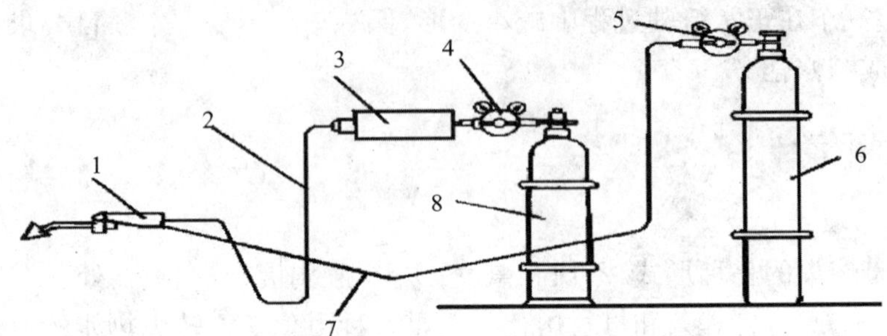

图3-1 气焊主要设备

1—焊炬; 2—乙炔胶管(红色); 3—回火防止器; 4—乙炔减压器;
5—氧气减压器; 6—氧气瓶; 7—氧气胶管(黑色); 8—乙炔瓶

(2) 乙炔瓶。

乙炔瓶是储存和运送乙炔为容器,国内最常用的乙炔瓶公称容积为40L,工作压力为1.5MPa。其外形与氧气瓶相似,外表漆成白色,并用红漆写上"乙炔"、"不可近火"等字样。

在瓶体内装有浸满丙酮的多孔性填料,可使乙炔稳定而又安全地储存在瓶内。使用乙炔瓶时,除应遵守氧气瓶使用要求外,还应该注意:瓶体的温度不能超过30～40℃;搬运、装卸、存放和使用时都应竖立放稳,严禁在地面上卧放并直接使用,一旦要使用已卧放的乙炔瓶,必须先直立后静止20min,再连接乙炔减压器后使用;不能遭受剧烈的振动等。

(3) 减压器:氧气、乙炔减压器。

减压器是将高压气体降为低压气体的调节装置。对不同性质的气体,必须选用符合各自要求的专用减压器。通常,气焊时所需的工作压力一般都比较低,如氧气压力一般为0.2～0.4MPa,乙炔压力最高不超过0.15MPa。因此,必须将气瓶内输出的气体压力降压后才能使用。减压器的作用是降低气体压力,并使输送给焊炬的气体压力稳定不变,以保证火焰能够稳定燃烧。减压器在专用气瓶上直立安装牢固。各种气体专用的减压器禁止换用或替用,如图3-2所示。

2) 各种调节器

用来将气瓶的压力减小到一定值,并保持稳定。

3) 各种软管

从各调节器、气瓶处将氧气和乙炔输送到焊炬处。

4) 回火防止器及焊嘴(图3-3)

正常气焊时,火焰在焊炬的焊嘴外面燃烧。但当气体供应不足、焊嘴阻塞、焊嘴太热或焊嘴离焊件太近时,火焰会沿乙炔管路往回燃烧。这种火焰进入喷嘴内逆向燃烧的现象称为回火。如果回火蔓延到乙炔瓶,就可能引起爆炸事故。回火防止器的作用就是截留回火气体,保证乙炔瓶的安全。

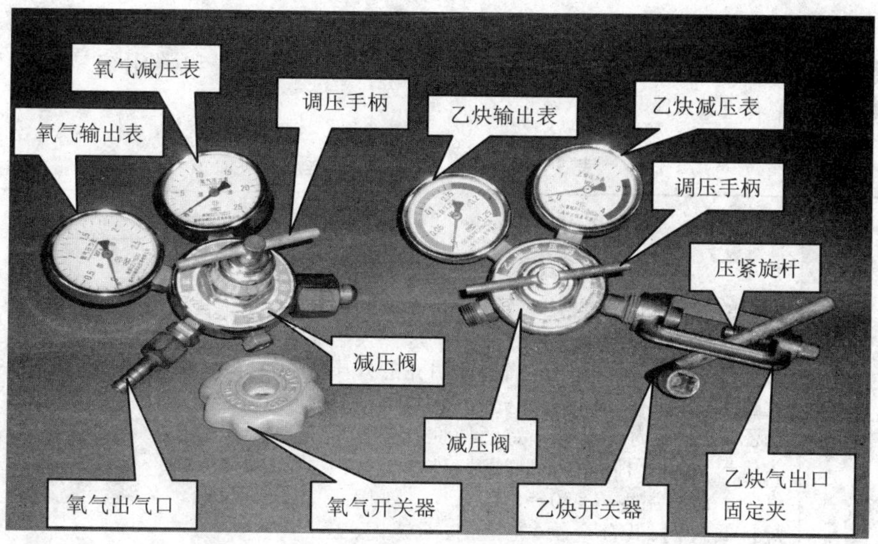

图 3-2　氧气和乙炔减压器

(a)　　(b)

图 3-3　回火防止器及焊嘴

(a) 回火防止器；(b) 焊嘴

5）焊炬

焊炬的作用是将乙炔和氧气按一定比例均匀混合，由焊嘴喷出，点火燃烧，产生气体火焰。常用的氧乙炔射吸式焊炬。各种型号的焊炬均配备 3～5 个大小不同的焊嘴，以便焊接不同厚度的焊件时使用，如图 3-4 所示。

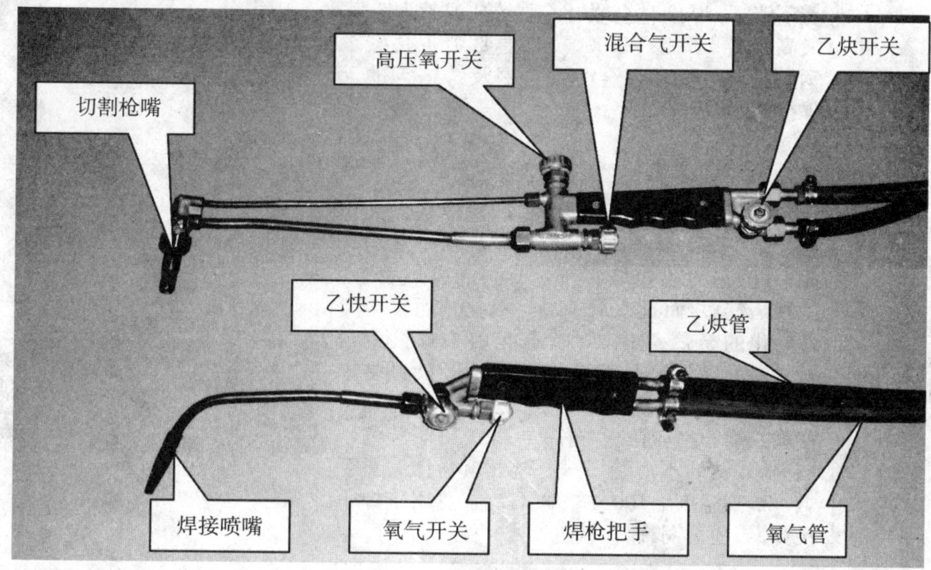

图 3-4　气焊和气割焊炬

笔记

3. 气焊、气割火焰类型

调节氧气、乙炔气体的不同混合比例，可得到中性焰、氧化焰和碳化焰三种性质不同的火焰，如表 3－4 所示。

表 3－4 气焊、气割火焰类型

序号	火焰	说明	示意图
1	中性焰	标准的火焰称为中性焰，当氧气和乙炔的体积混合比为 1∶1时，产生中性焰。这种火焰有非常明亮透明的焰心，焰心被明亮的外层蓝色火焰包围。氧与乙炔充分燃烧，没有氧与乙炔过剩，内焰具有一定还原性。焰心呈尖锥形，色蓝白而亮，轮廓清楚，外焰呈淡桔红色。最高温度 3 050～3 150℃，主要用于焊接低碳钢、低合金钢、高铬钢、不锈钢、工业纯铜、锡青铜、铝及其合金等	外焰 内焰（轻微闪动） 焰心
2	碳化焰	又称为剩余焰和收缩焰。混合气中乙炔量略多于氧气量时，燃烧生成的火焰为碳化焰。碳化焰和中性焰的不同之处在于它由三部分组成。它的焰心和外层火焰都和中性焰相同，但在这两层火焰之间，有一层淡色的乙炔包围在透明焰心的外面。乙炔焰心的长度随着气体混合物中乙炔量的多少而变化。双倍剩余焰的氧、乙炔混合比例为 1～1.4(体积比)。碳化焰用于焊接铝、镍和其他合金。乙炔过剩，火焰中有游离状态碳及过多的氢，焊接时会增加焊缝含氢量，焊低碳钢有渗碳现象。焰心呈淡蓝色，内焰已看不清了，焊接时会发出急剧的“嗖嗖”声。最高温度 2 700～3 000℃。主要用于高碳钢、高速钢、硬质合金、铝、青铜及铸铁等的焊接或焊补	外焰 内焰 焰心
3	氧化焰	混合气中氧气略多于乙炔时，燃烧生成的火焰为氧化焰。从外观上看，氧化焰与中性焰相似，但它的乙炔焰心较短，而且其颜色比中性焰较短，而且边缘模糊。氧化焰通常会使熔化的金属氧化，所以不能用来焊接钢材。但可以用来焊接黄铜和青铜。氧过剩火焰有氧化性，焊钢件时焊缝易产生气孔和变脆。焰心呈蓝白色，外周包着一层淡蓝色的火焰，轮廓不清楚，外焰呈桔红色，伴有黑烟。最高温度 3 100～3 300℃。主要用于焊接黄铜、锰黄铜、镀锌铁皮等	外焰 焰心

笔 记

4. 火焰类型的选择

火焰类型取决于焊接母材的材质。碳钢类材料多采用中性火焰焊接，其他材料则有使用碳化焰和氧化焰的。各类火焰适用范围如表 3－5 所示。

表 3－5　火焰适用范围

母材金属	火焰种类	母材金属	火焰种类
低、中碳钢	中性焰	黄铜	氧化焰
纯铜	中性焰	镀锌铁板	氧化焰
铝及铝合金	中性焰	高速钢	碳化焰
铅、锡	中性焰	硬质合金	碳化焰
青铜	中性焰或轻氧化焰	高碳钢	碳化焰
不锈钢	中性焰或轻碳化焰	铸铁	碳化焰
铬镍钢	中性焰或轻碳化焰		

5. 焊嘴的选择

焊嘴的大小与火焰的能率有关。单位时间内火焰所提供的热能的大小代表火焰的能率。大号的焊嘴，火焰能率高，适于厚板的焊接，如表 3－6 所示。给出了 HO1－6 型焊炬配用各种焊嘴的适用范围。

汽车钣金件金属板厚多在 1.5mm 左右，因此，2 号焊嘴使用最多。

表 3－6　焊嘴的选择

焊件厚度/mm	1～2	2～3	3～5	5～10	10～15	＞15
焊丝直径/mm	不用焊丝或 1～2	2	2～3	3～5	4～6	6～8

6. 焊丝的选择

(1) 焊丝应选用与焊件相同的材料，汽车钣金件多为低碳钢板，选用一般铁丝即可。

(2) 焊丝直径与焊件厚度、坡口型式和操作方式有关。焊丝过细，焊接时焊件尚未熔化而焊丝已熔化下滴，使焊接不良；焊丝过粗，则焊件熔化而焊丝尚未熔化，势必增加焊件接头区加热时间，使金相组织改变，降低了焊接质量。同样条件下，采用左焊法和右焊法，焊丝直径也不相同。焊件厚度小于 15mm 时，不同焊接方法可按以下经验公式估算焊丝直径：

左焊法　焊丝直径＝(板厚/2＋1)mm

右焊法　焊丝直径＝(板厚/2)mm

对于薄板的焊接，焊丝直径与厚度相同即可。

7. 焊嘴与焊丝倾角的选择

(1) 焊嘴的倾角一般应考虑焊件厚度、施焊位置和焊件材料的热物理性诸因素。厚度大、材料熔点高、导热性良好时，焊嘴倾角可取大一些，反之，倾角应减小。低碳钢水平位置焊接时，焊嘴倾角与厚度的关系如图 3－5 所示。

(2) 气焊时焊丝相对于焊嘴的角度一般在 90°～100°之间。

笔记

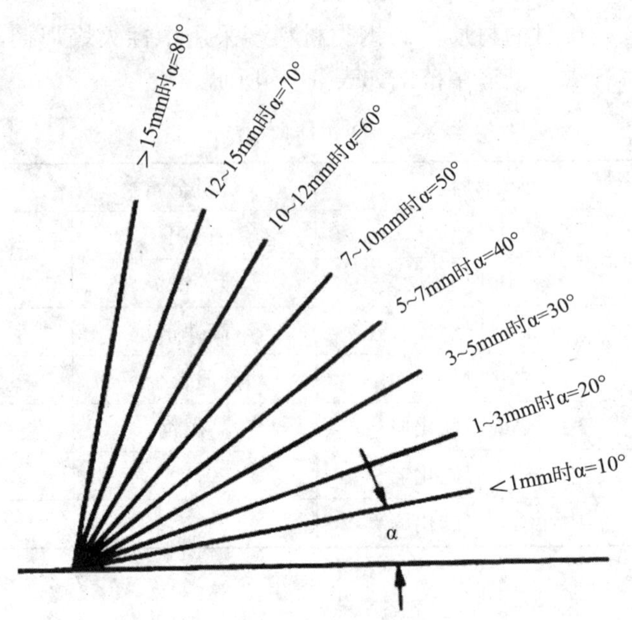

图 3-5 焊嘴与焊丝的倾角选择

8. 气焊的操作方法

气焊的操作方法有左焊法和右焊法两种。焊炬从右向左移动的焊接方法称为左焊法；焊炬从左向右移动的焊接方法称为右焊法，如图 3-6 所示。

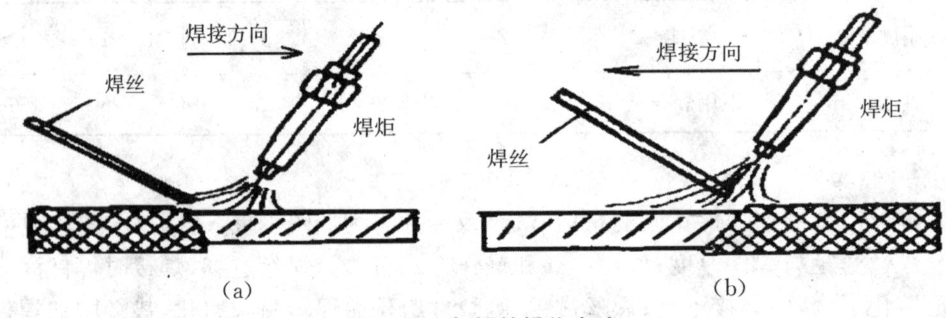

图 3-6 气焊的操作方法

(a) 右焊法；(b) 左焊法

左焊法操作简单，适于薄板及低熔点材料的焊接。右焊法火焰指向焊缝，熔池保护效果好，不易产生气孔、夹渣，热量利用效率高，焊缝冷却较慢，适用于焊接较厚的或高熔点材料。

对于较长的焊缝，应事先间隔焊上若干点，以保持整个焊缝位置相对固定，然后采取分段或向一个方向移动焊接完成整个焊缝的焊接，如图 3-7 所示之顺序 1,2,3,4,5。

焊接中途停顿后，应将原熔池和附近焊缝重新熔化后才能继续焊接，重叠部分不应小于 6mm。

开始起焊时，由于焊件温度较低，可加大焊嘴与焊件的倾角，加快预热速度；当起焊处形成白亮的熔池时，再减小倾角进入正常焊接；焊接收尾，焊件温度较高，应减小倾角，加快送

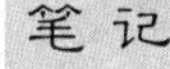

焊丝速度和焊接速度，直到熔池填满，火焰再慢慢离开。

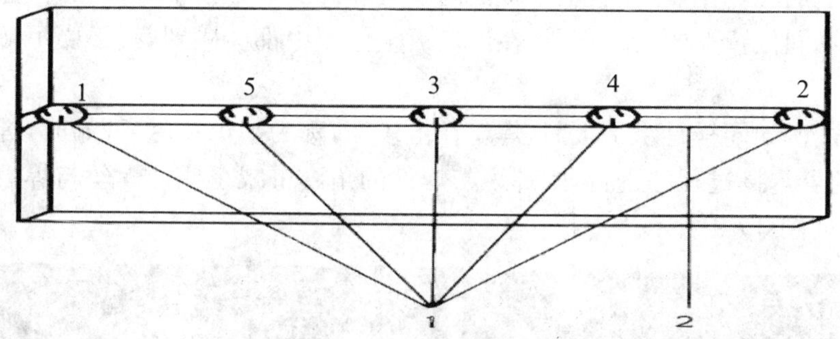

图 3-7　较长焊缝的焊接顺序

9. 气焊基本操作技术

气焊的基本操作如表 3-7 所示。

表 3-7　气焊基本操作技术

序号	操作方法	说　明
1	点火、调节火焰与灭火	点火时，先微开氧气阀门，再打开乙炔阀门，随后点燃火焰。这时的火焰是碳化焰。然后，逐渐开大氧气阀门，将碳化焰调整成中性焰。同时，按需要把火焰大小也调整合适。灭火时，应先关乙炔阀门，后关氧气阀门
2	焊嘴倾角的调整	气焊时，一般用左手拿焊丝，右手拿焊炬，两手的动作要协调，沿焊缝向左或向右焊接。焊嘴轴线的投影应与焊缝重合，同时要注意掌握好焊嘴与焊件的夹角
3	气焊的接头形式	接头形式有卷边接头、对接接头、角接接头、T 形接头、搭接接头、管子接头、法兰接头等

气焊接头形式有：卷边接头、对接接头、角接接头、T 形接头、搭接接头、管子接头、法兰接头等，如图 3-8 所示。

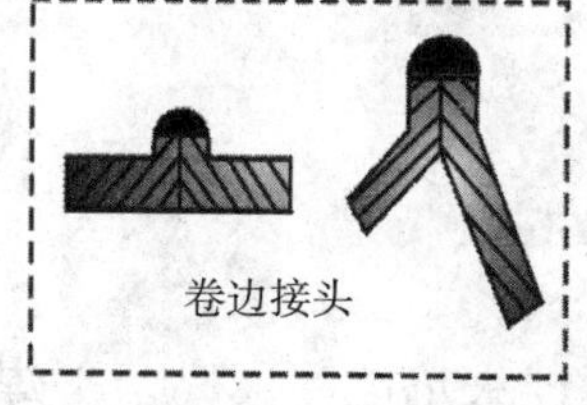

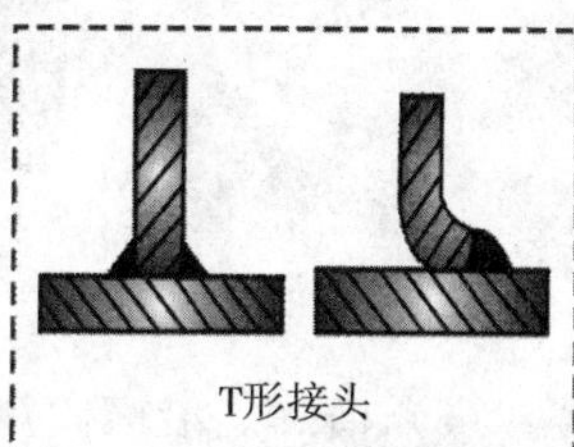

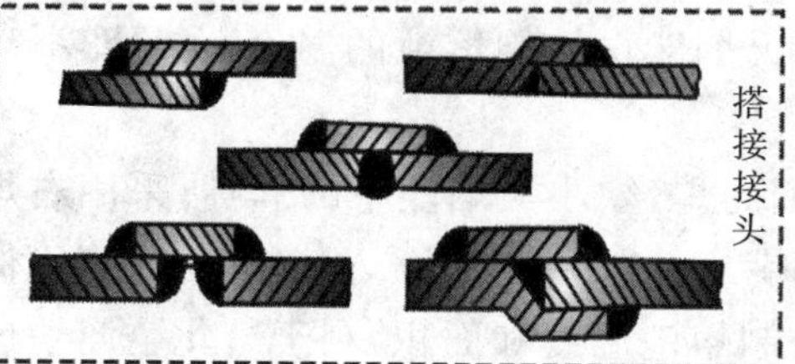

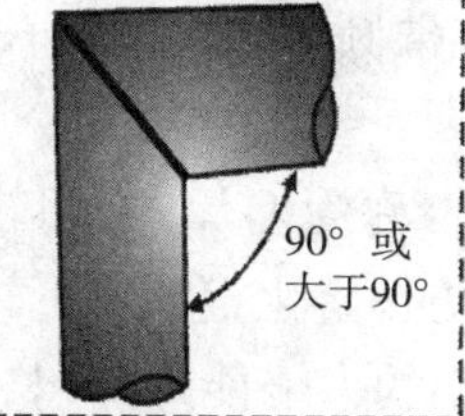

图 3-8　气焊的接头形式

笔 记

10. 气焊焊接方式

不同位置上的气焊作业要点，由于板面的位置和焊缝的方向不同，气焊作业会有某些特殊要求。各种不同位置上的气焊作业，在汽车钣金修理中都会碰到，有必要了解它们的特殊要求。

(1) 平焊。例如同样是水平板面，焊缝在上表面，称为平焊；焊接开始时，焊炬与焊件的角度可大些，随着焊接过程的进行，则焊炬与焊件的角度可减小些。焊丝与焊炬的夹角应保持在90°左右，如图3-9所示。

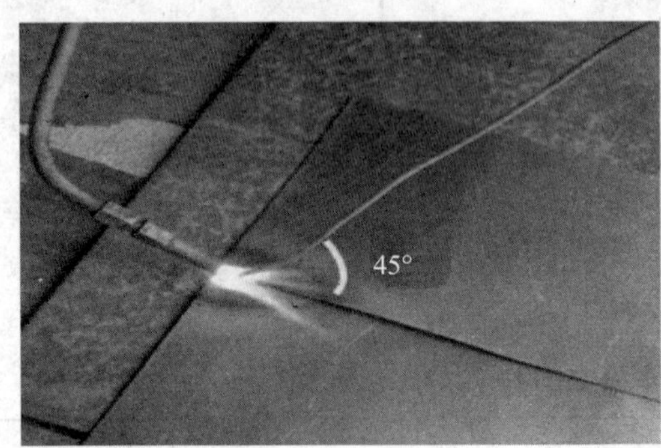

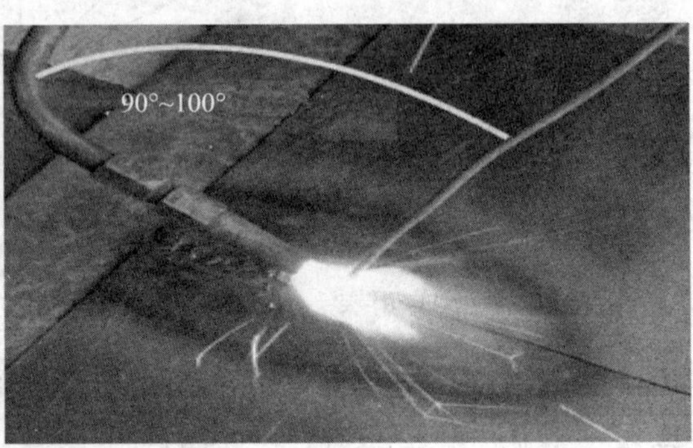

图3-9 平 焊

(2) 立焊。板面为立面，焊缝沿板的纵向称为立焊；火焰能量较平焊小些。严格控制熔池温度，向上倾斜与焊件构成60°角，以借助火焰气流的吹力托住熔池，不使熔化金属下淌，焊接如图3-10所示。

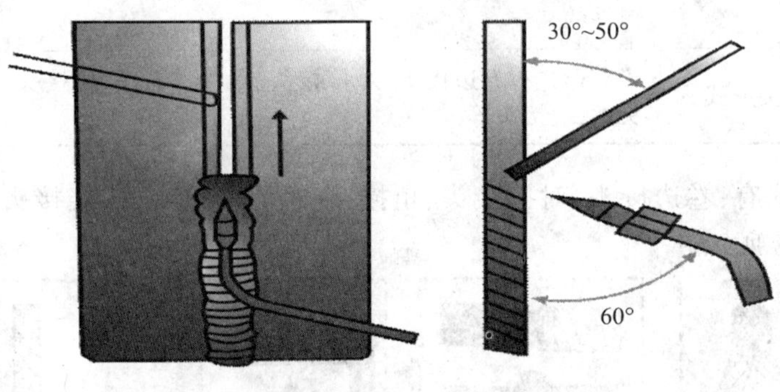

图3-10 立 焊

(3) 横焊。沿横向焊接称为横焊；操作要点与平焊基本相同，但火焰能率应高于平焊：采用左焊法；火焰气流直接朝向焊缝，利用气流压力阻止金属流下；焊接时焊丝始终浸在熔池中，并做环形运动以使熔池带倾斜；使用较小的火焰能量控制熔池的温度，如图3-11所示。

(4) 仰焊。焊缝在下表面，称为仰焊；采用较细的焊丝、小火焰能率的焊嘴；采用右焊法，利用焊丝末端和气流压力防止熔化金属流下；焊嘴与工作夹角约50°，焊丝和工作表面保持30°～40°。总之，要使用较小的火焰能量，严格控制熔池温度和面积，利于熔化金属快速凝固，如图3-12所示。

笔记

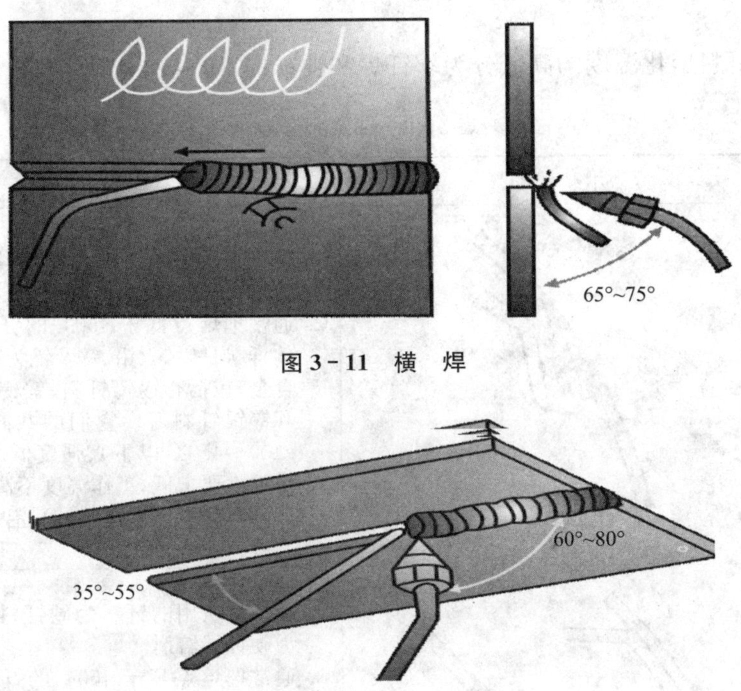

图 3-11　横　焊

图 3-12　仰　焊

（三）钎焊应用知识

钎焊是采用熔点低于母材的钎料（钎焊填充材料）加热熔化滴在焊接区域，将工件焊接成一体的焊接方法。如铜焊、锡焊。由于钎焊时，工件受热的温度低于工件材料的熔点，不影响工件的整体形状，被广泛应用于对水箱、油箱等的修理作业中。气焊钎焊焊接方法如图 3-13 所示。

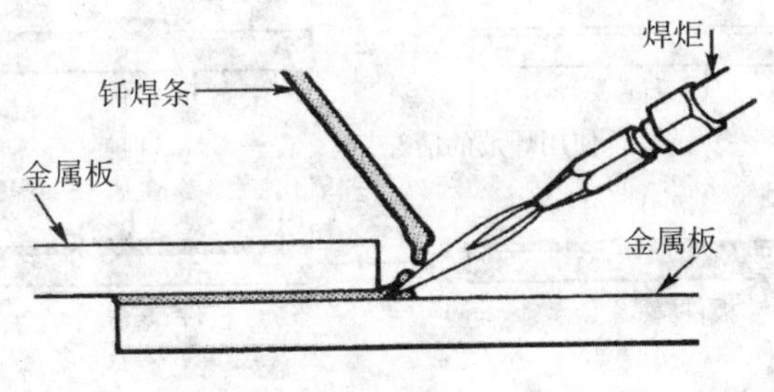

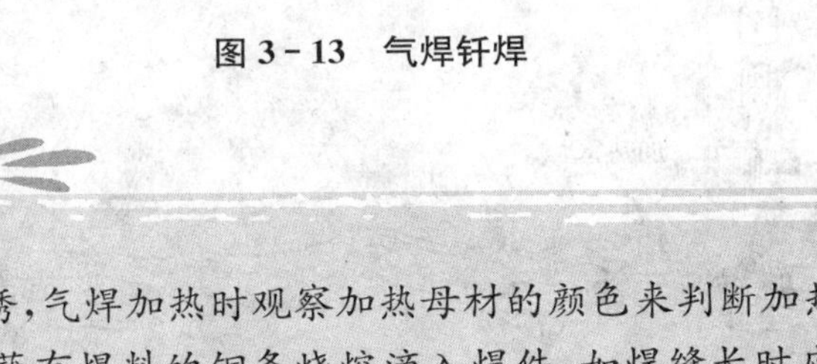

图 3-13　气焊钎焊

注　意

- 焊件焊前应清洁、除锈，气焊加热时观察加热母材的颜色来判断加热温度，一般使母材表面呈樱红色，再将蘸有焊料的铜条烧熔滴入焊件，如焊缝长时应一边加热，一边熔料，并随时蘸取焊药；必要时将焊药撒在焊接处，以消除焊接过程中焊缝内的氧化物。

笔记

1. 钎焊的分类

钎焊常以钎料熔化温度的高低分为软钎焊和硬钎焊，如表 3-8 所示。

表 3-8 钎焊的分类

焊接方式	示图	说明
软钎料 （易熔钎料）	软钎焊	1. 软钎焊所用的钎料为软钎料，所用的熔剂称为软钎焊熔剂 2. 通常把熔点低于 450℃ 的钎料称为软钎料。软钎料是以锡、铅、锌及镉为基体元素的金属合金，包括有锡铅钎料、锌锡钎料、锌镉钎料和镉银钎料等。它们的共同特点是熔点低（400～450℃以下）、强度低。一般应用于钎焊强度要求低，工作温度不高（150～300℃以下）的焊件，如焊接钢、铜、铝及其合金件
硬钎料 （难熔钎料）	电弧钎焊	1. 硬钎焊所用的钎料为硬钎料，所用的熔剂称为硬钎焊熔剂 2. 通常把熔点高于 450℃ 的钎料称为硬钎料。硬钎料常用火焰钎焊，它们的熔点（400～450℃以上）高，强度也较软钎料高，适用于强度要求较高，工作温度较高的焊件。常用的有铜基钎料、银基钎料、铝基钎料和镍基钎料等

2. 钎焊焊剂

使用焊剂与不使用焊剂焊接接头熔点的比较，如图 3-14 所示。

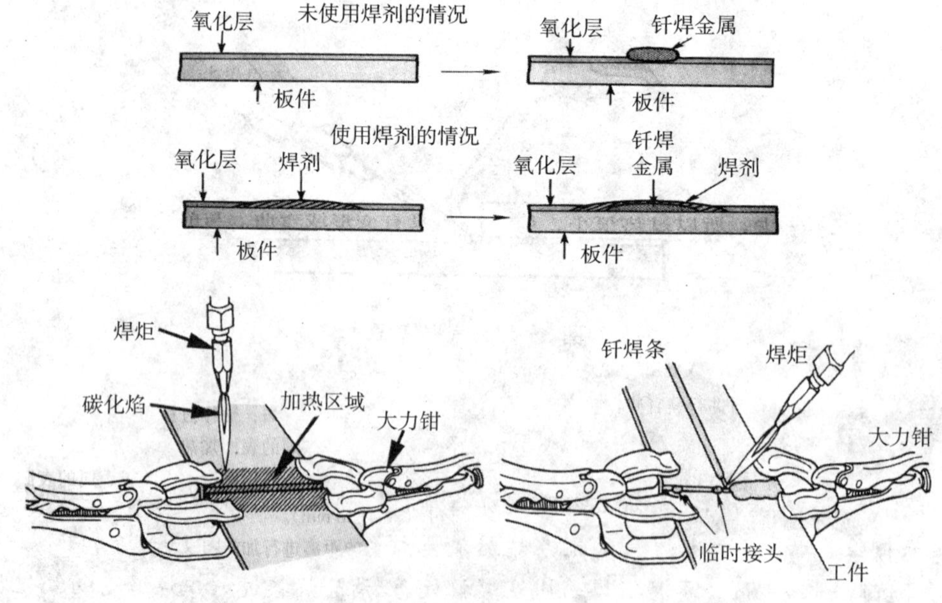

图 3-14 使用焊剂与不使用焊剂焊接接头熔点的比较

3. 焊接注意事项

钎焊时的操作注意事项如表 3－9 所示。

表 3－9　钎焊时的操作注意事项

序号	操作注意事项
1	为了钎焊材料能顺畅流过被加热的表面，必须将整个接合区加热到同样的温度
2	不能让钎焊材料在钣件加热前熔化（以免钎焊材料不与钣件粘接）
3	如果钣件的表面温度太高，焊剂将不能够达到清洁钣件的目的，这将使钎焊的粘接力减小，接头的接合强度降低
4	钎焊的温度必须比黄铜的熔点高出 30～60℃
5	焊炬喷嘴的尺寸应略大于金属板的厚度
6	给金属板预热，使硬钎焊得到更好的熔敷效率
7	钎焊前要用大力钳固定好金属板，防止钣件的移动和钎焊部位的开裂
8	均匀地加热焊接部位，防止钣件熔化
9	需要调整热量时，移开火焰，使钎焊部位短暂地冷却
10	应尽量缩短钎焊的时间（以免降低钎焊的强度）
11	避免同一个部位再次钎焊

4. 钎焊焊接接头形式

接头形式的主要类型如图 3－15 所示。

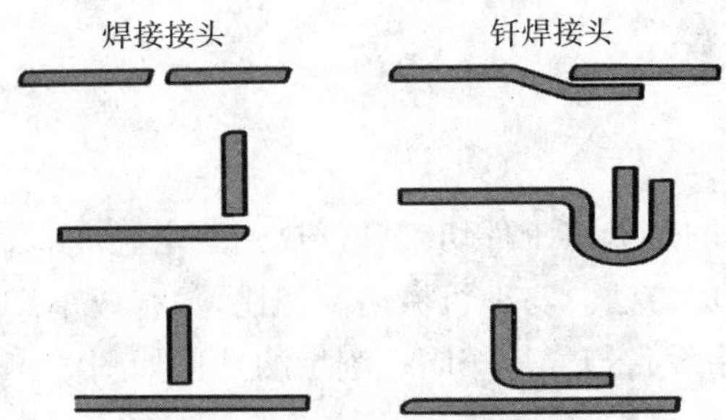

图 3－15　钎焊焊接接头形式

5. 钎料的编号、型号、牌号、性能及用途

根据国标 GB 6208—86 规定：钎料牌号中第一部分为钎料代号，用 B 表示；牌号中的第二部分为钎料主要组元的一组化学元素符号，第一个化学元素符号表示钎料的基础元素，其后数字表示质量含量的百分数，其余组元的化学元素符号按含量多少的顺序排列，但不标其含量。

B　Cu 36 Zn

Cu 36 Zn——铜基钎料，含Cu36%，并含有Zn元素

B——钎料代号

笔记

例如型号 BCu36Zn、牌号(JB)的钎料：HL101。名称：铜锌钎料 1 号；主要成分：铜 36(%)，其余为锌；熔点：800～823(℃)；主要用途：钎焊黄铜及其他含铜量小于 68%的铜合金。

6. 钎焊熔剂

在钎焊过程中熔剂可以覆盖在钎焊件和钎料表面，保护熔化的钎料和受热的焊件金属免受氧化，清除液态钎料表面的氧化物，改善液态钎料对焊件金属的润湿作用，从而获得牢固的钎焊接头。

7. 常用火焰钎焊熔剂的牌号、性能及用途

例如钎剂 101 是银钎焊熔剂。基本性能：熔点约 500℃，呈微酸性，能有效地清除各种金属氧化物，钎焊时呈液态覆盖在金属表面，助长焊料漫流、应用范围：在 550℃～850℃范围内，配合银焊料钎焊铜、铜合金、钢及不锈钢等。

8. 钎焊材料的类型与成分

钎焊材料的类型的成分如表 3-10 所示。

表 3-10　钎焊材料的类型与成分

钎焊材料的类型	主要成分
黄铜钎料	铜、锌
银钎料	银、铜
磷铜钎料	铜、磷
铝钎料	铝、硅
镍钎料	镍、铬

(四) 气焊切割工艺

1. 气割概述

气割是利用气体火焰的热能将工件切割处预热到一定温度后，喷出高速切割氧流，使其燃烧并放出热量实现切割的方法。与纯机械切割相比，具有效率高、适用范围广等特点。气割时用割炬代替焊炬，其余设备与气焊相同。割炬的外形如图 3-16 所示。

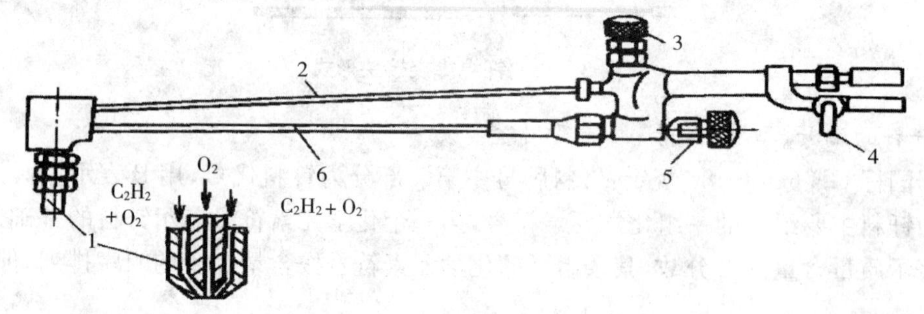

图 3-16　切割焊炬

1—割嘴；　2—切割氧气管；　3—切割氧阀门；　4—乙炔阀门；　5—预热氧阀门；　6—预热焰混合气体管

笔记

2. 气割设备和工具

主要由氧气瓶、乙炔瓶、氧气减压表、乙炔减压表、回火防止器、割嘴、焊炬等组成，如表3-11所示。

表3-11　气割设备工具

序号	名　称	图　　示	说　　明
1	氧气瓶		氧气瓶是运送和储存高压氧气的容器，其容积为40L，工作压力为15MPa。按照规定，氧气瓶外表漆颜色为天蓝色，并用黑漆标明“氧气”字样。保管和使用时应防止沾染油污；放置时必须平稳可靠，不应与其他气瓶混在一起；不许曝晒、火烤及敲打，以防爆炸。使用氧气时，不得将瓶内氧气全部用完，最少应留100～200kPa，以便在再装氧气时吹除灰尘和避免混进其他气体
2	乙炔瓶		乙炔瓶是储存和运送乙炔的容器，一般最常用的乙炔瓶公称容积为40L，工作压力为1.5MPa。其外形与氧气瓶相似，外表颜色漆成白色，并用红漆写上“乙炔”、“不可近火”等字样。在瓶体内装有浸满丙酮的多孔性填料，可使乙炔稳定而又安全地储存在瓶内。使用乙炔瓶时，除应遵守氧气瓶使用要求外，还应该注意：瓶体的温度不能超过30℃～40℃；搬运、装卸、存放和使用时都应竖立放稳，严禁在地面上卧放并直接使用，一旦要使用已卧放的乙炔瓶，必须先直立后静止20min，再连接乙炔减压器和回火防止器后使用；不能遭受剧烈的振动等
3	回火防止器		正常气焊时，火焰在焊炬的焊嘴外面燃烧。但当气体供应不足、焊嘴阻塞、焊嘴太热或焊嘴离焊件太近时，火焰会沿乙炔管路往回燃烧。这种火焰进入喷嘴内逆向燃烧的现象称为回火。如果回火蔓延到乙炔瓶，就可能引起爆炸事故。回火防止器的作用就是截留回火气体，保证乙炔瓶的安全

笔记

（续表）

序号	名　称	图　示	说　明
4	减压器	输出压力表 气瓶压力表 乙炔气瓶出气口固定夹 调压手柄 调压器 压紧旋杆 乙炔气减压器	减压器是将高压气体降为低压气体的调节装置。对不同性质的气体，必须选用符合各自要求的专用减压器。通常，气焊时所需的工作压力一般都比较低，如左图乙炔气压力最高不超过 0.15MPa。氧气压力一般为 0.2～0.4Mpa。因此，必须将气瓶内输出的气体压力降压后才能使用。减压器的作用是降低气体压力，并使输送给焊炬的气体压力稳定不变，以保证火焰能够稳定燃烧。减压器在专用气瓶上直立牢固安装。各种气体专用的减压器，禁止换用或替用
5	割　嘴		混合气体由大小不同的割嘴喷出，点火燃烧，产生大小不同的气体火焰燃烧工件
6	焊　炬	2 3 6 4 5 O_2 $C_2H_2+O_2$ $C_2H_2:O_2$ 1 1—割炬；　2—切割氧气管； 3—切割氧阀门；　4—乙炔阀门； 5—预热氧阀门；　6—预热焰混合气体管	将乙炔和氧气按一定比例均匀混合，由割嘴喷出，点火燃烧，产生气体火焰。喷出高速切割氧流，利用高压氧将熔池焊渣吹走达到切割目的。割炬均配备不同规格的割嘴，以便切割不同厚度的焊件时使用

笔记

3. 氧气切割过程

气割过程如表 3-12 所示。

表 3-12　氧气切割过程

示　意　图	操　作　说　明
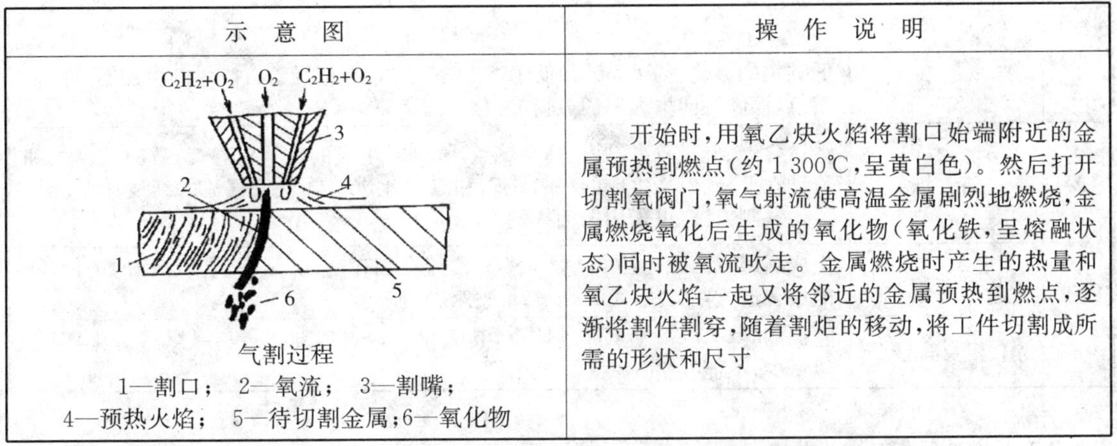 气割过程 1—割口；　2—氧流；　3—割嘴； 4—预热火焰；　5—待切割金属；6—氧化物	开始时，用氧乙炔火焰将割口始端附近的金属预热到燃点（约 1 300℃，呈黄白色）。然后打开切割氧阀门，氧气射流使高温金属剧烈地燃烧，金属燃烧氧化后生成的氧化物（氧化铁，呈熔融状态）同时被氧流吹走。金属燃烧时产生的热量和氧乙炔火焰一起又将邻近的金属预热到燃点，逐渐将割件割穿，随着割炬的移动，将工件切割成所需的形状和尺寸

4. 金属氧气切割的条件

金属材料只有满足下列条件才能采用氧气切割，如表 3-13 所示。

表 3-13　金属氧气切割的条件

序号	金属氧气切割的条件
1	金属材料的燃点必须低于其熔点，只有这样才能使金属在固体状态下燃烧掉，以保证切口平整。这是保证切割是在燃烧过程中进行的基本条件。否则，切割时金属先熔化，这时液态金属流动性很大，熔化边缘不齐，难以获得平整的切口而变为熔割过程
2	燃烧生成的金属氧化物的熔点应低于金属本身的熔点，同时流动性要好。否则，就会在割口表面形成固态氧化物薄膜，阻碍氧流与下层金属的接触，使切割过程不能正常进行
3	金属燃烧时能放出大量的热，而且金属本身的导热性要低。这是为了保证下层及割口附近的金属有足够的预热温度，使切割过程能连续进行

满足上述条件的金属材料有纯铁、低碳钢、中碳钢和普通低合金钢。而高碳钢、铸铁、高合金钢及铜、铝等有色金属及其合金，均难以进行氧气切割。

5. 手工气割方法

手工气割方法如表 3-14 所示。

表 3-14　手工气割方法

序号	手　工　气　割　方　法
1	准备工作。将钢板垫起，使切口处悬空，用铁丝刷或预热火焰清除切割线附近表面上的油漆、铁锈和油污
2	起割。将起割处的金属表面预热到燃点温度（金属呈亮红色或“出汗”状），再打开切割氧
3	切割。保持熔渣的流动方向基本上与切口垂直，后拖量尽量小，注意调整割嘴与割件表面间的距离和割嘴倾角，防止回火和熔渣溅起、灼伤
4	更换位置。先关闭切割氧，然后换好位置再预热起割，切割薄板时，在关闭切割氧的同时，火焰应迅速离开割件表面
5	切割临近结束时。将割嘴后倾，定角度，使钢板下部先割透，然后将钢板割断
6	切割结束时，先关闭切割氧，抬起割炬，再关闭乙炔，最后关闭预热氧

笔记

6. 几种常用金属的气割特点

常用金属的气割特点如表 3-15 所示。

表 3-15 常用金属的气割特点

序号	金属项目	气割特点
1	碳 钢	低碳钢的燃烧(约 1 350℃)低于熔点,易于气割,但随着含碳量的增加燃点趋近熔点,淬硬倾向增大,气割过程恶化
2	铸 铁	铸铁含碳、硅量较高,燃点高于熔点,气割时生成的二氧化硅熔点高、粘度大和流动性差,碳燃烧生成的一氧化碳和二氧化碳会降低氧气流的纯度而不能用普通气割方法,可采用振动气割方法切割
3	高铬钢和铬镍钢	生成高熔点的氧化物(Cr_2O_3,NiO)覆盖在切口表面,阻碍气割过程的进行,不能用普通气割方法,可采用振动气割法切割
4	铜、铝及其合金	它们的导热性好,燃点高于熔点,其氧化物熔点很高,金属在燃烧(氧化)时放热量少,不能气割

(五) 铝板的气焊

1. 铝板气焊的工艺参数

铝的性能与钢不同。对铝进行气焊时工艺参数的某些特殊要求如表 3-16 所示。

表 3-16 铝板气焊的工艺参数

序号	工艺参数	说明
1	火焰类型、焊炬和焊嘴的选择	铝板焊接应采用乙炔稍多一些的中性火焰;焊炬选用与板厚有关,对于厚度小于 1.5mm 的薄铝板,可选用 HO1-2 型焊炬;焊嘴则选用 1～2 号焊嘴为宜。绝对不能用焊接钢板的焊炬对铝板施焊
2	焊丝的选择	(1) 铝焊丝代号有 301,311,321 和 331 四种。其中:301 为纯铝焊丝;311 为铝硅合金焊丝;321 为铝锰合金焊丝;331 为铝镁合金焊丝 (2) 焊接硬铝时应选用铝硅焊丝 311。它的熔点低,液态流动性好,有较高的抗热性能,除了铝镁合金外的各种铝合金的焊接均可采用,故有通用铝焊丝之称 (3) 焊件厚度小于 1.5mm 时,焊丝直径约为板厚的两倍。通常用同一种材料的边角料剪切成适用的焊丝即可
3	焊剂的使用	铝的化学性能很活泼。纯铝暴露在空气中,其表面很快被氧化,生成一层氧化铝。氧化铝的焊接性能很差,因此,必须设法清除掉铝板表面的氧化铝才能进行焊接。铝气焊溶剂 CJ401 能够溶解和消除铝板及熔池表面的氧化膜,并在熔池表面形成较薄的熔渣,保护熔池金属在焊接过程中不再被氧化,增加熔池金属的流动性,排除熔池中的气体、氧化物及其他夹杂物。铝板气焊是离不开焊剂的 铝气焊溶剂 CJ401 呈粉末状,吸水性强,平时密封瓶装保存。使用前,用蒸馏水把粉末调成糊状,将糊状焊剂涂在焊丝或焊件表面上再进行焊接。焊剂应随用随调,以免变质 焊接完毕后必须立即将焊剂残渣从金属表面上洗刷干净,以免引起腐蚀

笔 记

2. 铝板气焊工艺操作要点

工艺操作要点如表 3-17 所示。

表 3-17 铝板气焊工艺操作要点

序号	操 作 要 点 说 明
1	焊接前须将焊缝两侧 30mm 之内的表面用钢丝刷彻底清理干净，并及时涂上焊剂，所用之焊丝则应整条清理干净，备用
2	将铝板对接焊接时，用点焊法固定焊件的相对位置防止焊接时变形过大。点焊间距约为 20mm。对于直线型焊缝，从中间开始向两端点焊；对于环型焊缝，采取对称点焊法
3	由于铝在高温时颜色不变，难以看到熔化情况，焊接时应不断用醮有焊剂的焊丝端头拨动加热金属表面，待感到金属表面变软，焊丝与焊缝金属熔合在一起时，立即施焊
4	焊接中断或终止时，火焰应缓慢离开焊缝；重新继续焊接，接头处应与原有焊缝重叠 20～30mm 为宜。焊接非封闭焊缝时，为防止开裂，宜采用下图所示之焊接顺序，即从距一端 40～50mm 的 A 点按箭头所示方向焊至另一端，然后再从 B 点向相反方向焊至右端，交接部分重合 20～30mm 如下图所示 20~30 40~50 焊接至头 A B 反方向施焊 起焊点的确定
5	焊完后，立即用热水将焊件表面的熔渣清刷干净，防止腐蚀

（六）气焊、切割工艺安全操作事项

气焊、切割工艺安全操作事项如表 3-18 所示。

表 3-18 气焊工艺安全操作事项

序号	安 全 操 作 事 项
1	工作前应清理场地杂物，穿戴防护用品，认真检查乙炔胶管、氧气胶管、胶管接头、钢瓶开关、压力表等有无泄漏现象，乙炔回火保护装置是否有效
2	乙炔、氧气瓶要相隔 5m 以上并要远离火源，不得在太阳下曝晒，移动过程不得撞击，不得在地上拖拉、滚动
3	严禁使用沾有油污的工具或手扳动氧气开关以及接触氧气出气口，禁止在减压阀调整气压过高或过低时使用焊炬作业。学徒工无专业师傅的指导和未经训练的人员禁业使用焊接工具
4	焊炬、割炬在操作前用通针清除枪嘴焊渣，确保使用过程焊嘴畅通
5	作业完毕要关上气瓶总阀，排清乙炔管内剩余气体，绕好胶管，清扫场地
6	遇焊炬发生回火，应先迅速关闭焊炬的乙炔阀门，后关闭氧气阀门。若焊炬被烧红，应立即卡住乙炔、氧气胶管，迅速关闭乙炔、氧气瓶总阀，待焊炬冷却后方可使用
7	注重胶管清洁，检查接头紧固情况，两气管给予必要的包扎靠连。注重检查乙炔表、氧气表的高压、低压指针的准确性，必要时给予相应的调整

笔记

案 例

一台捷达轿车排气管霉烂，在气焊或气割过程中，由于作业前没有检查焊炬出气口畅顺与否，造成回火故障，差点造成火灾事故。

查明其原因为：

1. 焊嘴、气管堵塞等原因。

2. 混合气体的喷射速度小于混合气体的燃烧速度，混合气体产生的火焰自焊炬向乙炔胶管内逆燃。

排除方法：焊前更换焊嘴或在操作前用通针清除枪嘴焊渣。

三、制订检修计划

制订气焊检修计划，如表 3-19 所示。

表 3-19 制订气焊工艺检修计划

<table>
<tr><td colspan="4">1. 查阅维修资料，了解车辆车身构造类型特点，分析汽车车身扭曲变形故障的原因
2. 查阅维修手册，熟悉车辆车身构造质量规范
3. 查阅技术通报，熟练车身扭曲变形故障检修流程，制订汽车车身骨架扭曲变形故障检修流程</td></tr>
<tr><td rowspan="6">1. 车辆信息描述</td><td colspan="2">车 辆 描 述</td><td></td></tr>
<tr><td rowspan="5">货车车身骨架类型</td><td>槽 型</td><td></td></tr>
<tr><td>管 型</td><td></td></tr>
<tr><td>角钢型</td><td></td></tr>
<tr><td>车身类型</td><td></td></tr>
<tr><td colspan="2"></td></tr>
<tr><td>2. 货车车身骨架扭曲变形故障现象描述</td><td colspan="3">由于刹车不当导致翻下路基，造成大货车右车身骨架扭曲断裂变形</td></tr>
<tr><td>3. 货车车身骨架扭曲断裂变形故障原因分析，画出鱼刺图</td><td colspan="3"></td></tr>
</table>

笔记

（续表）

4. 货车车身骨架扭曲断裂变形故障检修工作准备	车身骨架扭曲变形 系统分析：形状大小、维修手段、损坏件位置、焊接方式、参考数据 规定：相关安全法规、制造商规定、钣金件维修规范 故障诊断：断裂、扭曲、弯曲 设备：气焊设备 修理：备件、工作计划、工作流程图

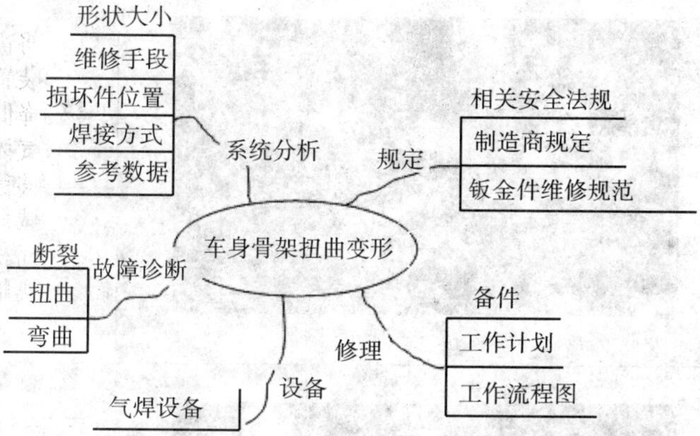

5. 货车车身骨架扭曲断裂变形故障检修流程	步骤	检修项目	操作要领	技术要求或标准	检修记录

名称	示意图	特点说明
焊丝		(1) 焊丝材料应选用与焊件相同的材料，汽车钣金件多为低碳钢板，选用一般铁丝即可 (2) 焊丝过细，焊接时焊件尚未熔化而焊丝已熔化下滴，会造成焊接不良 (3) 焊丝过粗，则焊件熔化而焊丝尚未熔化，势必增加焊件接头区加热时间，使金相组织改变，会降低焊接质量
焊嘴	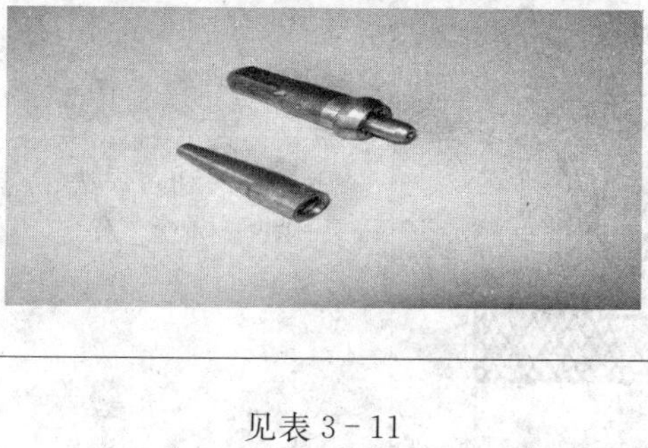	(1) 检查焊嘴是否堵塞损坏，必须保持畅通，确保送气正常，防止回火发生 (2) 焊嘴的大小与火焰的能率有关。单位时间内火焰所提供的热能的大小代表火焰的能率。大号的焊嘴，火焰能率高，适于厚板的焊接
回火防止器	见表 3-11	

笔记

（续表）

氧气、乙炔减压表		(1) 将高压气体降为低压气体的调节装置 (2) 降低气体压力，并使输送给焊炬的气体压力稳定不变，以保证火焰能够稳定燃烧 (3) 减压器在专用气瓶上直立安装牢固。各种气体专用的减压器禁止换用或替用
焊　炬	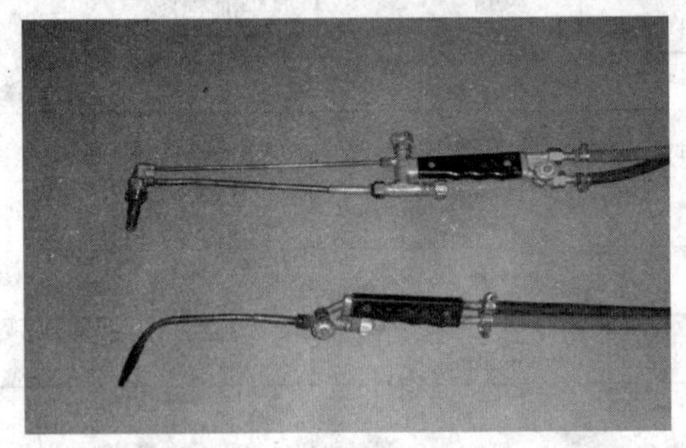	(1) 将乙炔和氧气按一定比例均匀混合，由焊嘴喷出，点火燃烧，产生气体火焰 (2) 常用的氧乙炔射吸式焊炬。各种型号的焊炬均应配备 3～5 个大小不同的焊嘴，以便焊接不同厚度的焊件时使用
气焊设备	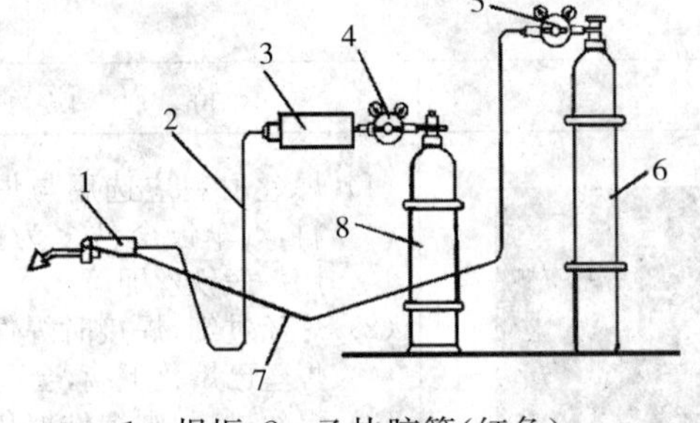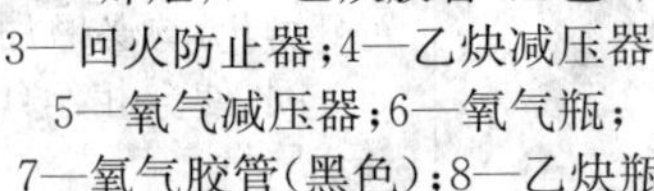 1—焊炬；2—乙炔胶管(红色)； 3—回火防止器；4—乙炔减压器； 5—氧气减压器；6—氧气瓶； 7—氧气胶管(黑色)；8—乙炔瓶	(1) 钢瓶。分别装有压缩的氧气和乙炔气，并符合防火、防爆安全标准 (2) 各种调节减压装置。将氧气瓶、乙炔瓶出口压力调至规定数值，供焊使用 (3) 各种软管用于连通气瓶和焊炬 (4) 焊炬。将氧气和乙炔气体输入到焊炬内以适当的比例混合，从喷嘴出口燃烧，产生加热火焰，使被焊接钢材熔化。焊炬的类型有两种，即焊炬和割炬，两者功能是不同的，不能混用
焊接方法	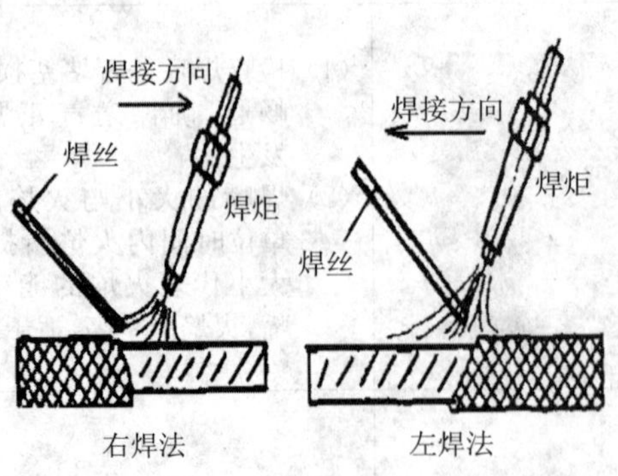	采用左焊法和右焊法

笔 记

（续表）

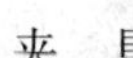夹　具	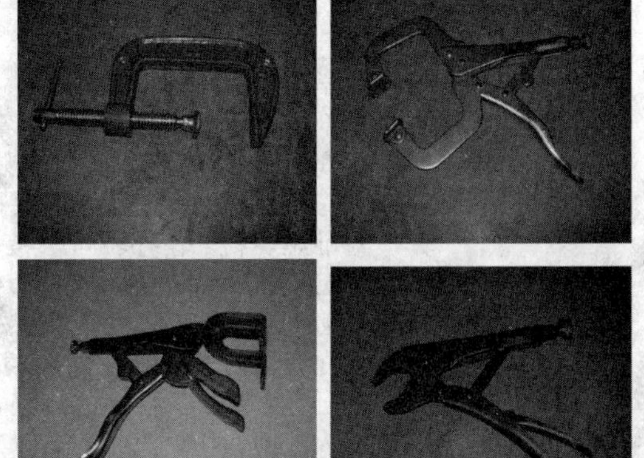	夹紧力度足够，可定位夹紧缩小钣件之间的间隙，方便组焊钣金件
钣金锤	见表2-2-4	
车身骨架		车身骨架属普通低碳钢、各种管材和异型钢材。低碳钢具有很好的塑性加工性能，强度和刚度也能满足汽车车身的要求，骨架具有足够的弯曲刚度和强度，以保证其有足够的可靠性与寿命，以使其在汽车行驶过程中保持不变并使车身的变形最小
型钢截面图	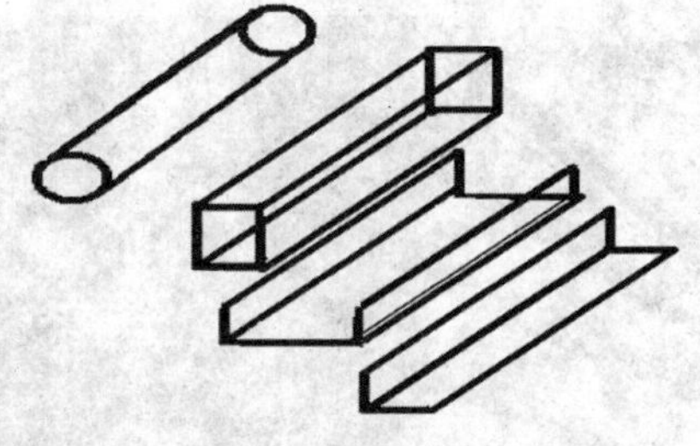	车身型钢为方管型、圆管、槽钢、角钢等金属材料，组焊而成车箱栏栅结构
气　焊	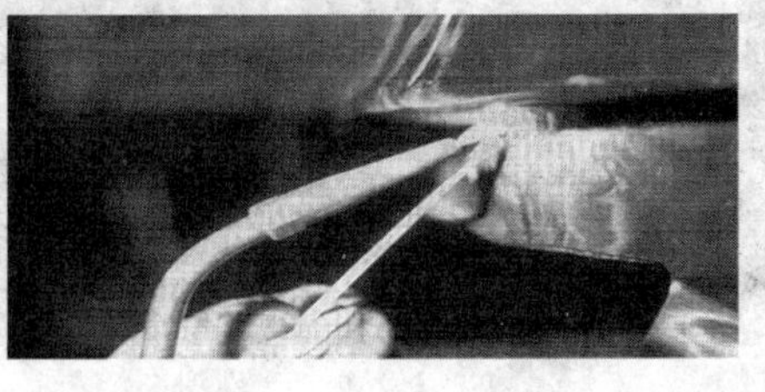	采用气焊中性焰进行焊接、矫正、修理各种变形和裂缝

笔记

（续表）

防护用品	见表2-2-4	
灭火器	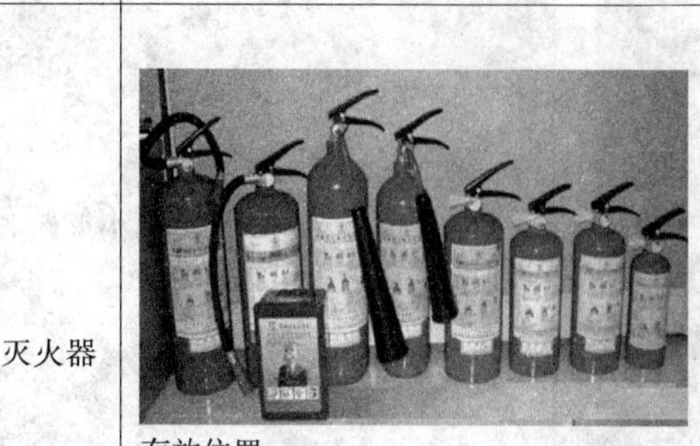 存放位置： (1) 应靠近防护区，出口应直接通向室外或疏散通道 (2) 耐火等级不应低于二级 (3) 宜保持干燥和良好通风，并应设应急照明灯具	化学泡沫灭火器的使用方法：手提筒体上部的提环靠近火场，在距着火点适当距离后将筒体颠倒过来，一只手握紧提环，另一只手握住筒体的底圈，将射流对准燃烧物。在扑救可燃液体火灾时，如已呈流淌状燃烧，则将泡沫由远及近喷射，使泡沫完全覆盖在燃烧液面上；如在容器内燃烧，应将泡沫射向容器内壁，使泡沫沿容器内壁流淌，逐步覆盖着火液面。切忌直接对准液面喷射，以免由于射流的冲击将燃烧的液体冲出容器而扩大燃烧范围。在扑救固体火灾时，应将射流对准燃烧最猛烈处进行灭火。在使用过程中，灭火器应当始终处于倒置状态，否则会中断喷射

四、实施维修作业

项目三任务的实施维修作业如表3-20所示。

表3-20 维修作业

1. 根据“货车车身骨架扭曲断裂变形故障原因分析”和“货车车身骨架扭曲断裂变形故障检修流程”，结合车辆实际情况，从简单到复杂、从外到里、从不拆到拆等故障诊断与排除原则，逐个收集相应检修规范等信息，并制订相应的检修计划 2. 按检修规范和检修计划，逐步进行检修训练，最终排除故障

笔记

（续表）

检查步骤	检修项目	操作要领	检修记录
货车车身骨架外部检查	货车侧翻碰撞后状态	货车碰撞后侧翻，右车身扭曲严重变形，焊缝断裂，车身需完全大修矫正	
	货车两侧车身骨架状态	货车车身骨架大幅严重变形，车箱栏栅扭曲与纵柱脱离，焊缝裂开车身完全失去应有的抵抗保护货物作用	
	货车车身横梁与纵梁状态	由于扭曲或脱焊失去连接作用，需进行维修或更换，否则对货物失去应有的保护作用	
	车箱栏栅连接点的检查	通过观察车身车箱栏栅连接处的焊缝已部分完全脱离，说明已失去应有的保护作用。若不进行维修将波及车身承载抵抗能力，甚至危及其他车辆安全，必须进行维修或更换	
	焊缝断裂修复	通过分析车箱栏栅可进行焊接修理，采用电弧焊或气焊修复矫正技术	
	货车车身骨架矫正加固	利用风焊加热矫正，增加钣金钣件焊接加固	

材质分析及焊接材料

如果货车车身骨架外部焊缝检查后是正常的，则需要进一步对货车车身内部骨架进行检查。如果骨架严重扭曲变形需要风焊加热矫正；如发现裂痕，则需要焊接补焊加固处理并涂装防锈漆

检查对象	检查要领	检查记录
货车车身骨架纵、横梁金属材料	普通低碳钢型材车架是用国标槽钢或方管钢等型钢焊接组合而成	
焊接焊条选用	采用碳素结构钢焊芯保证钢梁结构强度及连接质量	
货车车身骨架纵、横梁焊接方式	全位置焊焊接方式保证焊接质量	
货车车身骨架纵、横梁加热矫正	先里后外、加热拉伸、锤击矫正	

笔记

（续表）

<table>
<tr><td rowspan="7">货车车身骨架纵柱与横柱的连接及矫正</td><td colspan="4">1. 货车车身骨架纵柱与横柱发生的连接故障（骨架扭曲、焊缝断裂），80%是由于车身碰撞侧翻造成的
2. 通过风焊加热拉伸、锤击矫正、焊接加固，可达到原车架所需的强度，恢复行驶安全标准</td></tr>
<tr><td>检修项目</td><td>操 作 要 领</td><td>示 意 图</td><td>检修记录</td></tr>
<tr><td>货车纵柱与横柱的连接处</td><td>清理锈蚀部位；固定待焊接焊缝并加固钣件</td><td></td><td></td></tr>
<tr><td>货车车身骨架纵柱与横柱矫正</td><td>风焊加热拉伸、锤击矫正</td><td></td><td></td></tr>
<tr><td>焊丝选用</td><td>焊接高强度的焊条如碳素钢焊丝</td><td></td><td></td></tr>
<tr><td>焊条</td><td>见表 2-1-10</td><td></td><td></td></tr>
<tr><td>焊钳面罩导线</td><td>见表 2-1-10</td><td></td><td></td></tr>
<tr><td></td><td>焊机类型</td><td>见表 2-2-4</td><td></td><td></td></tr>
</table>

笔记

（续表）

货车车身骨架纵柱与横柱的连接及矫正	夹紧工具	夹紧车身骨架纵柱与横柱之间的连接便于焊接及矫正	 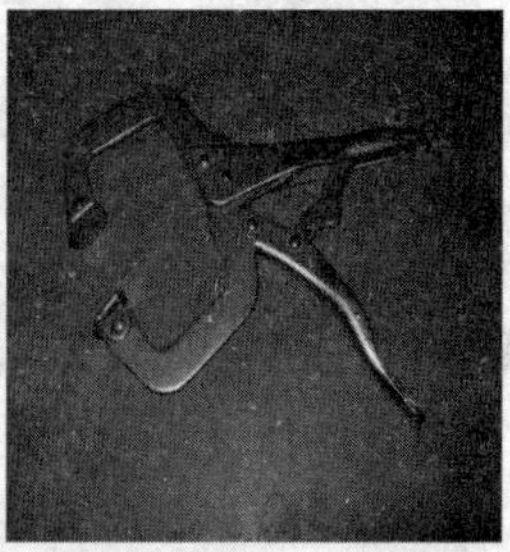	
	敲击工具	敲击凹凸不平、弯曲以及矫正各种车身变形	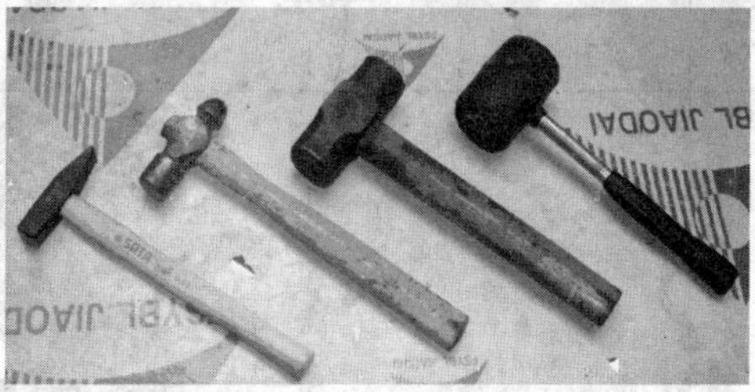	
	焊接设备	见表 3-19		
	焊接方式	全位置气焊（平、立、横、仰焊），焊接按常规操作要领确保焊接质量	1. 平焊 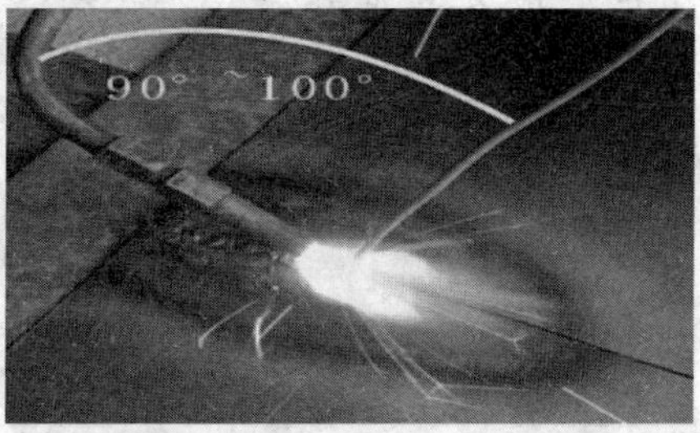 90°～100° 2. 立焊 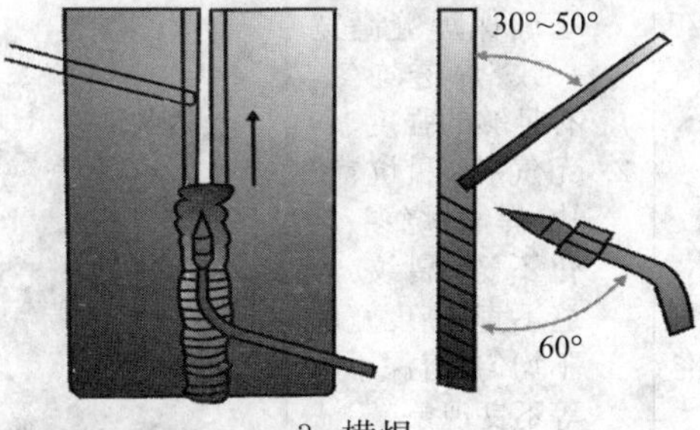 30°～50° 60° 3. 横焊 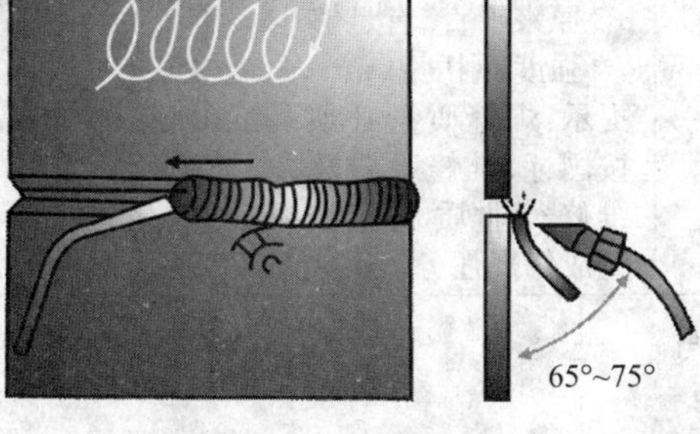 65°～75°	

笔 记

（续表）

<table>
<tr><td rowspan="3">货车车身骨架纵柱与横柱的连接及矫正</td><td>焊接方式</td><td>全位置气焊（平、立、横、仰焊），焊接按常规操作要领确保焊接质量</td><td>4. 仰焊 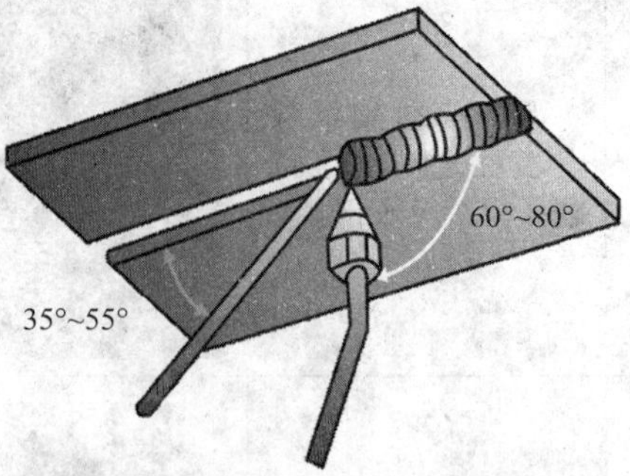
60°~80°
35°~55°</td><td></td></tr>
<tr><td>测量工具</td><td>测量车身骨架纵柱与横柱长度、对角线、平直度、垂直度及车身各基准线距离</td><td></td><td></td></tr>
<tr><td>质量标准</td><td>1. 观察焊缝成型状态确保焊缝高宽一致、焊透均匀，有足够的强度
2. 无气孔、凹坑、咬边、焊瘤、烧穿、熔化不透、裂纹、焊缝不直、高度宽度不均匀、熔深不够等不良现象
3. 矫正后钢材恢复原来平直、有足够强度、刚度。
提示：焊缝质量必须按国标、维修手册及维修行业质量标准完成修理任务</td><td> </td><td></td></tr>
<tr><td colspan="2">检修结论与处理措施</td><td colspan="3"></td></tr>
</table>

笔记

案例

一台日产轿车在刚出厂后就发生车祸，造成后车身翼子板裂开，需进入维修厂修理。但在维修过程中，维修人员用气焊进行焊接修理，导致后车身钣件焊穿、变形严重。

分析：引起车身钣件焊穿、严重变形的原因很多。

1. 维修人员违反新车维修原则：新车绝不能用气焊进行车身钣件的焊接。
2. 维修人员没有经过专业培训，焊接技术较差。
3. 在维修过程中，火焰控制不良，维修人员没有做好冷水降温处理。

检修：尽量采用气体保护焊修复，适当加冷水降温，防止车身钣件受热膨胀变形，影响维修质量。

五、检验评估

项目三任务气焊焊接工艺与实训的检验评估如表 3－21 所示。

表 3－21　检验评估

检验与评价内容	检　验　指　标	权重	自评	互评	总评
维修质量检验	1. 焊缝表面：不得有裂纹、夹渣、焊瘤、烧穿、弧坑、咬边、未焊满、电弧擦伤等缺陷 2. 焊缝外观：焊缝外形均匀，焊道与焊道、焊道与基本金属之间过渡平滑，焊渣和飞溅物清除干净 3. 矫正后的纵柱与横柱平直焊缝牢固无弯曲变形 提示：焊缝质量必须按国标、维修行业质量标准完成修理任务				
检查任务完成情况	1. 能描述货车车身结构特点，明确纵柱与横柱连接工艺的相关特点以及国标、维修行业质量标准的相关知识 2. 在小组所扮演的角色，对完成任务过程中所起作用				
职业素养	1. 学习态度：积极主动参与学习 2. 团队合作：与小组成员一起分工合作，不影响学习进度 3. 现场管理：服从工位安排、执行实训室“5S”管理规定				
综合评价与建议					

任务检验与评估

1. 检查训练任务：真实、完整、有效。
2. 按各学习活动进行自评或互评。

笔记

序号	任务检验与评估项目	标准	课程权重	自我综合评价
1	气焊平焊工艺	通过维修货车车身断裂损伤、变形骨架，掌握气焊的火焰矫正以及平焊焊接操作技术，并能排除焊接缺陷产生原因以及采取预防措施，同时能检验维修质量	15%	
2	气焊立焊工艺	通过维修货车车身断裂损伤、变形骨架，掌握气焊的火焰矫正以及横焊焊接操作技术，并能排除焊接缺陷产生原因以及采取预防措施，同时能检验维修质量	15%	
3	气焊横焊工艺	通过维修货车车身断裂损伤、变形骨架，掌握气焊的火焰矫正以及立焊焊接操作技术，并能排除焊接缺陷产生原因以及采取预防措施，同时能检验维修质量	15%	
4	气焊仰焊工艺	通过维修货车车身断裂损伤、变形骨架，掌握气焊的火焰矫正以及仰焊焊接操作技术并能排除焊接缺陷产生原因以及预防措施，同时能检验维修质量	10%	

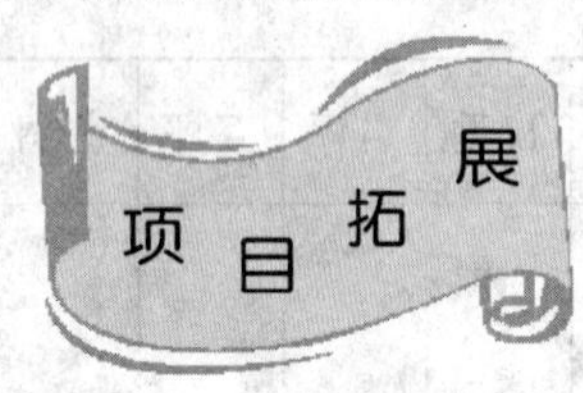

想一想：

大客车车身骨架发生扭曲、断裂变形后，需要哪些汽车钣金维修设备工具进行修理呢？

笔 记

项目四　气体保护焊焊接工艺与实训

Description 项目描述	一辆雪佛兰轿车中部门槛与B柱位发生腐烂现象,造成小车中部门槛处穿孔霉烂等故障,需要你对汽车车门槛板处进行检测,确定最佳的焊接方式,以更好地选用焊接类型进行修理任务
Objects 项目目标	1. 熟知气体保护焊焊接原理 2. 能描述气体保护焊焊接设备工具的安全使用以及维护和保养 3. 会气体保护焊焊接工艺参数的调节与选用 4. 能掌握气体保护焊焊接的引弧、运枪、收弧及焊丝更换 5. 能掌握气体保护焊平焊、立焊、横焊、仰焊等的焊接工艺以及排除焊接缺陷产生的因素 6. 能对车身附件的损坏进行修复作业并按行业规范进行维修质量检验 7. 了解手工钨极氩弧焊工作原理以及相关维修技术
Tasks 项目任务	任务4.1:气体保护焊焊接工艺概述:通过学习熟知气体保护焊焊接工艺概述的相关知识 任务4.2:气体保护焊平焊工艺与实训:通过焊接车身断裂损伤附件,掌握平焊焊接工艺的操作技术,并能排除焊接缺陷产生原因以及预防措施,同时能检验维修质量 任务4.3:气体保护焊立焊工艺与实训:通过焊接车身断裂损伤附件,掌握立焊焊接工艺的操作技术,并能排除焊接缺陷产生原因以及预防措施,同时能检验维修质量 任务4.4:气体保护焊横焊工艺与实训:通过焊接车身断裂损伤附件,掌握横焊焊接工艺的操作技术,并能排除焊接缺陷产生原因以及预防措施,同时能检验维修质量 任务4.5:气体保护焊仰焊工艺与实训:通过焊接车身断裂损伤附件,掌握仰焊焊接工艺的操作技术,并能排除焊接缺陷产生原因以及预防措施,同时能检验维修质量 任务4.6:手工钨极氩弧焊接工艺与实训:通过学习熟知手工钨极氩弧焊机的工作原理以及操作工艺
Implementation 项目实施	任务4.1:气体保护焊焊接工艺概述 任务4.2:气体保护焊平焊焊接工艺与实训 任务4.3:气体保护焊立焊焊接工艺与实训 任务4.4:气体保护焊横焊焊接工艺与实训 任务4.5:气体保护焊仰焊焊接工艺与实训 任务4.6:手工钨极氩弧焊接工艺与实训

任务4.1　气体保护焊焊接工艺概述

任务描述	一辆雪佛兰轿车中部门槛与B柱位发生腐烂现象,造成小车中部门槛处穿孔霉烂等故障,需进入维修厂进行修理。针对维修接待和车间确认意见,首先诊断与排除汽车车身门槛处穿孔霉烂故障,再进行气体保护焊焊接修复
任务目标	1. 熟知气体保护焊焊接原理 2. 能描述气体保护焊焊接设备工具的安全使用以及维护和保养 3. 掌握气体保护焊焊接工艺参数的调节与选用 4. 能掌握气体保护焊焊接的引弧、运枪、收弧及焊丝更换 5. 能掌握气体保护焊焊接工艺以及排除焊接缺陷产生的因素 6. 能对车身附件的损坏进行修复作业并按行业规范进行维修质量检验

笔记

一、维修接待

按照表4-1-1完成待修车辆的维修接待，并准确填写接车问诊表。

表4-1-1 维修接待与接车问诊表

1. 通过询问客户了解轿车发生故障情况，填写接车问诊表
2. 车间检测初步确认结果及主要故障零部件

接车问诊表

车牌号：________ 车架号：________ 行驶里程：________(km)

用户名：________ 电　话：________ 来店时间：____/____

用户陈述及故障发生时的状况：**一辆雪佛兰轿车中部门槛与B柱发生腐烂现象，造成小车中部门槛处穿孔霉烂等故障，需要你对车身进行检测，确定最佳的焊接方式进行修理以便进入维修厂进行修理**

故障发生状况提示：**行驶速度、发动机状态、发生频度、发生时间、部位、天气、路面状况、声音描述**

接车员检测确认建议：**需对中部车身进行检修**

车间检测确认结果及主要故障零部件：**需对中部车身进行检修，必要时需更换中部车身附件**

车间检查确认者：________

外观确认：	功能确认：(工作正常✓　不正常×) □音响系统　□门锁(防盗器)　□全车灯光　□工具 □后视镜　□顶窗　□座椅　□护杠 □玻璃升降器　□玻璃　□车门
(请在有缺陷部位作标识)	物品确认：(有✓　无×) F　E □贵重物品提示 □工具　□备胎　□灭火器 □其他(　　　　) 旧件是否交还用户　□是　□否 用户是否需要洗车　□是　□否

· 检测费说明：本次检测的故障如用户在本店维修，检测费包含在修理费用内；如用户不在本店维修，请您支付检测费。本次检测费：¥________元。

· 贵重物品：在将车辆交给我店检查修理前，已提示将车内贵重物品自行收起并保存好，如有遗失恕不负责。

接车员：________　　用户确认：________

笔 记

注 意

- 对车辆的维修接待，必须仔细询问顾客车辆故障的原因，细心观察车辆除事故范围外的损伤情况，并注明以防纠纷产生；对车内贵重物品妥善保存或要求顾客自行处理，为维修作业做好必要的准备，如实准确地填写接车问诊表。

二、信息收集与处理

按照表 4-1-2 完成任务 4.1 的信息收集与处理。

表 4-1-2　信息收集与处理

<table>
<tr><td>1. 气体保护焊工艺概述</td><td>气体保护焊的概念
惰性气体保护焊是利用惰性气体将电极、电弧区以及焊接熔池置于其保护之下的电弧焊接方式，简称为气体保护焊
用于保护焊的惰性气体主要有氩气和二氧化碳气体两种。前者俗称氩弧焊，后者称为 CO_2 气体保护焊。二氧化碳气体保护焊机如下图所示

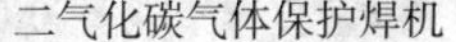
二气化碳气体保护焊机
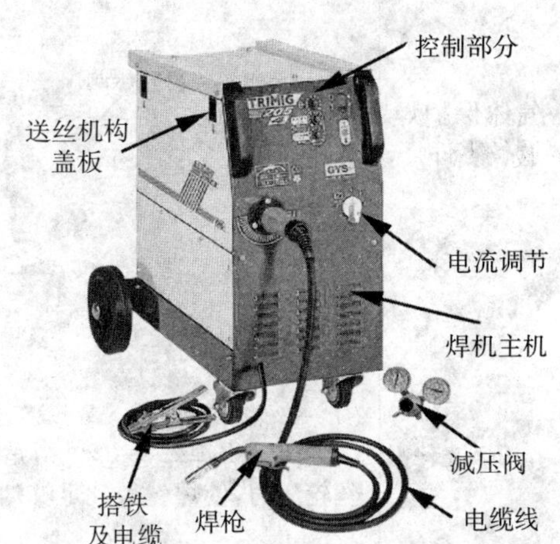

二氧化碳气体保护焊机示意图</td></tr>
<tr><td>2. 气体保护焊设备零件</td><td>1）气体保护焊焊机的安装调整方法
（1）焊机的电缆与电网相连接
（2）气瓶和焊机连接在一起
（3）搭铁安放在车身金属件焊接部位附近清洁的表面</td></tr>
</table>

笔 记

（续表）

<table>
<tr>
<td>2. 气体保护焊设备零件</td>
<td>

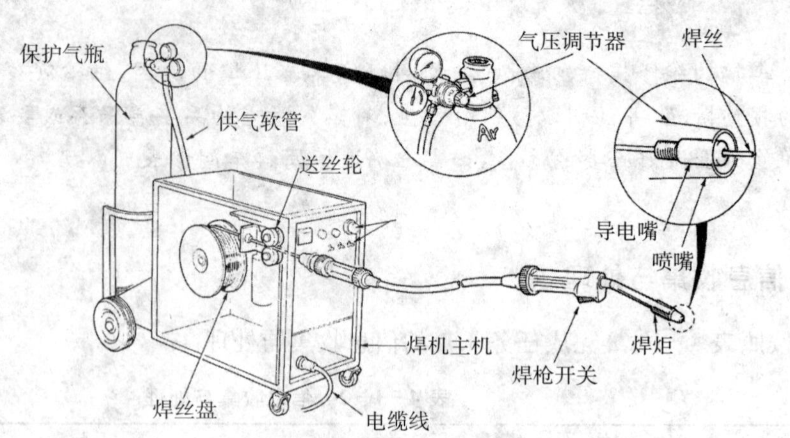

气体保护焊焊机的安装调整方法

2）二氧化碳气体气压表如下图所示

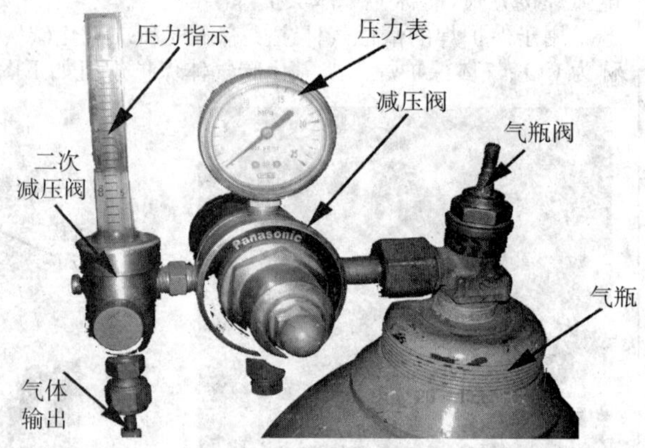

二氧化碳气体气压表

3）送丝机构

用手将焊丝送进约 300mm，保证焊丝能够顺利地通过送丝管和焊枪。适当调整送丝轮压力，使焊丝得到足够的推力，能够离开焊丝盘并穿过送丝管及焊枪如下图所示

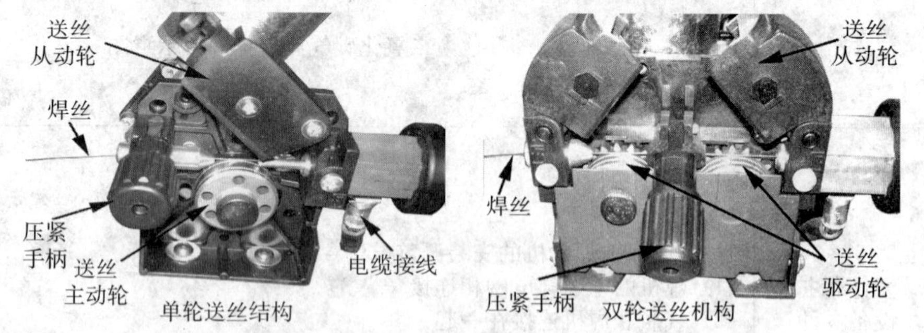

单轮送丝结构　双轮送丝机构

送丝机构

</td>
</tr>
</table>

笔记

（续表）

<table>
<tr><td>2. 气体保护焊设备零件</td><td>4）焊枪零附件，如下图(a)、(b)、(c)所示
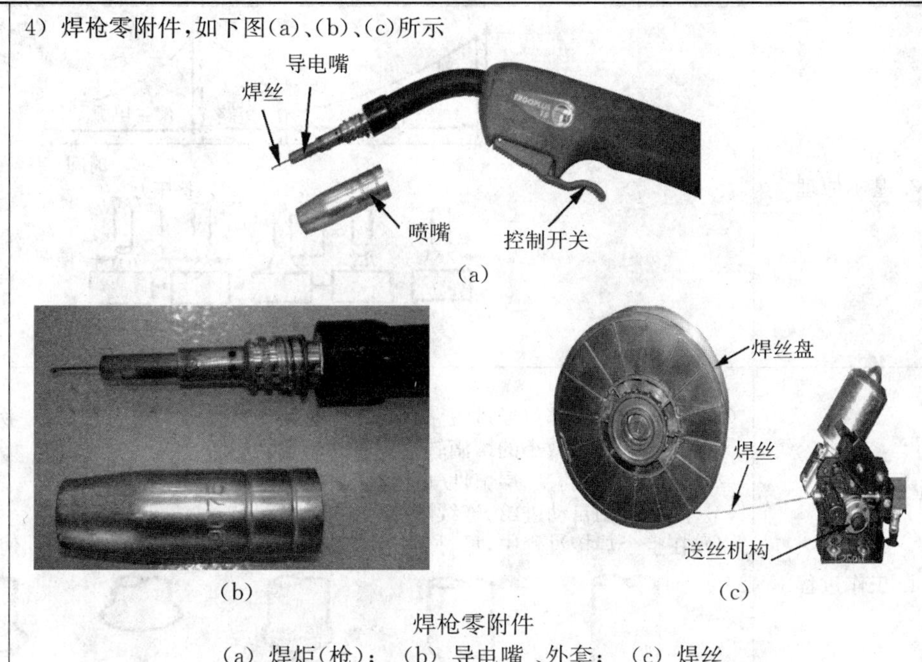
(a)
(b)　(c)
焊枪零附件
(a) 焊炬(枪)；(b) 导电嘴 、外套；(c) 焊丝</td></tr>
<tr><td>3. 基本原理</td><td>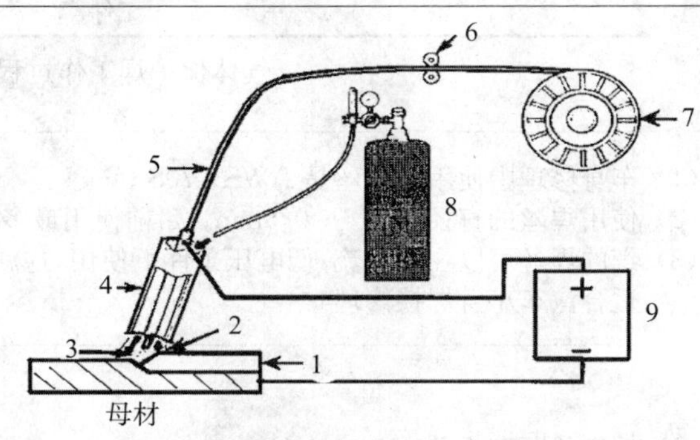
二氧化碳保护焊的基本原理
1—焊缝金离属；2—二氧化碳气体；3—电弧；4—焊栓枪喷嘴；5—焊丝；6—送丝滚轴；7—送丝卷轴；8—二氧化碳气瓶；9—焊机电源
惰性气体保护焊使用一根焊丝，焊丝以一定的速度自动进给，在母材和焊丝之间出现短弧，短弧产生的热量使焊丝熔化，将母材焊接起来，实现半自动电弧焊接。在焊接过程中，惰性气体对焊位实施保护，以免母材被空气氧化。所使用惰性气体的种类由需要焊接的母材而定。大多数钢材都用二氧化碳进行气体保护焊；对于铝材则采用氩气或氩、氮混合气作为气体进行保护焊
气体保护焊熔滴的过渡形式有两种：短路过渡和细颗粒过渡。焊丝作为一极，其端部不断受热熔化，形成熔滴并脱离焊丝过渡到母材溶池中。两种不同过渡形式的适用范围和工艺要求是不相同的。短路过渡形式是采用细焊丝、小电流、低电压焊接时出现的。因为电弧短，液态溶滴还未增大时即与熔池接触形成短路，使电弧熄灭，熔滴脱离焊丝过渡到熔池中去，然后电弧重新引燃。这种周期性短路与燃弧交替即为短路过渡过程。由于短路过渡母材受热量较少，变形小，熔深较浅，多用于薄板的焊接。汽车钣金焊接多采用此种形式。细颗粒过渡适用于厚板的焊接。汽车车身钣金焊接多为薄钢板焊接。短路过渡电弧焊工作原理，如下图所示</td></tr>
</table>

笔 记

（续表）

3. 基本原理	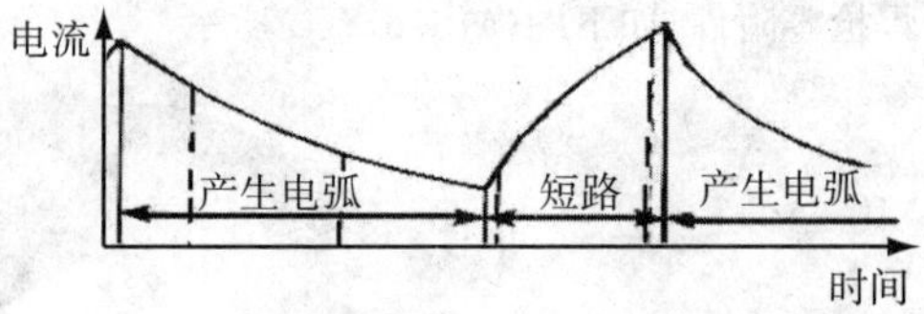 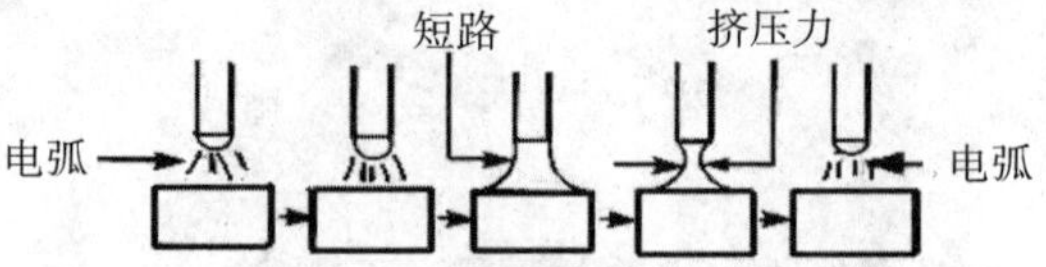 电流 产生电弧 短路 产生电弧 时间 短路 挤压力 电弧 电弧 短路过渡电弧焊的工作原理
4. 工作过程	(1) 焊丝在焊接部位经过短路—燃弧—短路——燃弧……过程，每一次短路电弧焊丝都从端部将微小的熔滴转移到母材熔池之中 (2) 在焊丝周围有一层惰性气体保护层，以免焊缝被氧化 (3) 焊丝采用自动进给，连续焊接 (4) 在整个焊接过程中，母材受热小，变形小，不致影响钣金件整体几何形状 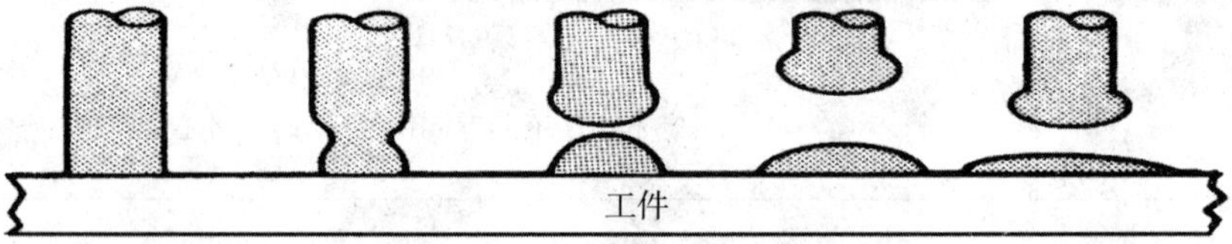 工件 气体保护焊工作过程
5. 分析焊丝	(1) 车身修理中使用的焊丝是 AWS-70S-6 (2) 使用焊丝的直径为 0.6～0.8mm。目前使用最多的是直径为 0.6mm 的焊丝 (3) 细的焊丝可以在弱电流、低电压条件下使用，这就使进入钣件的热量大为减少，更适合汽车车身焊接修理
6. 导电嘴到母材的距离	(1) 标准的距离为 7～15mm (2) 距离过大，从焊枪端部伸出的焊丝长度增加而产生预热，增加了焊丝熔化的速度，保护气体所起的作用也会减小 (3) 如果导电嘴到母材的距离过小，将难以进行焊接，因为焊接部位被挡在导电嘴的后面 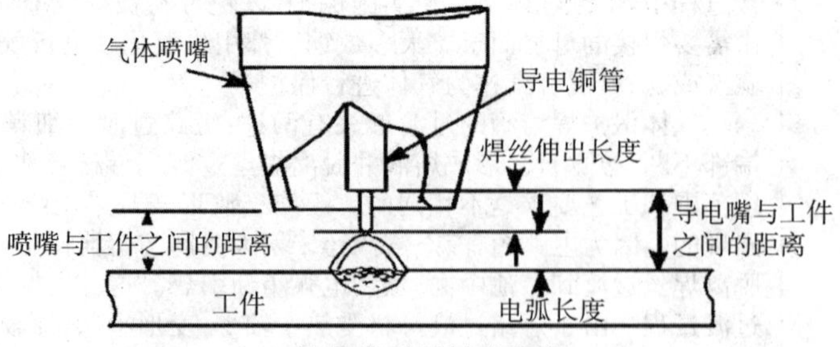 气体喷嘴 导电铜管 焊丝伸出长度 导电嘴与工件之间的距离 喷嘴与工件之间的距离 工件 电弧长度 导电嘴到母材的距离

笔　记

（续表）

<table>
<tr><td rowspan="5">7. 优点</td><td>序号</td><td>优　点</td><td>说　　明</td></tr>
<tr><td>(1)</td><td>焊接生产率高</td><td>在焊接时，电流密度大，熔化速度快，焊接过程又不需清渣，其电弧比普通的焊条的电弧高 2～4 倍</td></tr>
<tr><td>(2)</td><td>焊接变形小</td><td>电弧热量集中，加热区窄，CO_2 气体又有冷却作用</td></tr>
<tr><td>(3)</td><td>对油锈不敏感</td><td>因 CO_2 气体在高温分解，具有很强的氧化性，对焊件的油、锈及其保护气体在高温时氧化性强，与氢有很强的亲和力，从而降低了焊缝的含氢量，对脏污的敏感性较小</td></tr>
<tr><td>(4)</td><td>焊缝含氢量低</td><td>在焊接低合金高强度钢时能防止氢气孔的产生，出现冷裂纹的倾向也较低</td></tr>
<tr><td rowspan="5">8. 使用环境</td><td>序号</td><td colspan="2">CO_2 气体保护焊机的使用环境</td></tr>
<tr><td>(1)</td><td colspan="2">焊机适用于不超过海拔 1 000m，环境温度在 40℃之内，相对湿度不超过 90%（即 25℃时）</td></tr>
<tr><td>(2)</td><td colspan="2">使用场所没有影响产品使用的气体、蒸气、化学性沉积、腐蚀性介质和易燃易爆介质</td></tr>
<tr><td>(3)</td><td colspan="2">使用场所没有激烈的振动和颠簸</td></tr>
<tr><td>(4)</td><td colspan="2">必须安置在干燥的地方，距离墙边不少于 20cm 的平稳位置，必须利于通风散热</td></tr>
<tr><td rowspan="9">9. 安全操作规范</td><td>序号</td><td colspan="2">CO_2 气体保护焊机安全操作规范说明</td></tr>
<tr><td>(1)</td><td colspan="2">工作前必须穿戴好规定的防护用品。遵守焊工的一般安全规程</td></tr>
<tr><td>(2)</td><td colspan="2">不熟悉本设备性能者严禁使用该设备。不得在狭小、通风性能差的地方焊接。也不能用电风扇直接吹焊嘴而吹散保护气体</td></tr>
<tr><td>(3)</td><td colspan="2">工作前应预热 15min，检查设备是否正常。检修设备前必须断开电源</td></tr>
<tr><td>(4)</td><td colspan="2">施工前应先清理焊件表面的油污和锈迹、油漆等杂物，以防引弧困难及焊接产生气孔</td></tr>
<tr><td>(5)</td><td colspan="2">工作时必须集中注意力，引弧前把焊丝伸出长度调整好，并选好适当位置；注意避免焊丝头甩出伤人</td></tr>
<tr><td>(6)</td><td colspan="2">焊机应避免摆放在较潮湿位置，要经常清除机内、机外灰尘。经常检查各电缆外皮和气管有无破损，损坏处要包扎好</td></tr>
<tr><td>(7)</td><td colspan="2">经常修理或更换焊嘴，定期测试焊接电流、电压和送丝速度及配气准确情况。经常检查气压表及流量计表工作情况是否正确，必要时应更换</td></tr>
<tr><td>(8)</td><td colspan="2">工作完毕后要清理场地、灭绝火种、切断电源</td></tr>
<tr><td>10. 惰性气体保护焊的操作步骤</td><td colspan="3">1）气体保护焊前准备
(1) 安装并调整送丝装置中的各元件
(2) 焊接电流如下图所示
焊接电流的大小会影响母材的焊接熔深、焊丝熔化速度、电弧的稳定性、焊接溅出物的数量。随着电流强度的增加，焊接熔深、剩余金属的高度和焊缝的宽度也会增大</td></tr>
</table>

笔记

(续表)

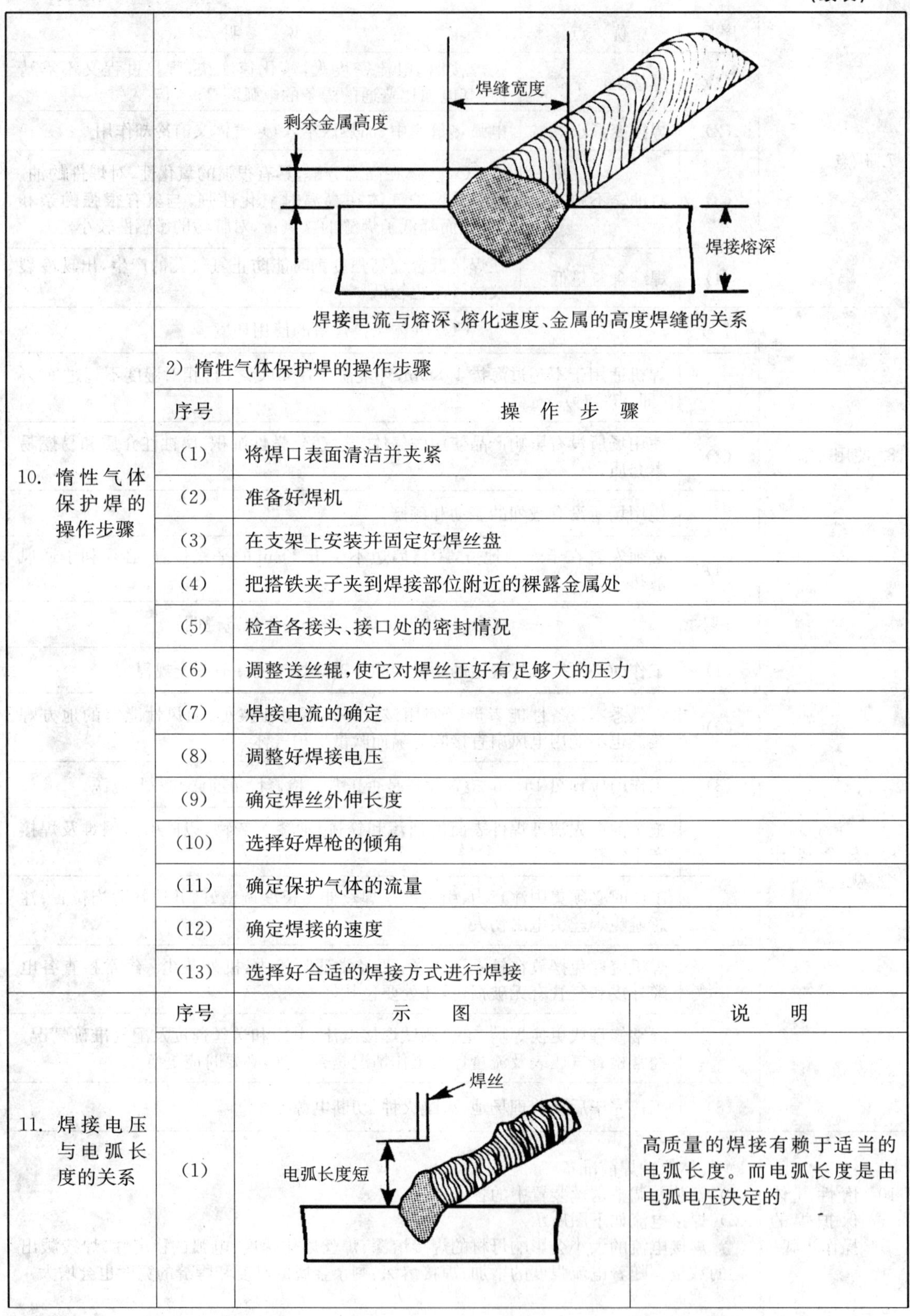

	焊接电流与熔深、熔化速度、金属的高度焊缝的关系		
	2）惰性气体保护焊的操作步骤		
	序号	操 作 步 骤	
10. 惰性气体保护焊的操作步骤	(1)	将焊口表面清洁并夹紧	
	(2)	准备好焊机	
	(3)	在支架上安装并固定好焊丝盘	
	(4)	把搭铁夹子夹到焊接部位附近的裸露金属处	
	(5)	检查各接头、接口处的密封情况	
	(6)	调整送丝辊，使它对焊丝正好有足够大的压力	
	(7)	焊接电流的确定	
	(8)	调整好焊接电压	
	(9)	确定焊丝外伸长度	
	(10)	选择好焊枪的倾角	
	(11)	确定保护气体的流量	
	(12)	确定焊接的速度	
	(13)	选择好合适的焊接方式进行焊接	
	序号	示 图	说 明
11. 焊接电压与电弧长度的关系	(1)		高质量的焊接有赖于适当的电弧长度。而电弧长度是由电弧电压决定的

笔记

（续表）

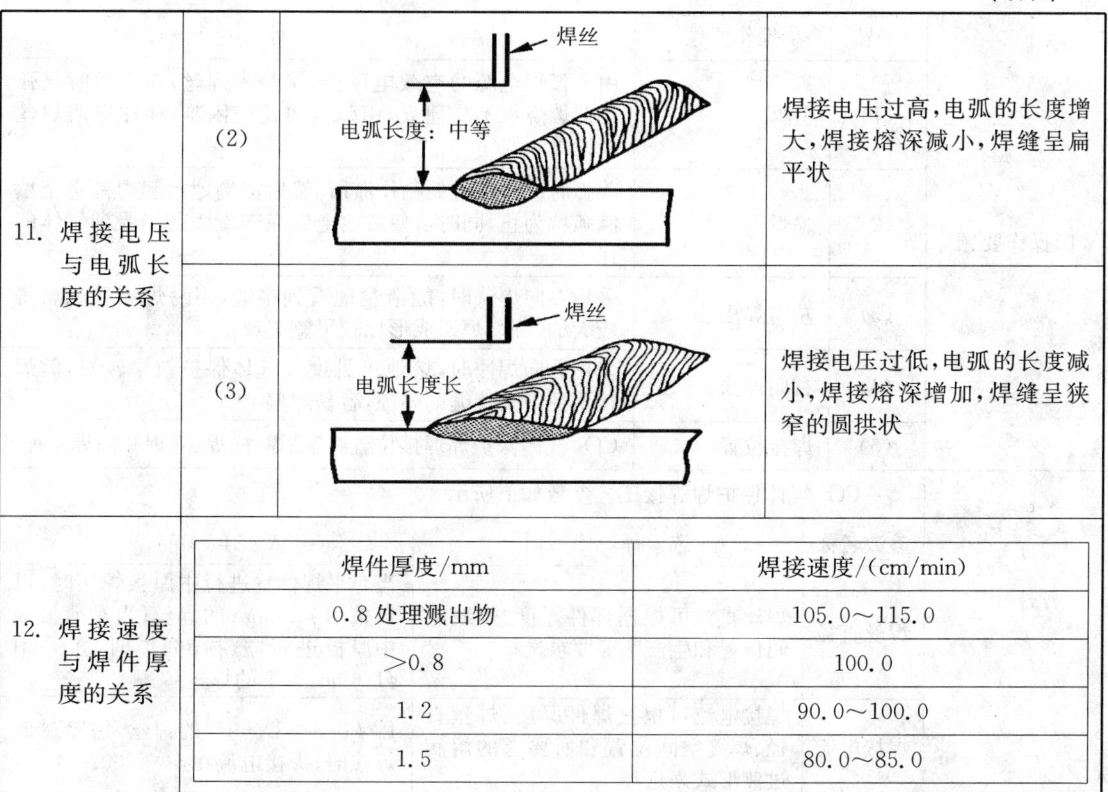

项目	序号	图示	说明
11. 焊接电压与电弧长度的关系	(2)	焊丝 电弧长度：中等	焊接电压过高，电弧的长度增大，焊接熔深减小，焊缝呈扁平状
	(3)	焊丝 电弧长度长	焊接电压过低，电弧的长度减小，焊接熔深增加，焊缝呈狭窄的圆拱状

12. 焊接速度与焊件厚度的关系

焊件厚度/mm	焊接速度/(cm/min)
0.8 处理溅出物	105.0～115.0
>0.8	100.0
1.2	90.0～100.0
1.5	80.0～85.0

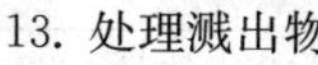

13. 处理溅出物

应迅速清除焊接溅出物。如下图所示。如果溅出物粘附于喷嘴的端部，将使保护气体不能顺利流出而影响焊接质量。可用防溅剂来减少粘附于喷嘴端部的溅出物数量。

提示：

对溅出物处理必须彻底清除喷嘴以及导电嘴的粘附物，防止焊丝在工作时短路造成导电嘴粘连出丝孔，导致焊枪损坏，也妨碍气体对焊缝实施保护

处理溅出物

笔记

（续表）

	序号	操作要领	说　明
14. 操作要领	(1)	引弧	由于弧焊电源的空载电压低，又是光焊丝，在引弧时电弧稳定燃烧点不易建立，引弧变得比较困难，往往造成焊丝成段爆断
	(2)	熄弧	收弧时应在弧坑处稍作滞留，然后慢慢地抬起焊枪直至填满弧坑为止，同时可使熔池金属在未凝固前仍受到气体的保护
	(3)	左向焊法	采用左向焊法时，能清楚地看到接缝，不易焊偏且能获得较大的熔深，焊缝成形比较平整美观
	(4)	右向焊法	采用右向焊法时，熔池可见度及气体保护效果较好，但焊接不便观察接缝的间隙，容易焊偏
	(5)	焊接位置	CO_2 气体保护焊焊接位置有：平焊、横焊、立焊和仰焊 4 种

15. 焊接工艺参数	CO_2 气体保护焊焊接工艺参数如下所示		
	参数名称	选　择　依　据	选　择　方　法
	焊丝直径	焊丝直径可根据焊件厚度、焊缝空间位置和生产率等要求选择	当对平焊位置进行中厚板焊接时，可以采用 ϕ1.6mm 的焊丝；当对薄板或中厚板进行立、横、仰焊时，多采用 ϕ1.6mm 以下的焊丝
	焊接电流	焊接电流可根据焊件厚度、焊丝直径、焊缝空间位置和所要求的熔滴过渡形式来选择	用 ϕ0.8～1.8mm 的焊丝，短路过渡焊接时，焊接电流在 50～230A
	电弧电压	电弧电压必须与焊接电流配合恰当。当电弧电压增大，则焊缝宽度相应增大，加强高和熔深减小；反之，当电弧电压减小，则焊缝宽度相应减小	在短路过渡焊接时，电弧电压在16～25V 范围内 在采用 ϕ1.2～3.0mm 的焊丝进行粗滴过渡焊接时，电弧电压可在 25～44V 范围内选择
	焊接速度	随着焊接速度的加快，焊缝的宽度、加强高和熔深相应地减小；反之，焊接速度减慢	半自动焊的焊接速度在 15～30m/h 范围内；自动焊的焊接速度可稍快些，一般不超过 40m/h
	焊丝伸出长度	焊丝伸出长度是指焊接时焊丝伸出导电嘴的长度	焊丝伸出长度取决于焊丝直径。一般焊丝伸出长度约等于焊丝直径的 10 倍为宜
	CO_2 气体流量	CO_2 气体流量应根据焊接电流、焊接速度、焊丝伸出长度及喷嘴直径来选择	当细丝 CO_2 气体焊时，CO_2 气体流量约为 5～15L/min 当粗丝 CO_2 气体焊时，CO_2 气体流量约为 15～25L/min
	电源极性	直流反接与直流正接相比较，直流反接具有电弧稳定、飞溅少、熔深大的特点	为了保证 CO_2 气体保护焊的焊接质量，一般采用直流反接法，即焊件接负极，焊枪接正极
	回路电感	焊接回路中的电感应根据焊丝直径、焊接电流和电弧电压来选择	当使用 ϕ0.6～1.2mm 细丝时，电感值约为 0.01～0.16mH 当使用 ϕ1.6～2mm 粗细丝时，电感值约为 0.3～0.7mH

笔记

（续表）

16. 主要焊接方式	CO_2 气体保护焊焊接的主要方式如图所示：平焊、横焊、立焊、仰焊 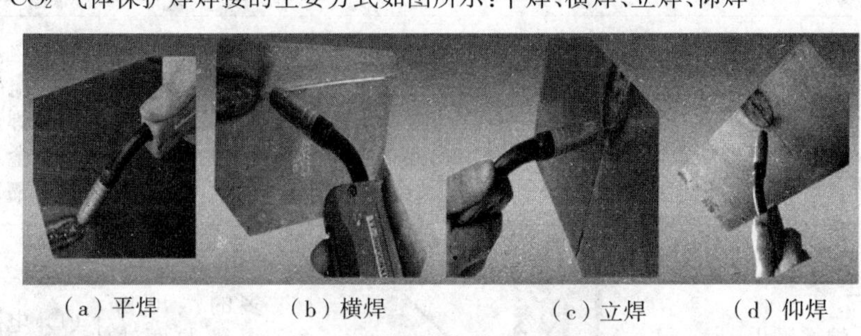 （a）平焊 （b）横焊 （c）立焊 （d）仰焊

当各种汽车车身在修理前，先要查阅汽车制造厂家提供的汽车维修说明书，了解原损坏钣件焊接的特点。修理时要尽量采用点焊法或气体保护焊；除了在制造时进行过钎焊的零部件外，车身的其他部位切勿进行钎焊；注意：切勿在新型汽车车身上使用气焊。

气体保护焊常见缺陷及产生原因如表 4-1-3 所示。

表 4-1-3 气体保护焊常见缺陷及产生原因

序号	缺 陷	示 意 图	说 明	主 要 原 因
1	气孔和陷坑		气体进入焊接金属中会产生气孔和陷坑	（1）母材上有锈迹或污物 （2）焊丝上有锈迹或水分 （3）保护不当、喷嘴堵塞、弯曲或气体流量过小 （4）焊接时冷却速度过快 （5）电弧过长 （6）焊丝规格不正确 （7）气体被不适当封闭 （8）焊接表面不干净
2	咬 边		咬边是由于过分熔化的母材形成一个凹槽，使母材的横截面减小，严重降低了焊接部位的强度	（1）电弧太长 （2）焊枪角度不正确 （3）焊接速度太快 （4）电流太大 （5）焊炬送进太快 （6）焊炬角度不稳定
3	熔化不透		这种现象发生在母材与焊接金属之间，或发生在两种熔敷金属之间	（1）检查焊炬的进给 （2）电压过低 （3）焊接部位不干净
4	焊 瘤		角焊比对接焊更容易产生焊瘤。焊瘤会引起应力集中而导致过早腐蚀	（1）焊接速度太慢 （2）电弧太短 （3）焊炬送进太慢 （4）电流太小

笔记

（续表）

序号	缺　陷	示　意　图	说　　明	主　要　原　因
5	焊接熔深不够		此种缺陷是由于金属板熔敷不足而产生的	（1）电流太小 （2）电弧过长 （3）焊丝端部没有对准两层金属板的对接位置 （4）槽口太小
6	焊接溅出物太多		过多的溅出物在焊缝的两边形成许多斑点和凸起	（1）电弧过长 （2）母材金属生锈 （3）焊枪角度太大
7	溅出物		在角焊缝处容易产生溅出物	（1）电流太大 （2）焊丝规格不正确
8	垂直裂纹		裂纹通常只发生在焊缝顶部	焊缝表面被脏物弄脏（油漆、油污、锈斑）
9	焊缝不均匀		焊缝不是均匀的流线形，而是不规则的形状	（1）焊枪嘴的孔被损坏或变形，焊丝通过嘴口时发生摆动 （2）焊枪不稳定 （3）移动速度不稳
10	烧　穿		焊缝内有许多孔	（1）焊接电流太大 （2）两块金属之间的坡口槽太宽 （3）焊枪移动速度太慢 （4）焊枪到母材之间的距离太短

笔 记

三、制订检修计划

一辆雪佛兰轿车中部门槛与B柱位发生腐烂现象，造成小车中部门槛处穿孔霉烂等故障。需要你对汽车车身变形处进行检测，确定损坏钣金件的材料和连接方式以便正确选用合理的维修手段完成维修任务，如4-1-4表所示。

表4-1-4　制订汽车车身焊接方式

<table>
<tr><td rowspan="4">1. 车辆信息描述</td><td colspan="3">车　辆　描　述</td><td colspan="2"></td></tr>
<tr><td rowspan="3" colspan="2">车身钣金件材料类型</td><td>门槛与B柱金属材料</td><td colspan="2">高强度钢钣件</td></tr>
<tr><td>门槛结构形状</td><td colspan="2">封闭性箱形组合焊接</td></tr>
<tr><td>B柱结构形状</td><td colspan="2">封闭性箱形组合焊接</td></tr>
<tr><td>2. 车身钣金件故障现象描述</td><td colspan="5">轿车中部门槛与B柱处发生腐烂现象，造成小车中部门槛处穿孔霉烂等变形，需要挖补切换维修</td></tr>
<tr><td>3. 车身钣金件故障原因分析，画出鱼刺图</td><td colspan="5"> 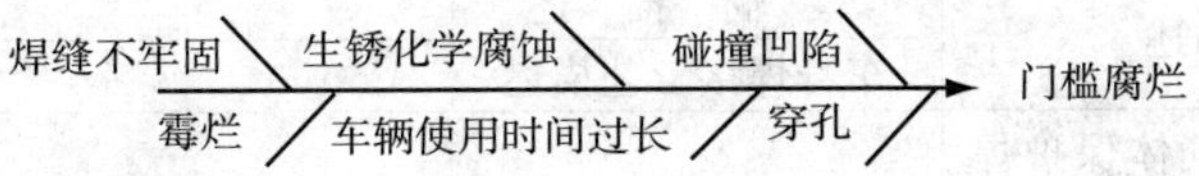焊缝不牢固　生锈化学腐蚀　碰撞凹陷
霉烂　车辆使用时间过长　穿孔
→ 门槛腐烂</td></tr>
<tr><td>4. 车身钣金件故障检修工作准备</td><td colspan="5">中部车身
系统分析：形状大小、维修手段、损坏件位置、焊接方式、参考数据
规定：相关安全法规、制造商规定、钣金件维修规范
故障诊断：穿孔、碰撞、腐烂
设备：电焊机、气焊设备、二氧化碳焊机
修理：备件、工作计划、工作流程图</td></tr>
<tr><td rowspan="5">5. 车身钣金件故障检修流程</td><td>步骤</td><td>检修项目</td><td>操　作　要　领</td><td>技术要求或标准</td><td>检修记录</td></tr>
<tr><td>(1)</td><td>前、后门缝隙</td><td>检查前、后门是否有较宽缝隙</td><td>前、后门缝隙应与出厂前一致</td><td>应适当调整</td></tr>
<tr><td>(2)</td><td>中部门槛</td><td>查看门槛底是否腐蚀、严重变形、脱焊、穿孔</td><td>气体保护焊焊接修复或更换</td><td>选用与截面相同的插入法修理</td></tr>
<tr><td>(4)</td><td>中部门槛与地板</td><td>检查门槛与地板连接是否牢固、有无脱焊分离</td><td>气体保护焊焊接修复或更换</td><td>选用定位焊接</td></tr>
<tr><td>(5)</td><td>中部门槛与B柱</td><td>查看中部门槛与B柱是否变形、是否有较宽间隙以及连接牢固等</td><td>气体保护焊焊接修复或更换</td><td>采用塞焊及定位焊接连接</td></tr>
</table>

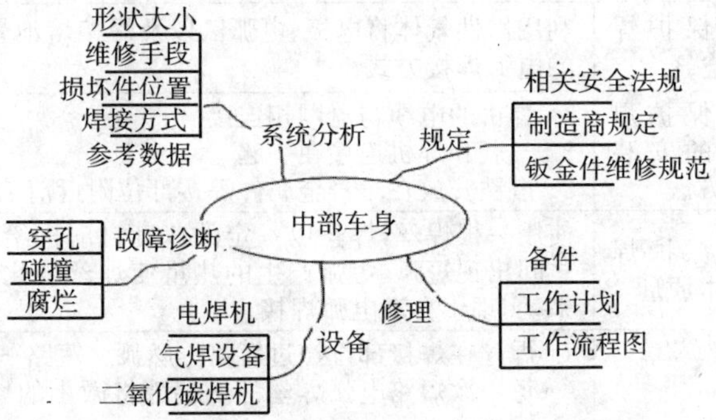

笔记

- 车辆的维修接待，必须仔细询问顾客车辆故障的原因，细心观察车辆除事故范围外的损伤情况，并注明以防纠纷产生；对车内贵重物品妥善保存或要求顾客自行处理，为维修作业做好必要的准备，如实准确地填写接车问诊。车身钣金件故障检修流程表要做仔细毫无遗漏地记录下来，以便在维修过程中实施监控。

四、实施维修作业

汽车车身气体保护焊工艺的概述任务书如表 4－1－5 所示。

表 4－1－5　汽车车身气体保护焊工艺的概述任务书

<table>
<tr><td colspan="4">1. 解汽车车身气体保护焊焊接工艺的基本原理
2. 熟知气体保护焊焊机的设备工具安装调整方法
3. 熟悉 CO_2 气体保护焊操作要领
4. 了解 CO_2 气体保护焊机安全操作规范</td></tr>
<tr><td colspan="2" rowspan="2">1. 车辆信息描述</td><td>车辆描述</td><td></td></tr>
<tr><td>车身焊接工艺描述</td><td></td></tr>
<tr><td colspan="2">2. 汽车车身气体保护焊焊接工艺的概述描述</td><td colspan="2"></td></tr>
<tr><td>检查步骤</td><td>检修分类项目</td><td>作业要领</td><td>检修项目记录</td></tr>
<tr><td rowspan="5">气体保护焊焊接工艺的概述</td><td>气体保护焊的概念</td><td>利用惰性气体将电极、电弧区以及焊接熔池置于其保护之下的电弧焊接方式</td><td></td></tr>
<tr><td>气体保护焊焊机的安装调整方法</td><td>1. 焊机的电缆与电网相连接
2. 气瓶和焊机连接在一起
3. 搭铁安放在车身金属件焊接部位附近清洁的表面</td><td></td></tr>
<tr><td>气体保护焊的基本原理</td><td>使用一根焊丝，焊丝以一定的速度自动进给，在母材和焊丝之间出现短弧，短弧产生的热量使焊丝熔化，将母材焊接起来，实现半自动电弧焊接</td><td></td></tr>
<tr><td>气体保护焊工作过程</td><td>1. 焊丝在焊接部位经过短路—燃弧—短路—燃弧……过程，每一次短路电弧焊丝都从端部将微小的熔滴转移到母材熔池之中
2. 在焊丝周围有一层惰性气体保护层，以免焊缝被氧化
3. 焊丝采用自动进给，连续焊接
4. 在整个焊接过程中，母材受热小，变形小，不致影响钣金件整体几何形状</td><td></td></tr>
<tr><td>CO_2 气体保护焊的优点</td><td>1. 焊接生产率高 在焊接时，电流密度大，熔化速度快，焊接过程又不需清渣，其电弧比普通的焊条的电弧高 2～4 倍
2. 焊接变形小 电弧热量集中，加热区窄，CO_2 气体又有冷却作用
3. 对油锈不敏感 因 CO_2 气体在高温分解，具有很强的氧化性，对焊件的油、锈及其他脏污的敏感性较小
4. 焊缝含氢量低 保护气体在高温时氧化性强，与氢有很强的亲和力，从而降低了焊缝的含氢量，并防止了氢气孔的产生；同时在焊接低合金高强度钢时，出现冷裂纹的倾向也较低</td><td></td></tr>
</table>

笔记

（续表）

气体保护焊焊接工艺的概述	二氧化碳气体保护焊机安全操作规范	1. 工作前必须穿戴好规定的防护用品。遵守焊工的一般安全规程 2. 不熟悉本设备性能者严禁使用该设备。不得在狭小、通风性能极差的地方焊接。也不能用电风扇直接吹焊嘴而吹散保护气体 3. 工作前应预热 15min，检查设备是否正常。检修设备前必须断开电源 4. 施工前应先清理焊件表面的油污、锈迹和油漆等杂物，以防引弧困难及焊接产生气孔 5. 工作时必须集中注意力，引弧前把焊丝伸出长度调整好，并选好适当位置；注意避免焊丝头甩出伤人 6. 焊机应避免摆放在较潮湿位置，要经常清除机内、机外灰尘。经常检查各电缆外皮和气管有无破损，损坏处要包扎好 7. 经常修理或更换焊嘴，定期测试焊接电流、电压和送丝速度及配气准确情况。经常检查气压表及流量计工作情况是否正确，必要时更换 8. 工作完毕后要清理场地、灭绝火种、切断电源	
	气体保护焊操作步骤	1. 将焊口表面清洁与夹紧 2. 准备好焊机 3. 在支架上安装并固定好焊丝盘 4. 把搭铁夹子夹到焊接部位附近的裸露金属处 5. 检查各接头、接口处的密封情况 6. 调整送丝辊，使它对焊丝正好有足够大的压力 7. 焊接电流的确定 8. 调整好焊接电压 9. 确定焊丝外伸长度 10. 选择好焊枪的倾角 11. 确定保护气体的流量 12. 确定焊接的速度 13. 选择好合适的焊接方式进行焊接	
	CO_2 气体保护焊操作要领	1. 引弧。由于弧焊电源的空载电压低，又是光焊丝，在引弧时电弧稳定燃烧点不易建立，引弧变得比较困难，往往造成焊丝成段爆断 2. 熄弧。收弧时应在弧坑处稍作滞留，然后慢慢地抬起焊枪直至填满弧坑为止，同时可使熔池金属在未凝固前仍受到气体的保护 3. 左向焊法。采用左向焊法时，能清楚地看到接缝，不易焊偏，且能获得较大的熔深，焊缝成形比较平整美观 4. 右向焊法。采用右向焊法时，熔池可见度及气体保护效果较好，但焊接不便观察接缝的间隙，容易焊偏 5. 焊接位置。CO_2 气体保护焊焊接位置也有平焊、横焊、立焊和仰焊 4 种	
检修结论与处理措施			

笔记

五、检验评估

任务 4.1 的检验评估如表 4-1-6 所示。

表 4-1-6　任务 4.1 的检验评估

评价指标	检验说明	检验记录
汽车车身气体保护焊焊接工艺检查项目	➢气体保护焊焊接的基本原理 ➢气体保护焊焊机的安装调整方法 ➢气体保护焊工作过程 ➢CO_2 气体保护焊的优点 ➢CO_2 气体保护焊机的安全操作规范 ➢CO_2 气体保护焊的操作要领 ➢CO_2 气体保护焊焊接的工艺参数 ➢其他	
二氧化碳气体保护焊焊接工艺的概述一般流程		

评价内容	检验指标	权重	自评	互评	总评
检查任务完成情况	1. 完成任务的情况 2. 任务完成的质量 3. 在小组完成任务过程中所起的作用				
专业知识	1. 能描述汽车车身气体保护焊焊接工艺的概述 2. 能熟知 CO_2 气体保护焊的操作要领 3. 能了解 CO_2 气体保护焊焊接的工艺参数 4. 能描述二氧化碳气体保护焊机的安全操作规范				
职业素养	1. 学习态度：积极主动参与学习 2. 团队合作：与小组成员一起分工合作，不影响学习进度 3. 现场管理：服从工位安排、执行实训室"5S"管理规定				
综合评议与建议					

想一想：

1. 气体保护焊焊接除了焊接碳素钢外还可以焊接什么金属材料？

2. 气体保护焊在焊接汽车车身的维护作业时有哪些规范？

任务 4.2　气体保护焊平焊焊接工艺与实训

任务描述	一辆吉利轿车由于发生碰撞事故，造成前车身水箱支架上部脱焊断裂等故障。需要采用气体保护焊焊接修复，必须进入维修厂进行修理。针对维修接待和车间确认意见，首先诊断与排除汽车车身水箱支架断裂故障，需进行气体保护焊平焊焊接修复
任务目标	1. 理解轿车车身结构连接特点，能分析汽车前车身水箱支架上部脱焊断裂的原因 2. 能熟练掌握气体保护焊平焊焊接的基本原理以及平焊摆动的操作方法 3. 了解金属材料与焊丝分类，熟知影响焊接工艺的因素 4. 熟知气体保护焊焊接工艺要点及按规范进行维修质量检验 5. 会排除焊接缺陷产生的原因以及采取预防的措施并熟知气体保护焊焊机的安全操作规范

笔 记

一、维修接待

按照表 4-2-1 完成待修车辆的维修接待，并准确填写接车问诊表。

表 4-2-1 维修接待与接车问诊表

1. 通过询问客户了解车辆发生故障的情况，填写接车问诊表
2. 车间检测初步确认结果及主要故障零部件

接 车 问 诊 表

车牌号：________ 车架号：________ 行驶里程：________(km)

用户名：________ 电　话：________ 来店时间：____/____

用户陈述及故障发生时的状况：**一辆吉利轿车由于发生碰撞事故，造成前车身水箱支架上部脱焊断裂等故障。需焊接修复，必须进入维修厂进行修理**

故障发生状况提示：**行驶速度、发动机状态、发生频度、发生时间、部位、天气、路面状况、声音描述**

接车员检测确认建议：**需对前部车身进行检修**

车间检测确认结果及主要故障零部件：**需排除前车身故障，必要时需更换前车身附件**

车间检查确认者：________

外观确认：

(请在有缺陷部位作标识)

功能确认：(工作正常✓　不正常×)

□音响系统　□门锁(防盗器)　□全车灯光　□工具

□后视镜　□顶窗　□座椅　□护杠

□玻璃升降器　□玻璃　□车门

物品确认：(有✓　无×)

F E

□贵重物品提示

□工具　□备胎　□灭火器

□其他(　　　　　)

旧件是否交还用户　□是　□否

用户是否需要洗车　□是　□否

· 检测费说明：本次检测的故障如用户在本店维修，检测费包含在修理费用内；如用户不在本店维修，请您支付检测费。本次检测费：￥________元。

· 贵重物品：在将车辆交给我店检查修理前，已提示将车内贵重物品自行收起并保存好，如有遗失恕不负责。

接车员：________ 用户确认：________

笔记

二、信息收集与处理

按照表 4-2-2 完成任务 4.2 的信息收集与处理。

表 4-2-2 信息收集与处理

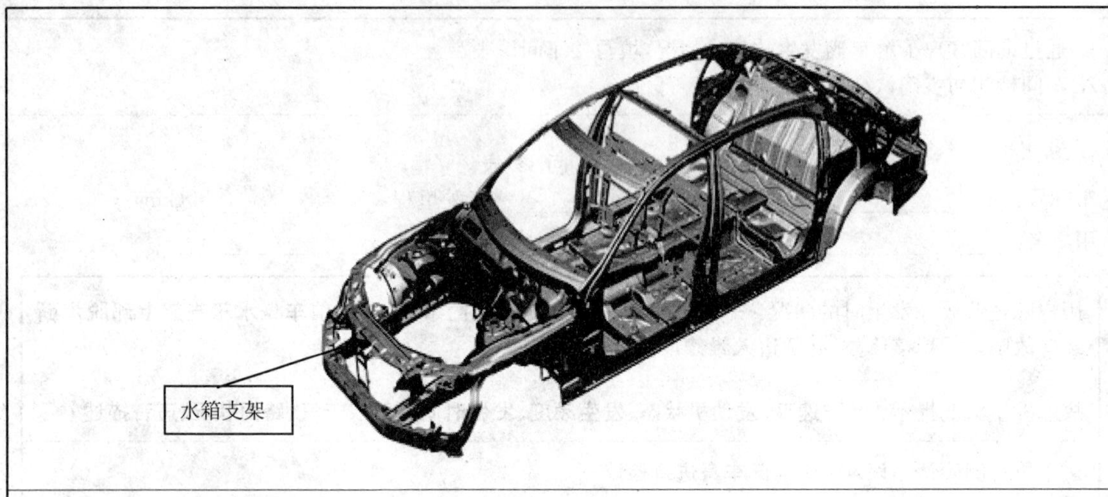

1. 一般前部车身发生碰撞受损的主要附件有____________________

2. 前车身水箱支架的金属材质是____________________

3. 汽车车身在维修过程中选用的最佳焊接方法是____________________

4. 气体保护焊焊接的基本原理是____________________

(一) 材质分析

车身水箱支架损坏件的主要材质类型是由优质碳素钢钢板经冲压而成的钣金件。

(二) 惰性气体保护焊的平焊焊接工艺要点

1. 引弧

由于弧焊电源的空载电压低，又是光焊丝，在引弧时，电弧稳定燃烧点不易建立，引弧变得比较困难，往往造成焊丝成段爆断。

2. 熄弧

收弧时应在弧坑处稍作滞留，然后慢慢地抬起焊枪，直至填满弧坑为止，同时可使熔池金属在未凝固前仍受到气体的保护。

3. 焊机调整

1）焊接速度

焊接速度过快，焊接熔深和焊缝宽度都会减小，焊缝会变成圆拱形，速度再快，还会出现咬边现象。焊接速度过低则会产生许多烧穿孔。焊接速度与母材板厚的关系如表 4-2-3 所示。

笔 记

表 4-2-3 焊接速度与母材板厚的关系

钣件厚度/(mm)	焊接速度/(m/min)
0.6～0.8	1.1～1.2
1.0	1
1.2	0.9～1
1.6	0.8～0.85

焊丝直径、金属板厚与焊接电流的关系如表 4-2-4 所示。

表 4-2-4 焊丝直径、金属板厚与焊接电流的关系

焊丝直径/mm	金属板厚/mm						
	0.6	0.8	1.0	1.2	1.4	1.6	1.8
0.6	20～30A	30～40A	40～50A	50～60A	—	—	—
0.8	—	—	40～50A	50～60A	60～90A	100～120A	—
1.0	—	—	—	—	60～90A	100～120A	120～150A

2）送丝速度

焊接过程产生均匀而且尖锐的噪声即表示焊丝与热量比率正常。送丝速度是否合适可凭观察而定。若随着电弧的缩短，稳定的反光亮度开始减弱，此时送丝速度合适。如果送丝太慢，随着焊丝在熔池内熔化并熔敷在焊接部位，可以听到啪哒声，此时反光亮度增强。送丝速度太快，将堵塞电弧，此时熔敷速度大于熔池吸收速度，产生飞溅现象，并伴有频闪弧光，如图 4-2-1 所示。

将电压调至 24V，电流在 45～50A 之间，每秒钟发生 200～300 次左右短路熔敷时，即会形成尖锐的噪声。二氧化碳气体保护焊工艺参数选择见表 4-2-5（细丝 CO_2 半自动焊工艺参数）所示。

表 4-2-5 细丝二氧化碳保护焊的焊接规范

钢板厚度/mm	接头型式	装配间隙/mm	焊丝直径/mm	电弧电压/V	焊接电流/A	气体流量/(L/min)
≤1.2	无坡口平焊	≤0.3	0.6	18～19	30～35	6～7
1.5		≤0.3	0.7	19～20	60～80	6～7
2.0	有坡口平焊	≤0.5	0.8	20～21	80～100	7～8
2.5		≤0.5	0.8	20～21	80～100	7～8
3.0		≤0.5	0.8～0.9	21～23	90～115	8～10
4.0		≤0.5	0.8～0.9	21～23	90～115	8～10
≤1.2	"T"形横焊	≤0.3	0.6	19～20	35～55	6～7
1.5		≤0.3	0.7	20～21	65～85	8～10
2.0		≤0.5	0.7～0.8	21～22	80～100	10～11
2.5		≤0.5	0.8	22～23	90～110	10～11
3.0		≤0.5	0.8～0.9	21～23	95～115	11～13
4.0		≤0.5	0.8～0.9	21～23	100～120	13～15

笔记

4. 气体保护焊基本焊接方法

1）平焊

平焊一般容易进行，而且它的焊接速度较快，能够得到最好的焊接熔深。对从汽车上拆卸下的零部件进行焊接时，尽量将它放在能够进行平焊的位置。右平焊时熔池可见度和气体保护效果好，焊缝成型美观，使用普遍，但不易看清焊缝是否焊偏，焊枪与水平成 60°～75°。左平焊时易于观察焊缝，不会焊偏，但观察熔池困难，保护效果和焊缝成型不如右焊，很少采用。如图 4－2－1 所示。

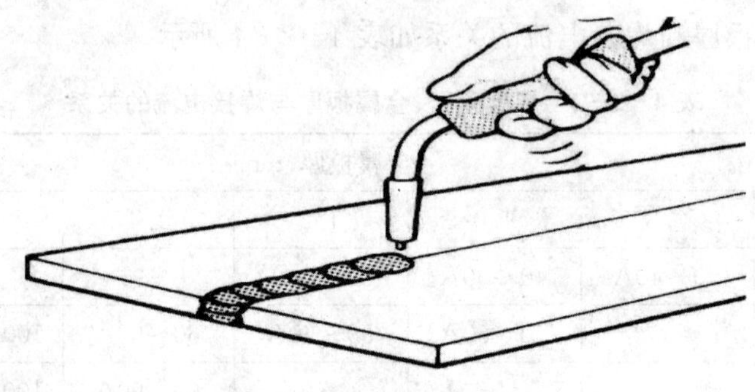

图 4－2－1 平焊工艺

2）平焊焊接形式

CO_2 气体保护焊焊接形式有 6 种，如图 4－2－2 所示。

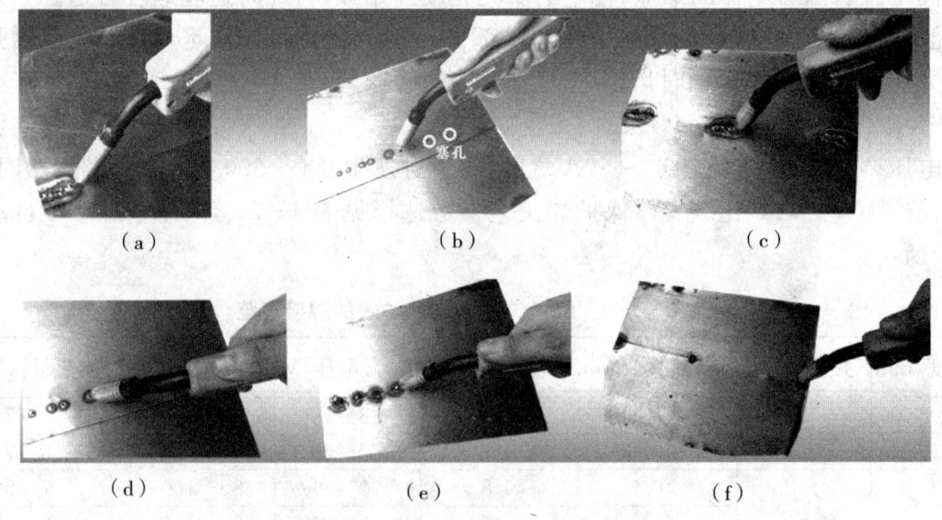

(a) (b) (c) (d) (e) (f)

图 4－2－2 CO_2 气体保护焊焊接形式

(a) 连续焊；(b) 塞焊；(c) 连续点焊；(d) 点焊；(e) 搭接点焊；(f) 定位焊

5. CO_2 气体保护焊平焊焊接形式在汽车车身上的应用

(1) 定位焊：实际上是临时点焊，是用于保持两焊件相对位置固定不变的一种替代措施，如图 4－2－3 所示。

笔 记

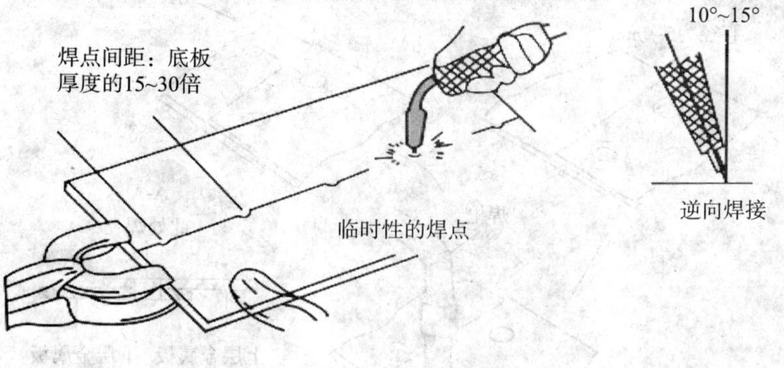

焊点间距：底板
厚度的15~30倍
临时性的焊点
10°~15°
逆向焊接

图 4-2-3 定位焊

（2）连续焊：指焊枪连续、稳定地沿焊缝移动而形成连续焊缝的焊接形式，如图 4-2-4 所示。

10°~15°
90°
焊接方向
10°~15°
正向焊接

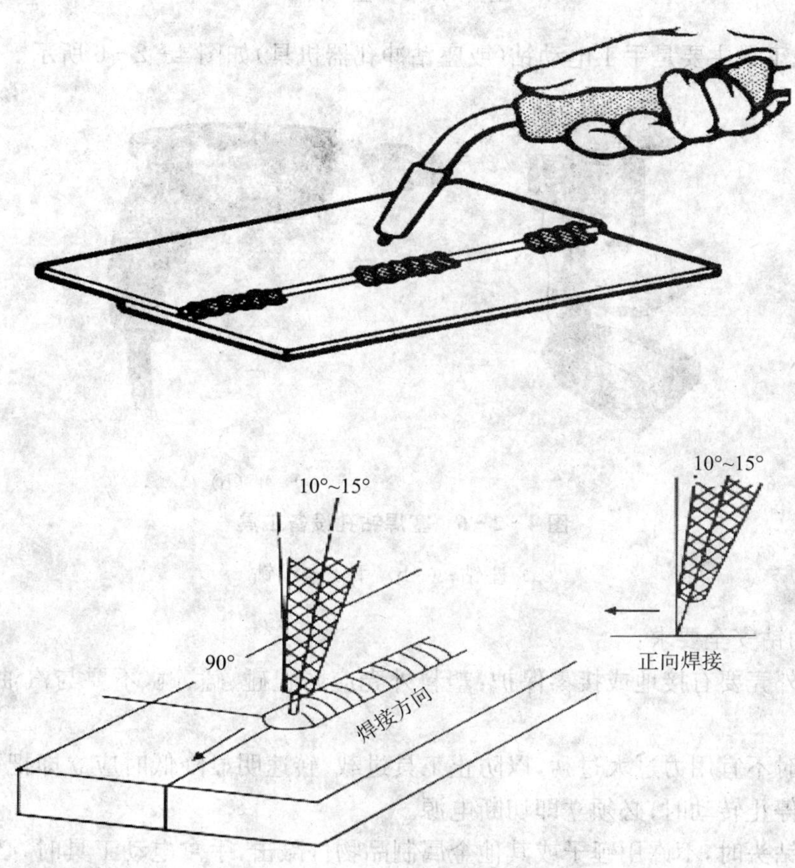

图 4-2-4 连续焊

（3）塞焊：两块金属板叠在一起，在其中一块板上有通孔，将电弧穿过此孔并被熔化金属所填满而形成的焊点称为塞焊，如图 4-2-5 所示。

笔记

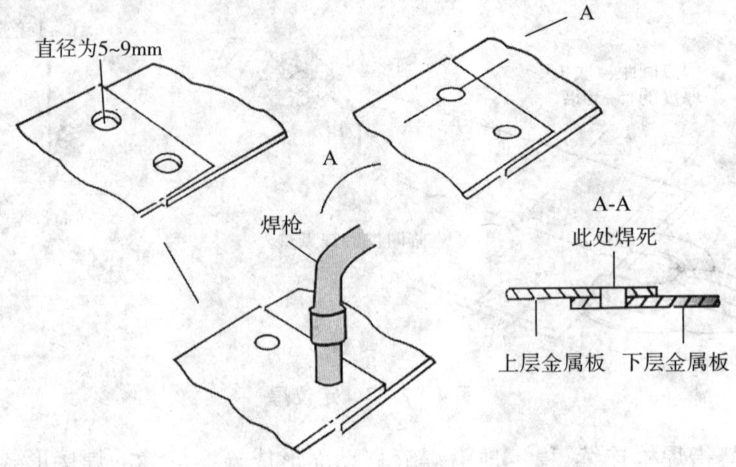

图 4-2-5 塞 焊

塞焊钻孔工具主要是手工电动钻(或座钻冲孔器机具)如图 4-2-6 所示。

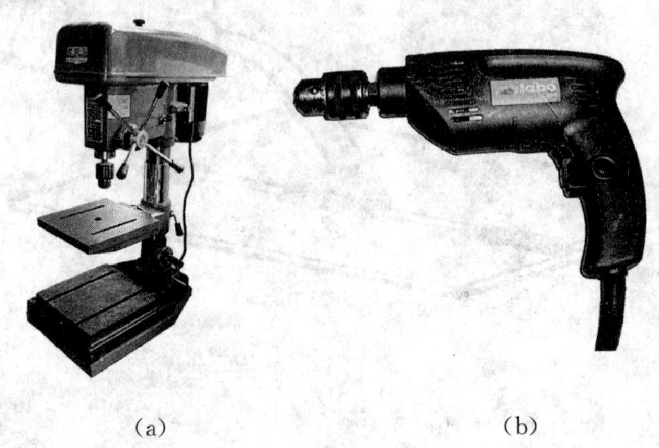

(a) (b)

图 4-2-6 塞焊钻孔设备工具

(a) 座钻; (b) 手工电动钻

手工电动钻安全要求:

① 金属外壳要有接地或接零保护:塑料外壳应防止碰、磕、砸,不要与汽油及其他溶剂接触;

② 钻孔时不宜用力过大过猛,以防止工具过载;转速明显降低时应立即把稳,减小施加的压力;突然停止转动时,必须立即切断电源。

③ 安装钻头时,不许用锤子或其他金属制品物件敲击,手拿电动工具时,必须握持工具的手柄,不要一边拉软导线,一边搬动工具,要防止软导线擦破、割破和被轧坏等。

④ 较小的工件在被钻孔前必须先固定牢固,这样才能保证钻时使工件不随钻头旋转,保证作业者的安全。

⑤ 外壳的通风口(孔)必须保持畅通;必须注意防止切屑等杂物进入机壳内。

(4) 点焊:点焊法是送丝定时脉冲被触发时,将电弧引入被焊的两块金属板使其局部熔化的焊接形式,如图 4-2-7 所示。

图 4-2-7 点 焊

(5) 搭接点焊:是将电弧引入下层的金属板,并使熔融金属流入上层金属板的边缘,如图 4-2-8 所示。

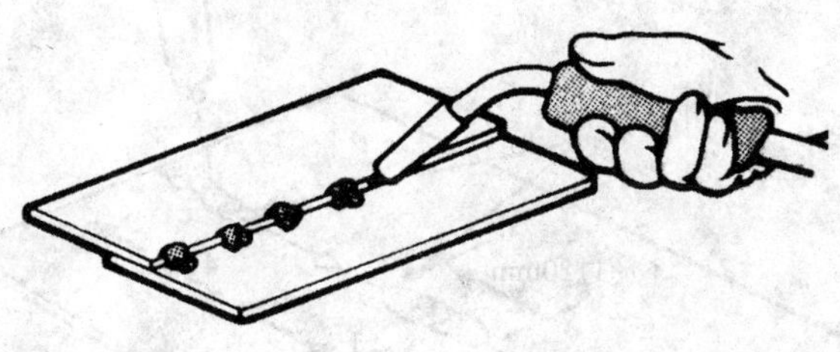

图 4-2-8 搭接点焊

6. 防止金属板弯曲变形的方法

(1) 焊接时要采用分段焊接,让某一段区域的对接焊自然冷却后,然后再进行下一区域的焊接,如图 4-2-9 所示。

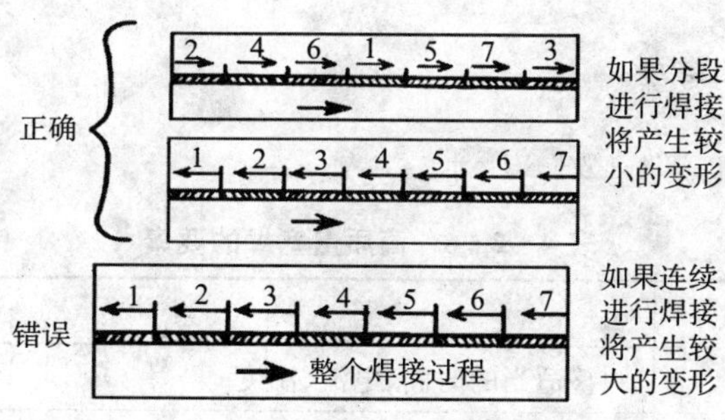

图 4-2-9 分段焊接

(2) 对接焊应从焊缝中部开始,向左右两侧依次交替进行,才能有效防止金属板弯曲变形。

① 如果从边缘开始焊接,将产生热量的聚集,造成金属弯曲变形,如图 4-2-10 所示。

笔记

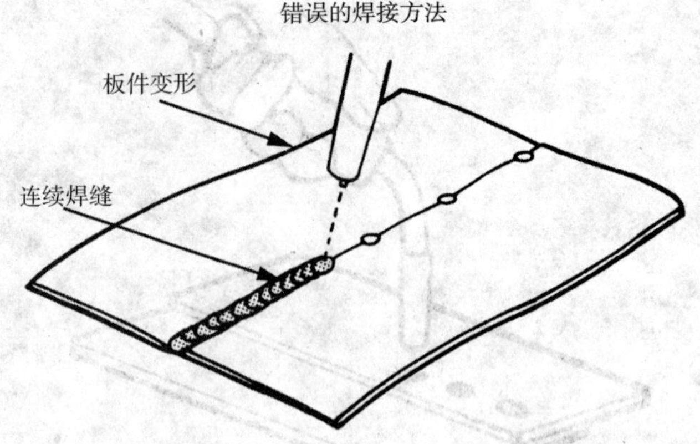

图 4-2-10 防止金属板弯曲变形

② 沿一条直线将焊缝随意分段，每焊完一段，下一个焊接位置都应在温度最低处，如图 4-2-11 所示。

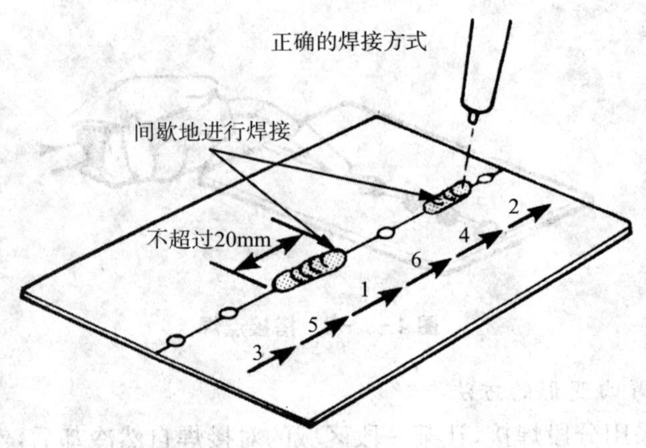

图 4-2-11 防止金属板弯曲变形的方法

(三) 高质量塞焊的要素

高质量塞焊的要素如表 4-2-6 所示。

表 4-2-6 高质量塞焊的要素

序号	要 素
1	调整适当的时间、电流、温度
2	把各工件紧密地固定在一起
3	焊丝与被焊接的金属相容
4	底层金属应首先熔化
5	夹紧装置必须位于焊接位置的附近

笔记

(四) CO_2 气体保护焊技术在车身中的应用

汽车门槛对接焊操作顺序如表 4-2-7 所示。

表 4-2-7　汽车门槛对接焊操作顺序

序号	操 作 顺 序	示 意 图
1	用工具撬动底板，使接缝对平齐	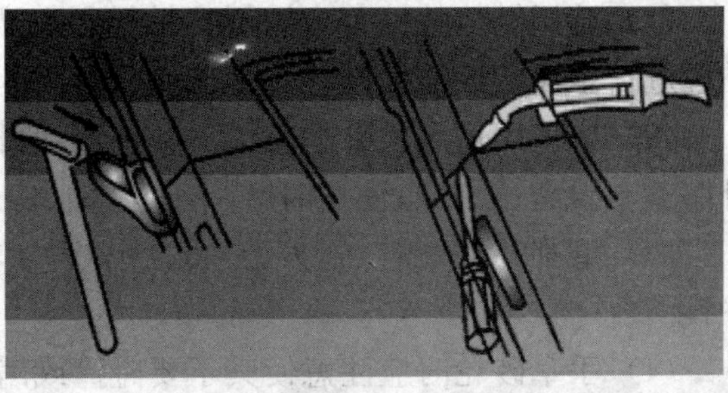
2	用夹子夹持工件，并在关键点上进行点焊定位	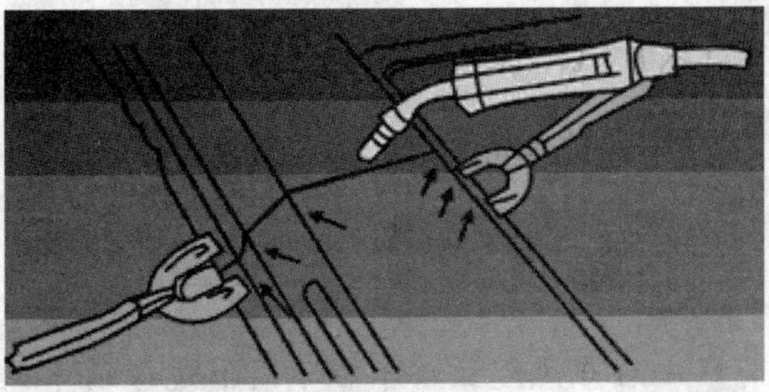
3	用工具调整对缝高度差，并施点焊定位	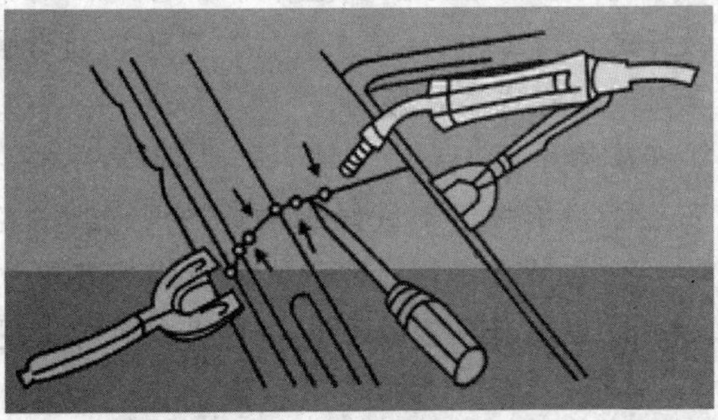
4	准备就绪，进行对接焊	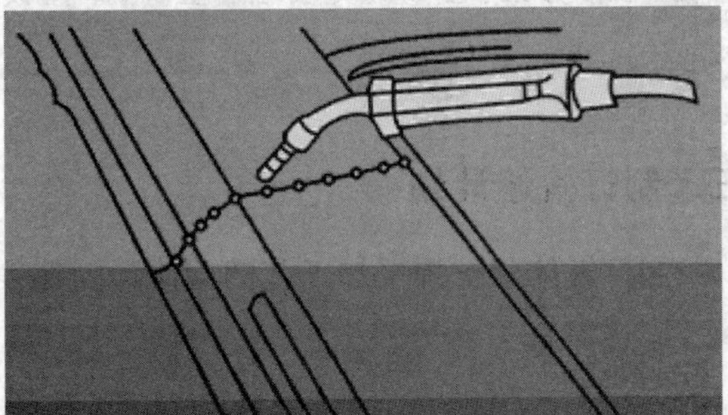

(五) 电动(或气动)砂轮机的安全规范

焊点打磨后要求表面平滑、不能凸出车身壳体，对车身内部构件在不妨碍装配其他钣件的前提下，可不打磨以便增加钣件强度。操作过程必须按安全规范进行作业。

图 4-2-12 电动砂轮机

电动砂轮机(图 4-2-12)的安全规范：

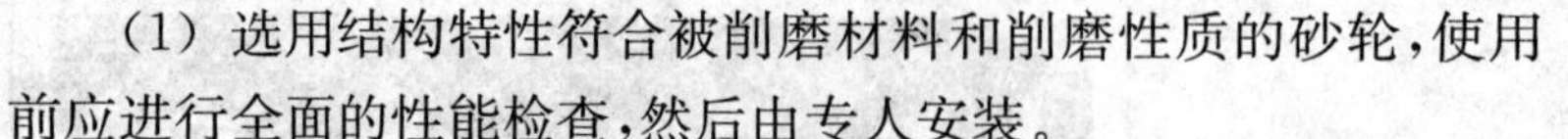

(1) 选用结构特性符合被削磨材料和削磨性质的砂轮，使用前应进行全面的性能检查，然后由专人安装。

(2) 应选用可调式砂轮防护罩，以便随时根据工作要求进行调整；其圆周和侧面的最大外露角不要超过 180°；使用时磨削速度不能高于砂轮的额定速度。

(3) 磨削或切割时，施力不要过大，应均匀地施力，以防砂轮破碎；作业人员应戴上防护镜。

(4) 手拿砂轮时应注意使其不要碰撞或磕碰到坚硬的金属等物体上，砂轮应远离油脂、水或其他溶剂。

(六) 气体保护焊常见缺陷及产生原因

气体保护焊常见缺陷及产生原因同任务 4.1 的叙述，如表 4-1-3 所示。

案 例

一台东风起亚轿车右车门下边缘漏水，检查发现由于玻璃密封胶条老化漏水，造成门下边缘生锈霉烂。在挖补焊修过程中，维修人员忽视工艺操作，没有用夹子夹持工件做好定位焊工作，而造成补偿边变形凹凸弯曲，需要增加时间翻工修理矫正，差点误了交车时间而造成不良影响。

故障原因：

1. 没有按编制做好的维修流程的工序实施作业。
2. 在焊接平焊时粗心大意没有做好定位焊对接工作。
3. 没有仔细观察在焊修过程中随时出现的情况而未能及时调整工件而造成变形。
4. 没有经过焊接专业培训。

检修方法：检修人员应培训上岗；掌握钣金焊接技术；按维修流程实施作业。

三、制订检修计划

制订气体保护焊平焊工艺的检修计划如表 4-2-8 所示。

笔记

表 4-2-8　气体保护焊平焊工艺检修计划

<table>
<tr><td colspan="6">1. 查阅维修资料，了解车辆车身类型特点，熟悉车辆钣金焊接的检修规范
2. 查阅技术通报，熟练前车身散热器支架发生断裂故障的检修流程
3. 通过观察车身水箱散热器支架（俗称“龙门架”）处的损伤程度，判断支架断裂故障的原因</td></tr>
<tr><td rowspan="4">1. 车辆信息描述</td><td colspan="3">车　辆　描　述</td><td colspan="2"></td></tr>
<tr><td colspan="2" rowspan="3">支架类型</td><td>金属材料类型</td><td colspan="2"></td></tr>
<tr><td>钣金件结构特点</td><td colspan="2"></td></tr>
<tr><td>车身骨架类型</td><td colspan="2"></td></tr>
<tr><td>2. 车身水箱散热器支架断裂故障现象描述</td><td colspan="5"></td></tr>
<tr><td>3. 汽车车身水箱散热器支架断裂故障原因分析，画出鱼刺图</td><td colspan="5"> 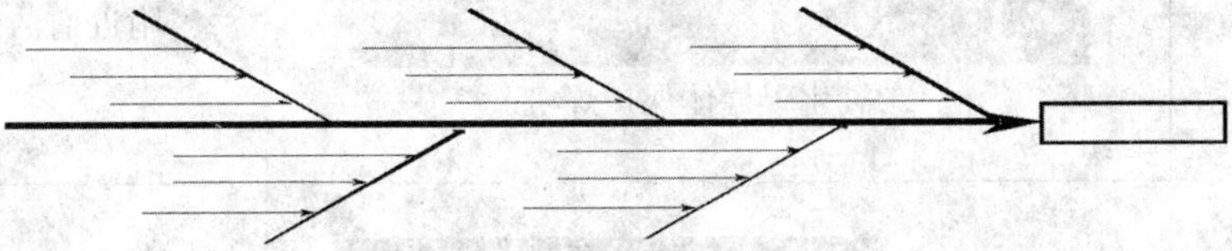</td></tr>
<tr><td>4. 汽车车身水箱散热器支架断裂故障检修工作准备</td><td colspan="5">散热器支架断裂
系统分析：形状大小、维修手段、损坏件位置、焊接方式、参考数据
规定：相关安全法规、制造商规定、钣金件维修规范
故障诊断：断裂、脱焊、腐烂
设备：气体保护焊机
修理
备件：工作计划、工作流程图</td></tr>
<tr><td rowspan="5">5. 汽车车身水箱散热器支架断裂故障检修流程</td><td>步骤</td><td>检修项目</td><td>操　作　要　领</td><td>技术要求或标准</td><td>检修记录</td></tr>
<tr><td>(1)</td><td>车身散热器支架构造形式</td><td>查阅相关车型构造特点
由三根经冲压而成的支架焊接成一个单独的结构</td><td>维修行业标准</td><td></td></tr>
<tr><td>(2)</td><td>散热器支架材料特点</td><td>分析散热器支架金属材料成分以便选择焊接类型</td><td>准确判断金属材质类型：碳素钢板</td><td></td></tr>
<tr><td>(3)</td><td>连接标准</td><td>检查散热器支架与其他构件前翼子板和前挡泥板连接特点及行业标准</td><td>维修行业标准</td><td></td></tr>
<tr><td>(4)</td><td>断裂补焊</td><td>按质量标准选择正确操作方式焊接裂口</td><td>气体保护焊平焊焊接修复</td><td></td></tr>
<tr><td colspan="6">散热器支架维修设备工具的正确使用</td></tr>
</table>

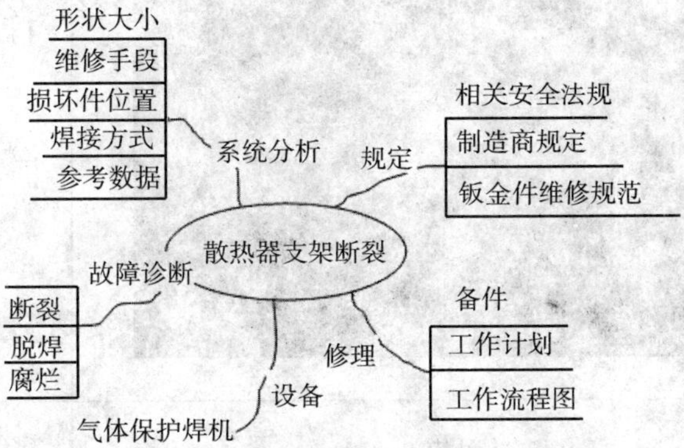

笔 记

(续表)

名 称	示 意 图	特 点 说 明
气体保护焊焊机	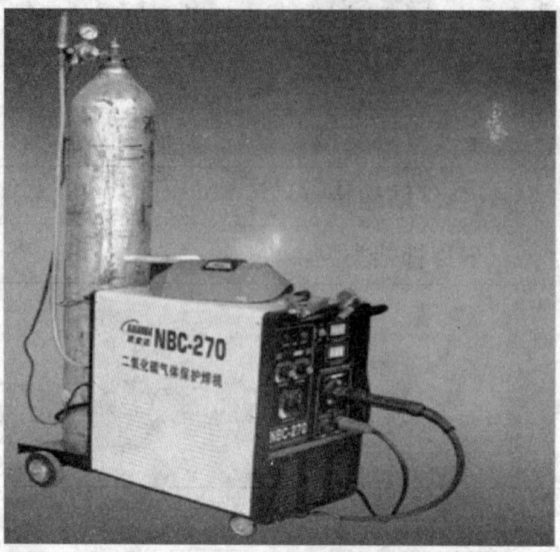 二氧化碳气体保护焊机	气体保护焊对于薄板类结构的车身焊接修理是最佳的选择 1) 优点 (1) 焊接生产率高 (2) 焊接变形小 (3) 对油、锈不敏感 (4) 焊缝含氢量低 2) 焊机的安装调整方法 (1) 焊机的电缆与电网相连接 (2) 气瓶和焊机连接在一起 (3) 搭铁安放在车身金属件焊接部位附近清洁的表面
合金钢焊丝		(1) 选用 H08Mn2Si 或 H08Mn2SiA 合金钢丝制成的直径为0.4～0.8mm (2) 对厚度在0.6～2.5mm 的工件低碳钢、低合金钢、不锈钢等进行空间全位置的对焊、搭焊角焊等,并能对铸铁进行补焊
夹具及大力钳	见表 3-19	
钣金锤	见表 2-2-4	
散热器支架(前龙门架)	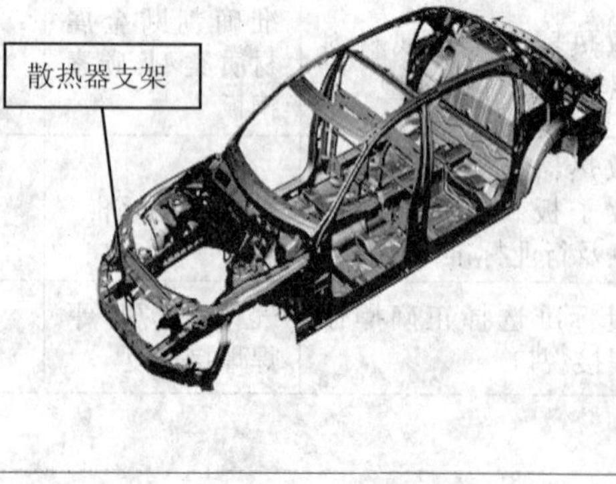 散热器支架	碳素钢板经冲压而成具有多种制筋线,有一定强度的支架

笔 记

（续表）

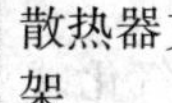散热器支架	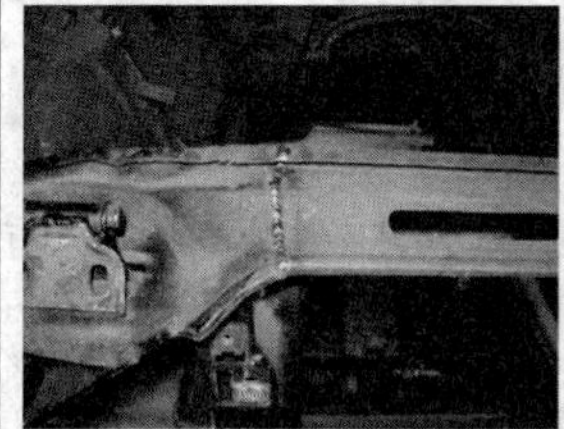 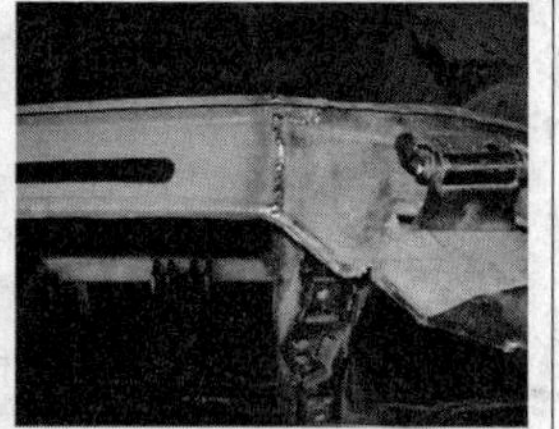	由三根支架焊接而成一个单独的结构
电动（或气动）砂轮机	见图 4－2－12	
焊条运动方向	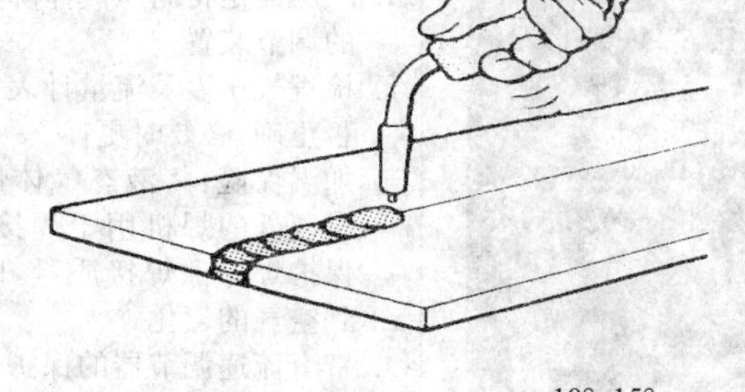 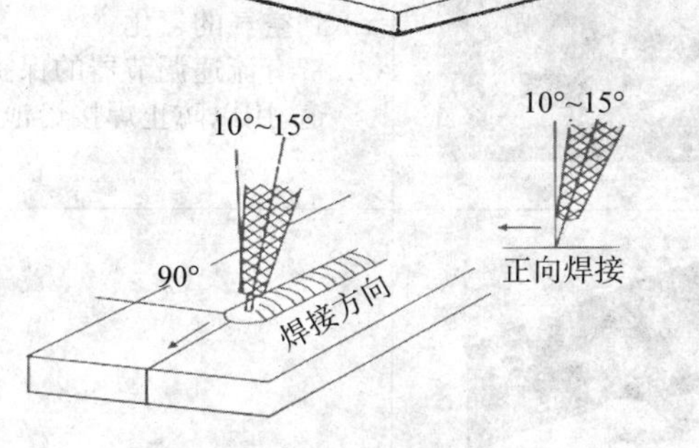	平焊一般容易进行，而且它的焊接速度较快，能够得到最好的焊接熔深。对从汽车上拆卸下的零部件进行焊接时，尽量将它放在能够进行平焊的位置
惰性气体保护焊焊机	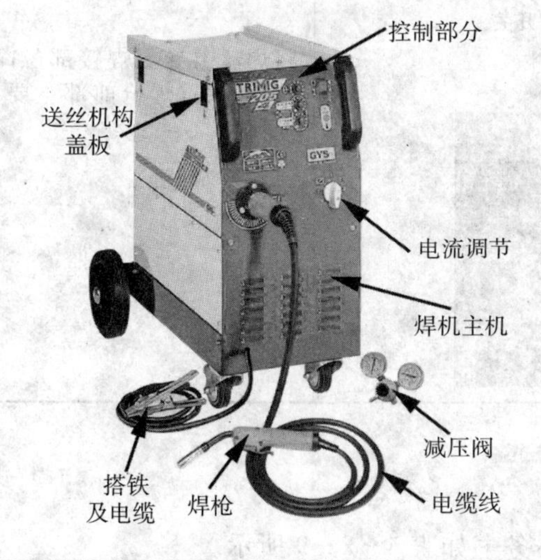	焊枪的操纵：将焊枪前端靠近焊件，按动开关便开始送丝，保护气体也同时喷出。此时只要操纵焊枪令焊丝端头与焊件金属表面接触即可起弧。施焊过程中，应注意观察钣件、焊丝的熔化情况及焊道的连续性，同时防止焊丝偏离接缝。如果接缝较长最好先暂焊一下，分段的焊道应有重叠，起弧时应在上一段焊道末端前面一点，起弧后迅速回拉至下一段焊道起点，焊道的高度和宽度也应力求一致、深度合适。熔深不足将影响焊缝强度，熔深过大则易将焊件烧穿，并给打磨工作造成一定的困难

笔 记

(续表)

气瓶		由专门的工厂装瓶供给，有二氧化碳气体或氩气与二氧化碳的混合气体两种。后者，二氧化碳占 25%。两者用于不同材料的焊接
气压调节器（减压表）	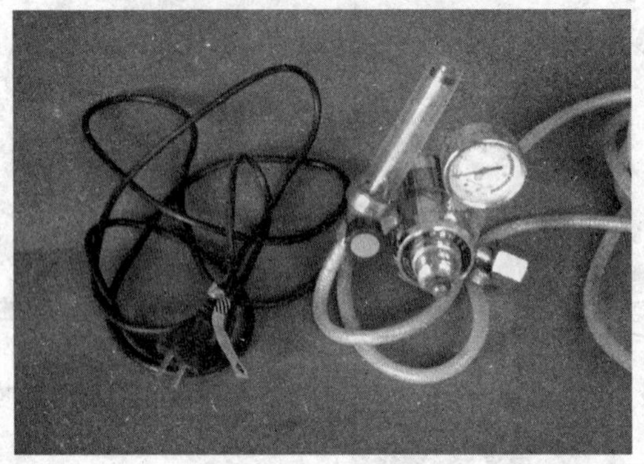	1. 减压器是将高压气体降为低压气体的调节装置 2. 检查气压表及流量计表工作情况是否正确，必要时更换 3. 加温保险：将液态气体快速加温送出瓶外的焊机用于焊接，实施气体保护焊保证焊接质量，以免母材受到空气的氧化 4. 带有流速调节器的保护气体供应管道，用以防止焊接熔池受到污染
焊枪（也称焊炬）	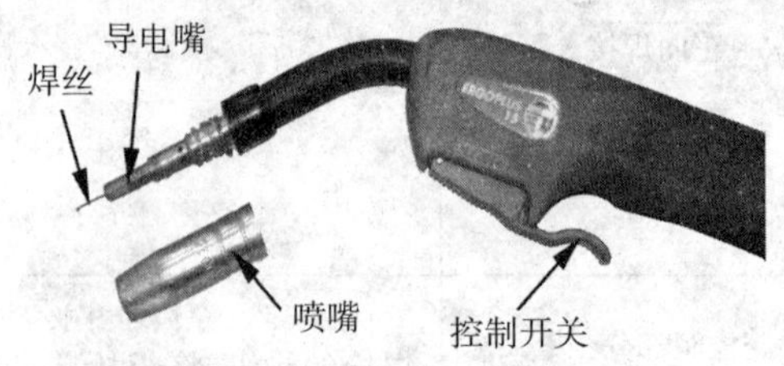 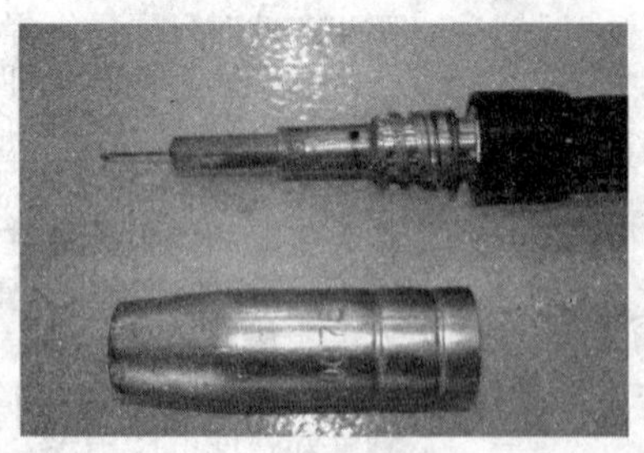	将焊丝引导至焊接部位，在焊枪上有启动开关，焊枪前部主要有喷嘴和导电嘴

四、实施维修作业

气体保护焊平焊焊接工艺与实训任务书如表 4-2-9 所示。

笔记

表 4-2-9 气体保护焊平焊焊接工艺与实训任务书

<table>
<tr><td rowspan="3">检修气体保护焊焊机</td><td colspan="3">当打开电开关后应检查电焊机是否运作正常。焊接前,应戴好面罩、皮手套、穿好绝缘鞋,检查焊接设备和工具是否安全。否则应更换电焊机。将焊枪前端靠近焊件,按动开关便开始送丝,保护气体也同时喷出。此时只要操纵焊枪令焊丝端头与焊件金属表面接触即可起弧。如果焊丝顶端形成熔球,应将其剪断,否则会影响起弧。枪口处的焊接飞溅物也会影响送丝、送气,使用前亦应预先清理干净。焊接时,要穿好绝缘鞋,并要两个操作者轮换工作,一人随时监护操作者,遇有危险迹象时,立即切断电源进行处理并确保通风设施正常工作</td></tr>
<tr><td>检查内容</td><td>操 作 要 领</td><td>检修记录</td></tr>
<tr><td>焊机电、气路运作是否正常</td><td>穿好安全用品,调整焊机各参数到适当的档位,手持焊枪,轻按开关开始送丝,保护气体也同时喷出。焊丝接触地板可引弧,确保正常使用,否则应更换</td><td></td></tr>
<tr><td rowspan="3">检修焊丝</td><td colspan="3">检查焊丝钢质、焊芯直径、潮湿生锈等不良现象,否则应更换</td></tr>
<tr><td>检查内容</td><td>操 作 要 领</td><td>检修记录</td></tr>
<tr><td>焊丝及焊接参数是否正常</td><td>检查焊丝钢质、焊芯直径、潮湿生锈等不良现象,否则,应更换进行引弧点焊练习,确定焊机输入电压、焊接电流、电弧电压、导电嘴与母材之间的距离、焊炬角、焊接方向、保护气体的流量、焊接速度和送丝速度等焊接参数是否合适,否则进行调整</td><td></td></tr>
<tr><td>检修气瓶</td><td>气流量是否正常压力表工作是否正常</td><td>打开开关,保护气体流量非常重要。流量过大会形成涡流而影响屏蔽效果;流量过小则屏蔽作用减弱。要根据这一原则和喷嘴与焊件的距离、焊接电流、焊接速度及作业环境(有风或无风)等具体情况来加以调整</td><td></td></tr>
<tr><td rowspan="3">检修各种收紧夹具</td><td colspan="3">检查弓形螺旋收紧夹具以及大力钳的螺纹是否要加润滑油,有无损伤及生锈,夹具有无裂纹,保证其夹紧力度足够,方便定位夹紧钣件之间的间隙,实施作业组焊钣金件或机械连接或粘接</td></tr>
<tr><td>检查内容</td><td>操 作 要 领</td><td>检修记录</td></tr>
<tr><td>检查各种收紧夹具能否正常使用</td><td>检查弓形螺旋收紧夹具以及大力钳的螺纹是否要加润滑油,有无损伤及生锈,夹具有无裂纹,保证其夹紧力度足够,方便定位夹紧钣金件之间的间隙,实施作业组焊钣金件或机械连接或粘接</td><td></td></tr>
<tr><td rowspan="3">钣金锤</td><td colspan="3">当手柄有裂纹时钣金锤会飞脱伤人;锤头损伤造成修复困难。手柄有松动或锤头有裂纹则需要更换</td></tr>
<tr><td>检查内容</td><td>操 作 要 领</td><td>检修记录</td></tr>
<tr><td>有无松动损伤</td><td>手柄是否有裂纹、锤头是否损伤,以便于锤击焊缝、敲掉焊渣、释放金属应力、促使平梁、钢板矫正平直</td><td></td></tr>
<tr><td rowspan="2">散热器支架</td><td>检查内容</td><td>操 作 要 领</td><td>检修记录</td></tr>
<tr><td>各定位点是否变形</td><td>观察焊缝有无裂纹,有无扭曲变形;定位点螺栓孔是否对位</td><td></td></tr>
<tr><td rowspan="2">电动(或气动)砂轮机</td><td>检查内容</td><td>操 作 要 领</td><td>检修记录</td></tr>
<tr><td>使用方法</td><td>1. 选用结构特性符合被削磨材料和削磨性质的砂轮
2. 使用时磨削速度不能高于砂轮的额定速度
3. 磨削或切割时,施力不要过大,应均匀地施力,以防砂轮破碎;作业人员应戴上防护镜
4. 手拿砂轮时应注意使其不要碰撞或磕碰坚硬的金属等物体上,砂轮应远离油脂、水或其他溶剂</td><td></td></tr>
<tr><td colspan="2">检修结论</td><td colspan="2"></td></tr>
</table>

笔 记

五、检验评估

任务 4.2 的检验评估如表 4－2－10 所示。

表 4－2－10 任务 4.2 的检验评估

检验与评价内容	检验指标	权重	自评	互评	总评
维修质量检验	观察焊缝成型状态确保焊缝高宽一致、焊透均匀、有足够的强度；无气孔、凹坑、咬边、焊瘤、烧穿、熔化不透、裂纹、焊缝不直、高度宽度不均匀、熔深不够等不良现象 提示：焊缝质量必须按国标、维修行业质量标准完成修理任务				
检查任务完成情况	1. 能描述轿车车身结构特点，明确散热器支架与翼子板和挡泥板之间连接是否符合国标、维修行业质量标准的相关知识 2. 在小组完成任务过程中所起的作用				
职业素养	1. 学习态度：积极主动参与学习 2. 团队合作：与小组成员一起分工合作，不影响学习进度 3. 现场管理：服从工位安排、执行实训室“5S”管理规定				

案 例

在霉雨天气里，一台捷达轿车排气管发生霉烂穿孔，在气体保护焊焊接修补过程中，作业前由于没有检查焊炬是否正常，而造成焊丝堵塞导电嘴正常送丝的故障，影响工作效率，差点造成迟缓交车给客户的责任事故。

查明其原因为：

1. 焊丝生锈、焊嘴堵塞等原因。

2. 焊修人员粗心，焊前检查机具未发现焊丝生锈现象，造成锈渍杂物塞死焊嘴出口，导致按动焊枪焊接时，熔滴塞死出丝口现象。

3. 焊修人员没有经过焊接专业培训。

排除方法：①焊修人员应参加焊接专业培训；②焊前更换焊丝排除焊嘴堵塞；③焊前检查焊具是否工作正常，清理焊嘴或在操作前用飞溅剂清理枪嘴焊渣；④遵守焊接规范按质完成修理任务。

笔 记

任务 4.3　气体保护焊立焊焊接工艺与实训

任务描述	一辆吉利轿车由于发生碰撞事故，造成前车身水箱支架上部脱焊断裂等故障。需要采用气体保护焊焊接修复，通过任务 4.2 排除平焊接焊故障，但在检验过程中仍发现焊缝需要立焊修复。本任务在任务 4.1 和 4.2 的基础上，继续检修其剩余断裂之处来排除车身水箱支架脱焊断裂的故障
任务目标	1. 理解轿车车身结构连接特点以及受力情况，能分析汽车前车身水箱支架上部脱焊断裂的原因 2. 能熟练掌握气体保护焊焊接的基本原理以及立焊摆动的操作方法 3. 了解金属材料与焊丝分类，熟知影响焊接工艺的因素 4. 熟知气体保护焊焊接工艺要点及按规范进行维修质量检验 5. 会排除焊接缺陷产生的原因以及采取预防的措施，并熟知气体保护焊焊机的安全操作规范

一、维修接待

按照表 4－3－1 完成待修车辆的维修接待，并准确填写接车问诊表。

表 4－3－1　维修接待与接车问诊表

1. 通过询问客户了解车辆发生故障情况，填写接车问诊表
2. 车间检测初步确认结果及主要故障零部件

接 车 问 诊 表

车牌号：________　车架号：________　行驶里程：________(km)

用户名：________　电　话：________　来店时间：____/____

用户陈述及故障发生时的状况：**一辆吉利轿车由于发生碰撞事故，造成前车身水箱支架上部脱焊断裂等故障。需焊接修复，必须进入维修厂进行修理**

故障发生状况提示：**行驶速度、发动机状态、发生频度、发生时间、部位、天气、路面状况、声音描述**

接车员检测确认建议：**需对前车身进行维修**

车间检测确认结果及主要故障零部件：**需排除前车身故障，必要时需更换前车身附件**

车间检查确认者：________

外观确认：	功能确认：(工作正常✓　不正常×) □音响系统　□门锁(防盗器)　□全车灯光　□工具 □后视镜　□顶窗　□座椅　□护杠 □玻璃升降器　□玻璃　□车门
(请在有缺陷部位作标识)	物品确认：(有✓　无×) F　E □贵重物品提示 □工具　□备胎　□灭火器 □其他(　　　　) 旧件是否交还用户　□是　□否 用户是否需要洗车　□是　□否

• 检测费说明：本次检测的故障如用户在本店维修，检测费包含在修理费用内；如用户不在本店维修，请您支付检测费。本次检测费：￥________元。

• 贵重物品：在将车辆交给我店检查修理前，已提示将车内贵重物品自行收起并保存好，如有遗失恕不负责。

接车员：________　用户确认：________

笔 记

二、信息收集与处理

按照表 4-3-2 完成任务 4.3 的信息收集与处理。

表 4-3-2 信息收集与处理

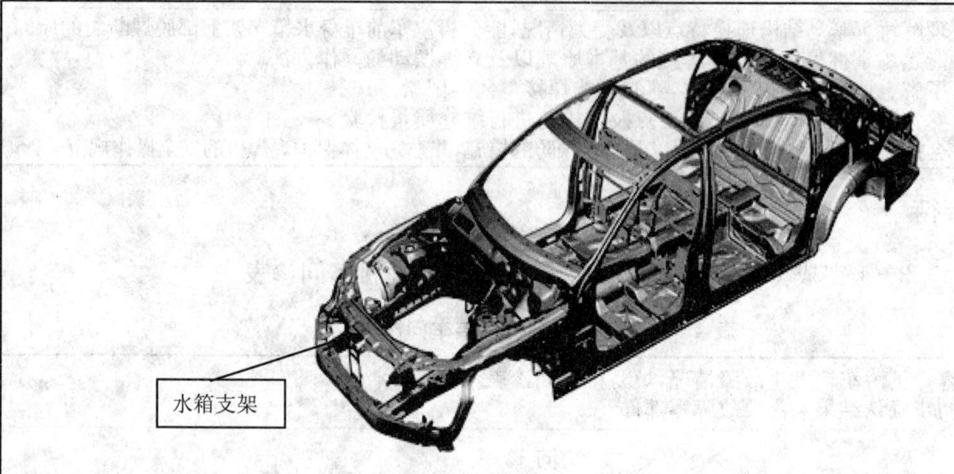

1. 焊枪主要零附件有____

____

2. 前车身水箱支架的连接方法是______________________________

3. 气体保护焊在维修过程中选用的气体是______________________

4. 气体保护焊的焊接熔化材料是______________________________

(一) 材质分析

车身水箱支架损坏件的主要材质类型为优质碳素结构钢板经冲压而成的钣金件。

(二) 惰性气体保护焊的立焊焊接工艺要点

1. 引弧

由于弧焊电源的空载电压低，又是光焊丝，在引弧时，电弧稳定燃烧点不易建立，引弧变得比较困难，往往造成焊丝成段爆断。

2. 熄弧

收弧时应在弧坑处稍作滞留，然后慢慢地抬起焊枪，直至填满弧坑为止，同时可使熔池金属在未凝固前仍受到气体的保护。

(三) 立焊焊接操作方法

1. 立焊

选小直径焊丝和小电流压弧施焊，焊丝约 80°～90°由下而上，成型好，效率高，普遍使用。熔深大，适于厚板焊接。立焊焊接角度摆放如图 4-3-1 所示。

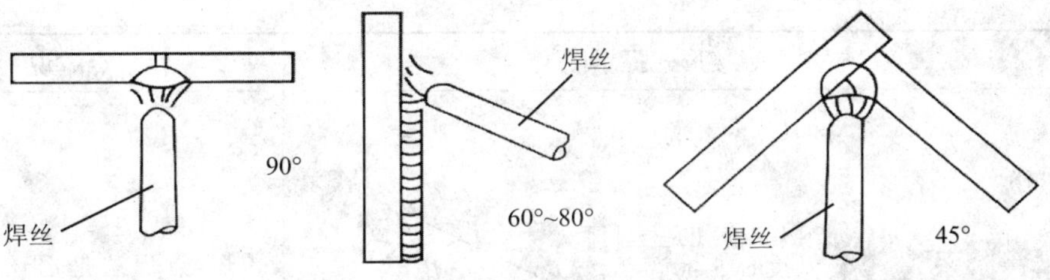

图 4-3-1　立焊焊接角度摆放

方法有跳弧法和灭弧法两种。

2. 向下立焊法

熔深好，焊缝平而圆滑，成型好，适用于薄板焊接。连续焊接时，焊丝环形摆动以改善成型，也可点焊法逐点向下焊接，尽量避免横向摆动，如图 4-3-2 所示。

注意：垂直焊缝焊接时，最好让电弧从接头的顶部开始，并平稳地向下拉，向下立焊法如图 4-3-2 所示。

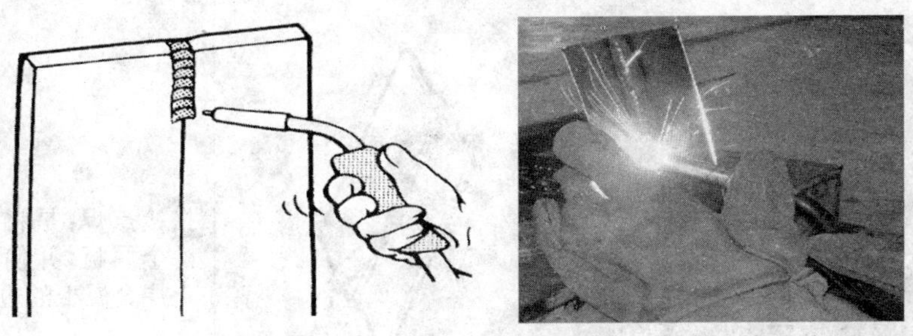

图 4-3-2　向下立焊法

(四) 立焊焊接形式

立焊焊接形式有 6 种，如表 4-3-3 所示。

表 4-3-3　立焊焊接形式

序号	立焊焊接形式提示图	特 点 说 明
1	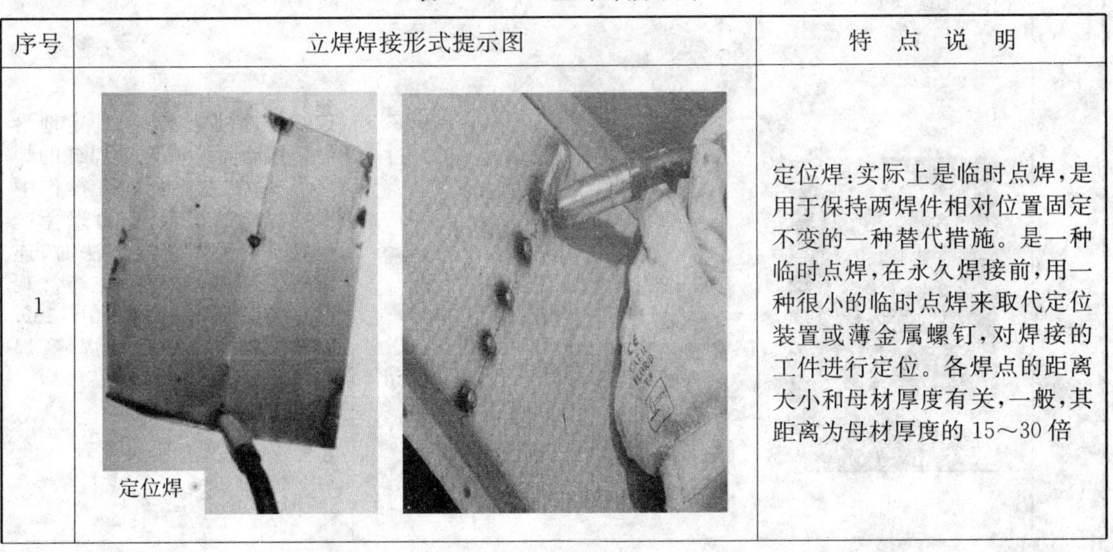	定位焊：实际上是临时点焊，是用于保持两焊件相对位置固定不变的一种替代措施。是一种临时点焊，在永久焊接前，用一种很小的临时点焊来取代定位装置或薄金属螺钉，对焊接的工件进行定位。各焊点的距离大小和母材厚度有关，一般，其距离为母材厚度的 15～30 倍

笔 记

（续表）

序号	立焊焊接形式提示图	特 点 说 明
2	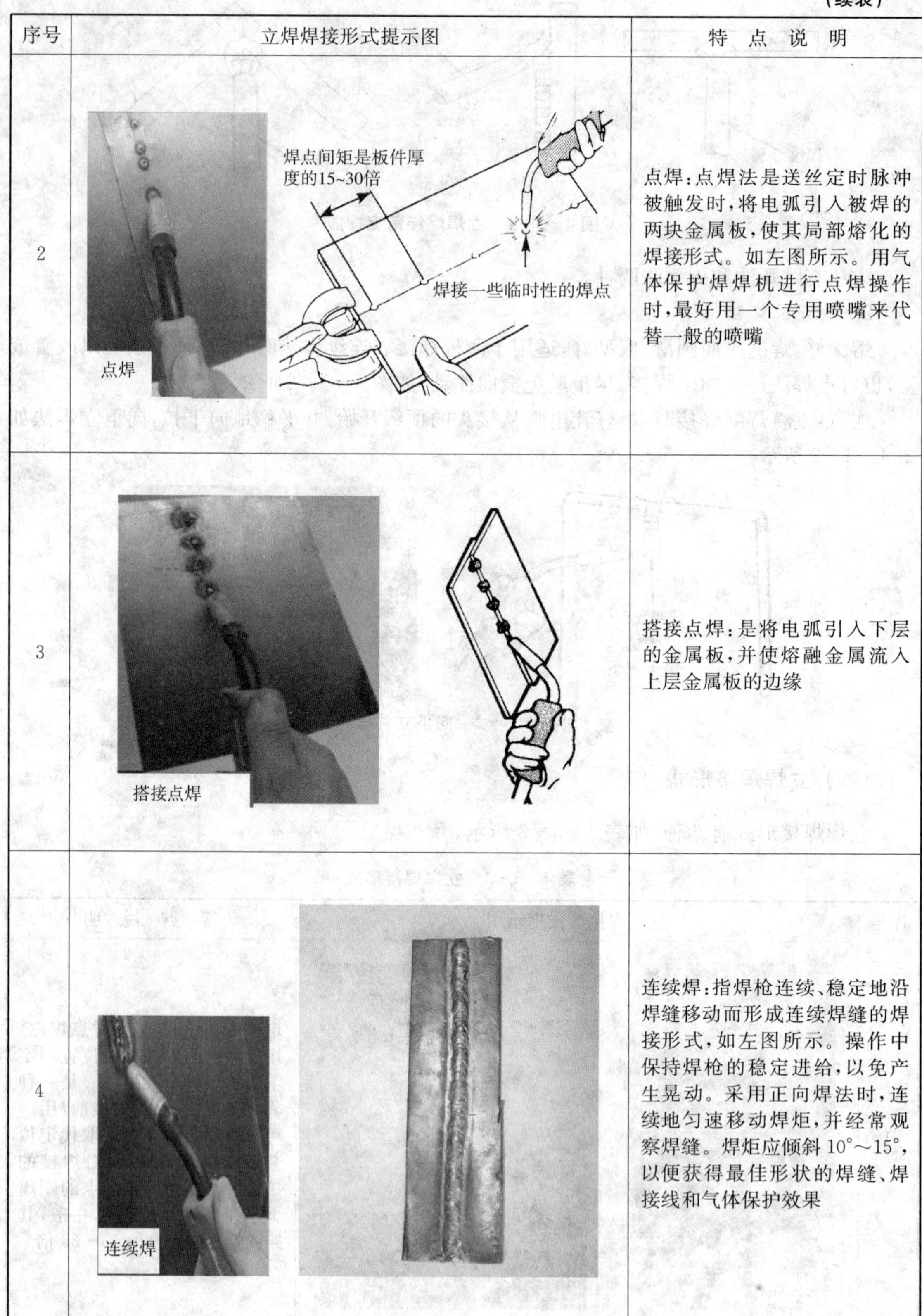 点焊	点焊：点焊法是送丝定时脉冲被触发时，将电弧引入被焊的两块金属板，使其局部熔化的焊接形式。如左图所示。用气体保护焊焊机进行点焊操作时，最好用一个专用喷嘴来代替一般的喷嘴
3	搭接点焊	搭接点焊：是将电弧引入下层的金属板，并使熔融金属流入上层金属板的边缘
4	连续焊	连续焊：指焊枪连续、稳定地沿焊缝移动而形成连续焊缝的焊接形式，如左图所示。操作中保持焊枪的稳定进给，以免产生晃动。采用正向焊法时，连续地匀速移动焊炬，并经常观察焊缝。焊炬应倾斜10°～15°，以便获得最佳形状的焊缝、焊接线和气体保护效果

笔 记

（续表）

序号	立焊焊接形式提示图	特 点 说 明
5	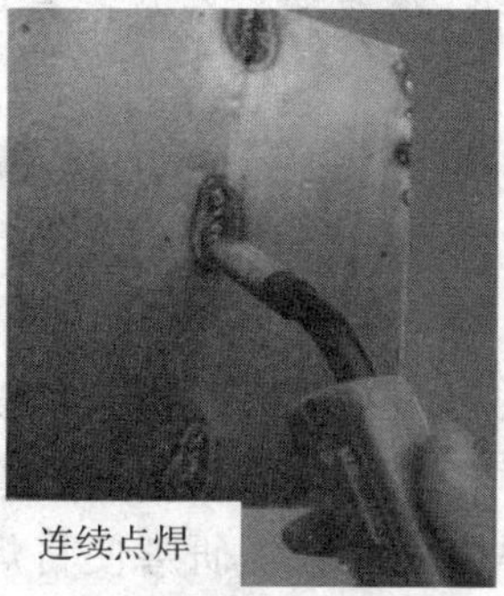 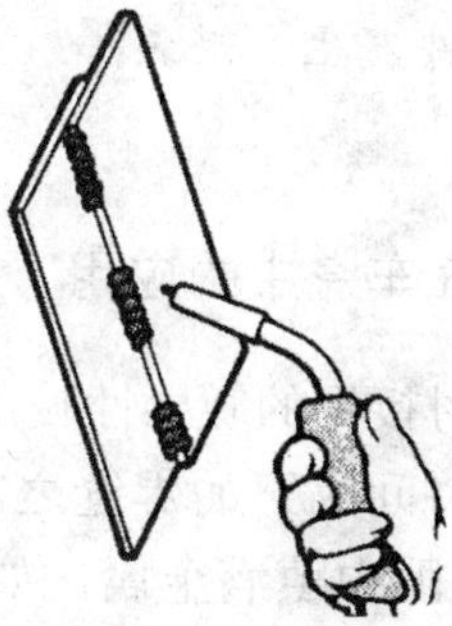 连续点焊	连续点焊：连续点焊就是一系列相连或重叠的点焊，形成连续的焊缝
6	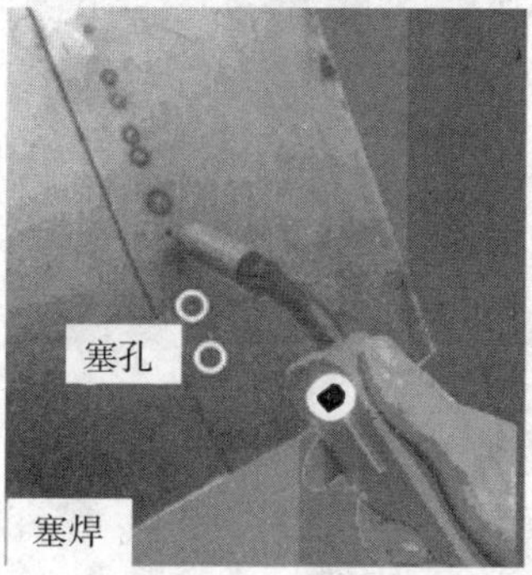  塞孔 塞焊	塞焊：两块金属板叠在一起，在其中一块板上有通孔，将电弧穿过此孔并被熔化金属所填满而形成的焊点称为塞焊，如左图所示。在进行塞焊时，应在外面的一个或若干个工件上打一个孔，电弧穿过此孔，进入里面的工件，这个孔被熔化的金属填满
7	正确 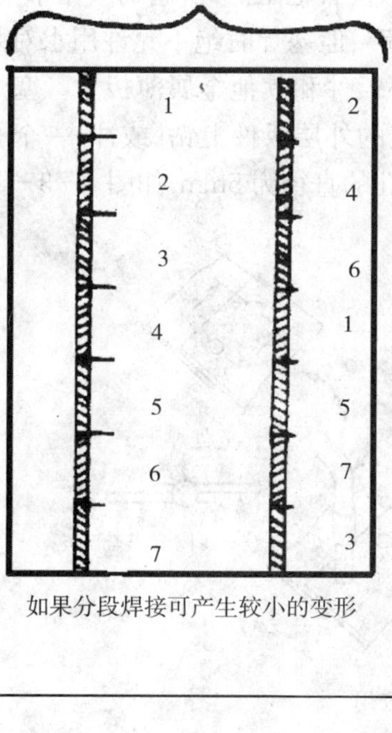 1 2 3 4 5 6 7　2 4 6 1 5 7 3 如果分段焊接可产生较小的变形 错误 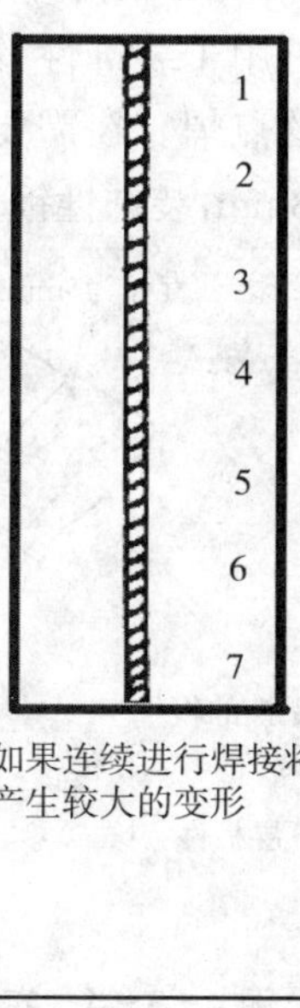 1 2 3 4 5 6 7 如果连续进行焊接将产生较大的变形	焊接时要采用分段焊接，让某一段区域的对接焊自然冷却后，然后再进行下一区域的焊接

笔记

- 在车身修理钣件中，对于立焊焊接对接焊接形式的焊缝，在先除锈后应夹紧两钣件作定位并分段焊接，防止车身钣件发生变形。

（五）CO_2 气体保护焊技术在车身中的应用

（1）车身外层低碳钢金属板对接焊的敏感性较小，焊接时也要分段进行，以防止由于温度升高而引起弯曲和变形。为了将间隔开的焊缝之间的间隙填满，可先用砂轮磨光机沿着金属板表面进行研磨，然后再将间隙中填满金属。如果焊缝表面未经研磨便将焊接金属填入，则会产生气泡，如图 4-3-3 所示。

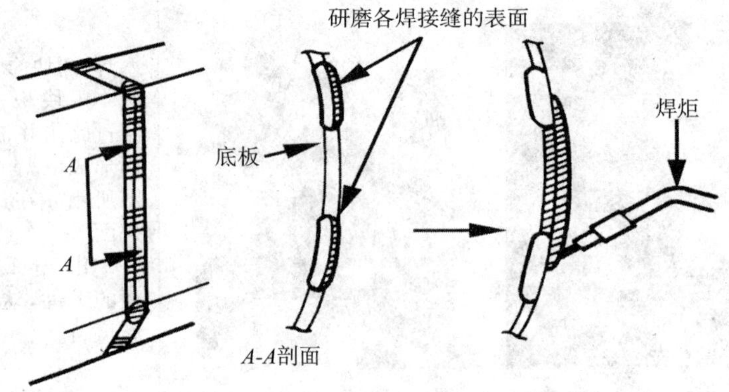

图 4-3-3　防止焊接弯曲和变形

（2）塞焊经常用在车身上，在车身修理时，塞焊可以代替电阻点焊，它的应用不受限制，而且焊接后的接头具有足够的强度来承受各结构件的载荷。但塞焊时绝不允许用水对焊点强制冷却，以免造成严重变形。塞焊还可用于装饰性的外部钣件和其他金属薄板上。塞焊是点焊的一种形式，它是通过一个孔进行的点焊。在需要连接的外层钣件上钻（或冲）一个孔来进行焊接，一般结构性钣件的孔直径为 8mm，装饰性钣件上孔的直径为 5mm，如图 4-3-4 所示。

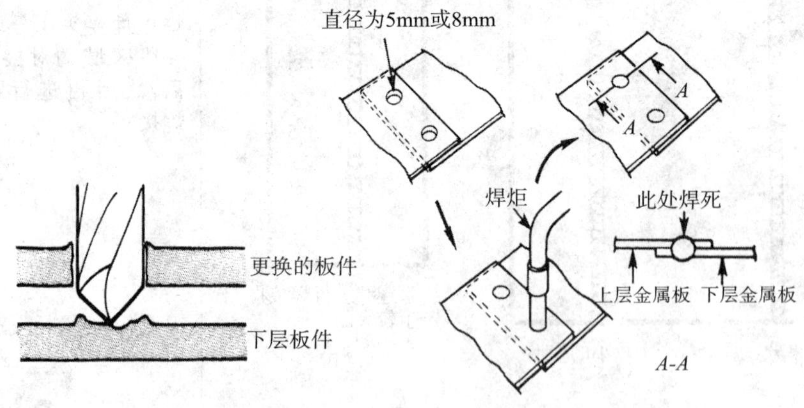

图 4-3-4　塞焊的应用

笔记

(六) 高质量立焊的要素

高质量立焊的要素如表 4-3-4 所示。

表 4-3-4 高质量立焊的要素

序号	要 素
1	调整适当的时间、电流、温度并作试焊
2	把各工件紧密地固定在一起实施定位焊接
3	焊丝与被焊接的金属必须相容
4	底层金属应首先熔化保证钣件之间能互熔
5	夹紧装置必须位于焊接位置的附近

(七) 气体保护焊立焊常见缺陷及产生原因

立焊常见缺陷及产生原因同任务 4.1 的叙述,如表 4-1-3 所示,但示意图中的工件应竖直放置。

三、制订检修计划

一辆吉利轿车由于发生碰撞事故,造成前车身水箱支架上部脱焊断裂等故障。需要采用气体保护焊焊接修复,通过任务 4.2 排除平焊焊接故障,但在检验过程中仍发现焊缝需要立焊修复。本任务在任务 4.1 和 4.2 的基础上,继续检修其剩余断裂来排除车身水箱支架脱焊断裂的故障。现需要你对汽车车身变形处进行检测,确定损坏钣金件的材料和连接方式以便正确选用合理的维修手段完成维修任务,如 4-3-5 表所示。

表 4-3-5 气体保护焊立焊工艺检修计划

<table>
<tr><td colspan="4">1. 收集气体保护焊立焊工艺相关资料分析车身散热器支架发生断裂故障的原因
2. 参照故障检修流程制订气体保护焊立焊工艺检修计划</td></tr>
<tr><td rowspan="4">1. 车辆信息描述</td><td colspan="2">车 辆 描 述</td><td></td></tr>
<tr><td rowspan="3">支架类型</td><td>金属材料类型</td><td></td></tr>
<tr><td>钣金件结构特点</td><td></td></tr>
<tr><td>车身骨架结构</td><td></td></tr>
<tr><td>2. 车身水箱散热器支架断裂故障现象描述</td><td colspan="3"></td></tr>
<tr><td>3. 汽车车身水箱散热器支架断裂故障原因分析,画出鱼刺图</td><td colspan="3"></td></tr>
</table>

笔记

（续表）

4. 汽车车身水箱散热器支架断裂故障检修工作准备	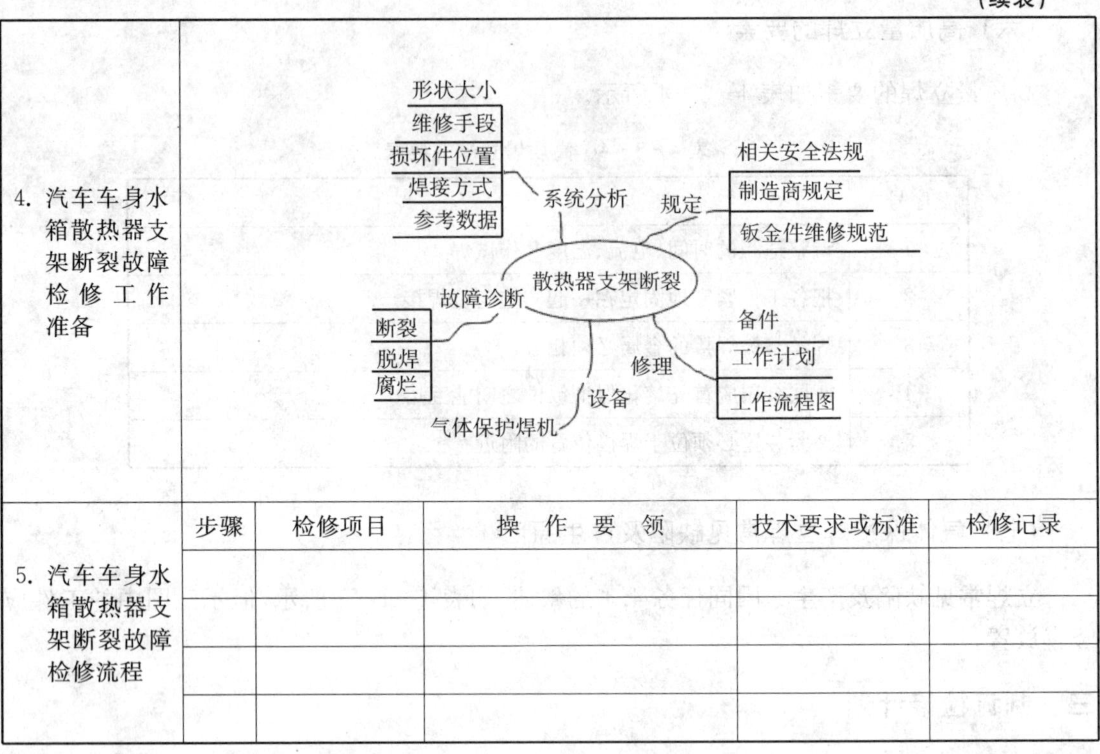				
5. 汽车车身水箱散热器支架断裂故障检修流程	步骤	检修项目	操作要领	技术要求或标准	检修记录

散热器支架检修设备工具的正确使用。

名称	示意图	使用说明
合金钢焊丝	见表 4-2-8	
气体保护焊焊机	见表 4-2-8	
夹具及大力钳		1. 夹具及大力钳可作钣件定位紧固，使两钣件紧贴 2. 可在进行钣件焊接、铆合螺丝固定时配合使用 3. 夹钳的钳口宽度和夹紧力度可自由调整，方便紧固 4. 各种夹具是钣金维修工作中必不可少的紧固定位工具
钣金锤	见表 2-2-4	
焊丝运动方向		1. 较平焊难操作，而且它的焊接速度稍慢，能够得到最好的焊接熔深 2. 对从汽车上拆卸下的零部件尽量将它放在能够进行平焊的位置上进行焊接 3. 垂直焊缝焊接时，最好让电弧从接头的顶部开始，并平稳地向下点焊或拉焊

（续表）

名 称	示 意 图	使 用 说 明
散热器支架	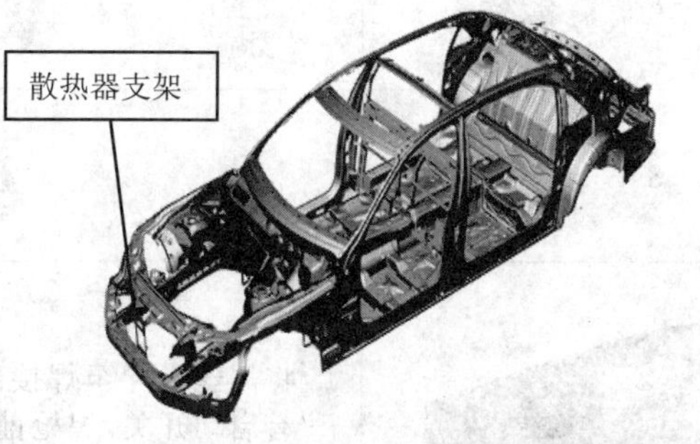 散热器支架	优质碳素钢板经冲压而成具有多种制筋线，有一定支撑刚度的支架
散热器支架		由上下两支条状冲压件和左右支撑板连接而成，与其他固定于车架上的支架连接在一起，具有多功能、支撑强度好、自身重量轻的优点
气体保护焊焊枪的操纵		焊枪的操纵：将焊枪前端靠近焊件，夹角成75°，按动开关便开始送丝，保护气体也同时喷出。此时只要操纵焊枪令焊丝端头与焊件金属表面接触即可起弧。施焊过程中，应注意观察钣件、焊丝的熔化情况及焊道的连续性，同时防止焊丝偏离接缝。如果接缝较长最好先暂焊一下，分段的焊道应有重叠，起弧时应在上一段焊道末端前面一点，起弧后迅速回拉至下一段焊道起点，焊道的高度和宽度也应力求一致、深度合适。熔深不足将影响焊缝强度，熔深过大则易将焊件烧穿，并给打磨工作造成一定的困难

笔记

（续表）

名称	示意图	使用说明
气瓶	见表 4-2-8	
气压调节器（减压表）	见表 4-2-8	
焊枪（也称焊炬）		1. 将焊丝引导至焊接部位，在焊枪上有启动开关，焊枪前部主要有喷嘴和导电嘴 2. 导电嘴到母材的距离标准的距离应该是 7～15mm 3. 距离过大，从焊枪端部伸出的焊丝长度增加而产生预热，增加了焊丝溶化的速度，保护气体所起的作用也会减小 4. 如果导电嘴到母材的距离过小，将难以进行焊接，因为焊接部位被挡在导电嘴的后面
操作安全保护用品		操作过程 1. 眼睛和面部的防护 进行保护焊、等离子弧切割或氧乙炔焊操作时应佩戴有深色镜片的头盔或护目镜 2. 头部的防护 维修操作时要戴上安全帽、佩戴手套、口罩、耳塞 3. 身体的保护 维修操作时身穿长裤长袖防辐射工作服
电动（或气动）砂轮机	见图 4-2-12	

四、实施维修作业

气体保护焊立焊焊接工艺与实训的任务书如表 4-3-6 所示。

笔记

表 4-3-6　气体保护焊立焊焊接工艺与实训任务书

<table>
<tr><td rowspan="3">检修气体保护焊焊机</td><td colspan="3">当打开电开关后应检查气体保护焊焊机是否运作正常。焊接前，应戴好面罩、皮手套，穿好绝缘鞋，检查焊接设备和工具是否安全。否则应更换焊机。将焊枪前端靠近焊件，按动开关便开始送丝，保护气体也同时喷出。此时只要操纵焊枪令焊丝端头与焊件金属表面接触即可起弧。如果焊丝顶端形成熔球应将其剪断，否则会影响起弧。枪口处的焊接飞溅物也会影响送丝、送气，使用前亦应预先清理干净。焊接时要穿好绝缘鞋，并要两个操作者轮换工作，一人随时监护操作者，遇有危险迹象时，立即切断电源进行处理并确保通风设施正常工作</td></tr>
<tr><td>检查内容</td><td>操　作　要　领</td><td>检修记录</td></tr>
<tr><td>焊机的电路、气路运作是否正常</td><td>穿戴好安全用品，调整焊机各参数到适当的档位，手持焊枪，轻按开关开始送丝，保护气体也同时喷出。注意焊丝接触地板可引弧，要确保正常使用，否则应更换</td><td></td></tr>
<tr><td rowspan="3">检修焊丝</td><td colspan="3">检查焊丝钢质、焊芯直径、潮湿生锈等不良现象，否则应更换</td></tr>
<tr><td>检查内容</td><td>操　作　要　领</td><td>检修记录</td></tr>
<tr><td>焊丝及焊接参数是否正常</td><td>检查焊丝钢质、焊芯直径、潮湿生锈等不良现象，否则，应更换进行引弧点焊练习，确定焊机输入电压、焊接电流、电弧电压、导电嘴与母材之间的距离、焊炬角、焊接方向、保护气体的流量、焊接速度和送丝速度等焊接参数，否则进行调整</td><td></td></tr>
<tr><td>检修焊嘴及送丝机构</td><td>供给适当的气体保护。给工作部件加压，以防止焊丝移出熔池</td><td colspan="2">1. 如果应流入焊丝的电流转移到气体喷嘴上，引起焊丝的燃烧和飞溅，并将喷嘴烧掉。在脏的或生锈的金属上进行焊接时，会对喷嘴产生严重冲击，应立即进行清洁，以便进行正常的焊接
2. 在焊机的四个主要部件中，喷嘴最关键，其次是送丝机构。受到堵塞或损坏的管道将造成送丝速度不稳定，并形成许多金属熔滴，造成气体喷嘴的短路。焊丝的端部和母材相接触并产生电弧，如果导电嘴和母材之间的距离稍有缩短，将比较容易产生电弧。如果焊丝的端部形成一个大的圆球，将难以产生电弧，所以应立即用焊丝钳修整
3. 导电嘴到喷嘴的距离大约为 3mm
4. 焊丝伸出喷嘴大约 5～8mm，并迅速清除焊接溅出物
5. 如果溅出物粘附于喷嘴的端部，将使保护气体不能顺利流出而影响焊接质量。可用防溅剂来减少粘附于喷嘴端部的溅出物数量
6. 用坏的导电嘴应予更换，以确保产生稳定的电弧。为了得到平稳的气流和电弧，应适当拧紧导电嘴</td></tr>
<tr><td>检修气瓶</td><td>气流量是否正常，压力表工作是否正常</td><td colspan="2">1. 打开开关，保护气体的流量非常重要。流量过大会形成涡流而影响屏蔽效果；流量过小则保护气体屏蔽作用减弱
2. 要根据这一原则和喷嘴与焊件的距离、焊接电流、焊接速度及作业环境（有风或无风）等具体情况来加以调整</td></tr>
<tr><td rowspan="3">检修弓形螺旋收紧夹具以及大力钳</td><td colspan="3">检查弓形螺旋收紧夹具以及大力钳的螺纹是否要加润滑油，有无损伤及生锈，夹具有无裂纹，保证其夹紧力度强劲，方便定位夹紧钣件之间的间隙，实施作业组焊钣金件或机械连接或粘接</td></tr>
<tr><td>检查内容</td><td>操　作　要　领</td><td>检修记录</td></tr>
<tr><td>检查弓形螺旋收紧夹具以及大力钳能否正常使用</td><td>检查弓形螺旋收紧夹具以及大力钳的螺纹是否要加润滑油；有无损伤及生锈，夹具有无裂纹；保证其夹紧力度强劲；方便定位夹紧钣件之间的间隙，实施作业组焊钣金件或机械连接或粘接</td><td></td></tr>
</table>

笔记

（续表）

钣金锤	当手柄有裂纹时钣金锤会飞脱伤人；锤头损伤造成修复困难。手柄有松动或锤头有裂纹则需要更换		
	检查内容	操 作 要 领	检修记录
	有无松动损伤	手柄是否裂纹、锤头是否损伤，以便于锤击焊缝、敲掉焊渣、释放金属应力、促使车梁、钢板矫正平直否则维修或更换	
散热器支架	检查内容	操 作 要 领	检修记录
	支架各定位点是否变形	观察焊缝有无裂纹，否则用气体保护焊焊接；有无扭曲变形；否则锤击矫正变形；定位点螺栓孔是否对位；否则矫正修复	
电动（或气动）砂轮机	检查内容	操 作 要 领	检修记录
	使用方法	1. 选用结构特性符合被削磨材料和削磨性质的砂轮 2. 使用时磨削速度不能高于砂轮的额定速度 3. 磨削或切割时，施力不要过大，应均匀地施力，以防砂轮破碎；作业人员应戴上防护镜 4. 手拿砂轮时应注意使其不要碰撞或磕碰坚硬的金属等物体上，砂轮应远离油脂、水或其他溶剂	
检修结论			

五、检验评估

任务 4.3 的检验评估如表 4-3-7 所示。

表 4-3-7 任务 4.3 的检验评估

检验与评价内容	检 验 指 标	权重	自评	互评	总评
维修质量检验	观察焊缝成型状态确保焊缝高宽一致、焊透均匀、有足够的强度；无气孔、凹坑、咬边、焊瘤、烧穿、熔化不透、裂纹、焊缝不直、高度宽度不均匀、熔深不够等不良现象 提示：焊缝质量必须按国标、维修行业质量标准完成修理任务				
检查任务完成情况	1. 能描述轿车车身结构特点，明确水箱散热器支架连接是否符合国标、维修行业质量标准的相关知识 2. 在小组完成任务过程中所起的作用				
职业素养	1. 学习态度：积极主动参与学习 2. 团队合作：与小组成员一起分工合作，不影响学习进度 3. 现场管理：服从工位安排、执行实训室“5S”管理规定				

笔记

注 意

- 在维修过程中，汽修人员必须遵守国家劳动部门所规定的安全操作规范，以免在工作中出现不必要的安全事故！

案 例

一台广汽丰田汉兰达轿车由于碰撞车身而造成翼子板折叠而裂开15mm的裂缝以及前挡泥板裂开故障，需要气体保护焊平、立焊焊接修理。在修理焊接过程中，由于维修人员操作不当，在定位时没有用虎钳夹夹固，焊接时出现跑位，造成安装新翼子板时出现偏差，影响维修质量。后查明其原因为：

1. 维修人员焊接操作技术差、责任性不强。
2. 焊前没有进行定位焊工作，焊后也没有进行测量校对标准孔。

排除方法：

1. 操作人员应培训上岗、掌握焊接技术、提高职业素养、增强工作责任性。
2. 调整合适档位、先试后焊，并做好焊前利用虎钳夹夹固定位工作，保证焊接质量。
3. 焊后自检，减少出现不必要的维修质量事故。

任务4.4 气体保护焊横焊焊接工艺与实训

任务描述	一辆三菱吉普车由于发生严重碰撞事故，造成车身纵梁扭力箱附近出现裂纹等故障。应采用气体保护焊横焊焊接修复，需要你对汽车车身纵梁扭力箱附近处进行检测，确定最佳的焊接修复方法，以便更好地选用焊接类形进行修理任务
任务目标	1. 理解轿车车身结构连接特点以及受力情况，能分析汽车车身纵梁扭力箱出现裂纹的原因 2. 能熟练掌握气体保护焊焊接的基本原理以及横焊摆动的操作方法 3. 了解金属材料与焊丝种类，熟知影响焊接工艺的因素 4. 熟知气体保护焊焊接工艺要点以及按规范进行维修质量检验 5. 会排除焊接缺陷产生的原因以及采取预防的措施并熟知气体保护焊焊机的安全操作规范

笔记

一、维修接待

按照表 4-4-1 完成待修车辆的维修接待，并准确填写接车问诊表。

表 4-4-1　维修接待与接车问诊表

1. 通过询问客户了解车辆发生故障情况，填写接车问诊表
2. 车间检测初步确认结果及主要故障零部件

接车问诊表

车牌号：________ 车架号：________ 行驶里程：________(km)

用户名：________ 电　话：________ 来店时间：____/____

用户陈述及故障发生时的状况：**一辆三菱吉普车由于发生严重碰撞事故，造成车身纵梁扭力箱附近出现裂纹等故障。需焊接修复，必须进入维修厂进行修理**

故障发生状况提示：**行驶速度、发动机状态、发生频度、发生时间、部位、天气、路面状况、声音描述**

接车员检测确认建议：**需对车身纵梁扭力箱附近进行维修**

车间检测确认结果及主要故障零部件：**需排除车身纵梁故障，必要时需更换车身附件**

车间检查确认者：________

外观确认：	功能确认：(工作正常✓　不正常×) □音响系统　□门锁(防盗器)　□全车灯光　□工具 □后视镜　□顶窗　□座椅　□护杠 □玻璃升降器　□玻璃　□车门
(请在有缺陷部位作标识)	物品确认：(有✓　无×) F　E □贵重物品提示 □工具　□备胎　□灭火器 □其他(　　　) 旧件是否交还用户　□是　□否 用户是否需要洗车　□是　□否

· 检测费说明：本次检测的故障如用户在本店维修，检测费包含在修理费用内；如用户不在本店维修，请您支付检测费。本次检测费：￥________元。

· 贵重物品：在将车辆交给我店检查修理前，已提示将车内贵重物品自行收起并保存好，如有遗失恕不负责。

接车员：________　　用户确认：________

二、信息收集与处理

按照表 4-4-2 完成任务 4.4 的信息收集与处理。

表 4-4-2　信息收集与处理

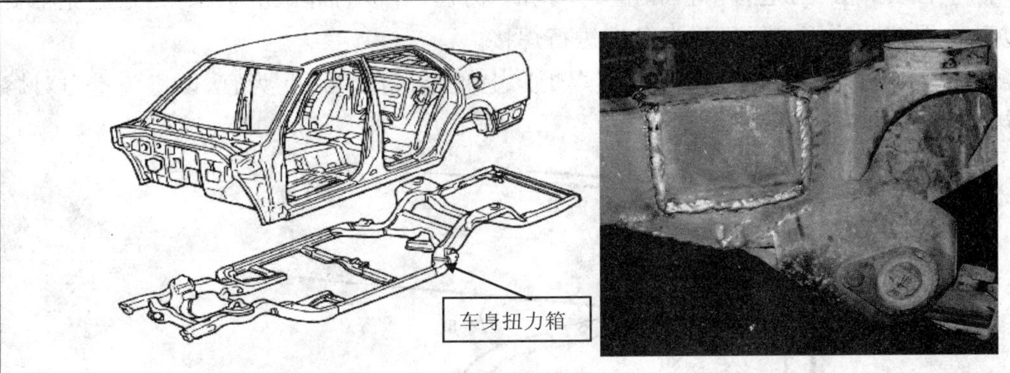

1. 车身纵梁扭力箱的材质类型是________________
2. 有架式车身结构特点是________________
3. 气体保护焊在维修过程中选用的焊丝是________________
4. 气体保护焊焊接的焊嘴距高离母材的距离是________________

(一) 车身纵梁扭力箱材质分析

扭力箱材质分析如图 4-4-3 所示。

图 4-4-3　车身纵梁扭力箱材质类型和特点

名　称	材　质　类　型	特　　点
车身纵梁扭力箱	汽车车身骨架多为热轧、冷轧薄钢板弯曲成型的异形空心型钢。其他形状的非封闭式型材，主要还是通过弯曲模具由各汽车厂冲压组焊而成。车身纵梁属高强度钢板其抗拉强度是普通钢板的 2～3 倍	有架式车身轿车的壳体与车架之间是可分离的两个部分。车架承受汽车行驶所受到的载荷；车厢通过减振装置与车架相连接，基本上不承受载荷

(二) 惰性气体保护焊的立焊焊接工艺要点

1. 引弧

由于弧焊电源的空载电压低，又是光焊丝，在引弧时，电弧稳定燃烧点不易建立，引弧变得比较困难，往往造成焊丝成段爆断或焊丝粘连母材。

2. 熄弧

焊接时应多采用连续点焊方式焊接，收弧时应在弧坑处稍作滞留，然后慢慢地抬起焊枪，直至填满弧坑为止，同时可使熔池金属在未凝固前仍受到气体的保护。

笔记

(三) 横焊焊接操作方法

(1) 横焊:选小直径焊丝和小电流压弧施焊,焊丝由左到右成约 80°进行焊接,采用右焊法,焊枪做直线运动,必要时可做小幅度摆动。方法有跳弧法和灭弧法两种。

(2) 向左右横焊法:可适合薄板和重要结构的焊接。焊接时焊炬应平稳,尽量避免不要上下移动防止焊偏。采用直线环形运条法进行焊接。

注意:横焊水平焊缝进行焊接时,应使焊炬向上倾斜,角度为 80°为宜,以避免重力对熔池的影响,如图 4-4-1 所示。

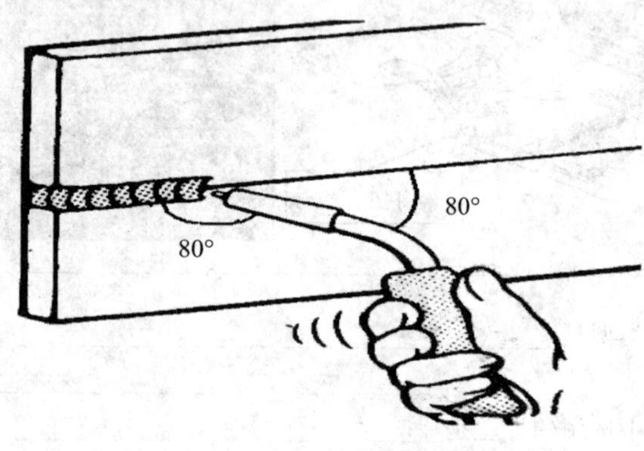

图 4-4-1 横 焊

(四) CO_2 半自动气体保护焊注意事项

提 示

(1) 施焊前清理焊件表面和焊丝表面的油污和锈迹,以防焊接时产生气孔。

(2) 瓶装液态 CO_2 灌气后应将钢瓶倒置 1~2h,然后每隔 30min 打开瓶口气阀放水 2~3 次,才能保证输出的 CO_2 气体的纯度。使用前,打开瓶口气阀 2~3s,排出瓶顶部低纯度的 CO_2 气体,然后接入焊枪使用。焊接过程中,瓶内气压低于 900kPa 时,应停止使用,更换新气源。

(3) 引弧之前,调好焊丝伸出长度,一般应等于焊丝直径的 10 倍(如 8mm)。焊丝头部有粗大的球形头应当剪去。

(4) 引弧点应距焊缝端部 2~4mm 处,引弧后再移向端头开始施焊。焊丝端头与焊件的距离保持在 2~3mm 之间。焊接时,应掌握好速度防止熔化不良或焊波过高等缺陷。熄弧后,待金属熔池完全凝固,方可抬起焊枪。

(五) 横焊焊接形式

横焊焊接形式有 6 种,如图 4-4-2 所示。

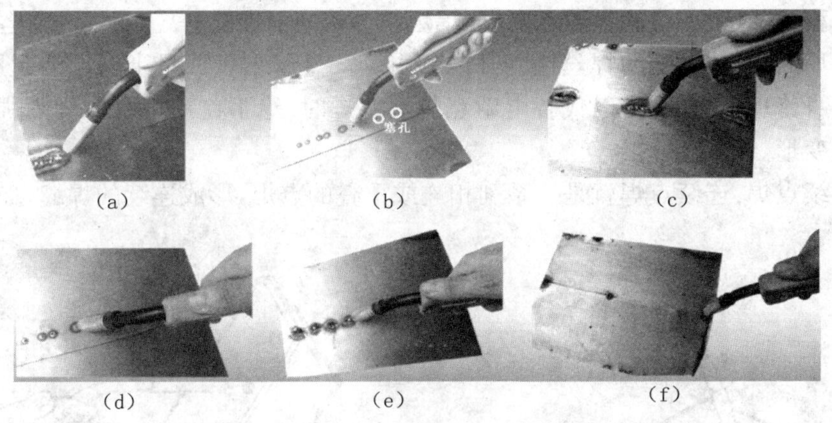

图 4-4-2 横焊的焊接形式

(a) 连续焊; (b) 塞焊; (c) 连续点焊; (d) 点焊; (e) 搭接点焊; (f) 定位焊

(1) 连续焊:指焊枪连续、稳定地沿焊缝移动而形成连续焊缝的焊接形式,如图 4-4-3(a)所示。

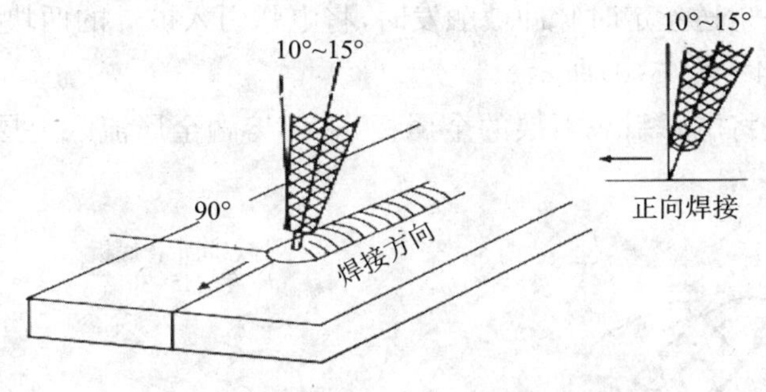

图 4-4-3(a) 连续焊形式

(2) 塞焊:两块金属板叠在一起,在其中一块板上有通孔,将电弧穿过此孔并被熔化金属所填满而形成的焊点称为塞焊,如图 4-4-3(b)所示。塞焊是点焊的一种形式。在需要连接的外层母材上钻(或冲)一个孔来进行焊接,用塞焊替代铆接、螺钉连接是使用非常广泛的工艺方法。

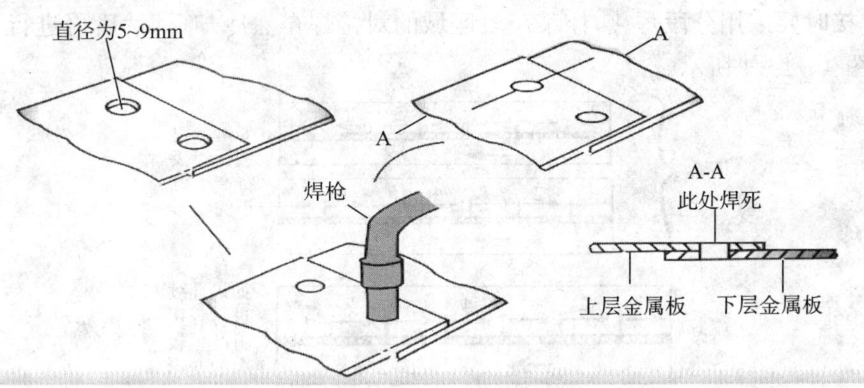

图 4-4-3(b) 塞焊形式

笔 记

操作过程：焊接时应将两金属板夹紧，焊炬与焊接表面保持一定角度，将焊丝放入孔内，触发电弧然后断开，使熔化的焊丝进入孔内并凝固。金属下表面呈半球形凸起即表示焊接良好。在车身修理时，塞焊可以代替电阻点焊。塞焊时，绝不允许用水对焊点强制冷却，以免造成严重变形。

(3) 连续点焊：连续点焊就是一系列相连或重叠的点焊，形成连续的焊缝，如图 4-4-3(c)所示。

图 4-4-3(c) 搭接点焊

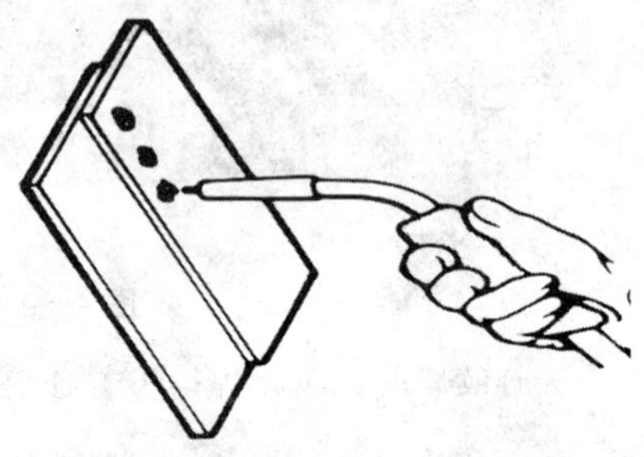

图 4-4-3(d) 搭接点焊

(4) 点焊：点焊法是送丝定时脉冲被触发时，将电弧引入被焊的两块金属板使其局部熔化的焊接形式。如图 4-4-3(d)所示。

(5) 搭接点焊：是将电弧引入下层的金属板，并使熔融金属流入上层金属板的边缘，如图 4-4-3(e)所示。

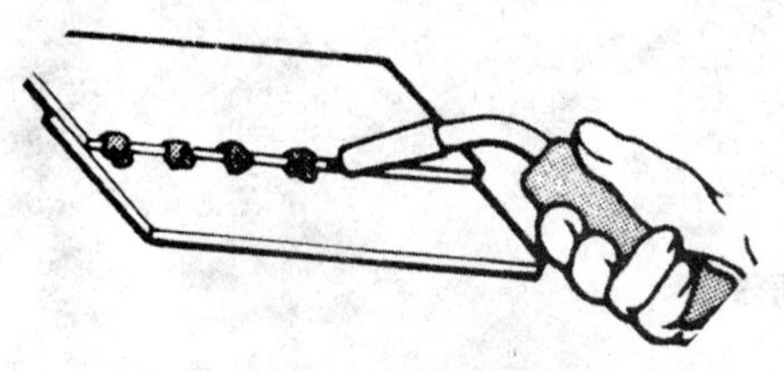

图 4-4-3(e) 搭接点焊

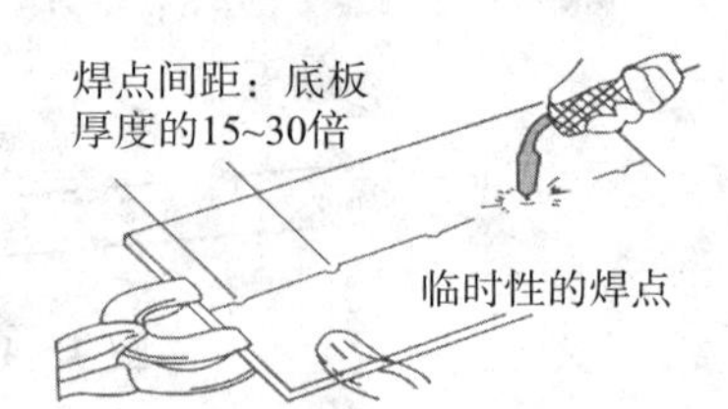

图 4-4-3(f) 定位焊

(6) 定位焊：实际上是临时点焊，是用于保持两焊件相对位置固定不变的一种替代措施，如图 4-4-3(f)所示。

(7) 焊接时要采用分段焊接，让某一段区域的对接焊自然冷却后，然后再进行下一区域的焊接，如图 4-4-4 所示。

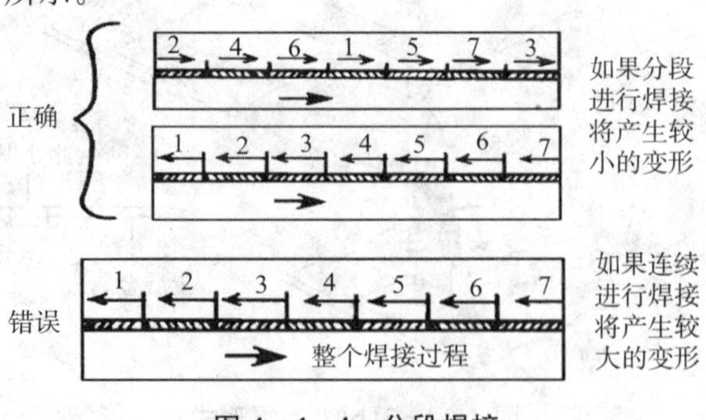

图 4-4-4 分段焊接

笔 记

（六）高质量横焊的要素

高质量横焊的要素如表 4－4－4 所示。

表 4－4－4　高质量横焊的要素

序号	要　素
1	调整适当的时间、电流、温度并作试焊
2	把各工件紧密地固定在一起实施定位焊接
3	焊丝与被焊接的金属必须相容
4	底层金属应首先熔化保证钣件之间能互熔
5	夹紧装置必须位于焊接位置的附近

（七）CO_2 气体保护焊技术在车身中的应用

如钣金钣件切换采用插入件对接或采用搭接连接。采用插入件对接比较容易使两个连接钣件对准，方便焊接。对于简单结构的钣件连接时，由于结构设计时很少采用内部加强件。这样在连接时通过采用插入件式对接方式，增加连接的强度。插入件安装在中立柱的内侧，在现有的立柱内侧上搭接新的内侧钣件，然后进行搭接焊。最后沿切割缝采用塞焊，沿立柱采用横焊对接焊，如立柱插入件式横焊对接焊，如表 4－4－5 所示。

表 4－4－5　横焊对接焊的操作方法

序号	操　作　说　明	指　示　图
1	先用工具撬动底板，使接缝对平齐再用夹子夹持工件，并在关键点上进行点焊定位，用工具调整对缝高度差，当施点焊定位准备就绪后，进行对接焊	用扁口錾对齐型线　用螺丝刀将构件轻轻撬齐
2	试焊。调节导电嘴至母材的距离和焊炬移动速度，直至获得最佳焊缝，然后才可以投入实际的焊接	对齐型线后暂焊　再由中部起将全部接口焊固 对接横焊程序 利用横焊方式采用插入法或搭接法连接中立柱

（八）气体保护焊横焊常见缺陷及产生原因

横焊常见缺陷及产生原因同任务 4.1 的叙述，如表 4－1－3 所示。

笔记

案 例

一台陆风轿车在维修过程中，在横焊焊接车身翼子板时，由于焊枪与母材夹角过大(大于 100°)，焊丝熔滴往下流使裂缝形成焊瘤现象。

分析：引起焊瘤故障原因很多，主要有：焊接技术差、没调整焊接要素、焊接速度太慢、电弧太短、电流太小、焊接角度不对等。

检修：提高焊接技术、调整焊机、焊接角度规范。

三、制订检修计划

一辆三菱吉普车由于发生严重碰撞事故，造成车身纵梁扭力箱附近出现裂纹等故障。应采用气体保护焊横焊焊接修复。需要你对汽车车身变形处进行检测，确定损坏钣金件的材料和连接方式以便正确选用合理的维修手段完成维修任务，如表 4-4-6 所示。

表 4-4-6 汽车车身故障的检修计划

<table>
<tr><td colspan="4">1. 查阅维修资料，了解车辆车身纵梁类型特点，熟悉车辆钣金焊接检修规范
2. 查阅技术通报，熟练车身纵梁发生断裂故障检修流程
3. 通过观察车身纵梁支架的损伤程度，判断纵梁断裂故障的原因，制订汽车车身故障的检修计划</td></tr>
<tr><td rowspan="5">1. 车辆信息描述</td><td colspan="2">车 辆 描 述</td><td></td></tr>
<tr><td rowspan="4">纵梁类型</td><td>槽 型</td><td></td></tr>
<tr><td>工字型</td><td></td></tr>
<tr><td>方形截面</td><td></td></tr>
<tr><td>车身结构</td><td></td></tr>
<tr><td rowspan="8">2. 使用气体保护焊横焊的方法</td><td>步骤</td><td>操作要领</td><td>示 意 图</td></tr>
<tr><td>(1)</td><td>观察损坏部位变形情况</td><td rowspan="6"></td></tr>
<tr><td>(2)</td><td>矫正变形</td></tr>
<tr><td>(3)</td><td>防锈处理</td></tr>
<tr><td>(4)</td><td>固定待修复部位</td></tr>
<tr><td>(5)</td><td>调节焊机参数选择</td></tr>
<tr><td>(6)</td><td>按横焊的操作方法进行焊接修复</td></tr>
<tr><td>(7)</td><td>操作安全保护</td><td></td></tr>
</table>

笔 记

(续表)

<table>
<tr><td>3. 汽车车身纵梁断裂故障原因分析，画出鱼刺图</td><td colspan="5">焊缝不牢固
生锈化学腐蚀
碰撞断裂
长期超载行驶变形
车辆使用时间过长
脱焊
→ 车身纵梁断裂</td></tr>
<tr><td>4. 汽车车身纵梁断裂故障检修工作准备</td><td colspan="5">车身纵梁断裂
系统分析：形状大小、维修手段、损坏件位置、焊接方式、参考数据
规定：相关安全法规、制造商规定、钣金件维修规范
故障诊断：超载行驶、断裂、脱焊、腐烂
设备：气体保护焊机
修理：备件、工作计划、工作流程图</td></tr>
<tr><td rowspan="5">5. 汽车车身纵梁断裂故障检修流程</td><td>步骤</td><td>检修项目</td><td>操作要领</td><td>技术要求或标准</td><td>检修记录</td></tr>
<tr><td></td><td></td><td></td><td></td><td></td></tr>
<tr><td></td><td></td><td></td><td></td><td></td></tr>
<tr><td></td><td></td><td></td><td></td><td></td></tr>
<tr><td></td><td></td><td></td><td></td><td></td></tr>
</table>

名 称	示 意 图	特 点 说 明
气体保护焊焊机	见表 4-2-8	
合金钢焊丝	见表 4-2-8	
夹具及大力钳	见表 4-3-5	
钣金锤	见表 2-2-4	
车身纵梁	车身纵梁结构	碳素钢板经冲压而成框架、箱形封闭式结构，具有一定的强度和合适的刚度，起主体承载作用

笔记

（续表）

气体保护焊焊机的调整及操作	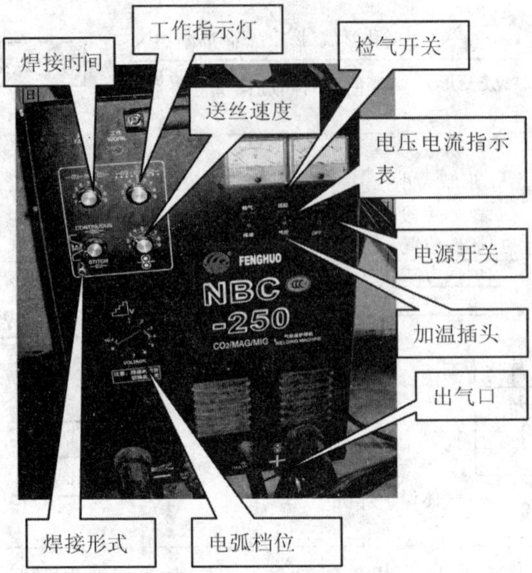 焊接时间 工作指示灯 检气开关 送丝速度 电压电流指示表 电源开关 加温插头 出气口 焊接形式 电弧档位	将焊机各主要参数调整到合适档位。将焊枪前端靠近焊件，按动开关便开始送丝，保护气体也同时喷出。施焊过程中，应注意观察钣件、焊丝的熔化情况及焊道的连续性，注意防止焊件烧穿。同时防止焊丝偏离接缝。由于大梁承受力大，焊缝采用多层搭接组焊完成，保证大梁有足够强度并具有合适的刚度
受损车身纵梁	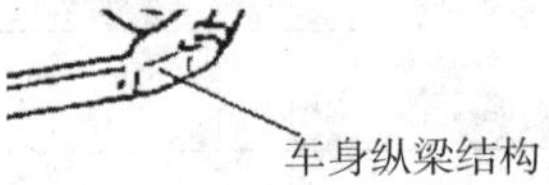 车身纵梁结构	箱形封闭式结构，具有足够的强度和合适的刚度
焊炬运动方向	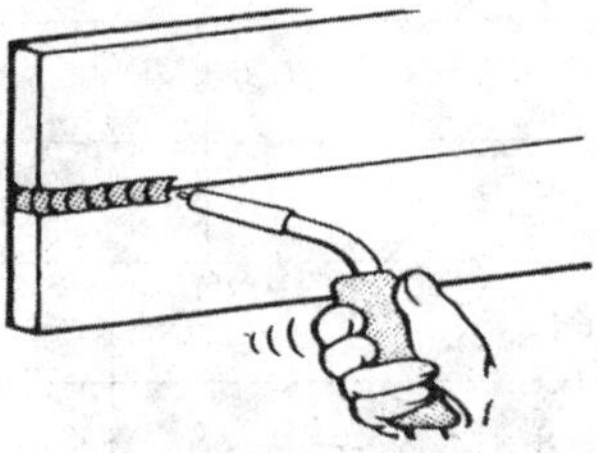 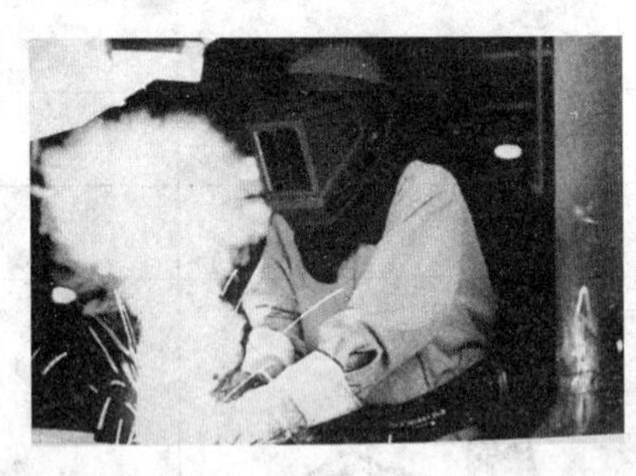	横焊一般较难进行，而且它的焊接速度稍慢，焊炬向上倾斜，以避免重力对熔池的影响，能够得到最好的焊接熔深
操作安全保护用品		操作过程 (1) 眼睛和面部的防护：进行保护焊、等离子弧切割或氧乙炔焊操作时应佩戴有深色镜片的头盔或护目镜 (2) 头部的防护：维修操作时要戴上安全帽、佩戴手套、口罩、耳塞 (3) 身体的保护：维修操作时身穿长裤长袖防辐射工作服

注 意

- 虎钳、C形夹钳、薄板螺钉、定位焊夹具和各种专用夹具，都是焊接维修过程中必不可少的工具。在使用前必须检查清楚是否存在损伤情况，否则在夹住工件时可能会出现意外松动，给加固钣件造成缺陷。

笔记

四、实施维修作业

气体保护焊横焊焊接工艺与实训任务书如表 4-4-7 所示。

表 4-4-7　气体保护焊横焊焊接工艺与实训任务书

<table>
<tr><td rowspan="3">检修气体保护焊焊机</td><td colspan="3">当打开电开关后应检查保护焊焊机是否运作正常。焊接前,应戴好面罩、皮手套、穿好绝缘鞋,检查焊接设备和工具以及气源是否安全、充足。否则应更换焊机。将焊枪前端靠近焊件,按动开关便开始送丝,保护气体也同时喷出。此时只要操纵焊枪令焊丝端头与焊件金属表面接触即可起弧。如果焊丝顶端形成熔球,应将其剪断,否则会影响起弧。枪口处的焊接飞溅物也会影响送丝、送气,使用前亦应预先清理干净。焊接时,要穿好绝缘鞋,并要两个操作者轮换工作,一人随时监护操作者,遇有危险迹象时,应立即切断电源进行处理并确保焊接场所防火安全</td></tr>
<tr><td>检查内容</td><td>操 作 要 领</td><td>检修记录</td></tr>
<tr><td>保护焊焊机、气路运作是否正常</td><td>穿好安全用品,调整焊机各参数到适当的档位,手持焊枪,轻按开关开始送丝,保护气体也同时喷出。焊丝接触地板可引弧,确保正常使用,否则应更换</td><td></td></tr>
<tr><td rowspan="3">检修焊丝</td><td colspan="3">检查焊丝钢质、焊芯直径、潮湿生锈等不良现象,否则应更换</td></tr>
<tr><td>检查内容</td><td>操 作 要 领</td><td>检修记录</td></tr>
<tr><td>焊丝及焊接参数是否正常</td><td>检查焊丝钢质、焊芯直径、潮湿生锈等不良现象,否则,应更换进行引弧点焊练习,确定焊机输入电压、焊接电流、电弧电压、导电嘴与母材之间的距离、焊炬角、焊接方向、保护气体的流量、焊接速度和送丝速度等等焊接参数是否合适,否则进行调整</td><td></td></tr>
<tr><td>检修气瓶</td><td>气流量是否正常,压力表工作是否正常</td><td>打开开关,保护气体流量非常重要。流量过大会形成涡流而影响屏蔽效果;流量过小则屏蔽作用减弱。要根据这一原则和喷嘴与焊件的距离、焊接电流、焊接速度及作业环境(有风或无风)等具体情况来加以调整</td><td></td></tr>
<tr><td rowspan="3">检修弓形螺旋收紧夹具以及大力钳</td><td colspan="3">检查弓形螺旋收紧夹具以及大力钳的螺纹是否要加润滑油,有无损伤及生锈,夹具有无裂纹,保证有足够的紧固功能,方便定位夹紧钣件,实施组焊作业</td></tr>
<tr><td>检查内容</td><td>操 作 要 领</td><td>检修记录</td></tr>
<tr><td>检查弓形螺旋收紧夹具以及大力钳是否正常</td><td>检查弓形螺旋收紧夹具以及大力钳的螺纹是否要加润滑油;有无损伤及生锈,夹具有无裂纹;保证有足够的紧固功能;方便定位夹紧钣件,实施作业组焊钣金件或机械连接或粘接</td><td></td></tr>
<tr><td rowspan="3">钣金锤</td><td colspan="3">当手柄有裂纹时钣金锤会飞脱伤人;锤头损伤造成修复困难。手柄有松动或锤头有裂纹则需要更换</td></tr>
<tr><td>检查内容</td><td>操 作 要 领</td><td>检修记录</td></tr>
<tr><td>有无松动损伤</td><td>手柄是否裂纹、锤头是否损伤,以便于锤击焊缝、敲掉焊渣、矫平凹凸、释放金属应力、促使纵梁、钢板矫正平直</td><td></td></tr>
</table>

笔记

（续表）

	检查内容	操 作 要 领	检修记录
纵梁扭力箱	纵梁待焊断裂处	观察裂缝分布状态，检查周围钣件有无受牵连，修补焊缝时，除焊接裂纹处外，还应对钣件进行加固连接，以保证大梁维修后有足够强度，并具有合适的刚度	
	检查内容	操 作 要 领	检修记录
电动（或气动）砂轮机	使用方法	1. 选用结构特性符合被削磨材料和削磨性质的砂轮 2. 使用时磨削速度不能高于砂轮的额定速度 3. 磨削或切割时，施力不要过大，应均匀的施力，以防砂轮破碎；作业人员应戴上防护镜 4. 手拿砂轮时应注意使其不要碰撞或磕碰坚硬的金属等物体，砂轮应远离油脂、水或其他溶剂	
检修结论			

五、检验评估

任务 4.4 的检验评估如表 4-4-8 所示。

表 4-4-8　任务 4.4 的检验评估

检验与评价内容	检 验 指 标	权重	自评	互评	总评
维修质量检验	观察焊缝成形状态，确保焊缝高宽一致，焊透均匀有足够的强度；无气孔、凹坑、咬边、焊瘤、烧穿、熔化不透、裂纹、焊缝不直、高度宽度不均匀、熔深不够等不良现象 提示：焊缝质量必须按国标、维修行业质量标准完成修理任务				
检查任务完成情况	1. 能描述轿车车身结构特点，明确受损纵梁支架与各钣件之间连接是否符合国标、维修行业质量标准的相关知识 2. 在小组完成任务过程中所起的作用				
职业素养	1. 学习态度：积极主动参与学习 2. 团队合作：与小组成员一起分工合作，不影响学习进度 3. 现场管理：服从工位安排、执行实训室“5S”管理规定				

任务 4.5　气体保护焊仰焊焊接工艺与实训

任务描述	一辆三菱吉普车由于发生严重碰撞事故，造成车身纵梁扭力箱附近出现裂纹等故障，除了需要气体保护焊平、立、横焊焊接修复外，还应采用气体保护焊仰焊焊接修复，需要你对汽车车身纵梁扭力箱进行检测，确定最佳的焊接修复方法，以便更好地选用焊接类型完成修理任务，本任务继续排除小车车身纵梁扭力箱的故障
任务目标	1. 理解三菱吉普车车身结构连接特点以及受力情况，能分析汽车车身纵梁扭力箱出现脱焊的原因 2. 能熟练掌握气体保护焊仰焊焊接的基本原理以及仰焊摆动的操作方法 3. 了解金属材料与焊丝种类，熟知影响焊接工艺的因素 4. 熟知气体保护焊焊接工艺要点以及按规范进行维修质量检验 5. 会排除焊接缺陷产生的原因，掌握预防的措施并熟知气体保护焊焊机的安全操作规范

一、维修接待

按照表 4－5－1 完成待修车辆的维修接待，并准确填写接车问诊表。

表 4－5－1　维修接待与接车问诊表

1. 通过询问客户了解车辆发生故障情况，填写接车问诊表
2. 车间检测初步确认结果及主要故障零部件

接车问诊表

车牌号：＿＿＿＿＿　车架号：＿＿＿＿＿　行驶里程：＿＿＿＿＿（km）

用户名：＿＿＿＿＿　电　话：＿＿＿＿＿　来店时间：＿＿＿／＿＿＿

用户陈述及故障发生时的状况：**一辆三菱吉普车由于发生严重碰撞事故，造成车身纵梁扭力箱脱焊等故障。需焊接修复，必须进入维修厂进行修理**

故障发生状况提示：**行驶速度、发动机状态、发生频度、发生时间、部位、天气、路面状况、声音描述**

接车员检测确认建议：**需对车身纵梁扭力箱进行维修**

车间检测确认结果及主要故障零部件：**需对车身纵梁扭力箱故障与排除，必要时需更换车身附件**

车间检查确认者：＿＿＿＿＿

外观确认：（请在有缺陷部位作标识）	功能确认：（工作正常✓　不正常×） □音响系统　□门锁（防盗器）　□全车灯光　□工具 □后视镜　□顶窗　□座椅　□护杠 □玻璃升降器　□玻璃　□车门
	物品确认：（有✓　无×） □贵重物品提示 □工具　□备胎　□灭火器 □其他（　　　　） 旧件是否交还用户　□是　□否 用户是否需要洗车　□是　□否 F　E

· 检测费说明：本次检测的故障如用户在本店维修，检测费包含在修理费用内；如用户不在本店维修，请您支付检测费。本次检测费：￥＿＿＿＿元。

· 贵重物品：在将车辆交给我店检查修理前，已提示将车内贵重物品自行收起并保存好，如有遗失恕不负责。

接车员：＿＿＿＿＿＿　　用户确认：＿＿＿＿＿＿

笔 记

二、信息收集与处理

按照表 4-5-2 完成任务 4.5 的信息收集与处理。

表 4-5-2　信息收集与处理

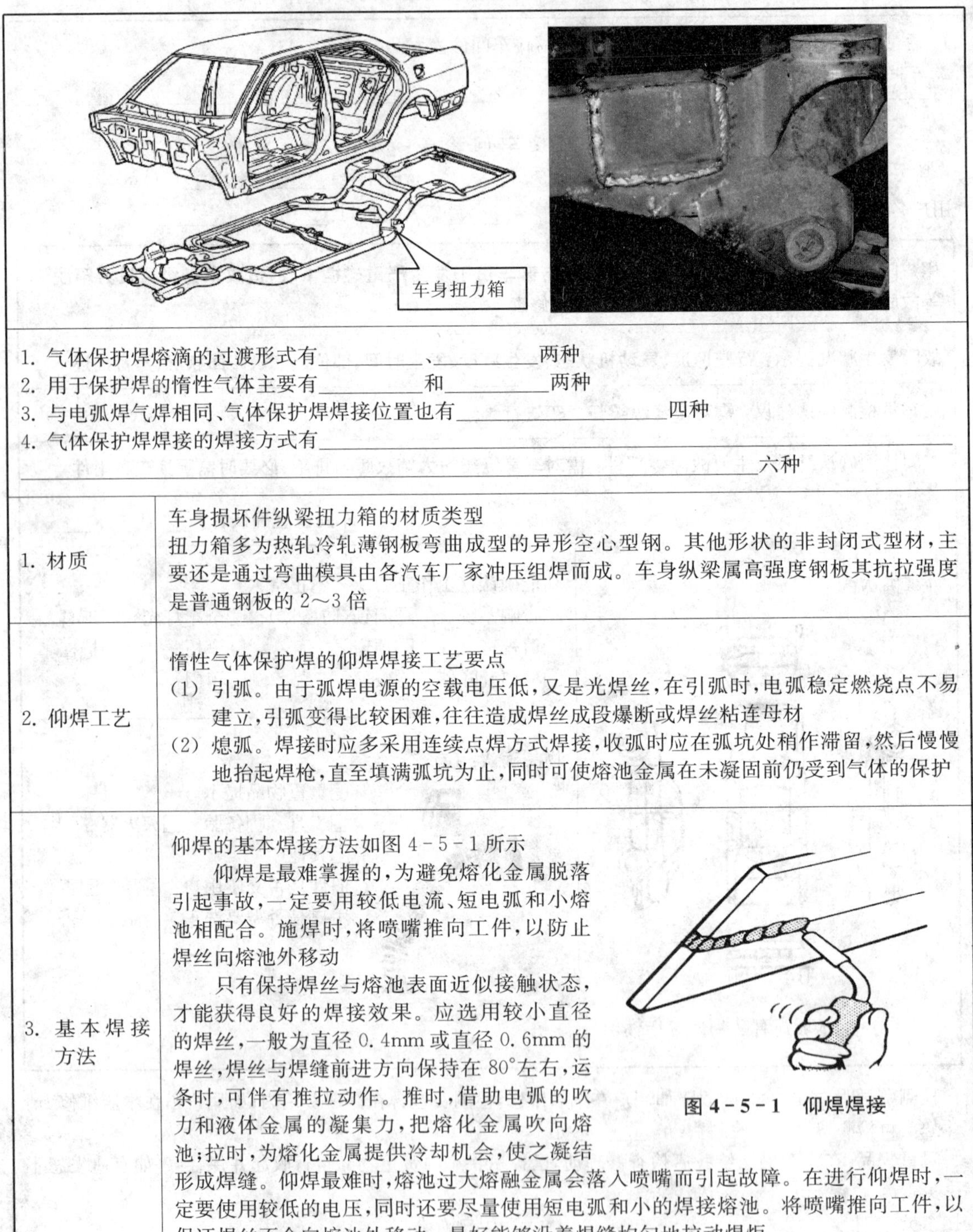

1. 气体保护焊熔滴的过渡形式有________、________两种
2. 用于保护焊的惰性气体主要有________和________两种
3. 与电弧焊气焊相同、气体保护焊焊接位置也有________________四种
4. 气体保护焊焊接的焊接方式有____六种

1. 材质	车身损坏件纵梁扭力箱的材质类型 扭力箱多为热轧冷轧薄钢板弯曲成型的异形空心型钢。其他形状的非封闭式型材，主要还是通过弯曲模具由各汽车厂家冲压组焊而成。车身纵梁属高强度钢板其抗拉强度是普通钢板的 2～3 倍
2. 仰焊工艺	惰性气体保护焊的仰焊焊接工艺要点 (1) 引弧。由于弧焊电源的空载电压低，又是光焊丝，在引弧时，电弧稳定燃烧点不易建立，引弧变得比较困难，往往造成焊丝成段爆断或焊丝粘连母材 (2) 熄弧。焊接时应多采用连续点焊方式焊接，收弧时应在弧坑处稍作滞留，然后慢慢地抬起焊枪，直至填满弧坑为止，同时可使熔池金属在未凝固前仍受到气体的保护
3. 基本焊接方法	仰焊的基本焊接方法如图 4-5-1 所示 仰焊是最难掌握的，为避免熔化金属脱落引起事故，一定要用较低电流、短电弧和小熔池相配合。施焊时，将喷嘴推向工件，以防止焊丝向熔池外移动 只有保持焊丝与熔池表面近似接触状态，才能获得良好的焊接效果。应选用较小直径的焊丝，一般为直径 0.4mm 或直径 0.6mm 的焊丝，焊丝与焊缝前进方向保持在 80°左右，运条时，可伴有推拉动作。推时，借助电弧的吹力和液体金属的凝集力，把熔化金属吹向熔池；拉时，为熔化金属提供冷却机会，使之凝结形成焊缝。仰焊最难时，熔池过大熔融金属会落入喷嘴而引起故障。在进行仰焊时，一定要使用较低的电压，同时还要尽量使用短电弧和小的焊接熔池。将喷嘴推向工件，以保证焊丝不会向熔池外移动。最好能够沿着焊缝均匀地拉动焊炬 **图 4-5-1　仰焊焊接**

笔记

（续表）

项目	序号	内容	检修记录
4. 焊缝	仰焊不同位置的焊缝如图 4－5－2 所示 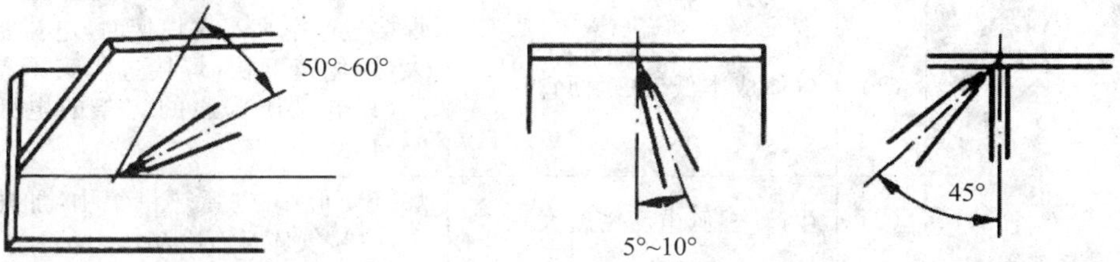 50°~60°　5°~10°　45° **图 4－5－2　仰焊的焊枪角度**		
5. 仰焊时送丝速度调整	序号	仰焊时送丝速度调整	检修记录
	(1)	在仰焊时，过大的熔池和金属熔滴会带来很大的危险，金属熔滴被重力吸引到导电嘴或进入气体喷嘴，将引起很多麻烦	
	(2)	在仰焊时，一定要采用较快的送丝速度、较短的电弧和较小的金属熔滴，并使电弧和金属熔滴互相接近。将气体喷嘴推向工件，以确保焊丝不会向熔池外移动。如果焊丝向熔池外移动，熔化的焊丝将产生金属熔滴，直到形成新的熔池来吸收这些熔滴	
6. 仰焊时焊炬的主要功能	序号	焊炬的主要功能	检修记录
	(1)	提供合适的气体保护	
	(2)	给工作部件加压，以防止焊丝移出熔池，如果应流入焊丝的电流转移到气体喷嘴上，会引起焊丝的燃烧和飞溅，并将喷嘴烧掉。在脏的或生锈的金属上进行焊接时，会对喷嘴产生严重冲击，应立即进行清洁，以便进行正常的焊接	
	(3)	在焊机的 4 个主要部件中，喷嘴最关键，其次是送丝机构。受到堵塞或损坏的管道将造成送丝速度不稳定，并形成许多金属熔滴，造成气体喷嘴的短路	
	(4)	焊枪移动得过快或过慢，都将使焊接质量下降。焊接速度过慢将会造成熔穿；相反，焊接速度过快将使熔深变浅而降低焊接强度，如下图所示	
	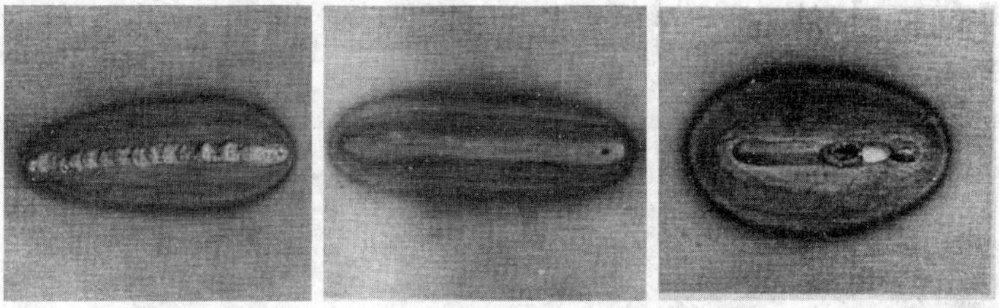 过快　　适中　　过慢		

笔记

（续表）

<table>
<tr><td rowspan="8">7. CO_2 气体保护焊的特点和优点</td><td>序号</td><td>特　　点</td><td>优　　点</td><td>检修记录</td></tr>
<tr><td>(1)</td><td>气体成本低(CO_2 便宜)</td><td>焊接生产率高。在焊接时,电流密度大,熔化速度快,焊接过程又不需清渣,其电弧比普通的焊条的电弧高2～4倍</td><td></td></tr>
<tr><td>(2)</td><td>生产率高(电流密度大)</td><td>焊接变形小 电弧热量集中,加热区窄,CO_2 气体又有冷却作用</td><td></td></tr>
<tr><td>(3)</td><td>焊薄板变形小</td><td>对油、锈不敏感 因 CO_2 气体在高温分解,具有很强的氧化性,对焊件的油、锈及其他脏污的敏感性较小</td><td></td></tr>
<tr><td>(4)</td><td>可全位置焊</td><td>焊缝含氢量低 保护气体在高温时氧化性强,与氢有很强的亲和力,从而降低了焊缝的含氢量,并防止了氢气孔的产生;同时在焊接低合金高强度钢时,出现冷裂纹的</td><td></td></tr>
<tr><td>(5)</td><td>有氧化性</td><td>倾向也较低</td><td></td></tr>
<tr><td>(6)</td><td>大飞溅,成形较差</td><td>送丝速度太快,电流挡位不当</td><td></td></tr>
<tr><td>(7)</td><td>不便维修使用设备</td><td>维修麻烦</td><td></td></tr>
<tr><td rowspan="5">8. 使用环境</td><td>序号</td><td colspan="2">CO_2 气体保护焊机的使用环境</td><td>检修记录</td></tr>
<tr><td>(1)</td><td colspan="2">焊机适用于不超过海拔 1 000m,环境温度在 40℃之内,相对湿度不超过 90%(即 25℃)</td><td></td></tr>
<tr><td>(2)</td><td colspan="2">在使用场所没有会影响使用的气体、蒸气、化学性沉积、腐蚀性介质和易燃易爆介质</td><td></td></tr>
<tr><td>(3)</td><td colspan="2">使用场所没有激烈的震动和颠簸</td><td></td></tr>
<tr><td>(4)</td><td colspan="2">必须安置在干燥的地方,距离墙边不少于 20cm 的平稳位置,必须利于通风散热</td><td></td></tr>
<tr><td>9. 提示</td><td colspan="4">提示:
二氧化碳气体保护焊机安全操作规范。腿、脚的防护:①工作时穿安全鞋;②焊接时最好穿绝缘鞋;③佩戴护腿和护脚;④跪在地上操作时最好佩戴护膝。手、眼睛的防护:①焊接时佩戴焊接手套;②眼睛应佩戴防紫外线眼镜或平光镜和带专用焊接用的面罩</td></tr>
<tr><td>10. 气体保护焊常见缺陷及产生的原因</td><td colspan="4">同任务 4.1,见表 4-1-3</td></tr>
</table>

笔记

- 由于二氧化碳气体保护焊机仰焊作业时，焊接熔滴至上而下往下流动，掉下来的熔滴容易发生烫伤身体现象的安全隐患。因此，在维修作业中严格执行维修行业安全规范，作好身体保护工作，预防工伤事故发生。

案　例

由于发生碰撞，一台丰田佳美车门严重受损造成门板撕裂。维修人员在修理过程中造成烧穿现象。分析引起烧穿的原因：①焊接电流太大；②裂缝的坡口太宽；③焊枪前移速度太慢；④焊枪到母材的距离太近。

排除方法：①调整焊接电流档位到适当位置并试焊；②裂缝尽可能矫正回原来位置，提高个人焊接水平，分段焊接降低板材受热避免烧穿；③焊枪到母材之间的距离、速度适当。

三、制订检修计划

一辆三菱吉普车由于发生严重碰撞事故，造成纵梁扭力箱脱焊等故障。需要你对汽车车身变形处进行检测，确定损坏钣金件的材料和连接方式以便正确选用合理的维修手段完成维修任务，如4-5-3表所示。

表4-5-3　汽车车身变形的检修计划

<table>
<tr><td colspan="4">1. 查阅维修资料，了解车辆车身类型特点，熟悉车辆钣金焊接检修规范
2. 查阅技术通报，熟练车身纵梁扭力箱脱焊裂开故障检修流程
3. 通过观察前车身变形，判断纵梁扭力箱断裂故障的原因，制订检修计划</td></tr>
<tr><td rowspan="4">1. 车辆信息描述</td><td colspan="2">车　辆　描　述</td><td></td></tr>
<tr><td rowspan="3">车身钣金件材料类型</td><td>工字型</td><td></td></tr>
<tr><td>方形截面组合钢梁</td><td></td></tr>
<tr><td>车身结构</td><td></td></tr>
<tr><td>2. 纵梁扭力箱故障现象描述</td><td colspan="3"></td></tr>
<tr><td>3. 车身纵梁扭力箱故障原因分析，画出鱼刺图</td><td colspan="3"></td></tr>
</table>

笔记

（续表）

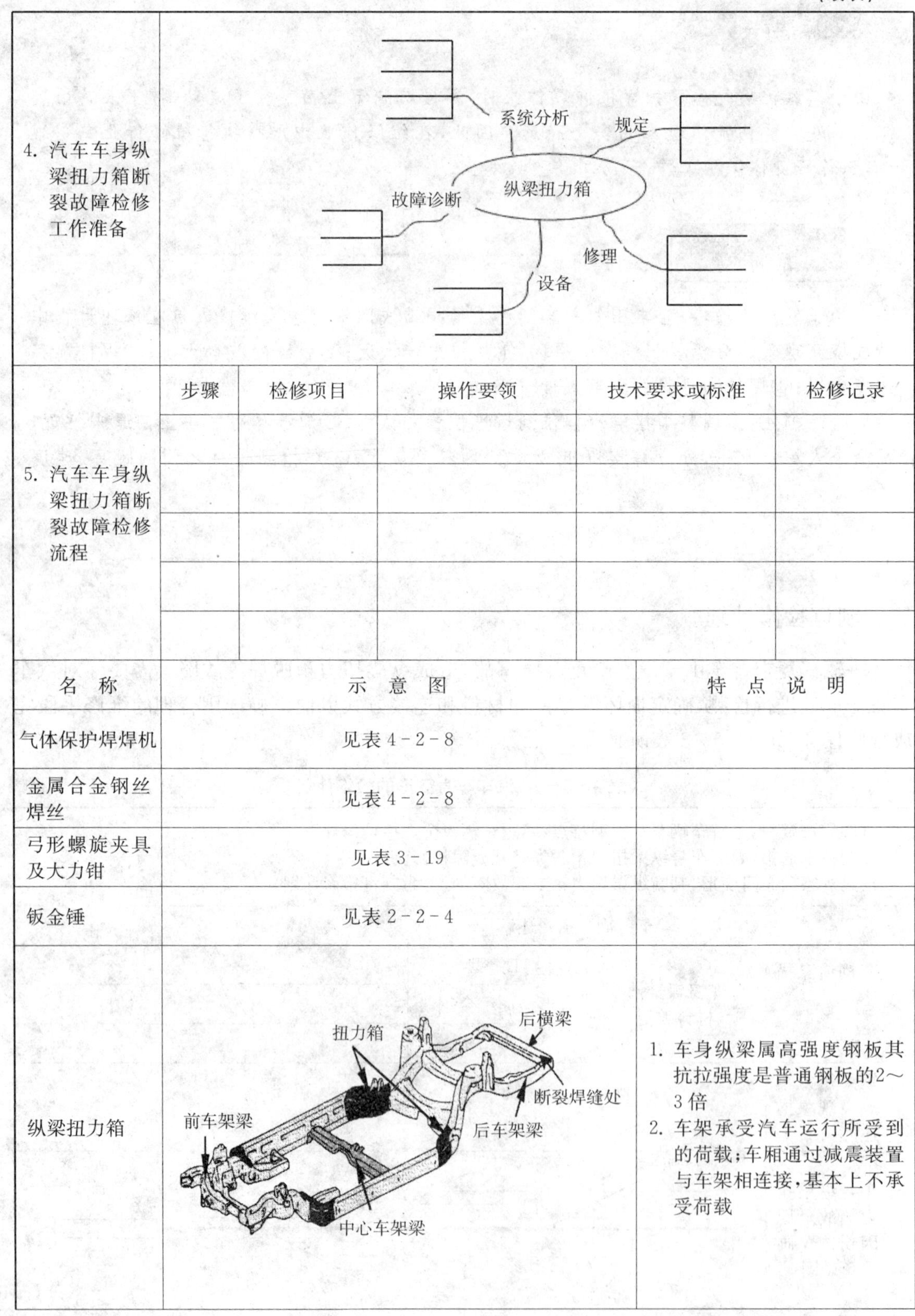

4. 汽车车身纵梁扭力箱断裂故障检修工作准备	纵梁扭力箱：系统分析、规定、故障诊断、修理、设备

5. 汽车车身纵梁扭力箱断裂故障检修流程	步骤	检修项目	操作要领	技术要求或标准	检修记录

名　称	示　意　图	特　点　说　明
气体保护焊焊机	见表 4-2-8	
金属合金钢丝焊丝	见表 4-2-8	
弓形螺旋夹具及大力钳	见表 3-19	
钣金锤	见表 2-2-4	
纵梁扭力箱		1. 车身纵梁属高强度钢板其抗拉强度是普通钢板的2～3 倍 2. 车架承受汽车运行所受到的荷载；车厢通过减震装置与车架相连接，基本上不承受荷载

笔 记

（续表）

焊丝运动方向	仰焊形式 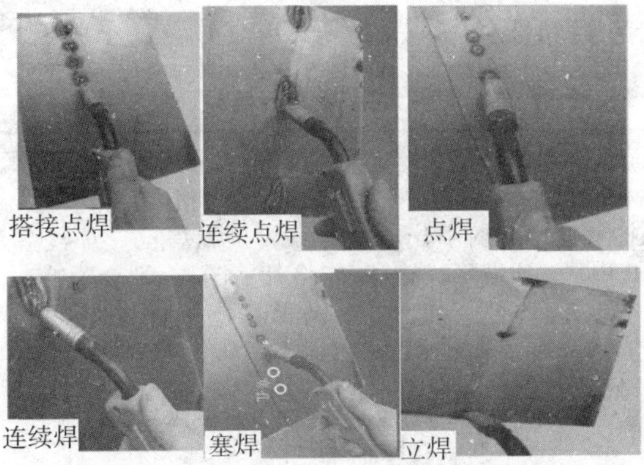 搭接点焊　连续点焊　点焊 连续焊　塞焊　立焊	仰焊是最难掌握的，为避免熔化金属脱落引起事故，一定要用较低电流、短电弧和小熔池相配合。施焊时，将喷嘴推向工件，以防止焊丝向熔池外移动
喷嘴溅出物的清除	见表4-1-2	
气体保护焊焊机的使用	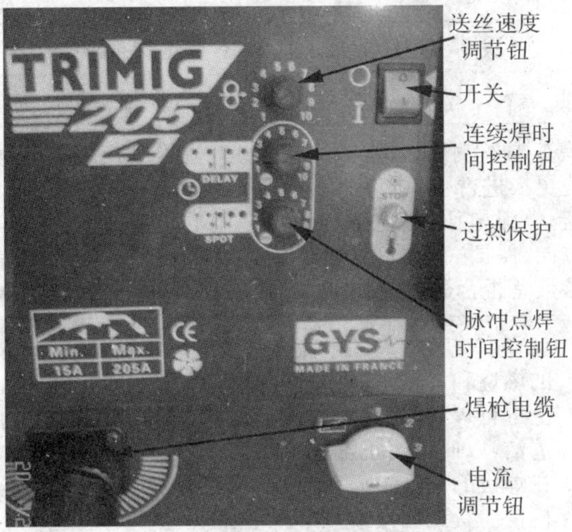 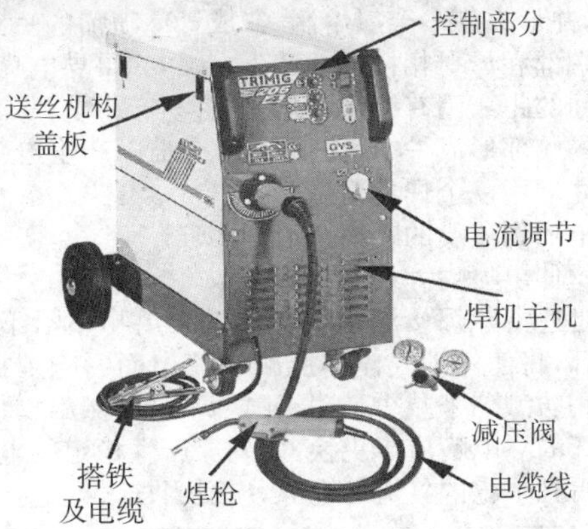 送丝速度调节钮 开关 连续焊时间控制钮 过热保护 脉冲点焊时间控制钮 焊枪电缆 电流调节钮 控制部分 送丝机构盖板 电流调节 焊机主机 减压阀 搭铁及电缆 焊枪 电缆线	1. 通过控制面板可进行电压、电流、送丝速度调节，同时可以进行点焊和脉冲点焊功能的控制 2. 焊枪的操纵：将焊枪前端靠近焊件，按动开关便开始送丝，保护气体也同时喷出。此时只要操纵焊枪令焊丝端头与焊件金属表面接触即可起弧。施焊过程中，应注意观察钣件、焊丝的熔化情况及焊道的连续性，同时防止焊丝偏离接缝。如果接缝较长最好先暂焊一下，分段的焊道应有重叠，起弧时应在上一段焊道末端前面一点，起弧后迅速回拉至下一段焊道起点，焊道的高度和宽度也应力求一致、深度合适。熔深不足将影响焊缝强度，熔深过大则易将焊件烧穿，并给打磨工作造成一定的困难
操作安全保护用品	见表4-4-5	

笔记

四、实施维修作业

气体保护焊仰焊焊接工艺与实训任务书，如表 4-5-4 所示。

表 4-5-4　气体保护焊仰焊焊接工艺与实训任务书

<table>
<tr><td rowspan="3">检修气体保护焊焊机</td><td colspan="3">当打开电开关后应检查电焊机是否运作正常。焊接前，应戴好面罩、皮手套，穿好绝缘鞋，检查焊接设备和工具是否安全。否则应更换电焊机。将焊枪前端靠近焊件，按动开关便开始送丝，保护气体也同时喷出。此时只要操纵焊枪令焊丝端头与焊件金属表面接触即可起弧。如果焊丝顶端形成熔球，应将其剪断，否则会影响起弧。枪口处的焊接飞溅物也会影响送丝、送气，使用前亦应预先清理干净。焊接时，要穿好绝缘鞋，并要两个操作者轮换工作，一人随时监护操作者，遇有危险迹象时，立即切断电源进行处理并确保通风设施工作正常</td></tr>
<tr><td>检查内容</td><td>操　作　要　领</td><td>检修记录</td></tr>
<tr><td>焊机电、气路运作是否正常</td><td>穿好安全用品，调整焊机各参数到适当的档位，手持焊枪，轻按开关开始送丝，保护气体也同时喷出。焊丝接触地板可引弧，确保正常使用，否则应更换</td><td></td></tr>
<tr><td rowspan="3">检修焊丝</td><td colspan="3">检查焊丝钢质、焊芯直径、潮湿生锈等不良现象，否则应更换</td></tr>
<tr><td>检查内容</td><td>操　作　要　领</td><td>检修记录</td></tr>
<tr><td>焊丝及焊接参数是否正常</td><td>检查焊丝钢质、焊芯直径、潮湿生锈等不良现象，否则，应更换进行引弧点焊练习，确定焊机输入电压、焊接电流、电弧电压、导电嘴与母材之间的距离、焊炬角、焊接方向、保护气体的流量、焊接速度和送丝速度等等焊接参数是否合适，否则进行调整</td><td></td></tr>
<tr><td>检修焊嘴及送丝机构</td><td>供给适当的气体保护。给工作部件加压，以防止焊丝移出熔池</td><td>1. 如果应流入焊丝的电流转移到气体喷嘴上，引起焊丝的燃烧和飞溅，并将喷嘴烧掉。在脏的或生锈的金属上进行焊接时，会对喷嘴产生严重冲击，应立即进行清洁，以便进行正常的焊接
2. 在焊机的 4 个主要部件中，喷嘴最关键，其次是送丝机构。受到堵塞或损坏的管道将造成送丝速度不稳定，并形成许多金属熔滴，造成气体喷嘴的短路，焊丝的端部和母材相接触并产生电弧，如果导电嘴和母材之间的距离稍有缩短，将比较容易产生电弧。如果焊丝的端部形成一个大的圆球，将难以产生电弧，所以应立即用一个焊丝钳修整
3. 导电嘴到喷嘴的距离大约为 3mm
4. 焊丝伸出喷嘴大约 5～8mm
5. 应迅速清除焊接溅出物。如果溅出物粘附于喷嘴的端部，将使保护气体不能顺利流出而影响焊接质量。可用防溅剂来减少粘附于喷嘴端部的溅出物数量
6. 用坏的导电嘴应予更换，以确保产生稳定的电弧。为了得到平稳的气流和电弧，应适当拧紧导电嘴</td><td></td></tr>
<tr><td>检修气瓶</td><td>气流量和压力表工作是否正常</td><td>打开开关，保护气体流量非常重要。流量过大会形成涡流而影响屏蔽效果；流量过小则屏蔽作用减弱。要根据这一原则和喷嘴与焊件的距离、焊接电流、焊接速度及作业环境(有风或无风)等具体情况来加以调整</td><td></td></tr>
</table>

笔记

（续表）

<table>
<tr><td rowspan="3">检修弓形螺旋收紧夹具以及大力钳</td><td colspan="3">检查弓形螺旋收紧夹具以及大力钳的螺纹是否要加润滑油，有无损伤及生锈，夹具有无裂纹，保证其夹紧力度强劲，方便定位夹紧钣件之间的间隙，实施作业组焊钣金件或机械连接或粘接</td></tr>
<tr><td>检查内容</td><td>操　作　要　领</td><td>检修记录</td></tr>
<tr><td>检查弓形螺旋收紧夹具以及大力钳能否正常使用</td><td>检查弓形螺旋收紧夹具以及大力钳的螺纹是否要加润滑油；有无损伤及生锈，夹具有无裂纹；保证有足够的紧固功能；方便定位夹紧钣件，实施作业组焊钣金件或机械连接或粘接</td><td></td></tr>
<tr><td rowspan="3">钣金锤</td><td colspan="3">当手柄有裂纹时钣金锤会飞脱伤人；锤头损伤造成修复困难。手柄有松动或锤头有裂纹则需要更换</td></tr>
<tr><td>检查内容</td><td>操　作　要　领</td><td>检修记录</td></tr>
<tr><td>有无松动损伤</td><td>手柄是否裂纹、锤头是否损伤，以便于锤击焊缝、敲掉焊渣、释放金属应力、促使车梁、钢板矫正平直</td><td></td></tr>
<tr><td rowspan="2">纵梁扭力箱</td><td>检查内容</td><td>操　作　要　领</td><td>检修记录</td></tr>
<tr><td>纵梁扭力箱是否变形</td><td>观察纵梁扭力箱焊缝是否断开，是否扭曲变形</td><td></td></tr>
<tr><td rowspan="2">电动（或气动）砂轮机</td><td>检查内容</td><td>操　作　要　领</td><td>检修记录</td></tr>
<tr><td>使用方法</td><td>1. 选用结构特性符合被削磨材料和削磨性质的砂轮
2. 使用时磨削速度不能高于砂轮的额定速度
3. 磨削或切割时，施力不要过大，应均匀地施力，以防砂轮破碎；作业人员应戴上防护镜
4. 手拿砂轮时应注意使其不要碰撞或磕碰坚硬的金属等物体，砂轮应远离油脂、水或其他溶剂</td><td></td></tr>
<tr><td colspan="2">检修结论</td><td colspan="2"></td></tr>
</table>

五、检验评估

任务 4.5 的检验评估如表 4－5－5 所示。

表 4－5－5　任务 4.5 的检验评估

检验与评价内容	检　验　指　标	权重	自评	互评	总评
维修质量检验	观察焊缝成形状态确保焊缝高宽一致、焊透均匀、有足够的强度；无气孔、凹坑、咬边、焊瘤、烧穿、熔化不透、裂纹、焊缝不直、高度宽度不均匀、熔深不够等不良现象 提示：焊缝质量必须按国标、维修行业质量标准完成修理任务				
检查任务完成情况	1. 能描述轿车车身结构特点，明确纵梁扭力箱与车身之间连接是否符合国标、维修行业质量标准的相关知识 2. 在小组完成任务过程中所起的作用				
职业素养	1. 学习态度：积极主动参与学习 2. 团队合作：与小组成员一起分工合作，不影响学习进度 3. 现场管理：服从工位安排、执行实训室“5S”管理规定				

笔记

任务 4.6 氩弧焊机焊接工艺与实训

任务描述	一辆宝马轿车前发动机舱由于发生轻型碰撞事故,造成前盖边缘裂开等故障,经检查该发动机舱为铝板构件,需要你对发动机舱进行确认分析,确定最佳的修复方法,以便更好地选用焊接类型进行修理任务
任务目标	1. 理解车身结构连接特点以及受伤情况,能分析汽车车身发动机舱裂开的原因 2. 能熟练掌握氩弧焊机焊接的基本原理以及操作方法 3. 了解铝金属材料与焊丝成分,熟知影响焊接工艺的因素 4. 熟知氩弧焊机焊接工艺要点以及按规范进行维修质量检验 5. 会排除焊接缺陷产生原因以及预防的措施并熟知氩弧焊机焊接的安全操作规范

一、维修接待

按照表 4-6-1 完成待修车辆的维修接待,并准确填写接车问诊表。

表 4-6-1 维修接待与接车问诊表

1. 通过询问客户了解车辆发生故障情况,填写接车问诊表
2. 车间检测初步确认结果及主要故障零部件

接 车 问 诊 表

车牌号:________ 车架号:________ 行驶里程:________(km)

用户名:________ 电 话:________ 来店时间:____/____

用户陈述及故障发生时的状况:**一辆宝马轿车前发动机舱由于发生轻型碰撞事故,造成前盖口裂开等故障。需焊接修复,必须进入维修厂进行修理**

故障发生状况提示:**行驶速度、发动机状态、发生频度、发生时间、部位、天气、路面状况、声音描述**

接车员检测确认建议:**需对车身发动机舱进行维修**

车间检测确认结果及主要故障零部件:**需对车身发动机舱故障与排除,必要时需更换前车身附件**

车间检查确认者:________

外观确认: (请在有缺陷部位作标识)	功能确认:(工作正常✓ 不正常×) □音响系统 □门锁(防盗器) □全车灯光 □工具 □后视镜 □顶窗 □座椅 □护杠 □玻璃升降器 □玻璃 □车门
	物品确认:(有✓ 无×) □贵重物品提示 □工具 □备胎 □灭火器 □其他( ) 旧件是否交还用户 □是 □否 用户是否需要洗车 □是 □否 F E

· 检测费说明:本次检测的故障如用户在本店维修,检测费包含在修理费用内;如用户不在本店维修,请您支付检测费。本次检测费:¥________元。

· 贵重物品:在将车辆交给我店检查修理前,已提示将车内贵重物品自行收起并保存好,如有遗失恕不负责。

接车员:________ 用户确认:________

笔记

二、信息收集与处理

按照表 4 - 6 - 2 完成任务 4.6 的信息收集与处理。

表 4 - 6 - 2 信息收集与处理

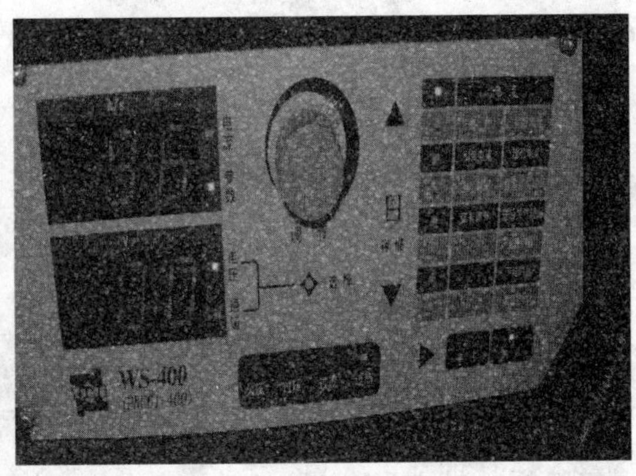

1. 氩弧焊机所使用的保护气体是______
2. 高档轿车车身上铝板材料分布位置主要有______
3. 氩弧焊机所使用的焊接材料是______
4. 氩弧焊机焊接的方式有______

(一) 氩弧焊的原理

氩弧焊是以氩气作为保护气体,钨极作为不熔化极,借助钨电极与焊件之间产生的电弧,加热熔化母材(同时添加焊丝也被熔化)实现焊接的方法。氩气用于保护焊缝金属和钨电极熔池,在电弧加热区域不被空气氧化。氢弧焊有钨极氩弧焊和熔化极氩弧焊两种,其中应用最多是钨极氩弧焊。

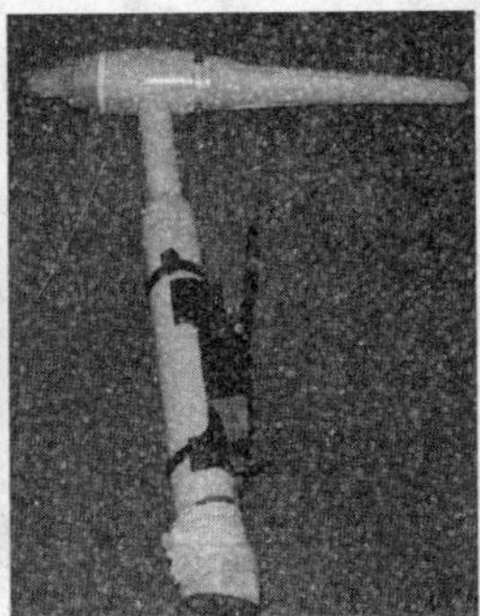

(二) 氩弧焊的优点及缺点和适用焊接范围

氩弧焊的优点及缺点和适用焊接范围如表 4 - 6 - 3 所示。

笔 记

表 4-6-3 氩弧焊的优点及缺点和适用范围

项 目	氩弧焊的优点及缺点和适用范围
优 点	1. 能焊接除熔点非常低的铝、锡外的绝大多数金属和合金 2. 交流氩弧焊能焊接化学性质比较活泼和易形成氧化膜的铝及铝镁合金 3. 焊接时无焊渣、无飞溅 4. 能进行全方位焊接，用脉冲氩弧焊可减小热输入，适宜焊 0.1mm 厚的不锈钢 5. 电弧温度高、热输入小、速度快、热影响面小、焊接变形小 6. 填充金属和添加量不受焊接电流的影响
缺 点	1. 熔深浅，熔敷速度小，生产率较低 2. 钨极承载电流的能力较差，过大的电流会引起钨极熔化和蒸发，其微粒有可能进入熔池，成污染渣(夹钨)
适用焊接范围	碳钢、合金钢、不锈钢、难熔金属铝及铝镁合金、铜及铜合金、钛及钛合金，以及超薄板(0.1mm)，同时能进行全方位焊接，特别对复杂焊件难以接近部位

(三) 氩弧焊的特点及分类

氩弧焊的特点及分类，如表 4-6-4 所示。

表 4-6-4 氩弧焊的特点及分类

氩弧焊的特点及分类	
特 点	焊缝质量较高：由于氩气是惰性气体，不与金属产生化学反应，同时氩气不溶解于液态金属，将其作为气体保护层，使高温下被焊金属中的合金元素不会氧化烧损，并且保护效果好，因此，能获得较高的焊接质量
	焊接变形与应力小，特别适宜于薄件的焊接
	可焊的材料范围广，几乎所有的金属材料都可进行氩弧焊
	操作技术易于掌握，容易实现机械化和自动化
分 类	根据所用的电极材料可分为 1. 钨极氩弧焊(不熔化极)(用 TIG 表示) 2. 熔化极氩弧焊(用 MIG 表示)
	根据操作方式可分为 1. 手工氩弧焊 2. 半自动氩弧焊 3. 自动氩弧焊
	根据采用的电源种类可分为 1. 直流氩弧焊 2. 交流氩弧焊

笔记

（四）手工钨极氩弧焊机及其设备工具

（1）手工钨极氩弧焊设备由焊接电源、焊枪、供气系统、控制系统和冷却系统等部分组成，如表 4-6-5 所示。

表 4-6-5 钨极氩弧焊设备及作用

序 号	钨极氩弧焊设备及作用
焊接电源	钨极氩弧焊要求采用具有陡降外特性的焊接电源，有直流电源和交流电源两种。常用的直流钨极氩弧焊机有 WS－250 型、WS－400 型等；交流钨极氩弧焊机有 WSJ－150 型、WSJ－500 型等；交直流钨极氩弧焊机有 WSE－150 型、WSE－400 型等
控制系统	控制系统是通过控制线路，对供电、供气与稳弧等各个阶段的动作进行控制
焊 枪	焊枪的作用是装夹钨极、传导焊接电流、输出氩气流和起动或停止焊机的工作系统。焊枪分为大、中、小三种，按冷却方式又可分为气冷式和水冷式。当所用焊接电流小于 150A 时，可选择气冷式焊枪
供气系统	供气系统由氩气瓶、氩气流量调节器及电磁气阀组成 1. 氩气瓶外表涂灰色，并用绿漆标以“氩气”字样。氩气瓶最大压力为 15MPa，容积为 40L 2. 电磁气阀是开闭气路的装置，由延时继电器控制，可起到提前供气和滞后停气的作用 3. 氩气流量调节器起降压和稳压的作用及调节氩气流量。氩气流量调节器的外形
冷却系统	用来冷却焊接电缆、焊枪和钨极。如果焊接电流小于 150A 可以不用水冷却。使用的焊接电流超过 150A 时，必须通水冷却，并以水压开关控制

（2）手工钨极氩弧焊机包括：①熔池；②喷嘴；③钨极；④气体；⑤焊缝；⑥焊丝；⑦送丝滚轮。

（3）钨极氩弧焊的焊接材料主要有钨极、氩气和焊丝，如表 4-6-6 所示。

表 4-6-6 钨极氩弧焊的焊接材料

序号	焊接材料	说 明
1	钨 极	（1）钨极氩弧焊时，钨极作为电极起传导电流、引燃电弧和维持电弧正常燃烧的作用 （2）钨极的规格：长度范围在 76～610mm （3）常用的直径为：0.5，1.0，1.6，2.0，2.4，3.2，4.0，5.0，6.3，8.0，10mm 多种。钨极端部的形状有：①圆柱带锥形；②圆柱带球形；③圆锥形
2	氩 气	（1）氩气是惰性气体，密度比空气大，可形成稳定的气流层，覆盖在熔池周围，对焊接区有良好的保护作用。氩弧焊对氩气的纯度要求很高，按我国现行标准规定，其纯度应达到 99.99％ （2）焊接用氩气以瓶装供应，其外表涂成灰色，并且标注有绿色“氩气”字样。氩气瓶的容积一般为 40L，最高工作压力为 15MPa。使用时，一般应直立放置
3	焊 丝	氩弧焊用焊丝主要分：钢焊丝和有色金属焊丝两大类。焊丝可按 GB/T8110—1995《气体保护电弧焊用碳、低合金钢焊丝》和 YB/T5092—1996《焊接用不锈钢焊丝》选用。焊接有色金属一般采用与母材相当的焊丝。氩弧焊用焊丝直径主要有 0.8，1.0，1.2，1.4，1.5，1.6，2.0，2.4，2.5，4.0，5.0，6.0mm 等十余种规格，多选用直径 2.0～4.0mm 的焊丝

笔记

(五)手工钨极氩弧相关参数

1. 焊接电源的种类和极性

钨极氩弧焊可以采用交流或直流两种焊接电源,采用哪种电源与所焊金属或合金种类有关;采用直流电源时还要考虑极性的选择,如表 4-6-7 所示。

表 4-6-7 焊接电源的种类和极性

焊接电源的种类	极性	用途
直流反接	采用直流反接时,焊件是阴极,质量较大的氩正离子流向焊件,撞击金属熔池表面,可将铝、镁等金属表面致密难熔的氧化膜击碎,这种现象称为"阴极破碎"作用。但是直流反接时,钨极因接正极温度较高,容易过热或烧损	适用各种金属的熔化极氩弧焊,钨极氩弧焊很少采用
直流正接	采用直流正接,没有"阴极破碎"作用,故适用于焊接不锈钢、耐热钢、钛、铜及其合金	低碳刚、低合金刚、不锈钢、耐热刚和铜、钛及合金
交流电源	铝、镁及其合金一般不采用直流反接,而应尽可能使用交流电进行焊接	铝、镁及其合金

2. 钨极直径

钨极直径应根据焊接电流大小而定,焊接电流通常根据焊件的材质、厚度来选择。钨极直径与焊接电流不同的电源极性和不同的钨极直径所对应的许用电流,如表 4-6-8 所示。

表 4-6-8 钨极直径与焊接电流的关系

钨极直径/mm	1.0	1.6	2.4	3.2	4.0
直流正接/A	15~80	70~150	150~250	250~400	400~500
直流反接/A	15~80	10~20	15~30	25~40	40~55
交流电源/A	20~60	60~120	100~180	160~250	200~320

铝合金手工钨极氩弧焊的焊接电流与材料厚度、钨极直径、焊丝直径的关系,如表 4-6-9 所示。

表 4-6-9 焊接电流与各参数的关系

材料厚度/mm	1.5	2.0	3.0	4.0
钨极直径/mm	2	2~3.2	3~4	3~4
焊丝直径/mm	2	2	2	2.5~3
焊接电流/A	70~80	90~120	120~130	120~140

3. 电弧电压

电弧电压主要由弧长决定。电弧长度增加,容易产生未焊透的缺陷,并使保护效果变

笔　记

差，因此应在电弧不短路的情况下，尽量控制电弧长度，一般弧长近似等于钨极直径。

4. 焊接速度

焊接速度通常是由焊工根据熔池的大小、形状和焊件熔合情况随时调节。过快的焊接速度会使气体保护氛围破坏，焊缝容易产生未焊透和气孔；焊接速度太慢时，焊缝容易烧穿和咬边。

5. 氩气流量与喷嘴直径

喷嘴直径的大小直接影响保护区的范围，一般根据钨极直径来选择。按生产经验：2倍的钨极直径再加上4mm即为选择的喷嘴直径。

流量合适时，熔池平稳，表面明亮无渣，无氧化痕迹，焊缝成形美观；流量不合适，熔池表面有渣，焊缝表面发黑或有氧化皮。氩气的合适流量为0.8～1.2倍的喷嘴直径。

6. 喷嘴与焊件间的距离

喷嘴与焊件间的距离以8～14mm为宜。距离过大，气体保护效果差；若距离过小，虽对气体保护有利，但能观察的范围和保护区域变小。

7. 钨极伸出长度

为了防止电弧热烧坏喷嘴，钨极端部应突出喷嘴以外，其伸出长度一般为3～4mm。伸出长度过小，焊工不便于观察熔化状况，对操作不利；伸出长度过大，气体保护效果会受到一定的影响。

8. 手工钨极氩弧操作提示

用焊点试验法来判断气体保护效果，具体的方法是在铝板上点焊。电弧引燃后焊枪固定不动，待燃烧5～10s后断开电源。这时铝板上焊点周围因受到“阴极破碎”作用，出现银白色区域，这就是气体有效保护区域，称为去氧化膜区，其直径越大，说明保护效果好，如图4-6-1所示。

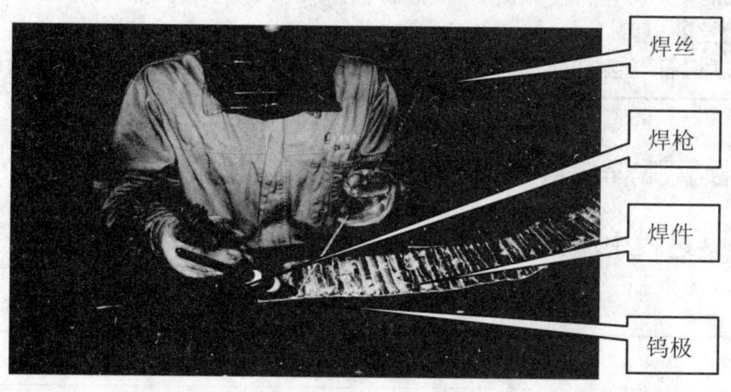

图 4-6-1

1—焊丝；　2—焊枪；　3—焊件；　4—钨极

在生产实际中也可以通过直接观察焊缝表面色泽和是否存在气孔来判定气体的保护效果。

（六）手工钨极氩弧焊操作要领

手工钨极氩弧焊操作要领如表4-6-10所示。

笔 记

表 4-6-10 手工钨极氩弧焊操作要领

序号	操 作 要 领	检修记录
1	引弧。通常手工钨极氩弧焊机本身具有引弧装置(高压脉冲发生器或高频振荡器),钨极与焊件保持一定距离并不接触,就能在施焊点上直接引燃电弧。如没有引弧装置操作时,可使用纯铜板或石墨板作引弧板在其上引弧,使钨极端头受热到一定温度(约 1s),立即移到焊接部位引弧焊接。这种接触引弧,会产生很大的短路电流,很容易烧损钨极端头	
2	持枪姿势和焊枪、焊件与焊丝的相对位置。一般焊枪与焊件表面成 70°~80°左右的夹角,填充焊丝与焊件表面为 15°~20°	
3	(1) 右焊法适用于厚件的焊接,焊枪从左向右移动,电弧指向已焊部分,有利于氩气保护焊缝表面不受高温氧化 (2) 左焊法适用于薄件的焊接,焊枪从右向左移动,电弧指向未焊部分有预热作用,容易观察和控制熔池温度,焊缝成形好,操作容易掌握。一般均采用左焊法	
4	(1) 焊丝送进的一种方法是以左手的拇指、食指捏住焊丝,并用中指和虎口配合托住焊丝便于操作的部位。需要送丝时,将弯曲捏住焊丝的拇指和食指伸直,即可将焊丝稳稳地送入焊接区,然后借助中指和虎口托住焊丝,迅速弯曲拇指、食指,向上倒换捏住焊丝,如此反复填充焊丝 (2) 另一种方法用左手拇指、食指、中指夹持焊丝,配合动作送丝,无名指和小手指夹住焊丝控制方向,靠手臂和手腕的上、下反复动作,将焊丝端部的熔滴送入熔池,全位置焊时多用此法	
5	(1) 收弧。一般氩弧焊机都配有电流自动衰减装置,收弧时,通过焊枪手柄上的按钮断续送电来填满弧坑。若无电流衰减装置时,可采用手工操作收弧,其要领是逐渐减少焊件热量,如改变焊枪角度;稍拉长电弧;断续送电等。收弧时,填满弧坑后,慢慢提起电弧直至熄弧,不要突然拉断电弧 (2) 熄弧后,氩气会自动延时几秒钟停气,以防止金属在高温下产生氧化	

(七) 手工钨极氩弧焊注意事项

钨极氩弧焊焊接过程中应该注意以下事项,如表 4-6-11 所示。

表 4-6-11 手工钨极氩弧焊注意事项

序号	注 意 事 项	检修记录
1	打底焊时,应尽量采用短弧焊接,填丝量要少,焊枪尽可能不摆动,当焊件间隙较小时,可直接进行击穿焊接;如果定位焊缝有缺陷,必须将缺陷磨掉,不允许用重熔的办法来处理定位焊缝上的缺陷	
2	盖面焊时,填充焊丝要均匀,快慢适当。过快焊缝余高大;过慢则焊缝下凹和咬边。焊至收尾处焊件温度会提高很多,这时就应适当加快焊接速度,收弧时多送几滴熔滴填满弧坑,防止产生弧坑裂纹	
3	手工钨极氩弧焊是双手同时操作,这一点有别于焊条电弧焊。操作时,双手配合协调显得尤为重要。因此,应加强这方面的基本功训练	

(八) 手工钨极氩弧焊的焊接操作

氩弧焊的焊接操作如表 4-6-12 所示。

表 4-6-12　手工钨极氩弧焊的焊接操作

序号	注 意 事 项	检修记录
1	打底层焊接： 起焊时，将稳定燃烧的电弧移向定位焊缝的边缘，用焊丝迅速触及焊接部位进行试探，当感到该部位变软开始熔化时，立即填加焊丝，焊丝的填充一般采用断续点滴填充法，同时，焊枪向前作微微摆动。焊接过程中，若焊件间隙变小时，则应停止填丝，将电弧压低 1～2mm，直接进行击穿；当间隙增大时，应快速向熔池填加焊丝，然后向前移动焊枪。一根焊丝用完后，焊枪暂不抬起，按下电流衰减开关，左手迅速更换焊丝，将焊丝端头置于熔池边缘之后，启动正常焊接电流，继续进行焊接	
2	盖面焊： 盖面层焊接应适当加大焊接电流，可选择比打底层焊接时稍大些的钨极直径及焊丝。操作时，焊丝与焊件间的角度尽量减小，焊枪作小锯齿形横向摆动	
3	焊后关闭气路和电源，并清理操作现场	

手工钨极氩弧焊时，判断焊接电流是否合适的标准：

1. 焊接电流合适时，钨极端部的电弧呈半球状，此时电弧稳定，焊缝成形良好；

2. 焊接电流过小时，钨极端部电弧偏移，此时电弧飘动；

3. 焊接电流过大时，钨极端部发热，钨极的部分熔化脱落到熔池中形成夹钨等缺陷，并且电弧不稳，焊接质量差。

(九) 铝及铝合金的焊接方法

1. 铝及铝合金的焊接特点

焊接特点如表 4-6-13 所示。

表 4-6-13　铝及铝合金的焊接特点

序号	焊 接 特 点	检修记录
1	铝在空气中及焊接时极易氧化，生成的氧化铝(Al_2O_3)熔点高、非常稳定，不易去除。阻碍母材的熔化和熔合，氧化膜的比重大，不易浮出表面，易生成夹渣、造成未熔合、未焊透等缺陷。铝材的表面氧化膜和吸附的大量的水分，易使焊缝产生气孔。焊接前应采用化学或机械方法进行严格表面清理，清除其表面氧化膜。在焊接过程加强保护，防止其氧化。钨极氩弧焊时，选用交流电源，通过“阴极清理”作用去除氧化膜。气焊时，采用去除氧化膜的焊剂	

笔记

(续表)

序号	焊接特点	检修记录
2	铝及铝合金的热导率和比热容均约为碳素钢和低合金钢的两倍多。铝的热导率则是奥氏体不锈钢的十几倍。在焊接过程中,大量的热量能被迅速传导到基体金属内部,因而焊接铝及铝合金时,能量除消耗于熔化金属熔池外,还要有更多的热量无谓消耗于金属其他部位,这种无用能量的消耗要比钢的焊接更为显著,为了获得高质量的焊接接头,应当尽量采用能量集中、功率大的能源,有时也可采用预热等工艺措施	
3	铝及铝合金的线膨胀系数约为碳素钢和低合金钢的两倍。铝凝固时的体积收缩率较大,焊件的变形和应力较大,因此,需采取预防焊接变形的措施。铝焊接熔池凝固时容易产生缩孔、缩松、热裂纹及较高的内应力。生产中可采用调整焊丝成分与焊接工艺的措施防止热裂纹的产生。在耐蚀性允许的情况下,可采用铝硅合金焊丝焊接除铝镁合金之外的铝合金。在铝硅合金中含硅 0.5%时热裂倾向较大,随着硅含量增加,合金结晶温度范围变小,流动性显著提高,收缩率下降,热裂倾向也相应减小。根据生产经验,当含硅 5%～6%时可不产生热裂,因而采用 SAlSi 条(硅含量 4.5%～6%)焊丝会有更好的抗裂性	
4	铝对光、热的反射能力较强,固、液转态时,没有明显的色泽变化,焊接操作时判断难。高温铝强度很低,支撑熔池困难,容易焊穿	
5	铝及铝合金在液态能溶解大量的氢,固态几乎不溶解氢。在焊接熔池凝固和快速冷却的过程中,氢来不及溢出,极易形成氢气孔。弧柱气氛中的水分、焊接材料及母材表面氧化膜吸附的水分,都是焊缝中氢气的重要来源。因此,对氢的来源要严格控制,以防止气孔的形成	
6	合金元素易蒸发、烧损,使焊缝性能下降	
7	母材基体金属如为变形强化或固溶时效强化时,焊接热会使热影响区的强度下降	
8	铝为面心立方晶格,没有同素异构体,加热与冷却过程中没有相变,焊缝晶粒易粗大,不能通过相变来细化晶粒	

2. 焊接方法

几乎各种焊接方法都可以用于焊接铝及铝合金,但是铝及铝合金对各种焊接方法的适应性不同,各种焊接方法有其各自的应用场合。气焊和焊条电弧焊方法,设备简单、操作方便。气焊可用于对焊接质量要求不高的铝薄板及铸件的补焊。焊条电弧焊可用于铝合金铸件的补焊。惰性气体保护焊(TIG 或 MIG)方法是应用最广泛的铝及铝合金焊接方法。铝及铝合金薄板可采用钨极交流氩弧焊或钨极脉冲氩弧焊。铝及铝合金厚板可采用钨极氦弧焊、氩氦混合钨极气体保护焊、熔化极气体保护焊、脉冲熔化极气体保护焊。熔化极气体保护焊、脉冲熔化极气体保护焊的应用已越来越广泛(氩气或氩/氦混合气)。

(十) 铝制钣件的修理

现在许多轿车的车身都用铝制钣件或全铝车身,铝合金比钢板要软得多,而且当铝板受到加工硬化以后,难以二次加工成型。铝合金的熔点也较低,加热后容易产生翘曲变形。另外铝合金制成的车身覆盖件及构件的厚度,通常相当于同部位钢件的 1.5～2 倍。因此,在修复损坏的铝合金车身钣件或构件时，应该充分考虑到这些特性，更应小心谨慎。对于大多数铝制车身钣件的修理可以通过初步校正和使用填料填充的办法来进行。

1. 铝合金板的敲平操作要领

操作要领如表 4-6-14 所示。

表 4-6-14 铝合金板的敲平操作要领

序号	铝合金板的敲平操作要领	检修记录
1	使用钣金锤和顶铁矫平铝合金变形。首先由于铝比钢材要软得多，敲平操作时一般采用偏托法，如果采用正托法敲平，铝板的可延展性不及钢板，打击所导致的表面变形就不容易恢复。而偏托法敲击对铝板的变形较缓和	
2	其次用钣金锤在顶铁上敲击时，应注意钣金锤的力度和次数，敲击太重或次数太多都会使铝合金板受到加工损伤。应该尽量轻敲，循序渐进	
3	对于铝合金板上的小凹陷，可用撬杠或精修冲撬起，效果更好。但是，应注意不能使凹陷处升高太多，也不能用力过度而拉伸柔软的铝板	
4	对于面积较大的弹性变形，可使用钣金锤和修平刀进行弹性敲击，用以释放隆起变形处的应力。修平刀将敲击产生的力分散到一个较大的范围，使坚硬的折损处发生弯曲的可能性大为减小，但铝的弹性小，操作时必须非常小心	
5	铝合金板修复后表面容易留下粗糙的加工痕迹，一般需要通过锉修使之平滑。在用车身修整锉来修平高出点和低点时，由于铝合金较柔软，锉修时应使用柔性锉并轻轻施压，以免刮伤铝合金表面，锉的边缘棱角应圆滑，以免刮擦或造成金属穿孔	

2. 铝合金板的机械打磨

机械打磨加工时，操作更应特别小心。不仅要防止高速旋转的砂轮烧穿铝合金，还要防止打磨过程中产生的热量会迅速使铝板弯曲。进行表面打磨时要注意，只能将油漆和底层涂料磨掉，不可磨到金属。打磨 2～5 遍后，用一块湿布使金属冷却再重复操作，以降低温度和防止因热量增加而变形。

对于局部和薄边的打磨，应使用双向砂轮机或电动抛光机，转速应低于 2 500r/min。使用磨具的粒度为 80 号或 100 号砂盘并配合一个泡沫材料的背板来使用，以避免热量的积聚。

3. 铝制钣件的焊接

铝制钣件的惰性气体保护焊：由于铝件的导热性好，它特别适合于采用惰性气体保护焊进行焊接。进行铝板焊接时，应注意下列问题。

（1）应使用铝焊丝和 100%的氩气，而且保护气体的数量要增加约 50%。

（2）焊炬应与板面呈 75°～85°角，即接近垂直位置。

（3）只能采用正向焊接法，不能在铝板上进行逆向焊接，进行垂直立焊时，应从下面开始向上边焊接。

（4）焊接铝板时的送丝速度宜稍快。为防止焊丝弯曲，宜将送丝滚轴上的压力调低一点。但压力也不可过低，以防止造成送丝速度不稳定。

笔记

(5) 焊接铝板会产生更多的飞溅物，应在喷嘴和导电铜嘴的端部涂上防溅剂。

4. 铝合金板的热收缩

采用热收缩的方法矫正铝合金板，与矫正钢板有重要的区别。矫正钢板时必须尽量避免加热，以免降低钢的强度。而矫正铝合金板时，则是利用加热的方法来恢复加工硬化时降低的可塑性，如果不加热和温度不到位，当矫正力施加到铝板上时，便会引起受力部位开裂。在开始矫正前，先用焰炬对受损坏的铝合金板加热。但由于铝在高温下不会改变颜色，往往会因加热过度(达到 65℃以上时)而熔化，因此对火焰加热的控制十分重要。可以使用加热到 200℃时能改变颜色的热敏涂料或热敏笔来观察和控制加热的温度，首先围绕铝板的加热区用热敏涂料或热敏笔画一个环状的加热区标志，均匀移动火焰，对变形处加热。当热敏涂料或热敏笔画的标志改变颜色时，应立即停止加热。这时，受热处中心位置的温度在380～420℃之间，离铝的熔点还有相当的余量。如果加热温度太高，就可能造成铝板的熔化。对于热收缩部位应尽量缓慢冷却或加热水辅助缓冷，因为快速冷却、收缩会造成铝合金板的变形。

- 铝板的焊接要想达到最好的焊接效果，母材金属的表面应该清洁干净，没有油污和油脂，而且应对其进行打磨来除去氧化物，才能达到理想的效果。

三、制订检修计划

一辆宝马轿车前发动机舱由于发生轻型碰撞事故，造成前盖边缘裂开等故障，经检查该发动机舱为铝板构件，需要你对发动机舱进行确认分析，确定最佳的修复方法，以便更好地选用焊接类型进行修理任务，如表 4-6-15 所示。

表 4-6-15 制订汽车车身焊接方式

<table>
<tr><td rowspan="4">1. 车辆信息描述</td><td colspan="2">车 辆 描 述</td><td></td></tr>
<tr><td rowspan="3">车身钣金件材料类型</td><td>发动机舱材料</td><td></td></tr>
<tr><td>发动机舱结构形状</td><td></td></tr>
<tr><td>车身结构形式</td><td></td></tr>
<tr><td>2. 车身钣金件故障现象描述</td><td colspan="3"></td></tr>
<tr><td>3. 车身钣金件故障原因分析，画出鱼刺图</td><td colspan="3"></td></tr>
</table>

(续表)

4. 车身发动机舱盖钣金件故障检修工作准备	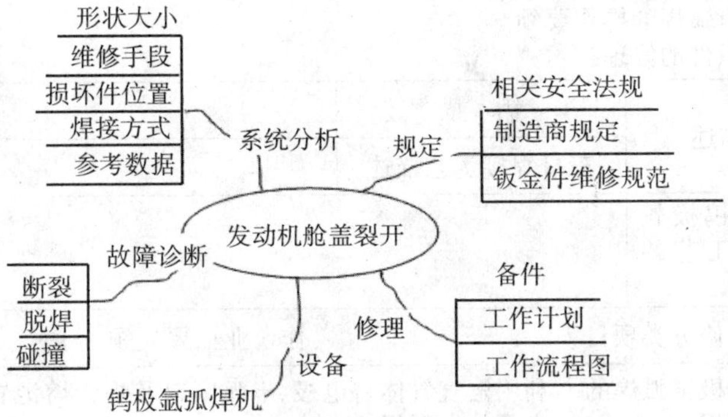 发动机舱盖裂开 系统分析：形状大小、维修手段、损坏件位置、焊接方式、参考数据 规定：相关安全法规、制造商规定、钣金件维修规范 故障诊断：断裂、脱焊、碰撞 设备：钨极氩弧焊机 修理：备件、工作计划、工作流程图				
5. 车身发动机舱盖钣金件故障检修流程	步骤	检修项目	操作要领	技术要求或标准	检修记录
	1	发动机舱盖			
	2	机罩拉钩			
	4	机罩锁支座			
	5	机舱内加强件			
	6	左右翼子板			
	7	舱盖铰链			

- 车辆的维修接待，必须仔细询问顾客车辆故障的原因，细心观察车辆除事故范围外的损伤情况，并注明以防纠纷产生；对车内贵重物品妥善保存或要求顾客自行处理，为维修作业做好必要的准备，如实准确地填写接车问诊。车身钣金件故障检修流程表要做仔细毫不遗漏地记录下来，以便在维修过程中实施监控。

四、实施维修作业

气体保护焊仰焊焊接工艺与实训任务书，如表 4-6-16 所示。

笔记

表 4-6-16　汽车车身焊接工艺的概述任务书

<table>
<tr><td colspan="4">1. 了解手工钨极氩弧焊焊接工艺的相关资料
2. 熟知钨极氩弧焊机设备的使用
3. 熟悉钨极氩弧焊的操作要领
4. 了解铝制钣件的修理技术</td></tr>
<tr><td rowspan="2" colspan="2">1. 车辆信息描述</td><td>车　辆　描　述</td><td></td></tr>
<tr><td>车身焊接工艺描述</td><td></td></tr>
<tr><td colspan="2">2. 汽车车身钨极氩弧焊焊接工艺的相关描述</td><td colspan="2"></td></tr>
<tr><td>检查步骤</td><td>检修分类项目</td><td>作　业　要　领</td><td>检修项目记录</td></tr>
<tr><td rowspan="4">钨极氩弧焊焊接发动机舱盖工艺的相关知识</td><td>钨极氩弧焊的原理</td><td>利用氩气气体将电极、电弧区以及焊接熔池置于其保护之下的电弧焊接方式</td><td></td></tr>
<tr><td>钨极氩弧焊焊机设备的使用方法</td><td>1. 焊接电源:要求采用具有陡降外特性的焊接电源,有直流电源和交流电源两种
2. 控制系统:通过控制线路,对供电、供气与稳弧等各个阶段的动作进行控制
3. 焊枪:装夹钨极、传导焊接电流、输出氩气流和起动或停止焊机的工作系统
4. 供气系统:由氩气瓶、氩气流量调节器及电磁气阀组成
5. 冷却系统:用来冷却焊接电缆、焊枪和钨极</td><td></td></tr>
<tr><td>手工钨极氩弧相关参数</td><td>1. 焊接电源的种类和极性
2. 钨极直径与焊接电流
3. 电弧电压
4. 焊接速度
5. 氩气流量与喷嘴直径
6. 喷嘴与焊件间的距离
7. 钨极伸出长度</td><td></td></tr>
<tr><td>手工钨极氩弧焊操作要领</td><td>1. 钨极与焊件在施焊点上直接引燃电弧
2. 持枪姿势和焊枪、焊件与焊丝的相对位置,一般焊枪与焊件表面成 70°～80°左右的夹角,填充焊丝与焊件表面为 15°～20°
3. 右焊法适用于厚件的焊接,焊枪从左向右移动,电弧指向已焊部分,有利于氩气保护焊缝表面不受高温氧化
4. 左焊法适用于薄件的焊接,焊枪从右向左移动,电弧指向未焊部分有预热作用,容易观察和控制熔池温度,焊缝形成好,操作容易掌握。一般均采用左焊法
5. 焊丝送进方法的一种是以左手的拇指、食指捏住焊条,并用中指和虎口配合托住焊丝便于操作的部位。可将焊丝稳稳地送入焊接区
6. 另一种方法用左手拇指、食指、中指夹持焊丝,配合动作送丝,无名指和小手指夹住焊丝控制方向,靠手臂和手腕的上、下反复动作,将焊丝端部的熔滴送入熔池,全位置焊时多用此法
7. 收弧时,通过焊枪手柄上的按钮断续送电来填满弧坑。填满弧坑后,慢慢提起电弧直至熄弧,不要突然拉断电弧
8. 熄弧后,氩气会自动延时几秒钟停气,以防止金属在高温下产生氧化</td><td></td></tr>
</table>

笔记

（续表）

钨极氩弧焊焊接发动机舱盖工艺的相关知识	手工钨极氩弧焊焊接操作过程	1. 打底层焊接：起焊时，将稳定燃烧的电弧移向定位焊缝的边缘，用焊丝迅速触及焊接部位进行试探，当感到该部位变软开始熔化时，立即填加焊丝，焊丝的填充一般采用断续点滴填充法，同时，焊枪向前作微微摆动 2. 盖面焊：盖面层焊接应适当加大焊接电流，可选择比打底层焊接时稍大些的钨极直径及焊丝。操作时，焊丝与焊件间的角度尽量减小，焊枪作小锯齿形横向摆动 3. 焊后关闭气路和电源，并清理操作现场	
	发动机舱盖的敲平	1. 使用钣金锤和顶铁矫平舱盖变形位置 2. 钣金锤在敲击时，应注意钣金锤的力度和次数，应该尽量轻敲，循序渐进 3. 对于舱盖板上的小凹陷，可用撬杠或精修冲撬起，效果更好 4. 对于舱盖面积较大的弹性变形，可使用钣金锤和修平刀进行弹性敲击，用以释放隆起变形处的应力 5. 舱盖板修复后表面容易留下粗糙的加工痕迹，一般需要通过锉修使之平滑	
	发动机舱盖的机械打磨	机械打磨加工时，操作更应特别小心。不仅要防止高速旋转的砂轮烧穿舱盖铝合金，还要防止打磨过程中产生的热量会迅速使舱盖铝板弯曲。进行舱盖表面打磨时要注意，只能将油漆和底层涂料磨掉，不可磨到金属。打磨 2～5 遍后，用一块湿布使金属冷却再重复操作，以降低温度和防止因热量增加而变形	
	发动机舱盖的焊接	由于发动机舱盖铝件的导热性好，它特别适合于采用惰性气体保护焊进行焊接。进行舱盖板焊接时，应注意下列问题： 1. 应使用铝焊丝和 100％的氩气，而且保护气体的数量要增加约 50％ 2. 焊炬应与板面呈 75°～85°角，即接近垂直位置 3. 只能采用正向焊接法，不能在铝板上进行逆向焊接，进行垂直立焊时，应从下面开始向上焊接 4. 焊接舱盖铝板时的送丝速度宜稍快。为防止焊丝弯曲，宜将送丝滚轴上的压力调低一点。但压力也不可过低，以防止造成送丝速度不稳定 5. 焊接舱盖板会产生更多的飞溅物，应在喷嘴和导电铜嘴的端部涂上防溅剂	
	发动机舱盖的矫正	1. 采用热收缩的方法矫正舱盖板，与矫正钢板有重要的区别 2. 矫正舱盖板时，利用加热的方法来恢复加工硬化时降低的可塑性，如果不加热和温度不到位，当矫正力施加到铝板上时，便会引起受力部位开裂 3. 在开始矫正前，先用焰炬对受损坏的舱盖加热，观察和控制加热的温度非常重要，如果加热温度太高约 650℃以上，就可能造成铝板的熔化。对于热收缩部位应尽量缓慢冷却或加热水辅助缓冷，因为快速冷却、收缩会造成铝合金板的变形	

笔记

（续表）

<table>
<tr><td rowspan="6">钨极氩弧焊焊接发动机舱盖工艺的相关知识</td><td>操作安全保护用品</td><td>操作过程必须配戴手套、口罩、各种眼镜等防护用品</td><td></td></tr>
<tr><td>钨极氩弧焊机</td><td>  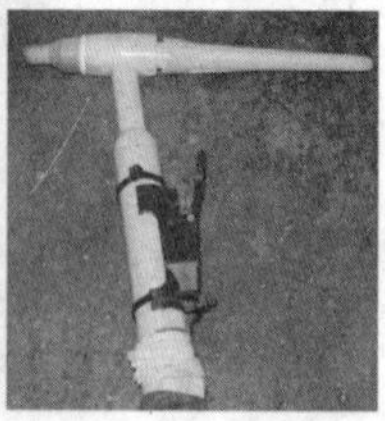</td><td>焊机焊接是使用氩气作为保护气体的一种气体保护电弧焊方法</td></tr>
<tr><td>氩气及减压表</td><td> </td><td>氩气瓶的容积一般为40L,最高工作压力为15MPa。使用时，一般应直立放置。氩气的密度比空气大，可形成稳定的气流层，覆盖在熔池周围，高纯度气体对焊接区有良好的保护作用；减压表可把氩气降压缓慢输送出对熔池达到保护目的</td></tr>
<tr><td>焊丝</td><td> </td><td>钢焊丝和有色金属焊丝有两大类，焊丝直径主要有 0.8，1.0，1.2，1.4，1.5，1.6，2.0，2.4，2.5，4.0，5.0，6.0mm 等十余种规格，多选用直径 2.0～4.0mm 的焊丝</td></tr>
<tr><td>钣金锤</td><td>见表 2-2-4</td><td></td></tr>
<tr><td>电动（或气动）砂轮机</td><td>见图 4-2-12</td><td></td></tr>
<tr><td colspan="2">检修结论与处理措施</td><td colspan="2"></td></tr>
</table>

笔记

- 在维修过程中，汽修人员必须遵守国家劳动部门所规定的安全操作规范，以免在工作中出现不必要的安全事故！

五、检验评估

手工钨极氩弧焊焊接工艺与实训的检验评估，如表 4-6-17 所示。

表 4-6-17　气体保护焊仰焊焊接工艺与实训的检验评估

<table>
<tr><td>评价指标</td><td>检验说明</td><td colspan="4">检验记录</td></tr>
<tr><td>汽车车身手工钨极氩弧焊焊接工艺检查项目</td><td>➢ 手工钨极氩弧焊焊接的基本原理
➢ 氩弧焊的特点及分类
➢ 手工钨极氩弧焊操作要领
➢ 手工钨极氩弧焊焊接操作的过程
➢ 铝合金板的敲平
➢ 铝制钣件的焊接
➢ 其他</td><td colspan="4"></td></tr>
<tr><td>手工钨极氩弧焊焊接工艺的一般流程</td><td></td><td colspan="4"></td></tr>
<tr><td>评价内容</td><td>检验指标</td><td>权重</td><td>自评</td><td>互评</td><td>总评</td></tr>
<tr><td>检查任务完成情况</td><td>1. 完成任务的情况
2. 任务完成的质量
3. 在小组完成任务过程中所起的作用</td><td></td><td></td><td></td><td rowspan="3"></td></tr>
<tr><td>专业知识</td><td>1. 能描述手工钨极氩弧焊设备的使用方法
2. 能熟知手工钨极氩弧焊的操作要领
3. 能了解手工钨极氩弧焊焊接操作的过程
4. 能掌握铝制钣件的修理技术</td><td></td><td></td><td></td></tr>
<tr><td>职业素养</td><td>1. 学习态度：积极主动参与学习
2. 团队合作：与小组成员一起分工合作，不影响学习进度
3. 现场管理：服从工位安排、执行实训室“5S”管理规定</td><td></td><td></td><td></td></tr>
<tr><td>综合评议与建议</td><td colspan="5"></td></tr>
</table>

任务检验与评估

1. 检查训练任务：真实、完整、有效。
2. 按各学习活动进行自评或互评。

笔记

序号	任务检验与评估项目	标　准	课程权重	自我综合评价
1	气体保护焊焊接工艺概述	通过学习气体保护焊焊接工艺概述	10%	
2	气体保护焊平焊焊接工艺与实训	通过焊接车身断裂损伤附件，掌握平焊焊接工艺的操作技术，并能排除焊接缺陷产生的原因以及采取预防措施，同时能检验维修质量	10%	
3	气体保护焊立焊焊接工艺与实训	通过焊接车身断裂损伤附件，掌握横焊焊接工艺的操作技术，并能排除焊接缺陷产生的原因以及采取预防措施，同时能检验维修质量	10%	
4	气体保护焊横焊焊接工艺与实训	通过焊接车身断裂损伤附件，掌握立焊焊接工艺的操作技术，并能排除焊接缺陷产生的原因以及采取预防措施，同时能检验维修质量	10%	
5	气体保护焊仰焊焊接工艺与实训	通过焊接车身断裂损伤附件，掌握仰焊焊接工艺的操作技术，并能排除焊接缺陷产生的原因以及采取预防措施，同时能检验维修质量	10%	
6	手工钨极氩弧焊接工艺与实训	通过焊接车身断裂损伤附件，掌握手工钨极氩弧焊工艺的维修技术，并能排除焊接缺陷产生原因以及预防措施，同时能检验维修质量	5%	

想一想：

轿车除车身有金属铝板外，车身上还有哪些金属钣件也可以通过手工钨极氩弧焊焊接修复的呢？

案　例

一台现代轿车由于门槛下发生腐烂故障，需要进行挖补修理，要用气体保护焊仰焊焊接修理。在修理焊接过程中，由于维修人员操作不当造成焊缝夹渣并烫伤手指事故。后查明其原因为：

1. 维修人员焊接操作技术差。
2. 焊前没有清除泥沙油漆造成焊接困难出现夹渣。
3. 电压过低、电流太小。
4. 防护用品使用不当，手套穿孔未替换，个人防护意识差。

排除方法：

1. 操作人员应培训上岗、提高焊接技能。
2. 焊前清除坡口杂物，调整焊机并试焊保证质量。
3. 焊前检查劳动保护用品，减少工伤意外事故。

笔记

项目五 车身电阻点焊焊接工艺与实训

——汽车车身中柱的修复

Description 项目描述	一辆广州丰田轿车中部车身发生碰撞事故，造成小车车身中柱严重变形。需要你对车身中柱进行检测，确定最佳的焊接方式，从而更好地选用焊接类型进行修理，完成任务达到学习目标
Objects 项目目标	1. 能概述汽车车身电阻点焊工艺，了解该车车身中柱受损部位的位置及材质 2. 能熟知电阻点焊焊接的工作原理，按作业规范利用设备工具进行修复工作 3. 能掌握电阻点焊焊接车身附件的技能 4. 能描述电阻点焊焊接的安全注意事项 5. 能对车身附件的损坏进行修复作业并按行业规范进行维修质量检验
Tasks 项目任务	1. 能收集电阻点焊相关知识信息，分析电阻点焊在车身维修中的应用 2. 能描述电阻点焊的焊接原理 3. 能对车身附件的损坏进行修复作业并按行业规范进行维修质量检验
Implementation 项目实施	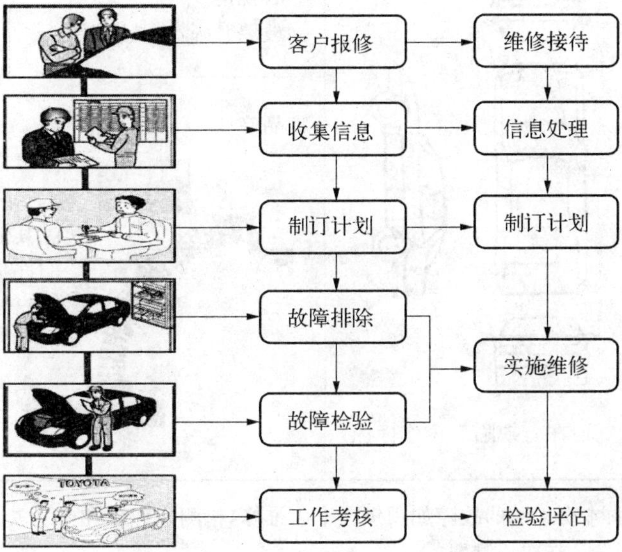 客户报修 → 维修接待 收集信息 → 信息处理 制订计划 → 制订计划 故障排除 实施维修 故障检验 工作考核 → 检验评估

笔记

一、维修接待

按照表 5-1 完成待修车辆的维修接待，并准确填写接车问诊表。

表 5-1 维修接待与接车问诊表

1. 通过询问客户了解轿车发生故障情况，填写接车问诊表
2. 车间检测初步确认结果及主要故障零部件

接 车 问 诊 表

车牌号：________ 车架号：________ 行驶里程：________(km)

用户名：________ 电 话：________ 来店时间：____/____

用户陈述及故障发生时的状况：**一辆广州丰田轿车中部车身发生碰撞事故，造成小车车身中柱严重变形**

故障发生状况提示：**行驶速度、发动机状态、发生频度、发生时间、部位、天气、路面状况、声音描述**

接车员检测确认建议：**需对车身中柱进行检修**

车间检测确认结果及主要故障零部件：**需对车身中柱进行检修，必要时需更换车身附件**

车间检查确认者：________

外观确认：	功能确认：(工作正常✓ 不正常×) □音响系统 □门锁(防盗器) □全车灯光 □工具 □后视镜 □顶窗 □座椅 □护杠 □玻璃升降器 □玻璃 □车门
(请在有缺陷部位作标识)	物品确认：(有✓ 无×) F E □贵重物品提示 □工具 □备胎 □灭火器 □其他( ) 旧件是否交还用户 □是 □否 用户是否需要洗车 □是 □否

· 检测费说明：本次检测的故障如用户在本店维修，检测费包含在修理费用内；如用户不在本店维修，请您支付检测费。本次检测费：￥________元。

· 贵重物品：在将车辆交给我店检查修理前，已提示将车内贵重物品自行收起并保存好，如有遗失恕不负责。

接车员：________ 用户确认：________

笔记

注　意

- 对车辆的维修接待，必须仔细询问顾客车辆故障的原因，细心观察车辆除事故范围外的损伤情况，并注明以防纠纷产生；对车内贵重物品妥善保存或要求顾客自行处理，为维修作业做好必要的准备，如实准确地填写接车问诊表。

二、信息收集与处理

汽车焊接材料主要是低碳钢的冷轧钢板、镀锌钢板，及少量的热轧钢板，由于可焊性好，适合多种的焊接方法，但通常是薄钣件，因而刚性差、易变形。

在结构上，焊接散件大多数是具有空间曲面的冲压成形件，形状及结构较复杂。如有些型腔很深的冲压件，除存在因刚性差而引起的变形外，还存在回弹变形。

汽车焊接方法主要有 CO_2 气体保护焊和电阻焊，CO_2 气体保护焊应用范围较广，且对夹具结构要求不十分严格。电阻焊对夹具要求严格，尤其是多点焊、反作用焊和机器人点焊。因而，汽车焊接以电阻焊为主。

（一）电阻点焊的概述

（1）电阻点焊的概念：电阻点焊是通过低压电流流过夹紧在一起的两块金属产生电阻热，局部熔化并施加压力使之焊接在一起的焊接方法。电阻点焊在轿车车身钣金件的应用如图 5－1 所示。

图 5－1　电阻点焊工艺

（2）电阻点焊设备和工具：设备和工具如表 5－2 所示。夹具、大力钳、钣金锤、操作安全保护用品、电动砂轮机同表 4－5－3。

笔记

表 5-2 电阻点焊设备和工具

序　号	示　意　图	说　　明
1. 点焊机	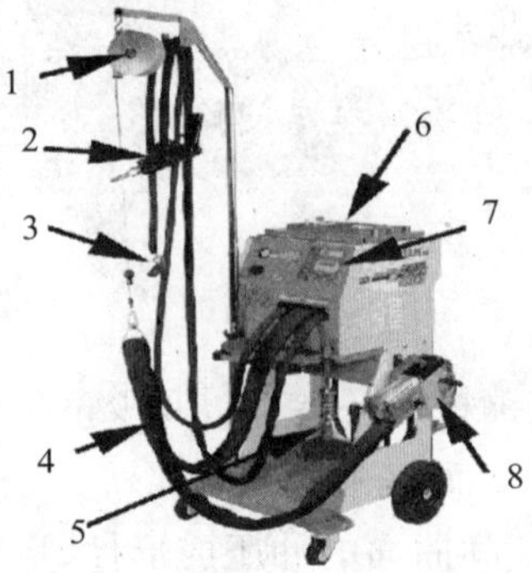	(1) 弹簧悬挂 (2) 钣金焊枪 (3) 搭铁 (4) 电缆 (5) 抽锤 (6) 钣金焊钉盒 (7) 控制系统 (8) 点焊枪
2. 点焊枪及零件	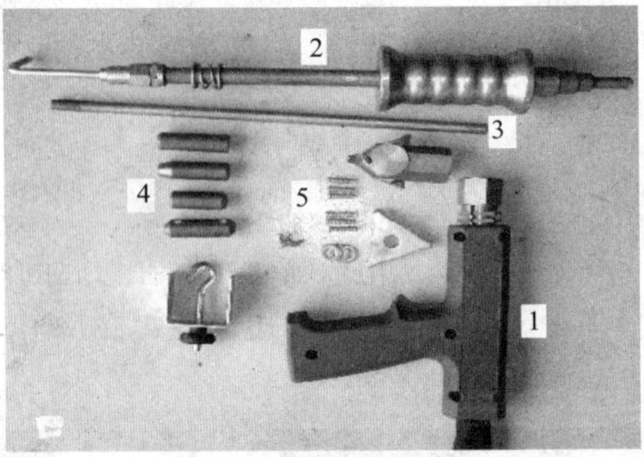	(1) 点焊枪 (2) 抽锤 (3) 碳棒 (4) 电极头 (5) 相关配套小修复工具零件
3. 电阻点焊机	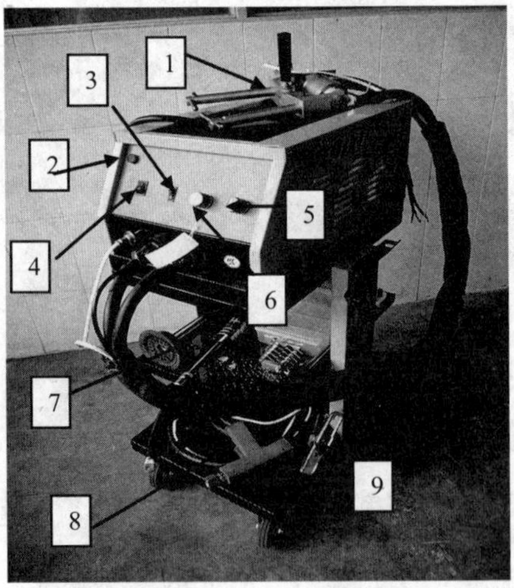	(1) 点焊枪 (2) 工作指示灯 (3) 电源开关 (4) 功能转换开关 (5) 加压时间 (6) 功能控制器 (7) 相关配套附件 (8) 多功能点焊枪 (9) 地线钳

笔记

（二）电阻点焊的焊接原理

电阻点焊是利用电流通过接触点加热，并在外加压力作用下使接触点附近的金属熔化，经冷凝形成焊点的一种焊接方法。电阻点焊机如图 5－2 所示，图中左端有两个电极，通过上面的加压手柄即可获得所需的压力。将两块金属板夹持在电极之间，通电，加压一段时间，即可形成电阻焊点。

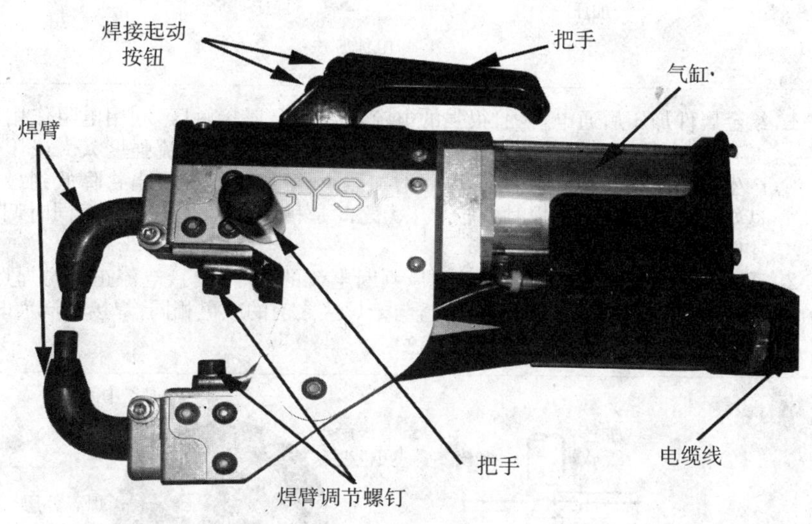

图 5－2　电阻点焊机

电阻点焊机的焊接质量受压力大小、电流大小和加压时间三个要素的影响，如表 5－3 所示。

表 5－3　电阻点焊的三个要素

加压	示意图	熔核小　熔核大 电极头的压力 电极触点保持原色　焊点中间层颜色变深　焊点外层 电流正常
	说明	电阻点焊的焊接强度与电极施加在金属件上的压力有直接的关系。压力太小，会产生焊接溅出物；压力太大，会使焊点过小，降低了焊接强度，如上图所示。具体操作时应遵守设备使用规程规定的压力范围

笔 记

（续表）

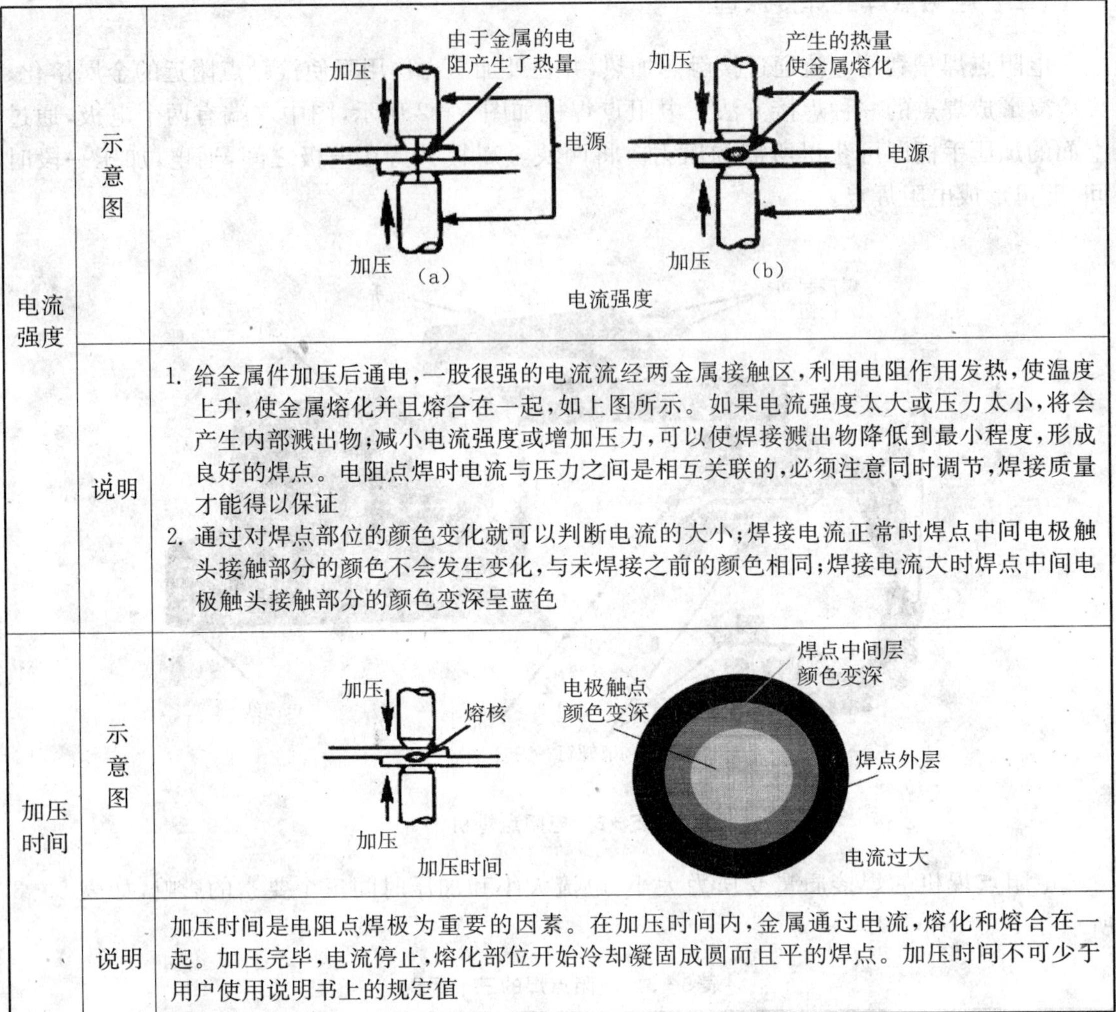

电流强度	示意图	电流强度
	说明	1. 给金属件加压后通电，一股很强的电流流经两金属接触区，利用电阻作用发热，使温度上升，使金属熔化并且熔合在一起，如上图所示。如果电流强度太大或压力太小，将会产生内部溅出物；减小电流强度或增加压力，可以使焊接溅出物降低到最小程度，形成良好的焊点。电阻点焊时电流与压力之间是相互关联的，必须注意同时调节，焊接质量才能得以保证 2. 通过对焊点部位的颜色变化就可以判断电流的大小；焊接电流正常时焊点中间电极触头接触部分的颜色不会发生变化，与未焊接之前的颜色相同；焊接电流大时焊点中间电极触头接触部分的颜色变深呈蓝色
加压时间	示意图	加压时间　　电流过大
	说明	加压时间是电阻点焊极为重要的因素。在加压时间内，金属通过电流，熔化和熔合在一起。加压完毕，电流停止，熔化部位开始冷却凝固成圆而且平的焊点。加压时间不可少于用户使用说明书上的规定值

（三）电阻点焊的优点

电阻点焊的优点，如表 5-4 所示。

表 5-4　电阻点焊的优点

序号	优　点	检修记录
1	焊接成本低，不消耗焊丝、焊条或气体	
2	清洁。焊接时不产生烟或蒸气	
3	焊接部位灵活，且对镀锌板的焊接有效	
4	焊接质量高，速度快。在 1s 内便可焊接高强度钢、高强度低合金钢或低碳钢工件，焊接强度高、受热范围小，工件不易变形	

由于电阻点焊具有上述优点，在整体式车身制造或修理时是最常用的焊接方法，特别在整体车身生产线上应用十分普遍。

笔记

(四) 电阻点焊机的构成与调整

1. 电阻点焊机的构成

电阻点焊机主要由变压器、控制器和电极三部分构成，如图 5－3 所示。

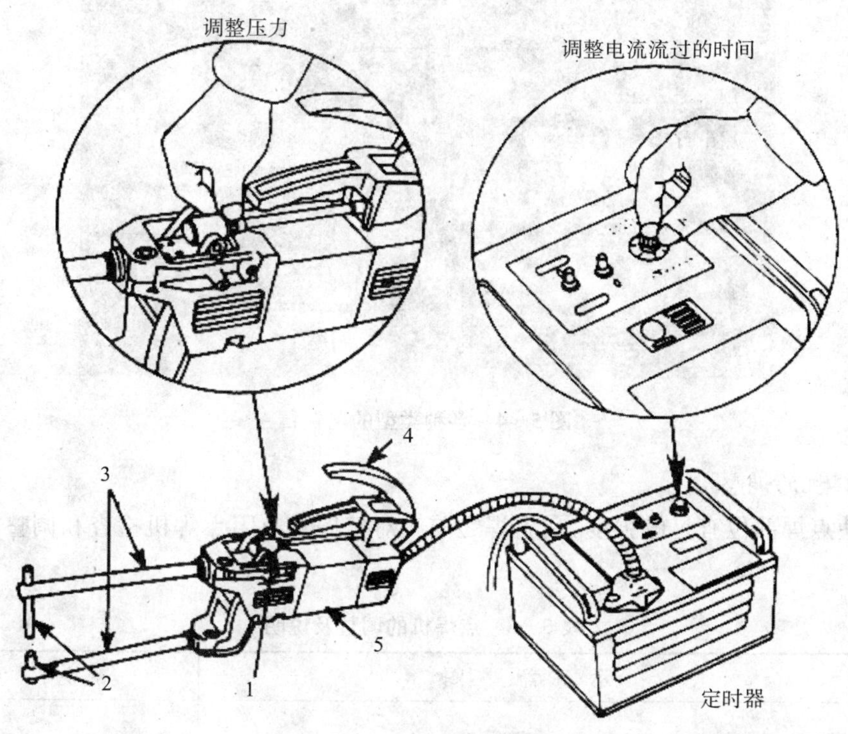

图 5－3　电阻点焊机的构成

1—调压旋钮；　2—电极；　3—电极臂；　4—加压手柄；　5—变压器

2. 电阻点焊机的说明

说明如表 5－5 所示。

表 5－5　电阻点焊机的说明

部　件	说　　明
变压器	变压器的功能是将 220V 的电压变为 2～5V 的低电压供电阻点焊使用。点焊机变压器一般安装在电极臂上。对于大型点焊机，如流水线上分布在不同焊点上同时焊接的点焊机，变压器与各电极臂之间用电缆连接，作为一个独立的供电电源使用
控制器	点焊机控制器可以调节变压器输出的焊接电流和焊接时间，如图中之定时器即是。一般检修钣金作业时，焊接时间在 1s 之间为宜。焊接电流的大小由焊接金属板的厚度和电极臂长度来决定。使用缩短型电极臂时，应减小焊接电流；反之，宜用大电流
电　极	电极利用电极臂向被焊金属施加挤压力，并通过焊接电流。大多数电阻点焊机带有一个增力机构，可以产生很大的电极压力来稳定焊接质量。挤压型的电阻点焊机一般无增力机构，完全由操作者来控制压力的大小，在整体车身修理中使用较少。用于整体式车身修理的电阻点焊机，带有一套可更换的电极臂装置，如下图所示。对于较难焊接的部位，可视具体条件，选用合适的电极臂进行焊接

笔记

整体式车身修理的电阻点焊机可带有全范围的可更换电极臂装置,能够焊接车身上各个部位的钣件。各种电极臂的选用可以焊接汽车上大多数难以焊接的部位,如图 5-4 所示。

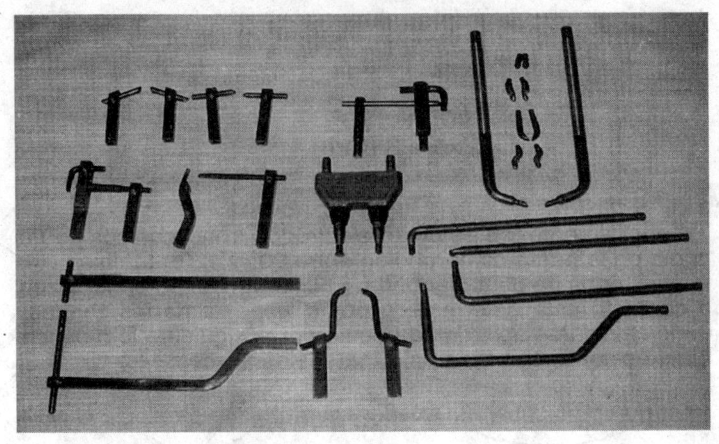

图 5-4 各种类型的电极臂

3. 点焊机的调整

为了使点焊部位有足够强度,在施焊之前应对挤压式电阻点焊机检查和调整,如表 5-6 所示。

表 5-6 点焊机的调整及说明

序号	示意图	说明
1	45°电极臂 标准电极臂 用于轮罩的电极臂 长电极臂 旋转电极头	根据焊接部位的具体情况,选择合适的电极臂
2	电极臂 电极头 尽量采用长度最短的电极臂 调节电极臂	调整电极臂长度。电极臂应尽量缩短其外伸长度,以获得较大压力

笔 记

（续表）

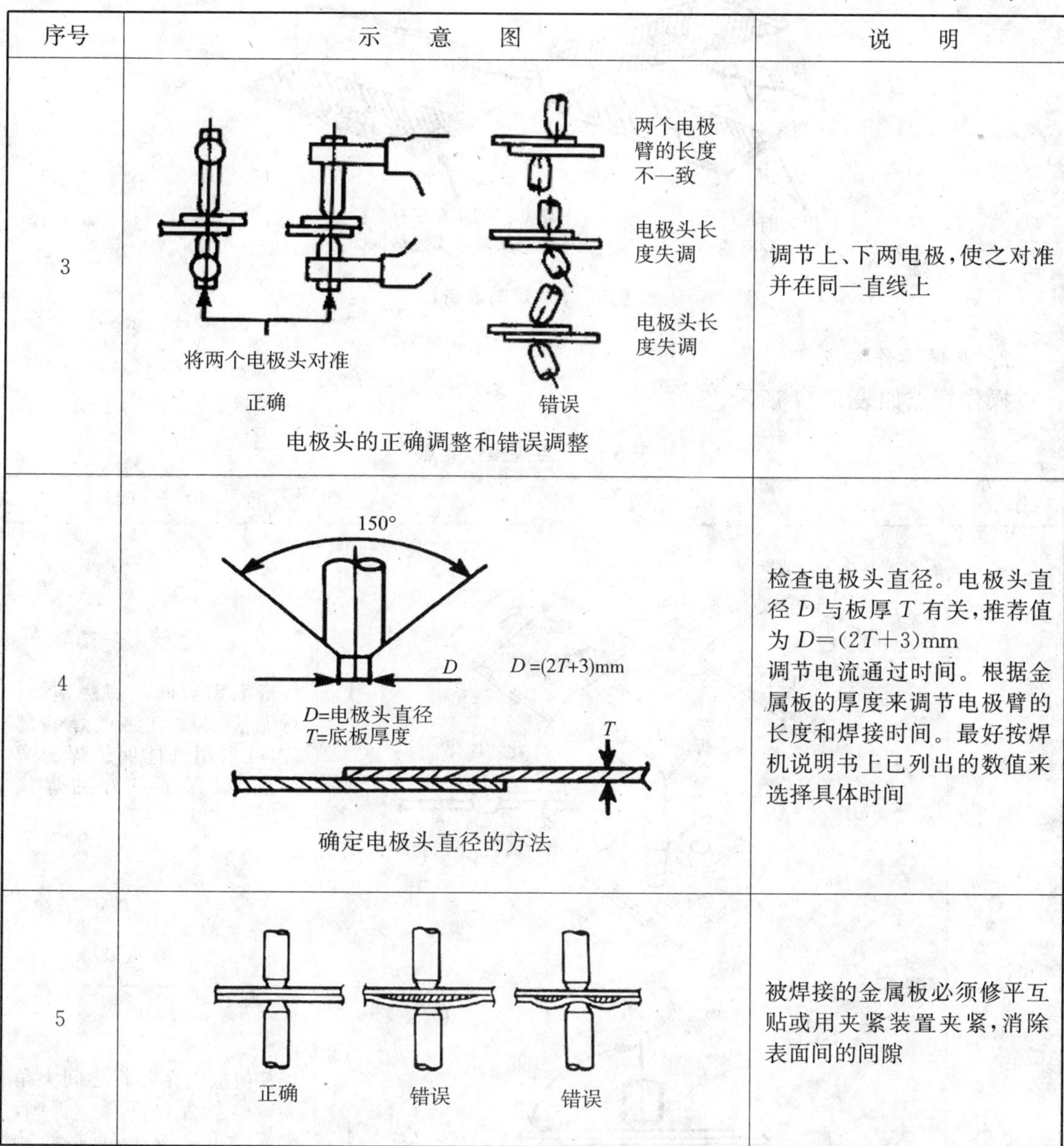

序号	示　意　图	说　明
3	将两个电极头对准 两个电极臂的长度不一致 电极头长度失调 电极头长度失调 正确　错误 电极头的正确调整和错误调整	调节上、下两电极，使之对准并在同一直线上
4	150° D　D=(2T+3)mm D=电极头直径 T=底板厚度 T 确定电极头直径的方法	检查电极头直径。电极头直径 D 与板厚 T 有关，推荐值为 $D=(2T+3)$mm 调节电流通过时间。根据金属板的厚度来调节电极臂的长度和焊接时间。最好按焊机说明书上已列出的数值来选择具体时间
5	正确　错误　错误	被焊接的金属板必须修平互贴或用夹紧装置夹紧，消除表面间的间隙

（五）挤压式电阻点焊机的操作

1. 焊前准备

点焊机完成一个焊点，仅需 1s 时间，由于整个过程进行得很快，稍不留意，就可能造成不良后果，故在施焊前应做好充分的准备。

（1）清除焊接金属表面层的油漆、油污、锈斑、灰尘等杂物，保持良好的导电性能。

（2）对需要防锈处理的部位，焊接之前要涂上一层导电系数较高的防锈剂，方可进行焊接；整平被焊接的金属表面，并用夹紧装置夹紧，消除表面间的间隙，否则，点焊质量会明显下降，如图 5-5 所示。

笔记

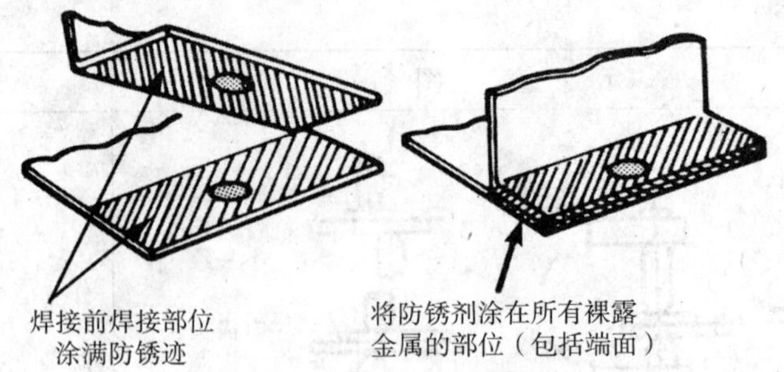

图 5－5　焊前准备

2. 点焊操作要点

操作要点如表 5－7 所示。

表 5－7　点焊操作要点

序号	示意图	说明
1	直径为5mm或8mm A A 焊炬 此处焊死 上层金属板　下层金属板 A-A	尽量采用双面点焊法施焊。对无法实施双面点焊的部位，可采用气体保护焊的塞焊法，以保证良好的焊接强度
2	90°	保持电极与金属板之间夹角为 90°，如左图所示。否则，电流强度会减小，直接影响焊接质量
3		当三层或多层金属重叠在一起时，如左图所示，应进行两次点焊

笔记

（续表）

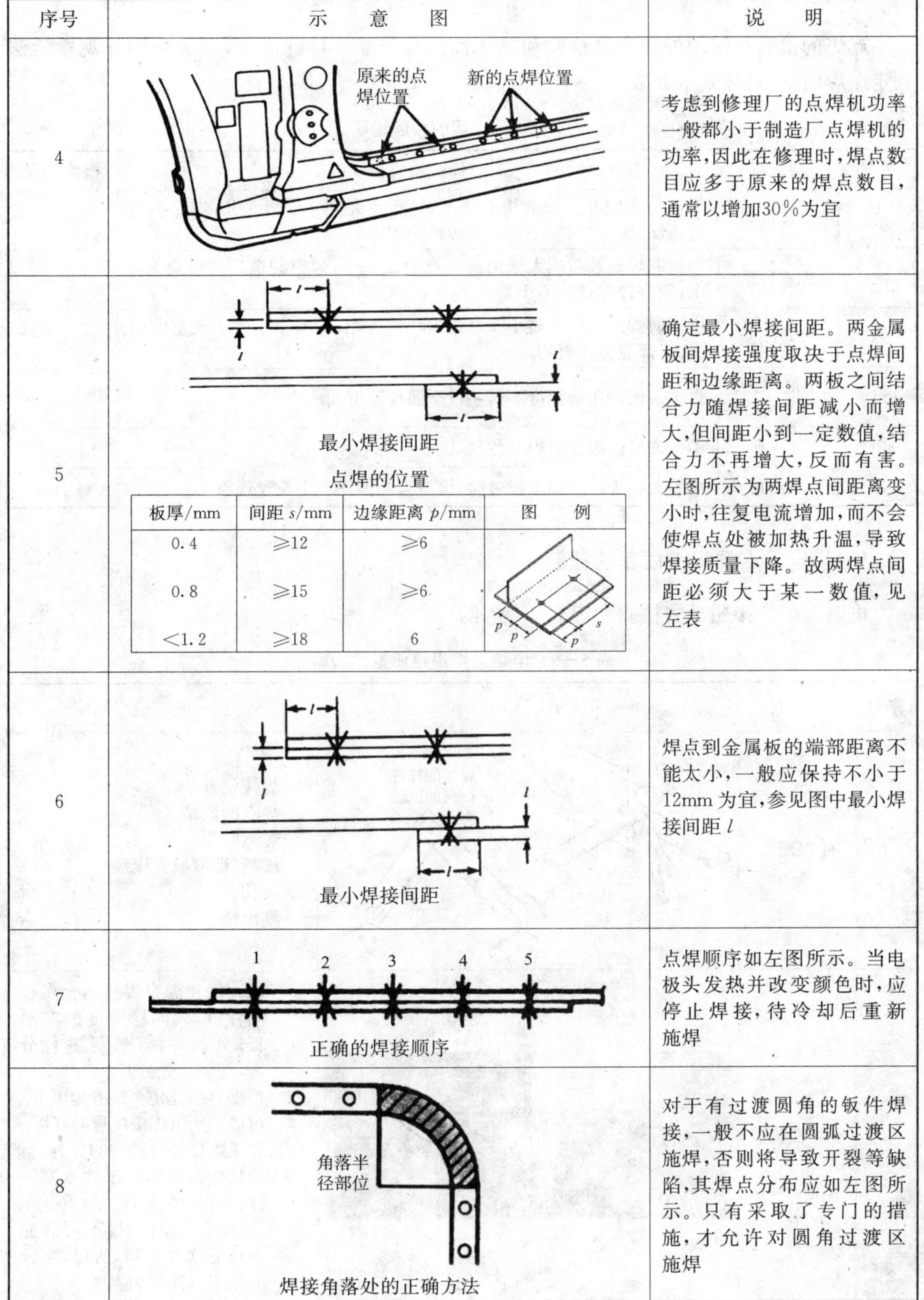

序号	示　意　图	说　明
4	原来的点焊位置；新的点焊位置	考虑到修理厂的点焊机功率一般都小于制造厂点焊机的功率，因此在修理时，焊点数目应多于原来的焊点数目，通常以增加30%为宜
5	最小焊接间距 点焊的位置（见下表）	确定最小焊接间距。两金属板间焊接强度取决于点焊间距和边缘距离。两板之间结合力随焊接间距减小而增大，但间距小到一定数值，结合力不再增大，反而有害。左图所示为两焊点间距离变小时，往复电流增加，而不会使焊点处被加热升温，导致焊接质量下降。故两焊点间距必须大于某一数值，见左表
6	最小焊接间距	焊点到金属板的端部距离不能太小，一般应保持不小于12mm为宜，参见图中最小焊接间距 l
7	正确的焊接顺序	点焊顺序如左图所示。当电极头发热并改变颜色时，应停止焊接，待冷却后重新施焊
8	焊接角落处的正确方法	对于有过渡圆角的钣件焊接，一般不应在圆弧过渡区施焊，否则将导致开裂等缺陷，其焊点分布应如左图所示。只有采取了专门的措施，才允许对圆角过渡区施焊

点焊的位置

板厚/mm	间距 s/mm	边缘距离 p/mm	图　例
0.4	≥12	≥6	
0.8	≥15	≥6	
<1.2	≥18	6	

笔 记

(六) 点焊的检验

点焊的检验可采用外观目测检验和破坏性检验。除非特殊需要，一般采用外观检验法判定点焊质量，具体要求如表 5-8 所示。

表 5-8　点焊的检验说明

序号	项　目	点焊的检验说明	检修记录
1	焊接位置	焊接位置应在凸缘的中心线上，且不允许产生电极头孔，焊点不超过边缘，修理时，应避免在原焊点施焊	
2	焊点数量	修理时焊点数量应大于出厂焊点的 1.3 倍，如原制造厂的焊点为 4 个，则修理焊点应不少于 5 个	
3	焊点间距	修理时焊点间距应略小于制造出厂的焊距，但不小于表所规定的数值，且焊点分布要均匀	
4	压痕(电极头压痕)	焊接表面的压痕深度不得超过金属板厚度的一半	
5	气　孔	不允许有肉眼能看得见的气孔	
6	溅出物	用手套在焊接表面上擦过时，没有被刺卡住产生拉丝现象	

(七) 电阻点焊焊接质量的检验

电阻点焊焊接质量的检验如表 5-9 所示。

表 5-9　电阻点焊焊接质量的检验

序号	项　目	示　　图	检　验　说　明
1	外观检验	对两个样件进行试焊 对焊接的样件进行扭曲试验	1. 焊接位置 2. 焊点的数量 3. 焊点间距 4. 压痕(即电极头压痕) 5. 气孔 6. 溅出物
2	破坏性检验		(1) 取一块和需要焊接的金属板同种材料、同样厚度的实验板，进行焊接，然后进行分离，使焊点处分开 (2) 根据焊接处是否整齐地断开，可以判断出焊接质量的好坏 (3) 如果焊接处被整齐的分开，就像从瓶口拔出一个软木塞一样，便可以判断焊接的质量好 (4) 实际进行焊接时，不可能完全重复这种实验，所以，实验的结果只能作为参考

（续表）

序号	项 目	示 图	检 验 说 明
3	撕裂实验		(1) 撕裂后在其中一个焊片上留有一个大于焊点直径的孔 (2) 如果留下的孔过小或根本没有孔，说明焊点的焊接温度太低，需要重新调整焊接参数
4	目测检查		(1) 目测检查焊疤为 4mm (2) 经目测检查每件样品上不得有超过 1mm 的焊接缺陷、洞或焊渣 (3) 经扭曲试验后，其中一片焊片上留有 4mm 的孔洞 (4) 经撕裂试验后，其中一片焊片上留有 5mm 的孔洞

1. 如果两层金属板的厚度不同，操作时两层金属板之间的间隙限制在 1.5～2mm 范围内。如果进一步凿开金属板，将会变成破坏性试验。

2. 检验完毕后，一定要将金属板上的变形处修好。

(八) 电阻点焊焊接安全操作注意事项

1. 腿、脚的防护

(1) 工作时穿着安全鞋。

(2) 焊接时最好穿绝缘鞋。

笔记

(3) 佩戴护腿和护脚。

(4) 跪在地上操作时最好佩戴护膝。

2. 手的防护

(1) 焊接时佩戴焊接手套。

(2) 接触有机溶剂时佩戴橡胶手套。

(九) 电极头的修整以及冷却和时间控制

1. 电极头的修整

如果电极头端部损坏,要用电极头端部清理工具进行整形,如图 5-6 所示。

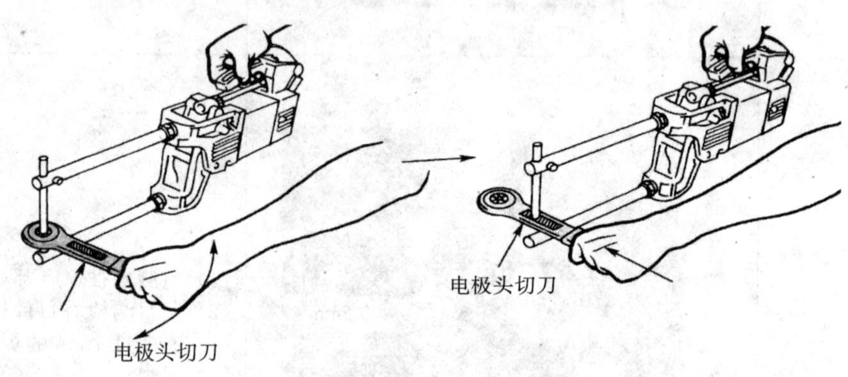

图 5-6 电极头的修整

2. 电极的冷却

连续焊接一段时间以后,电缆线和电极头端部会因为散热不好而造成过热。这将使电极头端部过早地损坏而增大电阻,并引起焊接电流急剧下降。在使用没有强制冷却(循环水冷却)的电极操作时,可在焊接 5~6 次后,让电极头端部冷却后再进行焊接。

3. 电流流过的时间

电流流过的时间也和点焊的形成有关。当电流流过的时间延长时,所产生的热量增加,点焊直径和焊接熔深随之增大。焊接部位散发出的热量随着通电时间的延长而增加。经过一定的时间后,焊接温度将不会增加,即使使通电时间超过这一时间,点焊直径也不会再增大,但有可能产生焊丝端部的压痕和热变形。

许多简易点焊机都无法调整压力和焊接电流,而且其电流强度值可能很低,不过可通过延长通电时间(即让低强度的电流流过较长的时间)来保证焊接的强度。

(十) 电阻电焊应用范围

(1) 点焊主要用于车身总成、地板、车门、侧围、后围、前桥和小零部件等。

(2) 多点焊用于车身底板、载货车车厢、车门、发动机舱盖和行李箱盖等。

(3) 凸焊及滚凸焊用于车身零部件、减振器阀杆、制动蹄、螺钉、螺帽和小支架等。

(4) 缝焊用于车身顶盖雨檐、减振器封头、油箱、消声器和机油盘等。

(5) 对焊用于钢圈、排进气阀杆、刀具等。

笔记

案　例

一台捷达小轿车由于中部车身发生严重碰撞，需要更换中柱。在维修过程中使用电阻焊连接，但维修人员在完成电阻焊工作后，发现有许多焊点未能完成互熔，产生内外钣件脱焊现象。

分析原因：1. 焊前没有清理干净，焊位有杂物沾污。

2. 焊时电流、电压值不对。

3. 夹具没有实施夹紧而留有空隙，造成焊点在加压时不能互熔。

改进措施：1. 焊前清洁。

2. 夹具在夹紧焊接钣件之间要贴合牢固。

3. 先试焊才实施工作以保证质量。

三、制订检修计划

任务5制订汽车中部车身碰撞更换中柱故障的检修计划，如5－10表所示。

表5－10　汽车车身碰撞更换中柱的检修计划

1. 车辆信息描述	车　辆　描　述		
	车身钣金件材料类型	门槛与中柱金属材料	
		门槛结构形状	
		中柱结构类型	
2. 车身钣金件故障现象描述			
3. 车身钣金件故障原因分析，画出鱼刺图			

笔记

（续表）

4. 中部车身钣金件故障检修工作准备	中部车身 系统分析：形状大小、维修手段、损坏件位置、焊接方式、参考数据 规定：相关安全法规、制造商规定、钣金件维修规范 故障诊断：撕裂、碰撞、脱焊 设备：电阻焊机、气焊设备、二氧化碳焊机 修理：备件、工作计划、工作流程图				
5. 中部车身钣金件故障检修流程	步骤	检修项目	操作要领	技术要求或标准	检修记录

- 车辆的维修接待，必须仔细询问顾客车辆故障的原因，细心观察车辆除事故范围外的损伤情况，并注明以防纠纷产生；对车内贵重物品妥善保存或要求顾客自行处理，为维修作业做好必要的准备，如实准确地填写接车问诊。车身钣金件故障检修流程表要做仔细毫不遗漏地记录下来，为在维修过程实施监控。

受损伤的整体式车身部件需要整体更换时，一般都按生产时的接合部切割分离，然后再按步骤安装新部件。当部件损伤程度并不太严重，只作局部切除即可修复时，做整体切割更换显然没有必要。

整体式车身的结构钣件，其横截面大都是封闭的，或者制件本身截面封闭，或者将其焊接在车身上时形成封闭截面形式，如车门槛板、立柱和车身梁；也有的钣件截面是开口或单层搭，如表 5－11 所示。

表 5-11　中部车身的主要更换结构钣件

特　点	示　意　图	特　点　说　明
中立柱	B型立柱	高抗拉强度钢板其强度比低碳钢高，它是经过一定热处理后形成的，此类材常规加热和焊接方法都不致降低它的强度
车门槛板	车门槛板	1. 耐腐蚀钢板（即镀锌钢板）耐腐蚀高，具有极强的刚性 2. 切割更换时通过采用插入件式对接方式，增加连接的强度。插入件安装在中立柱的内侧，在现有的立柱内侧上搭接新的内侧钣件，然后进行搭接焊。最后沿切割缝采用塞焊，沿立柱采用对接焊
顶板纵梁		耐腐蚀钢板（即镀锌钢板）耐腐蚀高，具有极强的刚性。顶板纵梁与中柱连接为铜钎焊焊接

四、实施维修作业

车身电阻点焊焊接工艺与实训任务书如表 5-12 所示。

表 5-12　车身电阻点焊焊接工艺与实训任务书

<table>
<tr><td colspan="3">1. 能收集并熟悉电阻点焊相关知识信息，分析电阻点焊在车身维修中的应用
2. 能描述电阻点焊焊接安全事项
3. 能对车身附件的损坏进行修复作业并按行业规范进行维修质量检验</td></tr>
<tr><td rowspan="2">1. 车辆信息描述</td><td>车　辆　描　述</td><td></td></tr>
<tr><td>车身焊接工艺描述</td><td></td></tr>
<tr><td>2. 汽车车身电阻点焊焊接工艺的概述描述</td><td colspan="2"></td></tr>
</table>

笔记

（续表）

检查步骤	检修分类项目	作 业 要 领	检修项目记录
电阻点焊更换中立柱相关知识信息	电阻点焊的概述	通过低压电流流过夹紧在一起的两块金属产生电阻热，局部熔化并施加压力使之焊接在一起的焊接方法	
	电阻点焊的焊接原理	利用电流通过接触点加热，并在外加压力作用下使接触点附近的金属熔化，经冷凝形成焊点的一种焊接方法。电阻点焊机右端有两个电极，通过上面的加压手柄即可获得所需的压力。将两块金属板夹持在电极之间后通电，加压一段时间，即可形成电阻焊点	
	电阻点焊的优点	1. 焊接成本低，不消耗焊丝、焊条或气体 2. 清洁。焊接时不产生烟或蒸气 3. 焊接部位灵活，且对镀锌板的焊接有效 4. 焊接质量高，速度快。在1s内便可焊接高强度钢、高强度低合金钢或低碳钢工件，焊接强度高、受热范围小，工件不易变形	
	挤压式电阻点焊机焊接中立柱的操作	1. 清除中立柱焊接金属表面层的油漆、油污、锈斑、灰尘等杂物，保持良好的导电性能 2. 对需要防锈处理的部位，焊接之前要涂上一层导电系数较高的防锈剂，方可进行焊接；整平被焊接的金属表面，并用夹紧装置夹紧，消除表面间的间隙，否则，点焊质量会明显下降 3. 中立柱点焊尽量采用双面点焊法施焊。对无法实施双面点焊的部位，可采用气体保护焊的塞焊法，以保证良好的焊接强度 4. 保持电极与金属板之间夹角为90°。否则，电流强度会减小，直接影响中立柱点焊焊接质量 5. 当三层或多层金属重叠在一起时，应进行两次点焊 6. 考虑到修理厂的点焊机功率一般都小于制造厂点焊机的功率，因此在中立柱修理时，点焊的点数目应多于原来的焊点数目，通常以增加30%为宜 7. 确定最小焊接间距。两金属板间焊接强度取决于点焊间距和边缘距离。两板之间结合力随焊接间距减小而增大，但间距小到一定数值，结合力不再增大，反而有害。两焊点间距离变小时，往复电流增加，而不会使焊点处被加热升温，导致焊接质量下降。故两焊点间距必须大于某一数值 8. 焊点到金属板的端部距离不能太小，一般应保持不小于12mm为宜 9. 在焊接中立柱时，当电极头发热并改变颜色时，应停止焊接，待冷却后重新施焊 10. 对于有过渡圆角的钣件焊接，一般不应在圆弧过渡区施焊，否则将导致开裂等缺陷，只有采取了专门的措施，才允许对圆角过渡区施焊	
	中立柱焊接质量的检验	1. 外观检验 (1) 焊接位置 (2) 焊点的数量 (3) 焊点间距 (4) 压痕(即电极头压痕) (5) 气孔	

笔　记

（续表）

电阻点焊更换中立柱相关知识信息	中立柱焊接质量的检验	(6) 溅出物 2. 破坏性检验 (1) 取一块和需要焊接的金属板同种材料、同样厚度的实验板，进行焊接，然后进行分离，使焊点处分开 (2) 根据焊接处是否整齐地断开，可以判断出焊接质量的好坏 (3) 如果焊接处被整齐的分开，就向从瓶口拔出一个软木塞一样，便可以判断焊接的质量好 (4) 实际进行焊接时，不可能完全重复这种实验，所以，实验的结果只能作为参考 3. 撕裂实验 (1) 撕裂后在其中一个焊片上留有一个大于焊点直径的孔 (2) 如果留下的孔过小或根本没有孔，说明焊点的焊接太低，需要重新调整焊接参数 4. 目测检查：一种凭检验人员的眼看、耳听、手摸来检查判断零件技术状况的方法 (1) 目测检查焊疤为 4mm (2) 经目测检查每个焊件上不得有超过 1mm 的焊接缺陷或洞或焊渣 (3) 经扭曲试验后，其中一片焊片上留有 4mm 的孔洞 (4) 经撕裂试验后，其中一片焊片上留有 5mm 的孔洞	
	焊接安全操作事项	1. 腿、脚的防护 (1) 工作时穿着安全鞋 (2) 焊接时最好穿绝缘鞋 (3) 佩戴护腿和护脚 (4) 跪在地上操作时最好佩戴护膝 2. 手的防护 (1) 焊接时佩戴焊接手套 (2) 接触有机溶剂时佩戴橡胶手套	
	中立柱的切割与更换	中立柱截面比较简单，由开口件与平板组合而成，没有内部加强件。采用插入件焊接法容易对中，且有利于提高强度，是常用的修理工艺。切割更换时，可以采用插入件平接或交错平接连接方式，在连接时通过采用插入件对接方式，增加连接的强度。插入件安装在中立柱的内侧，在现有的立柱内侧上搭接新的内侧钣件，然后进行搭接焊。最后沿切割缝采用塞焊，沿立柱采用对接焊，主柱两折边采用电阻点焊焊接	
	车门槛板	采用交错平接方式焊接在一起，采用此种方式，要求两断口相互交错定位，保持一定的对中精度。交错平接方式对于截面为矩形的结构物使用较方便，焊接时采用 CO_2 气体保护焊塞焊形式与电阻点焊焊接	
	顶板纵梁与主柱连接	采用气焊铜钎焊焊接方式进行连接，焊接时注意对焊缝周边采取降温保护，并注意周边动火时的防护措施，易燃易爆物品要远高焊接区域	
	焊后处理	打磨时注意钣件表面磨损不能过多或穿孔，保证其钣厚、钣件强度和刚度并涂上防锈漆进行保护	
	质量检验	修复后的中主柱强度能达到维修行业或国家标准	
检修结论与处理措施			

五、检验评估

项目五的检验评估如表 5 - 13 所示。

表 5 - 13　项目五检验评估

评价指标	检验说明	检验记录
车身电阻点焊焊接工艺与实训检查项目	➢电阻点焊焊接的基本原理 ➢电阻点焊机的构成与调整 ➢电阻点焊机焊接的操作 ➢焊接安全操作事项 ➢电阻点焊接车身附件的技能 ➢其他	
车身电阻点焊焊接工艺与实训的一般流程		

评价内容	检验指标	权重	自评	互评	总评
检查任务完成情况	1. 完成任务的情况 2. 任务完成的质量 3. 在小组完成任务过程中所起的作用				
专业知识	1. 能描述电阻点焊焊接的基本原理 2. 能熟知电阻点焊机的构成与调整 3. 能了解电阻点焊机焊接的安全操作事项 4. 能描述电阻点焊机焊接的操作				
职业素养	1. 学习态度:积极主动参与学习 2. 团队合作:与小组成员一起分工合作,不影响学习进度 3. 现场管理:服从工位安排、执行实训室“5S”管理规定				
综合评议与建议					

任务检验与评估

1. 检查训练任务:真实、完整、有效。
2. 按各学习活动进行自评或互评。

笔记

序号	任务检验与评估项目	标　　准	课程权重	自我综合评价
1	电阻点焊焊接的基本原理	理解电阻点焊焊接的基本原理	10%	
2	电阻点焊机的构成与调整	通过焊接车身断裂损伤附件，掌握电阻点焊机的构成与调整	10%	
3	电阻点焊机焊接的操作	通过焊接车身断裂损伤附件，掌握电阻点焊焊接工艺的操作技术同时能检验维修质量	10%	
4	焊接安全操作事项	通过焊接车身断裂损伤附件，掌握电阻点焊焊接工艺的安全操作事项	10%	
5	电阻点焊焊接车身中立柱及附件的技能	通过焊接车身断裂损伤附件，掌握电阻点焊焊接车身中立柱及附件的技能同时能检验维修质量	15%	

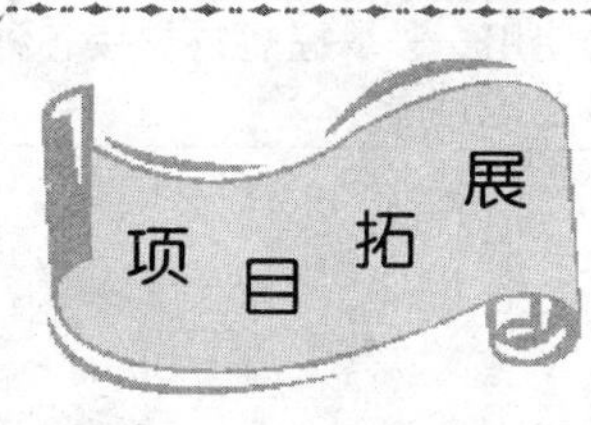

想一想：

电阻点焊机焊接中立柱及附件外还可以焊接车身哪些钣件？它对其他金属钣件也有效吗？

笔记

项目六 车身塑料的焊接与粘结实训
——汽车车身前护杠塑料的修复

Description 项目描述	本项目以修复前护杠(保险杠)塑料为主线,通过本项目的学习,使学生了解汽车上应用塑料的性能;认识汽车车身塑料钣件的分布位置;了解车身塑料钣件的化学名称及修理方法,具备维护与维修汽车车身及塑料钣件的技术,同时掌握塑料焊接及化学粘结工艺的相关技能
Objects 项目目标	1. 能简单叙述常见车身非金属钣件的修复方法,了解车身前护杠受损部位及材质 2. 能准确描述车身塑料钣件上裂痕的维修工艺以及正确的修复方法 3. 能按作业规范利用塑料焊接设备工具对车身塑料钣件进行焊接修理、粘结以及热矫正修复,掌握塑料热矫正工艺 4. 能根据流程诊断车身前护杠凹陷断裂故障,实施维护作业,排除故障
Tasks 项目任务	1. 收集汽车车身塑料的焊接与粘结的原理及相关操作信息,制订塑料前护杠的维修计划 2. 任务:检查分析前护杠塑料的塑料类型,利用热空气塑料焊接技术完成修复任务。通过学习塑料焊接的工作原理以及配套设备、工具的安全使用——掌握塑料焊接各种技术的操作方法——实施汽车车身前护杠塑料的修复和故障排除
Implementation 项目实施	客户报修 → 维修接待 收集信息 → 信息处理 制订计划 → 制订计划 故障排除 故障检验 → 实施维修 工作考核 → 检验评估

笔 记

一、维修接待

按照表 6-1 完成待修车辆的维修接待,并准确填写接车问诊表。

表 6-1 维修接待与接车问诊表

1. 通过询问客户了解轿车发生故障情况,填写接车问诊表
2. 车间检测初步确认结果及主要故障零部件

接 车 问 诊 表

车牌号:________ 车架号:________ 行驶里程:________(km)

用户名:________ 电 话:________ 来店时间:____/____

用户陈述及故障发生时的状况:**一辆日产轿车由于碰撞造成前护杠凹陷断裂,需要进行焊接修复任务**

故障发生状况提示:**行驶速度、发动机状态、发生频度、发生时间、部位、天气、路面状况、声音描述**

接车员检测确认建议:**需对前车身悬架支承构件进行检修**

车间检测确认结果及主要故障零部件:**需对前车身悬架支承构件进行检修,必要时需更换前车身附件**

车间检查确认者:________

外观确认:

(请在有缺陷部位作标识)

功能确认:(工作正常✓ 不正常×)

□音响系统 □门锁(防盗器) □全车灯光 □工具
□后视镜 □顶窗 □座椅 □护杠
□玻璃升降器 □玻璃 □车门

物品确认:(有✓ 无×)

F E

□贵重物品提示
□工具 □备胎 □灭火器
□其他(   )
旧件是否交还用户 □是 □否
用户是否需要洗车 □是 □否

· 检测费说明:本次检测的故障如用户在本店维修,检测费包含在修理费用内;如用户不在本店维修,请您支付检测费。本次检测费:¥________元。

· 贵重物品:在将车辆交给我店检查修理前,已提示将车内贵重物品自行收起并保存好,如有遗失恕不负责。

接车员:________ 用户确认:________

笔 记

二、信息收集与处理

按照表 6 - 2 完成任务的信息收集与处理。

表 6 - 2　信息收集与处理

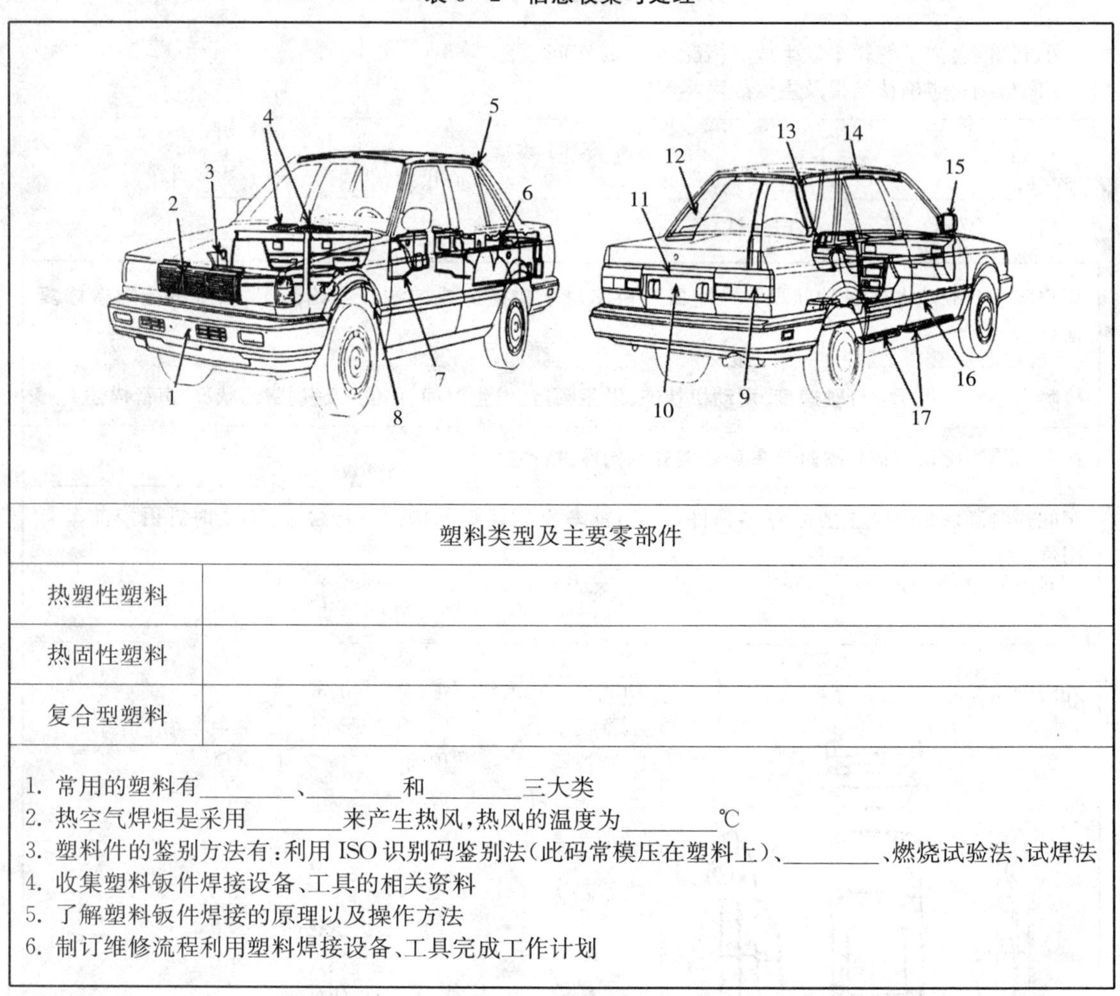

塑料类型及主要零部件	
热塑性塑料	
热固性塑料	
复合型塑料	

1. 常用的塑料有________、________和________三大类
2. 热空气焊炬是采用________来产生热风，热风的温度为________℃
3. 塑料件的鉴别方法有：利用 ISO 识别码鉴别法（此码常模压在塑料上）、________、燃烧试验法、试焊法
4. 收集塑料钣件焊接设备、工具的相关资料
5. 了解塑料钣件焊接的原理以及操作方法
6. 制订维修流程利用塑料焊接设备、工具完成工作计划

（一）常用汽车塑料的类型

汽车车身上常用的塑料有热塑性、热固性和复合型塑料三大类。

修复方法主要有：焊接法、粘结法、热矫正等方法，可根据塑料的不同类型选用不同的修理方法。

1. 车身塑料件分布

修理塑料件之前，必须正确鉴别出所修理塑料的种类。这是至关重要的，因为鉴别错误会使修理失效。每辆汽车所用的塑料会有所不同，甚至同一年度生产的同一牌子的汽车也是如此。

车身上塑料件分布位置如图 6 - 1，图 6 - 2 所示。

笔记

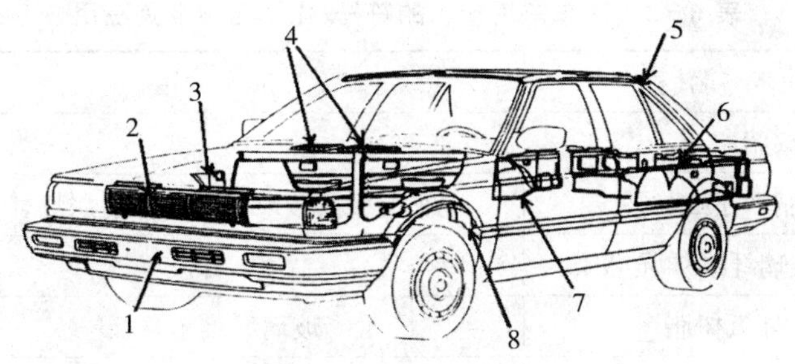

图 6-1　现代汽车外部塑料件位置

1—前保险杠横(PP 或 PUR)；　2—散热器格栅(ABS)；　3—前围侧板面层(PP)；　4—前围上盖板格栅面层(AAS)；　5—后窗贴边(PP)；　6—后备箱层(PP)；　7—后车轮罩覆盖层(PP)；　8—前翼子板防护层(PE)

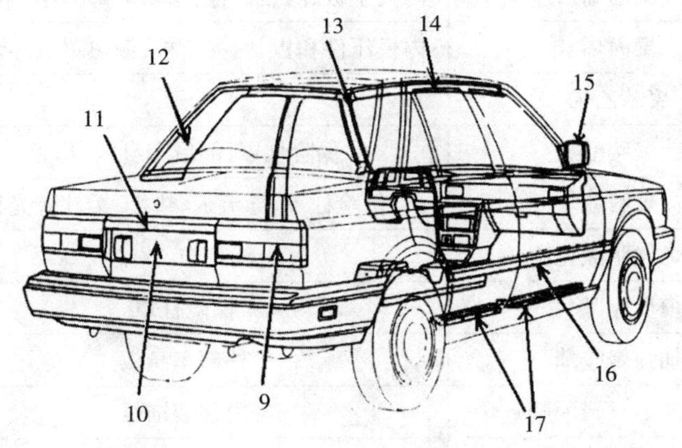

图 6-2　现代汽车外部塑料件位置

9—后组合灯镜面(PMMA)；　10—后板面层(ABS)；　11—后备箱盖面层(ABS)；　12—后支柱面层(PP)；　13—风窗支柱覆盖层(PP)；　14—上风窗贴边(PP)；　15—后视镜(PP 和 ABS)；　16—侧防护板镶条(PVC)；　17—撑板(PP)

2. 塑料件的鉴别

塑料件的鉴别方法有：利用 ISO 识别码鉴别法(此码常模压在塑料件上)、修理手册查找法、燃烧试验法、试焊法。

以前比较多用燃烧试验来鉴别塑料类型。它是指利用火焰燃烧塑料，依据冒烟情况识别塑料类型，目前此种识别方法已不再推荐使用。因为，在修理厂中使用明火有火灾隐患且对环境污染，况且燃烧试验不总是可靠。目前，许多塑料件是用多种成分的合成塑料而制成的，在这种情况下，燃烧试验很难确定类型。

对未知塑料的鉴别法可依靠该零件的隐蔽部位或损坏处进行试焊。可试用几种焊条，直到其中的一种能够粘着为止。一旦发现某种焊条起作用，本体材料就可鉴别出来。

3. 常用的塑料符号、名称及应用

符号、名称及应用如表 6-3 所示。

笔 记

表 6-3 汽车常用塑料的符号、化学名称及其应用

符号	化学名称	应用	类型
AA	丙烯腈一苯乙烯	—	热塑性
ABS	丙烯腈一丁二烯一苯	车门板及缓冲器、格栅、前照灯、门	热塑性
ABS/MAT	硬质玻璃纤维加强 ABS	车身板	热固性
EP	环氧树脂	玻璃纤维车身板	热固性
EPDM	乙烯丙烯二烯烃单基物	保险杠抗冲击板、车身板	热固性
PA	聚酰胺	外部装饰板	热固性
PC	聚碳酸酯	格栅、仪表板、玻璃	热塑性
PPO	聚苯撑氧化物	镀铬塑料部件、格栅、前灯门、遮光板、装饰	热固性
PE	聚乙烯	内翼子板、内装饰板、窗帘上部框架、阻流板	热塑性
PP	聚丙烯	内模压件和板、内翼子板、散热罩、保险杠罩	热塑性
PS	聚苯乙烯	—	热塑性
PUR	聚胺酯	保险杠罩、前后车身板、垫板	热固性
TPUR	聚胺酯	保险杠罩、导流板、垫板、柔软遮光板	热塑性
PVC	聚烯树脂氯化物	内部装饰、软垫板	热塑性
RIM	“注模反应”聚胺酯	保险杠罩	热固性
RRIM	加强聚胺酯	外部车身板	热固性
SAN	聚乙烯一聚丙腈	内部装饰板	热固性
TPR	热塑橡胶	窗上部框架	热固性
UP	聚酯	玻璃纤维车身板	热固性

4. 塑料的修复方式

修复方式如表 6-4 所示。

表 6-4 塑料的特点及修理方法

塑料类型	特点	修理方法
热塑性塑料	加热时软化或熔化，冷却后硬化；可以重复地加热软化，其形态和化学成分并不发生变化	多采用焊机焊接修复，也可粘结
热固性塑料	在加热和使用催化剂或紫外光的情况下发生化学变化。硬化后永久形状，即使重复加热或使用催化剂也不会变形	宜采用粘结法修复，不能焊结修复
复合塑料	由不同的塑料及其他配料混合而成，从而获得特定的性能	粘结

（二）塑料钣件的焊接原理

塑料的焊接塑料焊接与金属焊接类似，都要使用热源和焊条。金属焊接时，焊条与基体材料熔成一体，待冷却后形成金属焊缝。塑料焊接时，塑料焊条仅有表面的软化，而芯部仍

然维持原状，焊接完毕之后，焊条的形状并无多大变化。焊接时，焊工可向焊条施加压力，使它进入焊区并形成永久结合。撤去热源后，焊条又恢复原状。塑料焊接仅是焊缝两侧有熔流带，中部与焊条原有形状一致。

塑料钣件焊接多采用热空气焊炬。热空气焊炬是采用陶瓷或不锈钢电热元件来产生热风，热风的温度为 230℃～340℃。在焊接过程中，塑料的焊接收缩量较金属大，所以在焊接下料时应多留焊接余量。如图 6－3 所示为手工塑料焊接示意图。

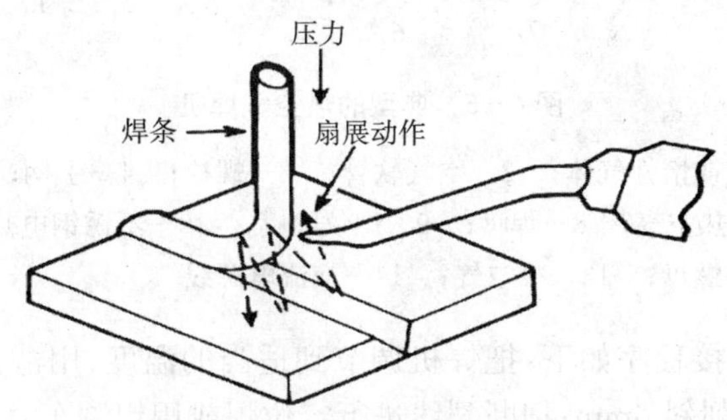

图 6－3　手工塑料焊接

1. 热空气塑料焊炬的焊嘴

焊炬的焊嘴如图 6－4 所示。

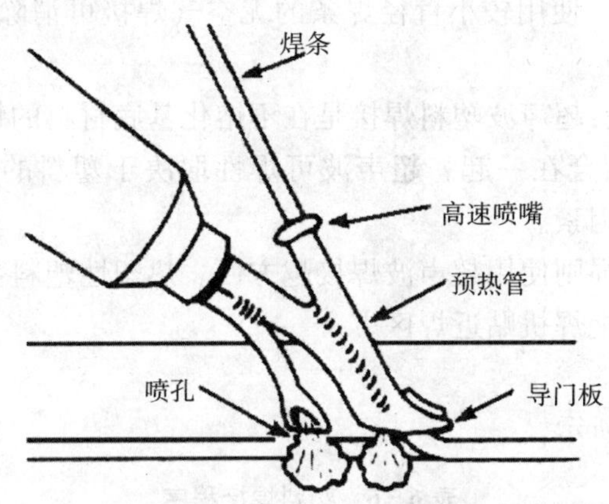

图 6－4　高速焊嘴的塑料焊机

(1) 焊嘴分类及应用范围如表 6－5 所示。

表 6－5　焊嘴分类及应用范围

序号	焊嘴分类	应 用 范 围
1	定位焊焊嘴	用于断裂钣件的定位焊。这种焊接在必要时可以较容易地拉开，以便重新定位
2	圆形焊焊嘴	用于充填小的孔眼或形成短焊缝，也可用于难以靠近部位的焊接和尖角部位的焊接
3	快速焊焊嘴	用于直而长的接缝的焊接。这种焊嘴可以夹持焊条，对焊条预热，并将焊条输送到焊道处，因而可进行快速焊接

笔记

（2）热空气塑料焊接：利用由陶瓷或不锈钢制成的电热元件来产生热空气，通过喷嘴喷到塑料及焊条上，两者熔化焊接到一起。所需空气可由空气压缩机供给，千万不能使用氧气或其他可燃气体，如图 6－5 所示。

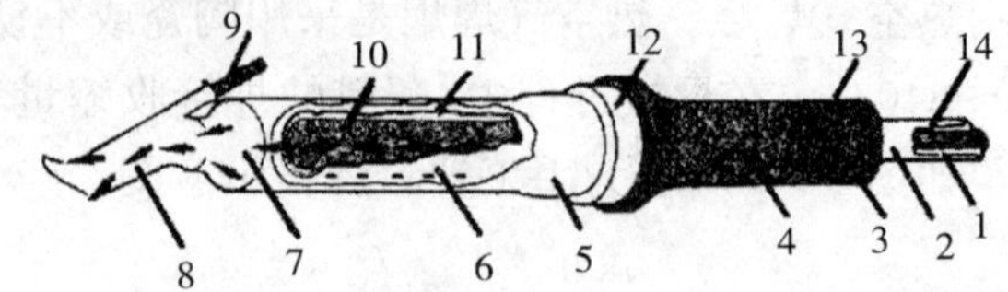

图 6－5 典型的热空气焊机

1—压缩空气或惰性气体； 2—空气软管； 3—螺栓； 4—手柄； 5—外筒体； 6—内筒体； 7—热空气； 8—焊嘴； 9—螺纹喷嘴； 10—不锈钢电热元件； 11—加热室； 12—扳手螺母； 13—冷空气； 14—交流电源线

（3）热空气塑料焊接程序如下：把焊机调节到适当的温度；用清洁剂清洗零件；在损坏部位处开 V 形槽，外围削斜 6mm；把断裂线进行定位焊或用铝制车身胶带粘好；选择最佳焊条和喷嘴进行焊接，焊好后冷却和硬化处理 30min；把焊缝磨光、擦光或刮出适当的轮廓和形状。

（4）无空气塑料焊接：无空气塑料焊接是在无外部空气源的情况下使用电加热元件熔化直径小于 3mm 的焊条。使用较小直径焊条的无空气焊接可消除板翘曲及焊点粗大这两大难题。

（5）超声波塑料焊接：超声波塑料焊接是在不熔化基底材料的情况下，利用高频振荡能量使塑料不必熔化而能结合在一起。超声波可焊性取决于塑料的熔化温度、弹性、耐冲击性、摩擦系数及导热率等因素。

一般来说，塑料越刚强则使用超声波焊接越方便。热塑性塑料如聚乙烯、聚丙烯等是理想的超声波焊接材料，可把焊机贴近焊区。

2. 塑料焊接程序

焊接程序如表 6－6 所示。

表 6－6 塑料焊接程序

序号	塑 料 焊 接 程 序	检修记录
1	将焊接温度调到适当值	
2	用肥皂水清洗焊口，晾干后用塑料清洗剂清洗，但不要用一般的溶剂来清洗	
3	在损坏部位做出 V 形坡口，坡口宽度为 6mm	
4	用定位焊或铝质车身胶带将断口粘结固定	
5	选取最适用于塑料类型及损坏情况的焊条及焊嘴	
6	焊接后冷却固化 30min 左右	
7	打磨修整焊缝，达到适当的形状	

笔记

3. 焊接形式

1）平头焊接

这种焊接包括断续式平头焊、连续式平头焊两种方法。要求接边对准，较长的焊缝可先进行几小段平头焊，以便定位，然后再进行连续焊接，如图 6－6(a)、(b)所示。

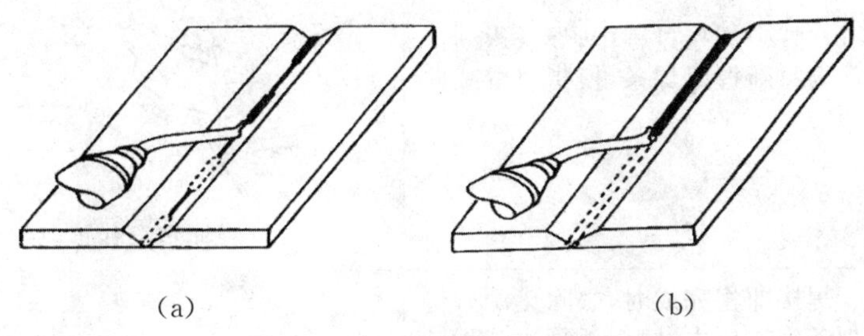

(a)　　　　(b)

图 6－6　平头焊接的两种方法

(a) 断续式平头焊；(b) 连续式平头焊

平头焊程序如下：

(1) 用夹子或夹具把损伤部位对准。

(2) 采用平头焊嘴把两边熔化，沿着裂纹根部形成薄的铰结焊。

(3) 把焊嘴尖端沿着焊区移动进行平头焊接。把焊嘴压下去，使它与裂纹两边接触并逐步移动。

(4) 焊嘴尖端使两接边熔化成一条细线。熔化的部分使得两接边对准形成焊缝。

2）手工焊接

手工焊接的操作如表 6－7 所示。

表 6－7　手工焊接操作

序号	操 作 要 领	示 意 图
1	(1) 开始焊接。开始焊接时，焊嘴放在基体材料上方约 10mm 处，并与基体平行，焊条与工件表面垂直，焊条与工件接触端应削成约 60°的楔形，投入焊接 (2) 使热空气交替吹向焊条和基体材料，把焊条压向焊缝时一定要使焊条与 V 形槽配合好。一旦焊条开始粘住塑料，即移动焊炬控制焊条流动	焊条 焊嘴
2	连续焊接。一旦焊接开始，焊炬应继续从焊条吹向基体，把更多热量导向基体，便于焊接顺利进行。喷嘴与基体材料平行而焊条与表面垂直	

笔记

（续表）

序号	操 作 要 领	示 意 图
3	焊条进给。在整个焊接过程中，焊条逐渐消耗。焊工需要重新握好焊条，换指时继续向焊条施加压力	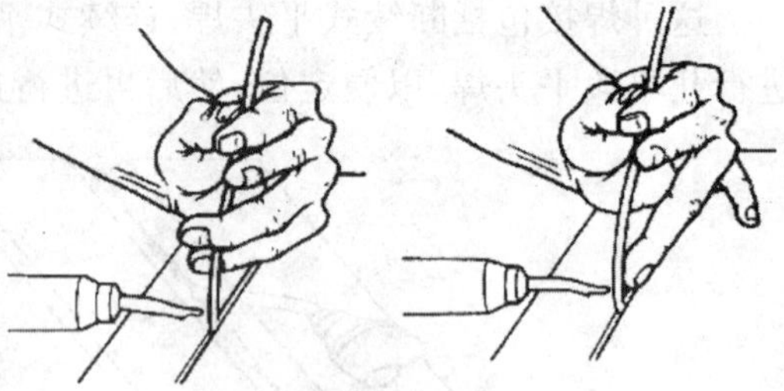 换指握住焊条的方法
4	完成焊接。焊接即将完成时，去除热源后仍要保持向焊条施加压力，使焊条静止几秒钟得以充分冷却而不松动，然后用锐利的刀子小心地将焊条切割下来	
5	粗磨焊缝。焊接部位可用36号金刚砂或砂纸磨光，大焊缝则需用电动磨光机磨光。磨光时定时用水冷却是十分必要的	
6	检查焊缝。粗磨后，应检查焊接质量。有孔隙和裂纹者即不合格	

3）快速焊接

定位高速焊接技术的操作过程如表6-8所示。

表6-8 定位高速焊接技术的操作过程

序号	操 作 要 领	示 意 图
1	开始焊接阶段： 手持高速焊炬像握匕首那样，将焊嘴放在起点处，离开材料8mm左右，以免热空气影响到基体材料。将焊条一端削成60°尖端，插入预热管内，在起点上立即将焊嘴的尖形导向板放在材料上，使焊炬与材料垂直，焊条尖端对准起点，即完成了开始焊接的准备	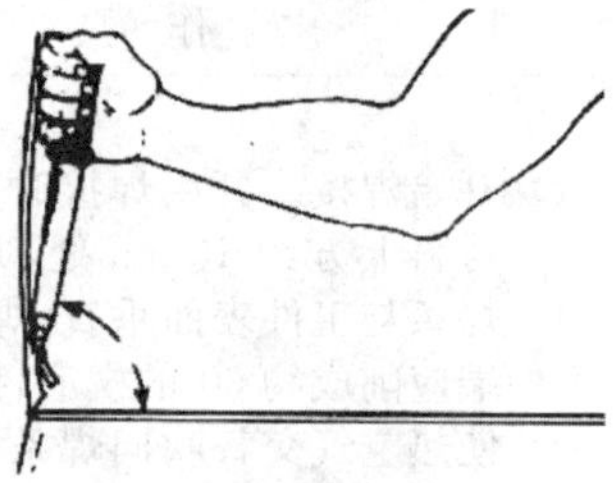 开始进行快速焊接
2	继续焊接阶段： 在开始焊出30mm左右长度时，要用轻微压力把焊条推进预热管中。待焊接正常，焊炬要成45°，此时焊条可以随焊炬移动而自动进给，无需施加压力	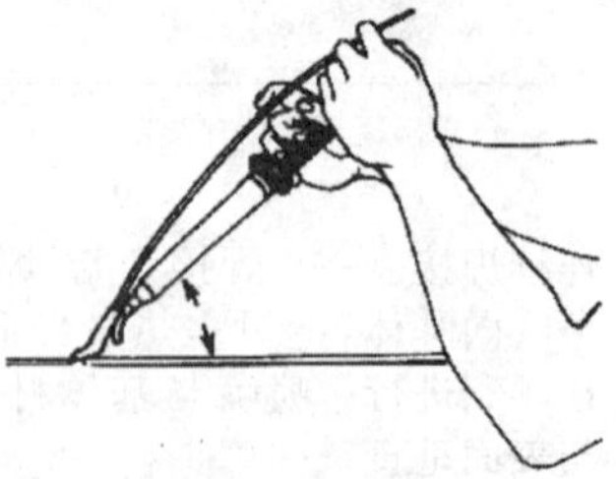 继续快速焊接

笔记

（续表）

序号	操作要领	示意图
3	完成焊接阶段： 焊接一开始就要保持恒定速度，焊炬不能停顿。在焊条耗尽前要停止焊接，需将焊炬回绕 90°，用导向板尖端把焊条切断 注意：如果焊条尚未用完，用加压掌将焊条切断后，将剩下的焊条立即从预热管内取出。否则，焊条会被烧焦、熔化而堵塞预热管，出现这种情况时必须插入新焊条来清理预热管	完成快速焊接

4. 塑料焊接故障原因和排除方法以及注意事项

故障原因、排除方法及注意事项如表 6－9 所示。

表 6－9 塑料焊接故障原因和排除方法以及注意事项

序号	故障	排除方法	产生原因
1	焊缝多孔	（1）检查焊条 （2）采用适当的扇展动作 （3）检查焊接温度 （4）按适当顺序安排焊珠 （5）把焊条削出角度，但松开前要冷却 （6）把起点参差排列及覆盖接合处 10mm	（1）焊条多孔 （2）焊条热量均衡不当 （3）焊接太快 （4）焊条太大 （5）开始或停止不当 （6）焊珠交错不对 （7）拉长焊条
2	未焊透	（1）将焊缝削斜 60° （2）根部使用小焊条 （3）焊接时检查流纹 （4）采用平头焊或留出 0.8mm 缝隙并把焊件夹好	（1）准备工作没有做好 （2）焊条太大 （3）焊接太快 （4）缝隙不够大
3	烧焦	（1）增加气流 （2）保持恒速 （3）采用正确的扇展动作 （4）在寒冷天气中应预热材料	（1）温度过高 （2）焊接过慢 （3）加热不均匀 （4）材料过冷
4	挠曲	（1）预热材料以释放应力 （2）迅速焊接——采用挡快焊 （3）正确夹紧焊件，垫背冷却 （4）多层焊接可给各焊道留出冷却时间	（1）材料收缩 （2）过热 （3）准备工作没有做好 （4）焊件夹紧不对
5	扭曲	（1）使各焊珠冷却 （2）以恒速焊接，使用高速焊嘴 （3）采用较大的焊条或三角焊条 （4）焊接前修正焊件位置 （5）采用双 V 形槽焊或挡块焊 （6）用金属进行挡块焊	（1）焊接处过热 （2）焊接太慢 （3）焊条太小 （4）顺序不对

笔记

（续表）

序号	故障	排除方法	产生原因
6	应力裂纹	（1）采用推荐的焊接温度 （2）进行膨胀或收缩 （3）采用已知抗化学腐蚀性和焊接温度的材料 （4）焊接使用相同的材料和惰性气体 （5）按推荐用途办理	（1）焊接温度不当 （2）不正当的应力或焊接 （3）化学腐蚀 （4）焊条的化学成分与基体材料不同 （5）焊缝氧化或变坏
7	熔化不良	（1）焊接前把材料清洗干净 （2）保持恒压和恒定的扇展动作 （3）更多地使用较低的焊接温度 （4）在根部使用小焊条而在顶部使用大焊条——排好适当顺序 （5）需要时把材料预热 （6）把焊件牢固地夹紧	（1）准备工作没有做好 （2）焊接方法不当 （3）速度不当 （4）焊条选用不对 （5）温度不当
8	外观不良	（1）做好开始、停止及手指在焊条上的动作 （2）把焊条按适当角度放置 （3）采用缓慢、匀速的扇展动作，把焊条和材料加热（快速焊接只用中等压力，恒速，清除导向板上的 残留物）	（1）压力不均匀 （2）焊条拉得过长 （3）加热不均匀

序号	焊枪使用及注意事项
1	手柄开关分为三档：Ⅰ档接通电热丝；Ⅱ档起动电机送风；Ⅲ档停。使用时应先起动电机送风，然后使电热丝通电。停用时先切断电热丝的电源，然后稍停片该再停风，可免电热丝余热过高，缩短枪芯寿命或烧坏引线
2	在使用过程中，如遇温度偏高可退到Ⅱ档，即切断电热丝电源，利用余热焊接，适当时再打Ⅰ档，以延长枪芯使用寿命和保证焊接质量
3	初次使用时，可能会出现喷火或冒烟。此属正常现象，通电 5min 左右会自动消失
4	开关置于Ⅰ档时，出风口有微温，属正常现象
5	塑料板材被加热到 130℃～140℃时即成为柔软状态，稍加压力即可成型。焊接温度一般为 240℃左右，离焊接喷嘴口约 5～10mm 处的温度为 260℃～392℃，焊接时应注意喷嘴与焊点间的距离，以获得理想的焊接温度
6	电热丝断后，可旋开枪壳连接螺丝，取出枪芯，用 300W 电热丝均匀绕上，仍可使用。枪芯用坏可向厂商函购
7	焊枪用毕要轻放，以免摔坏枪芯部分的绝缘瓷料，而使电热丝短路
8	供用时，一定要接上地线，以保安全
9	如果电源软线损坏，为避免危险，必须由制造厂或其维修部或类似的专职人员来更换
10	如果不小心使用本器具可能会引起着火
11	在有易燃材料的地方使用本器具时要小心。不要长时间在同一地方使用本器具
12	不要在易爆炸性环境中使用本器具
13	热可能会传递到在远处的易燃材料
14	使用后把本器具放在支架上使之冷却，然后再保存

笔记

- 对电源软线损坏，不能私自折换而必须由制造厂或其维修部或类似的专职人员来更换。在维修作业时由经过专门培训的维修人员进行操作，以免发生人员烫伤或触电意外事故。

案　例

一辆五菱之光小面包车发生追尾事故，造成前护杠爆裂。入维修厂进行塑料焊接修复，在修理过程中维修人员发生灼伤事故。

分析原因：维修人员未经专门培训；在焊接时不注意把电源软线绝缘胶烫伤露出铜芯线而电灼伤手腕；未配穿长袖衣服绝缘高温手套等。

排除方法：1. 维修人员必须经过专门培训才能操作热空气焊机。
2. 工作时穿戴好各类防护用品。
3. 小心操作防止烫伤，发现线路损伤立即停止工作由专门电工修理。

5. 塑料焊接电路的故障原因及排除方法

故障及排除方法如表 6－10 所示。

表 6－10　塑料焊接电路的故障原因及排除方法

故　障	产　生　原　因	排　除　方　法
外壳带电	1. 电源插座接线错误 2. 云母套损坏，使电热丝与壳短路 3. 电动机绕组或引线与壳短路	1. 改进电源引线 2. 可向厂家函购新件换上 3. 检查电动机引线，加强绝缘件
电动机故障不能运转	1. 开关接线不良 2. 风叶碰壳 3. 电刷用坏或接触不良 4. 电动机绕组烧坏	1. 修理开关 2. 旋开安装螺丝，调好风叶与机壳间隙 3. 用同型号电刷换上，或调整电刷 4. 修理电动机
电热丝损坏	1. 绕线密度不均匀 2. 电动机转速降低，风力太小	1. 调匀 2. 检查电动机，正常转速为8 000～10 000r/min

(三) 塑料件的粘结与修补

1. 热固性塑料的粘结与修补

热固性塑料不能通过加热使其软化，也不能重新成形或焊接，但可以进行粘接或“胶合”。胶粘如图 6－7 所示的碎块时，应先将胶粘面及其周围清洗干净，然后使用速干胶将断口粘住，并注意校准碎块与基础件的相对位置。如碎块短缺，可从废弃的车身塑料件上切补，要使接口完整、无缝、无误后，再用速干胶将全部断缝填满、粘牢。

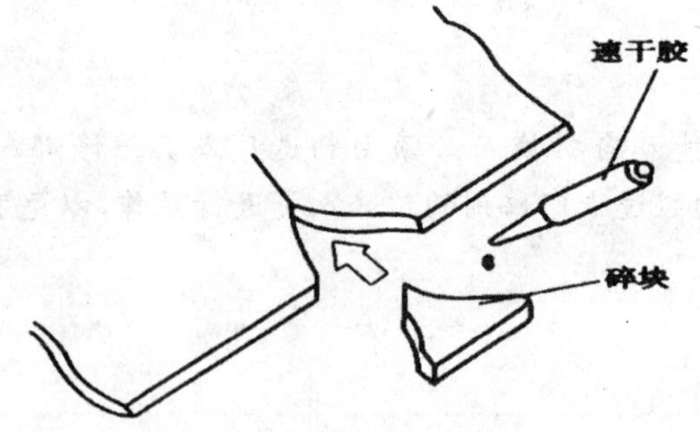

图 6－7 热固性塑料的粘结

当需要修补如下表图所示的擦伤、撕裂和刺穿缺陷时的工艺如表 6－11 所示。

表 6－11 擦伤、撕裂和刺穿缺陷的修理

序号	操 作 要 领	示 意 图
1	孔洞的坡口制作及打磨：用有去除石蜡、油脂和硅树脂功能的溶剂浸湿在布上清洁受损的区域，并沿裂缝制成 6～10mm 宽的坡口（右图），并用细砂纸将拟修补表面打磨粗糙，最后用焰炬对要修理的面积轻微地烘烤大约 15s，使其略呈棕色为止	弧形坡口 将坡口周边磨粗糙
2	使用车身胶带贴在损坏部位的背面以避免衬板材料掉落下来	
3	（1）使用腻子刀或搅拌棒按照制造商的技术说明将两成分粘合剂充分混合。混合平板由非多孔的材料制成，例如金属、玻璃或塑料。进行混合的时候，在混合板上面涂上两道等长度的粘合剂。用腻子刀施加向下的压力将粘合剂的两种成分刮在一起，不要将粘合剂从板上提起，应连续地将两种成分在混合板上抹成薄层并使其充分混合。这样可以防止在粘合剂中卷入空气或产生气泡 （2）用一个软的刮板将混合好的粘合剂从混合板上刮起，在受损区域的表面上抹上很薄的一层	
4	涂抹胶粘剂： （1）在抹上第一层胶粘剂后，混合并抹上第二层较厚的粘合剂的填充层（右图）。用热风机或红外线烘干灯等，使其在 50℃ 的温度下干燥 30min 以上 （2）分别用粗、细砂纸将涂补处按原形打磨，过程中不得用力过猛，并注意不要擦伤未损坏部件表面	

- 现在新型塑料越来越多地用来制造汽车车身件，如保险杠盖板和挠性仪表板，乙烯、丙烯(EP、PP)和热塑性烃化合物(WO)是最经常使用的。修理这些塑料件时必须注意：在使用两成分氨基甲酸乙IS脂粘合剂之前，必须在被修理的表面涂抹多烃促进剂。

2. 热塑性塑料的胶粘与修补

热塑性塑料在加热时能软化并能焊接，而除少数情况外均可使用粘结剂粘结。工艺明显优于焊接。如果选定粘结，最好的方法是通过挠性试验来鉴别塑料的种类。进行此项试验时，把基体物料的挠性与修理物料的样片比较，选用最能配合基料的修理物料。

热塑性塑料即可熔化又可溶解，对修补方法有比较广泛的适应性。对于车身上热塑性塑料件的断裂，用胶粘剂直接进行胶粘。同样，在裂纹的背面也可利用热熔胶枪作进一步加固。

1）热固性塑料的胶粘与修补

热固性塑料主要用来制作保险杠、阻流板、前隔栅、轮辋罩等，其常见损坏形式多为破断，应先将胶粘面及其周围清理干净，然后使用速干胶将断口粘结起来，并及时校准碎块与基础件的相对位置。如碎块短缺，可从废弃的车身塑料件上切补，但要使接口平整、无缝，无误后再用速干胶将全部断缝填满、粘牢。

2）两者区别

热固性塑料件只能采用粘结法修理，热塑性塑料件虽能加热软化焊接，但使用粘结法更为简捷。化学粘结不失为塑料件修理的普遍适用方法。

粘结剂通常是以聚酯、环氧树脂或氨基甲酸乙酯作为基体脂，加入硬化剂或催化剂组合而成的。市场上出售的粘结剂一般都是制配好的，可供选用。

当车身塑料件发生缺陷性损坏时，先用细砂纸将拟修补表面打磨粗糙。然后涂上一层PP塑料底漆(按说明书要求)，再用环氧树脂腻子将缺陷修补平整，烘干固化后再分别用粗、细砂纸按原样打磨光滑即可。

有些PP塑料(如仪表板或保险杠)，为改善外观和涂装性能，而在其表面填加了一层橡胶状弹性纹理，这给修补工作造成了一定的难度。用上述方法修补后，需要用PP塑料专门涂料，对修补过的部位进行认真的表面喷涂处理。这种新型涂料不仅将弧形坡口周边磨粗糙块能够改善环氧树脂与PP塑料的亲合性，对外观的涂装效果也远比其他涂料优越得多。

3. 各种塑料粘结修理方法的顺序

修理顺序如表6-12所示。

笔记

表 6-12 粘结修理方法的顺序

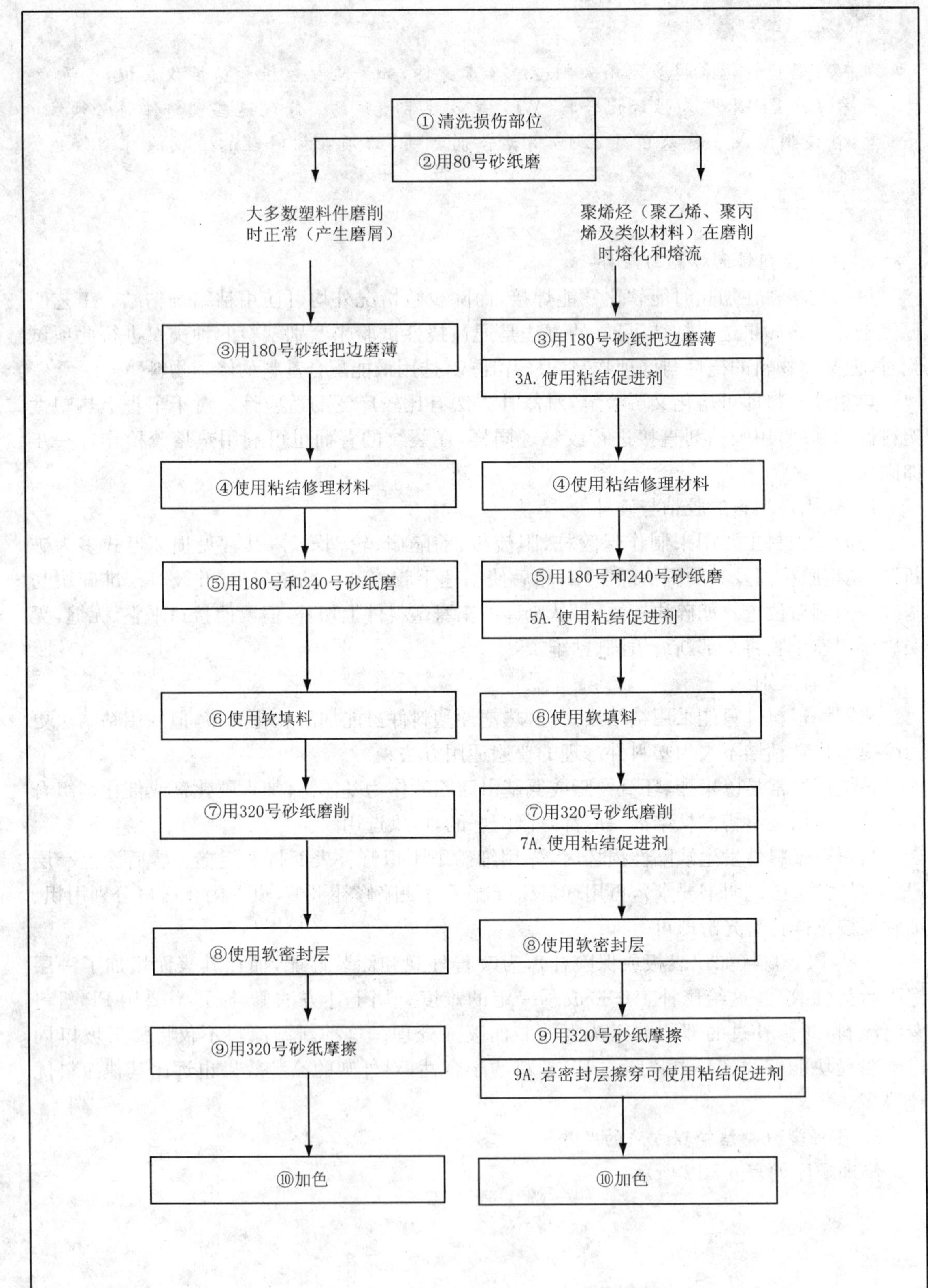

笔 记

4. 塑料常见损坏现象的修理

修理修复过程如表 6－13 所示。

表 6－13　划痕和裂纹的修理修复过程

序号	划痕和裂纹的修理修复过程
1	用清水和塑料清洁剂擦拭修理部位，清洗结合面的油污
2	清洗后，粘结之前将塑料件加热，将催化剂喷到裂纹一侧，然后涂上粘结剂
3	将划痕或裂纹两侧迅速压合，约 1min 即可得到理想的粘结效果，然后需经 3～8h 的硬化处理，提高粘结强度

5. 擦伤、撕裂和刺穿的修理

修理程序如表 6－14 所示。

表 6－14　擦伤、撕裂和刺穿的修理程序

序号	擦伤、撕裂和刺穿的修复过程(化学结合方法)
1	用带有石蜡、油脂和硅脂溶剂的湿布彻底清洗损伤部位，然后擦干
2	用砂轮将待修孔、裂槽边削出 6～10mm 的坡口，造出有利于粘结的结构，磨削后应涂上粘结促进剂
3	将待修部位周边的油漆用精细砂轮削去，至少保证孔边 30mm 附近表面油漆被清除干净。清洁这些表面，便于粘结
4	对孔边的坡口进行火焰处理以改善粘结性。使用喷灯加热到坡口略呈棕色即可
5	粘结孔的背面彻底清洗后，粘上有强粘结力的铝箔和能防潮的胶带，做好修补孔前的准备工作
6	按照粘结剂使用说明书要求，将两种粘合物混合调和后分两次堵涂到孔洞之中。第一次用刮板快速填满孔洞(1min 内完成)，然后在室温下硬化处理(约 1h)或用加热法硬化；第二次粘结之前，用精细砂轮磨去第一次施用时留下的凸点，并清除干净
7	第二次调好的粘结剂，将它填满待修部位，用软刮板修平
8	待粘结剂干后，用 80 号砂纸把周围修整出一个粗轮廓，用 180 号和 240 号细砂纸打磨。对于表面的凹坑、针孔均应用辅助材料填平，最后用 320 号砂纸修边打磨，清洁表面后进行塑料补漆

6. 环氧树脂和氨基甲酸乙酯修理材料

修理用的粘结材料包括环氧树脂和氨基甲酸乙酯两种。两种材料必须分别存放，使用前按等量配制成粘结剂。使用前应注意几点如表 6－15 所示。

表 6－15　环氧树脂和氨基甲酸乙酯修理材料的使用事项

序号	环氧树脂和氨基甲酸乙酯修理材料的使用事项
1	修理之前，必须把零件清洗干净
2	待修理件和修理材料必须置于室温下以获得适当的硬化处理和粘结效果
3	修理材料两组分必须等量完全混合之后才能使用
4	若有可能，应使用玻璃纤维增强垫，特别是修理贯穿性损伤时

7. 聚烯烃类塑料件的粘结修理

氨基甲酸乙酯塑料件能用粘结剂直接修理。聚烯烃类的塑料件用粘结剂粘合则需要增加粘结促进剂才有可能。因此,对被粘结的基体材料事先判断属于哪一类是极为必要的。办法是将损伤部位磨一下,若磨口发生熔化或脏污,则是聚烯烃类。粘接时需加入粘结促进剂。

聚烯烃类型料件(保险杠)粘结修理顺序如表 6-16 所示。

表 6-16 聚烯烃类型料件(保险杠)粘结修理顺序

序号	聚烯烃类型料件(保险杠)粘结修理顺序
1	用肥皂和水清洗整个保险杠,拭干,然后用优质塑料清洁剂清理
2	用砂轮机在损伤部位磨出 V 形槽便于粘结
3	用 180 号砂纸将损伤部位周围的油漆磨去,并清除所有磨屑
4	用优质塑料清洁剂清洁背面,涂上粘结促进剂
5	把软环氧树脂粘结剂两组分等量混合好,放在一块玻璃纤维布上
6	将浸透的玻璃纤维布贴向背面,用辅助粘结材料填好接口
7	在前面磨好的修理部位涂上粘结促进剂,待干
8	在 V 形槽内填入粘结材料,按使用要求硬化处理
9	用 80 号砂纸对修理部位进行粗磨,继而用 180 号和 240 号砂纸打磨。注意随时用粘结材料覆盖修补微小缺陷,经精修后待油漆喷涂

8. 纤维增强型塑料的修补

纤维增强型塑料俗称玻璃钢,主要应用于车身壳体壁板、轮罩和阻流罩等塑料构件,其损坏形式多以表皮划伤和贯穿性裂缝为主。纤维增强塑料的修补方法如表 6-17 所示。

表 6-17 纤维增强型塑料(玻璃钢)的修补

检查项目	示意图及说明	
划伤	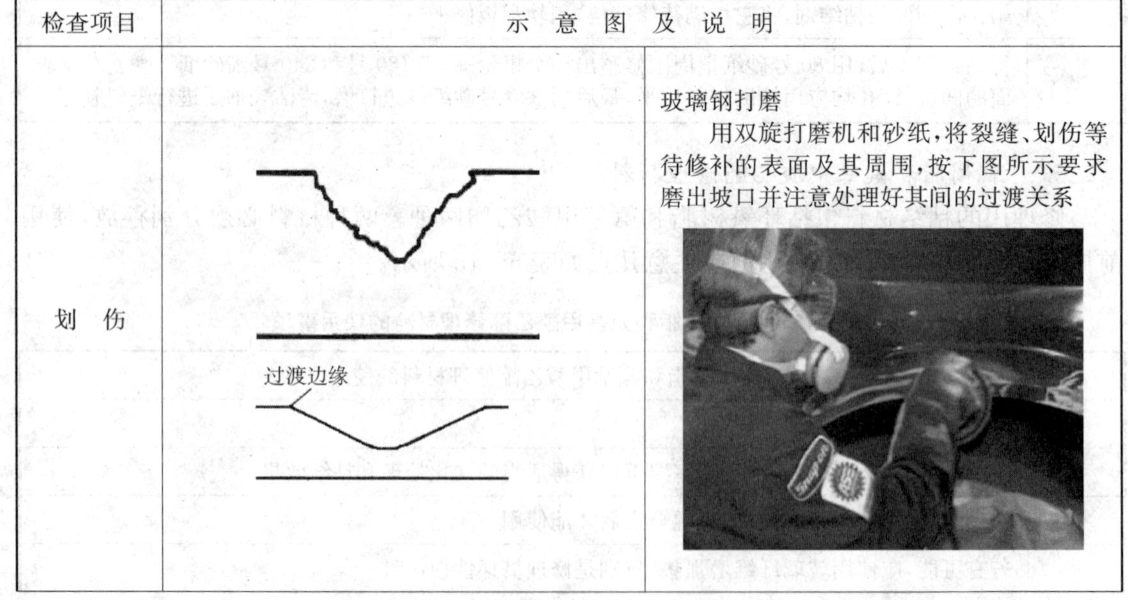	玻璃钢打磨 用双旋打磨机和砂纸,将裂缝、划伤等待修补的表面及其周围,按下图所示要求磨出坡口并注意处理好其间的过渡关系

笔记

（续表）

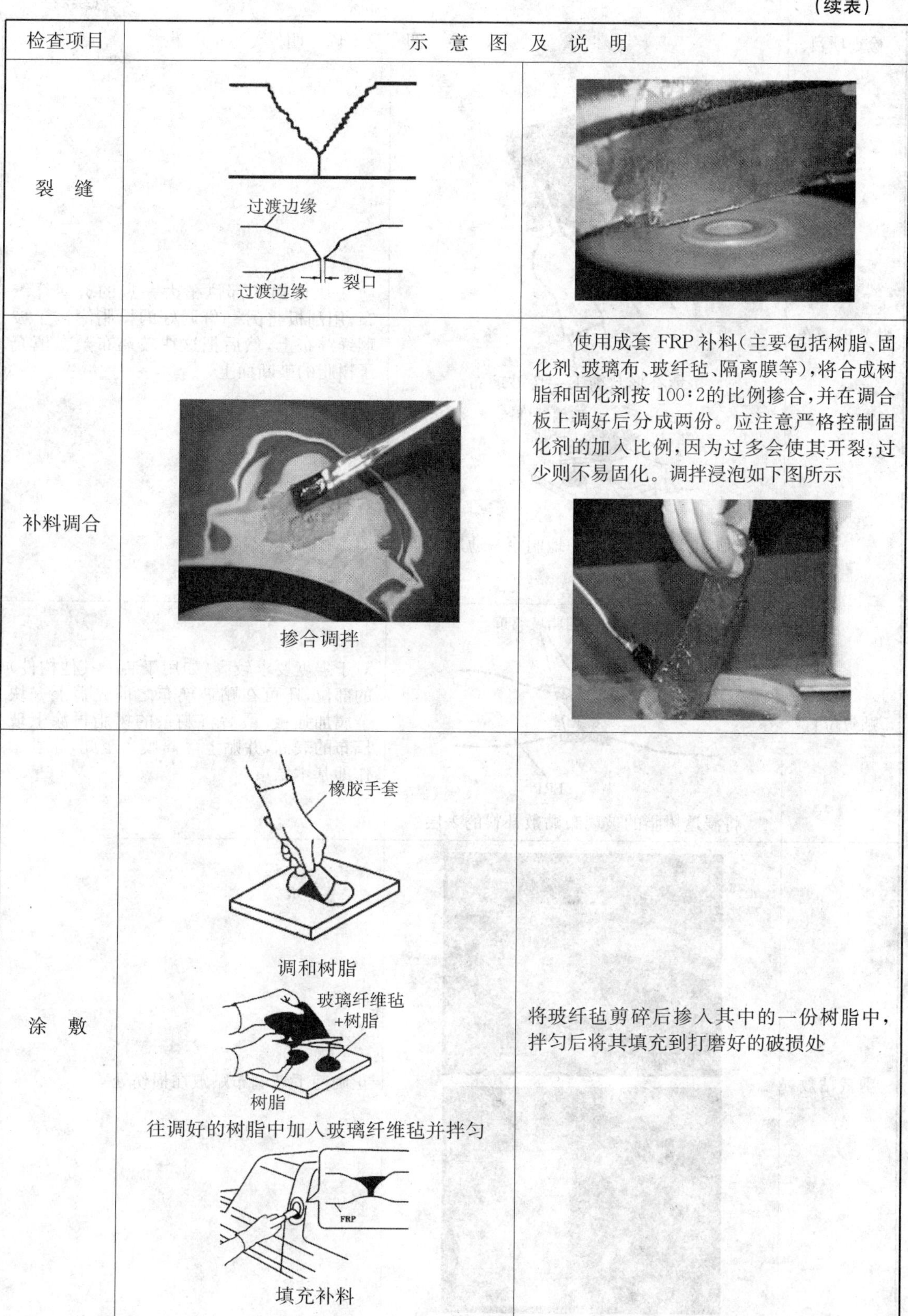

检查项目	示意图及说明	
裂　缝	过渡边缘 裂口 过渡边缘	
补料调合	掺合调拌	使用成套 FRP 补料（主要包括树脂、固化剂、玻璃布、玻纤毡、隔离膜等），将合成树脂和固化剂按 100∶2的比例掺合，并在调合板上调好后分成两份。应注意严格控制固化剂的加入比例，因为过多会使其开裂；过少则不易固化。调拌浸泡如下图所示
涂　敷	橡胶手套 调和树脂 玻璃纤维毡+树脂 树脂 往调好的树脂中加入玻璃纤维毡并拌匀 FRP 填充补料	将玻纤毡剪碎后掺入其中的一份树脂中，拌匀后将其填充到打磨好的破损处

笔记

（续表）

检查项目	示意图及说明	
贴敷玻璃布	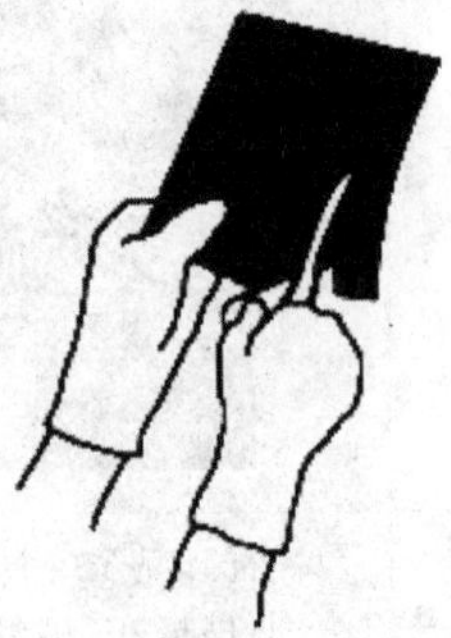 按填补形状剪下一块玻璃布 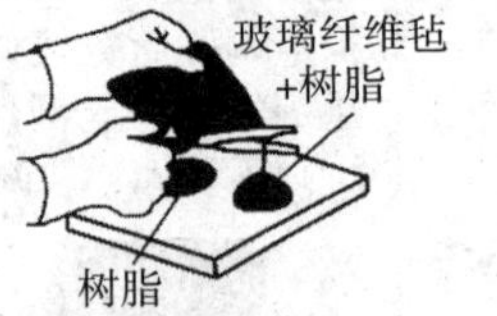 玻璃纤维毡+树脂 树脂 往剪好的玻璃布上均匀地刷涂一薄层树脂	剪一块比损坏部位稍大一点的玻璃纤维布，用刮板将另一份调好的树脂涂抹于玻璃纤维布上，然后把这块玻璃布敷在填充了树脂的破断面上
贴敷位置	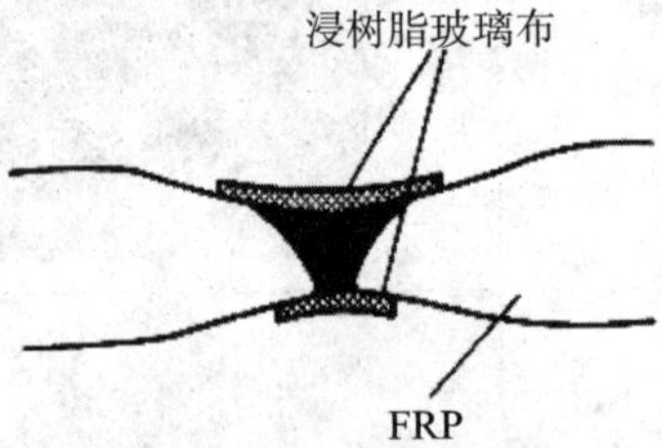 浸树脂玻璃布 FRP 将浸透树脂的玻璃布贴敷补料的表层	对于强度要求较高（如用于装配其他构件）的部位，还可在贴玻璃布之前先盖上一块金属加强板；最后将剩余的树脂再涂上玻璃布的表面，并贴上隔离膜。至此，涂敷工作即基本结束
剪裁贴敷	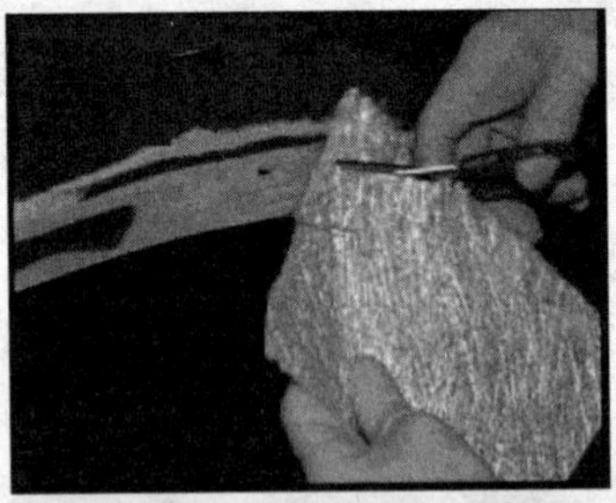 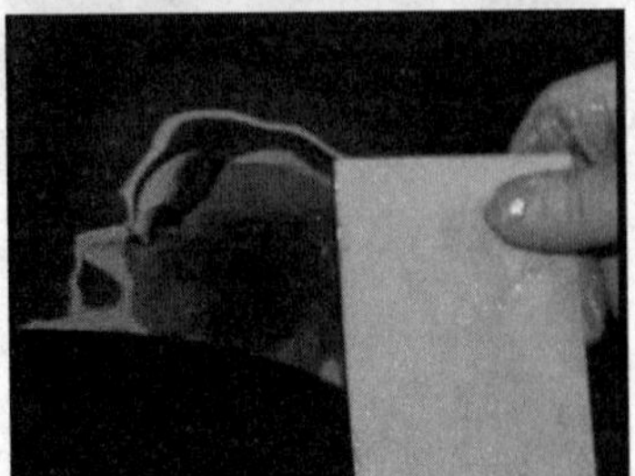	正确剪下玻璃布贴敷在损伤处

笔 记

（续表）

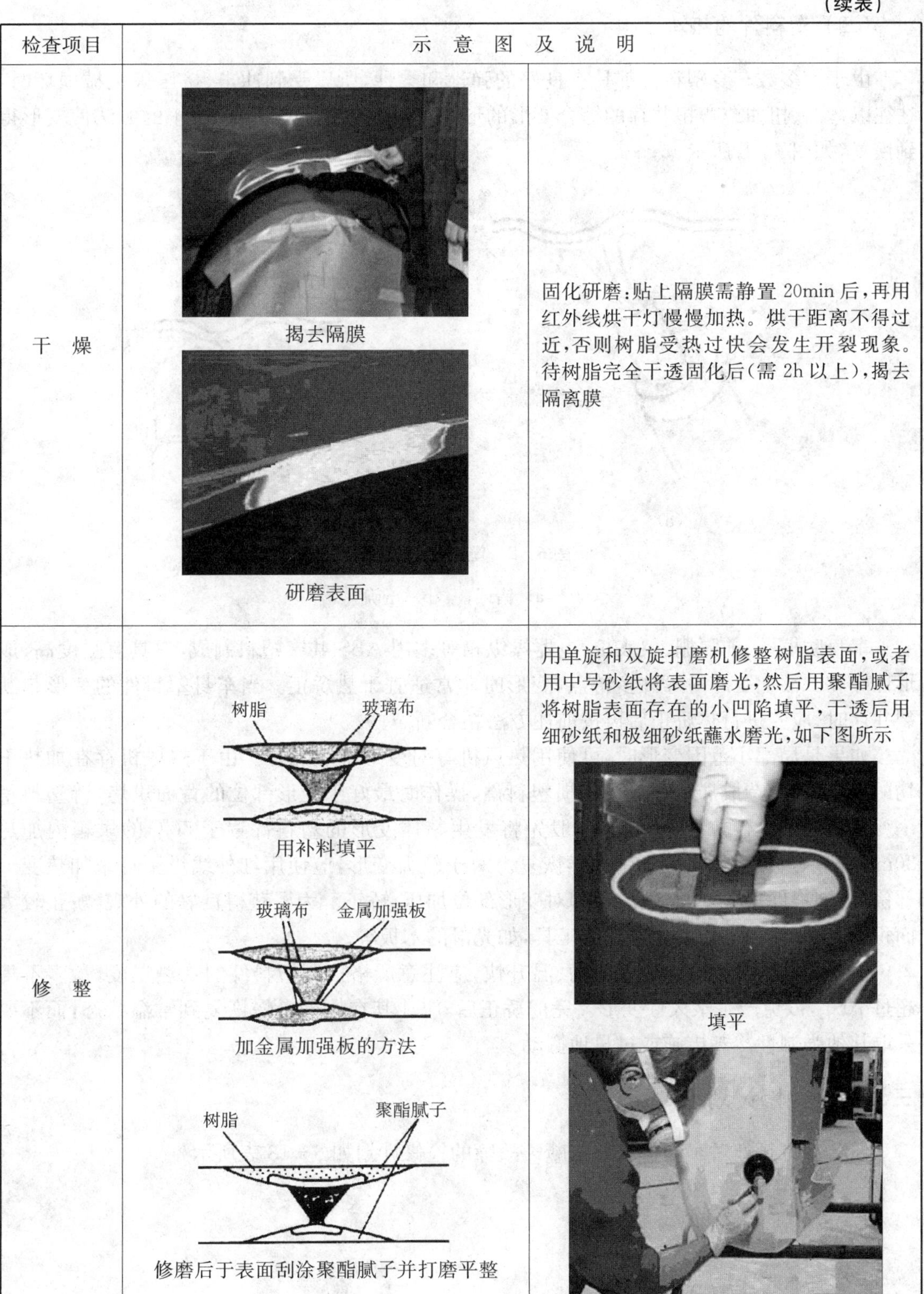

检查项目	示 意 图 及 说 明	
干　燥	揭去隔膜 研磨表面	固化研磨：贴上隔膜需静置 20min 后，再用红外线烘干灯慢慢加热。烘干距离不得过近，否则树脂受热过快会发生开裂现象。待树脂完全干透固化后（需 2h 以上），揭去隔离膜
修　整	用补料填平 加金属加强板的方法 修磨后于表面刮涂聚酯腻子并打磨平整	用单旋和双旋打磨机修整树脂表面，或者用中号砂纸将表面磨光，然后用聚酯腻子将树脂表面存在的小凹陷填平，干透后用细砂纸和极细砂纸蘸水磨光，如下图所示 填平 研磨

笔记

(四) 塑料件的热矫正

由于大多数车身塑料件都具有良好的弹性和柔性，所以受到冲击、挤压等机械损坏时，往往以弯曲、扭曲或弯扭共存的综合变形的形式出现。对此，可采用热矫正的方法使变形得到恢复，如图 6－8 所示。

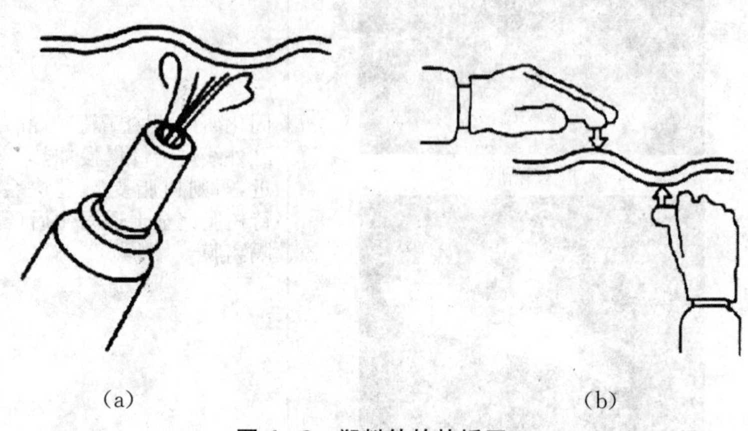

图 6－8 塑料件的热矫正

(a) 错误； (b) 正确

车身防擦条、前隔栅、仪表板、电器操纵箱等多用 ABS 共聚塑料制成，它具有强度高、成形性好和二次加工容易等许多特点，变形时非常适宜于热矫正。当车身塑料件的变形与断裂并存时，应先进行热矫正后再按前述方法粘合断裂。

如果是局部小范围变形时，可使用热风机等对变形部位加热。由于热风机存在加热不均的缺点，容易造成局部过热而烧损塑料件，操作时最好于变形部位的背面烘烤，待塑料稍一变软就立刻进行按压、矫正。一般先将发生整体变形的塑料件置于 50℃ 的烘箱内加热 30min，热后再用手劲将变形依原样恢复。对于较大变形，应使用红外线烘干灯来加热变形部位，当塑料件稍一变软，就应立即对变形部位加压、矫正。为了获得良好的外观，矫正较大面积的变形时，还应借助一些辅助工具，如光滑的木板等。

由于红外线烘干灯加热效率高、温升快，应注意严格控制塑料件的受热温度，最多不得超过 70℃，以免产生永久性变形。完成矫正后，应让其在原处慢慢恢复到常温状态，而不要采取其他强制性冷却措施或过早地搬动。

三、制订检修计划

任务制订日产轿车前护杠凹陷断裂故障的检修计划如 6－18 表所示。

笔 记

表 6-18　汽车车身前护杠凹陷断裂故障的检修计划

1. 收集塑料件的粘结与修补相关信息，分析日产轿车前护杠凹陷断裂故障的原因 2. 参照故障检修流程制订前护杠凹陷断裂故障维修计划					
	车　辆　描　述				
1. 车辆信息描述	日产轿车车身前护杠碰撞爆裂要焊接完成修复	塑料热空气焊炬焊接			
		机械连接			
		粘　接			
		铆　接			
2. 汽车车身前护杠断裂故障					
3. 车身前护杠断裂故障原因分析，画出鱼刺图					
4. 汽车车身前护杠断裂故障检修工作准备	前护杠断裂 系统分析：形状大小、维修手段、损坏件位置、焊接方式、参考数据 规定：相关安全法规、制造商规定、钣金件维修规范 故障诊断：振动断裂、碰撞断裂、碰撞变形 修理：备件、工作计划、工作流程图 设备：塑料焊接、粘接				
5. 汽车车身前护杠断裂故障检修流程	步骤	检修项目	操　作　要　领	技术要求或标准	检修记录

笔记

- 车辆的维修接待，必须仔细询问顾客车辆故障的原因，细心观察车辆除事故范围外的损伤情况，并注明以防纠纷产生；对车内贵重物品妥善保存或要求顾客自行处理，为维修作业做好必要的准备，如实准确地填写接车问诊。车身钣金件故障检修流程表要做仔细毫不遗漏地记录下来，以便在维修过程中实施监控。

相关维修项目特点如表 6－19 所示。

表 6－19　维修项目特点

特　点	示　意　图	特　点　说　明
前护杠		1. 前护杠属于热固性塑料，在加热和使用催化剂或紫外光的情况下发生化学变化。硬化后永久形状，即使重复加热或使用催化剂也不会变形 2. 宜采用粘结法修复，不能焊结修复
钣金矫正锤		1. 钣金矫正锤对车身不同形状构件表面凹凸不平弯曲等进行有效的矫正 2. 橡皮锤：用于柔和地敲击薄钢板，不会损坏油漆表面
热风枪焊炬	1—压缩空气或惰性气体；2—空气软管；3—螺栓；4—手柄；5—外筒体；6—内筒体；7—热空气；8—焊嘴；9—螺纹喷嘴；10—不锈钢电热元件；11—加热室；12—扳手螺母；13—冷空气；14—交流电源线	利用由陶瓷或不锈钢制成的电热元件来产生热空气，通过喷嘴喷到塑料及焊条上，两者熔化后焊接到一起

笔记

（续表）

特　点	示　意　图	特　点　说　明
焊条		1. PE 树脂经挤出而成的实心圆状制品，色泽一般为黑色、白色、黄色 2. 特性：耐酸、碱、盐，耐腐蚀，无毒 3. 用途：用于塑料挤出焊机在焊接塑料板材、罐体制作、管件制作、焊接塑料容器而必备的塑料成品
操作安全保护用品		操作过程必须配戴手套、口罩、各种眼镜等防护用品
粘结剂	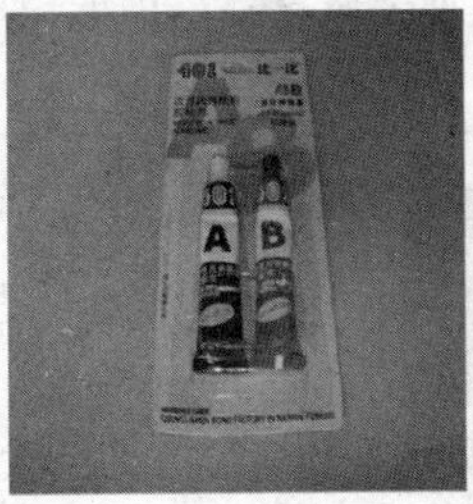 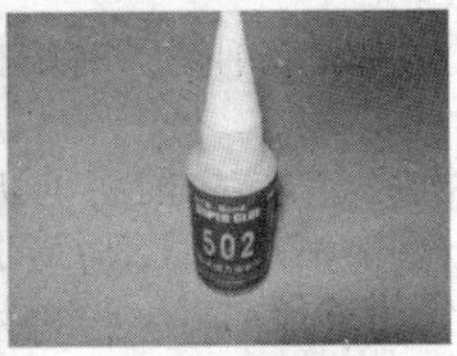	1. 双管 AB 胶属高性能粘结混合剂 2. 502 胶水为无色透明液体，具有单组份、快固化、粘接强度高等特点。通用性强，应用广泛，抗冲击性强，耐水耐热性好，具有强渗入性。瞬间粘合各种金属、橡胶、皮革、木材、陶瓷、玉石、首饰、工艺品等具有很强的粘结性
夹具及大力钳	见表 4-3-5	
电动（或气动）砂轮机	见图 4-2-12 及图上面两行文字说明	

笔记

四、实施维修作业

汽车车身前护杠塑料的修复任务书如表 6－20 所示。

表 6－20　汽车车身前护杠塑料的修复任务书

1. 能收集车身塑料焊接与粘结的原理及相关操作信息，分析塑料的焊接与粘结在车身维修中的应用 2. 能描述塑料焊接与粘结的安全事项 3. 能对车身附件的损坏进行修复作业并按行业规范进行维修质量检验			
1. 车辆信息描述	车　辆　描　述		
	车身焊接工艺描述		
2. 汽车车身电阻点焊焊接工艺的概述描述			
检查步骤	检修分类项目	作　业　要　领	检修项目记录
车身前护杠塑料的修复相关知识信息	车身塑料类型和修复方法	1. 车身上常用的塑料有热塑性、热固性和复合型塑料三大类 2. 修复方法主要有：焊接法、粘结法、热矫正等方法，可根据塑料的类型不同选用不同的修理方法	
	热固性塑料的粘结原理	热固性塑料主要用来制作保险杠、阻流板、前隔栅、轮辋罩等，其常见损坏形式多为破断，应先将胶粘面及其周围清理干净，然后使用速干胶将断口粘结起来，并及时校准碎块与基础件的相对位置。如碎块短缺，可从废弃的车身塑料件上切补，但要使接口平整、无缝，无误后再用速干胶将全部断缝填满、粘牢	
	粘结剂	1. 双管 AB 胶属高性能粘结混合剂 2. 502 胶水为无色透明液体，具有单组份、快固化、粘接强度高等特点。通用性强，应用广泛，抗冲击性强，耐水耐热性好，具有强渗入性。瞬间粘合各种金属、橡胶、皮革、木材、陶瓷、玉石、首饰、工艺品等具有很强的粘结性	
	前护杠塑料裂纹的修理	1. 用清水和塑料清洁剂擦拭前护杠修理部位，清洗结合面的油污 2. 前护杠清洗后，粘结之前将前护杠塑料件加热，将催化剂喷到裂纹一侧，然后涂上粘结剂 3. 将裂纹两侧迅速压合，约 1min 即可得到理想的粘结效果，然后需经 3～8h 的硬化处理，提高粘结强度	
	前护杠塑料的打磨	用单旋和双旋打磨机修整塑料护杠表面，或者用中号砂纸将表面磨光，然后用聚酯腻子将树脂表面存在的小凹陷填平，干透后用细砂纸和极细砂纸蘸水磨光平滑	
	前护杠塑料质量的检验	维修后护杠表面要求平滑、无凹凸不平、弧线圆滑	
	质量检验	修复后的前护杠强度能达到维修行业或国家标准	
检修结论与处理措施			

笔记

五、检验评估

项目六的检验评估如表 6－21 所示。

表 6－21　项目 6 检验评估

<table>
<tr><th>评　价　指　标</th><th colspan="2">检　验　说　明</th><th colspan="4">检　验　记　录</th></tr>
<tr><td>车身塑料的焊接与粘结实训检查项目</td><td colspan="2">➢能简单叙述车身塑料钣件的修复方法
➢能准确描述车身塑料钣件上裂痕的维修工艺以及正确的修复方法
➢能按作业规范对车身塑料钣件进行焊接修理、粘结以及热矫正修复
➢能根据车身塑料焊接用具的日常维护作业规范，实施维护作业
➢其他</td><td colspan="4"></td></tr>
<tr><td>车身塑料的焊接与粘结实训的一般流程</td><td colspan="2"></td><td colspan="4"></td></tr>
<tr><td>评价内容</td><td colspan="2">检　验　指　标</td><td>权重</td><td>自评</td><td>互评</td><td>总评</td></tr>
<tr><td>检查任务完成情况</td><td colspan="2">1. 完成任务的情况
2. 任务完成的质量
3. 在小组完成任务过程中所起的作用</td><td></td><td></td><td></td><td rowspan="3"></td></tr>
<tr><td>专业知识</td><td colspan="2">1. 能描述热固性、热塑性塑料的焊接和粘结的基本原理
2. 能熟知车身塑料类型和修复方法
3. 能了解热风焊机(枪)使用及安全操作事项
4. 能描述塑料焊接故障原因和排除方法以及塑料热矫正的工艺</td><td></td><td></td><td></td></tr>
<tr><td>职业素养</td><td colspan="2">1. 学习态度：积极主动参与学习
2. 团队合作：与小组成员一起分工合作，不影响学习进度
3. 现场管理：服从工位安排、执行实训室“5S”管理规定</td><td></td><td></td><td></td></tr>
<tr><td>综合评议与建议</td><td colspan="6"></td></tr>
</table>

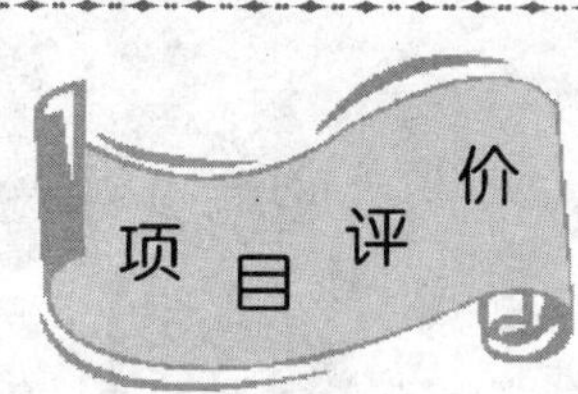

任务检验与评估

1. 检查训练任务：真实、完整、有效。
2. 按各学习活动进行自评或互评。

笔记

序号	任务检验与评估项目	标　准	课程权重	自我综合评价
1	塑料类型以及修理方法	能准确描述车身前护杠的塑料类型以及修理方法	10%	
2	车身塑料的特点及修理方法	能描述车身塑料的特点及修理方法	10%	
3	塑料钣件的焊接原理	能描述塑料钣件的焊接原理	10%	
4	塑料焊接与粘接的安全操作事项	通过粘接车身断裂损伤附件，掌握车身塑料修复工艺的安全操作事项	10%	
5	粘结车身前护杠的技能	通过修复车身塑料断裂损伤附件，掌握粘结车身前护杠的技能，同时能检验维修质量	15%	

想一想：

本田轿车后护杠属热塑性塑料，其擦伤、断裂的修复过程是怎样的？焊接修复应注意什么事项？

笔 记

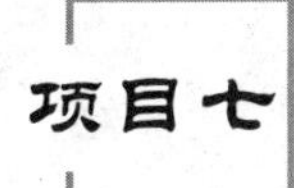

等离子弧切割工艺与实训

——车身中立柱的切割更换

Description 项目描述	一辆北京吉普车发生了车身中立柱受到碰撞而断裂变形的事故。需要你对中部车身进行检测,确定最佳的焊接方式,以便更好地选用焊接类型进行修理,完成任务
Objects 项目目标	1. 了解该车车身中立柱部位的位置及材质,按诊断流程排除中立柱断裂变形故障 2. 能准确描述等离子弧切割机的工作原理和掌握操作技术 3. 能按作业规范对车身各钣金件进行分离切割修理和更换 4. 能了解等离子弧切割机的相关设备、工具的正确使用 5. 能对车身附件的损坏进行修复作业并按行业规范进行维修质量检验
Tasks 项目任务	1. 能收集等离子弧切割机相关知识信息,分析等离子弧切割机在车身维修中的应用 2. 能描述等离子弧切割机的切割原理 3. 能对车身中立柱附件的损坏进行修复作业并按行业规范进行维修质量检验
Implementation 项目实施	客户报修 → 维修接待 收集信息 → 信息处理 制订计划 → 制订计划 故障排除 故障检验 → 实施维修 工作考核 → 检验评估 TOYOTA

笔记

一、维修接待

按照表 7－1 完成待修车辆的维修接待，并准确填写接车问诊表。

表 7－1　维修接待与接车问诊表

1. 通过询问客户了解轿车发生故障情况，填写接车问诊表
2. 车间检测初步确认结果及主要故障零部件

接 车 问 诊 表

车牌号：＿＿＿＿＿＿　车架号：＿＿＿＿＿＿　行驶里程：＿＿＿＿＿＿（km）

用户名：＿＿＿＿＿＿　电　话：＿＿＿＿＿＿　来店时间：＿＿＿＿/＿＿＿＿

用户陈述及故障发生时的状况：**一辆北京吉普车车身中立柱由于受到碰撞而断裂变形的事故**

故障发生状况提示：**行驶速度、发动机状态、发生频度、发生时间、部位、天气、路面状况、声音描述**

接车员检测确认建议：**需对中立柱进行检修**

车间检测确认结果及主要故障零部件：**需对中立柱进行检修，必要时需更换中立柱及附件**

车间检查确认者：＿＿＿＿＿＿

外观确认：	功能确认：（工作正常✓　不正常×） □音响系统　□门锁（防盗器）　□全车灯光　□工具 □后视镜　□顶窗　□座椅　□护杠 □玻璃升降器　□玻璃　□车门
（请在有缺陷部位作标识）	物品确认：（有✓　无×） □贵重物品提示 □工具　□备胎　□灭火器 □其他（　　　　　） 旧件是否交还用户　□是　□否 用户是否需要洗车　□是　□否

• 检测费说明：本次检测的故障如用户在本店维修，检测费包含在修理费用内；如用户不在本店维修，请您支付检测费。本次检测费：￥＿＿＿＿元。

• 贵重物品：在将车辆交给我店检查修理前，已提示将车内贵重物品自行收起并保存好，如有遗失恕不负责。

接车员：＿＿＿＿＿＿＿＿　用户确认：＿＿＿＿＿＿＿＿

笔记

- 对车辆的维修接待，必须仔细询问顾客车辆故障的原因，细心观察车辆除事故范围外的损伤情况，并注明以防纠纷产生；对车内贵重物品妥善保存或要求顾客自行处理，为维修作业做好必要的准备，如实准确地填写接车问诊表。

二、信息收集与处理

按照表 7-2 完成任务的信息收集与处理。

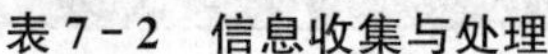
表 7-2　信息收集与处理

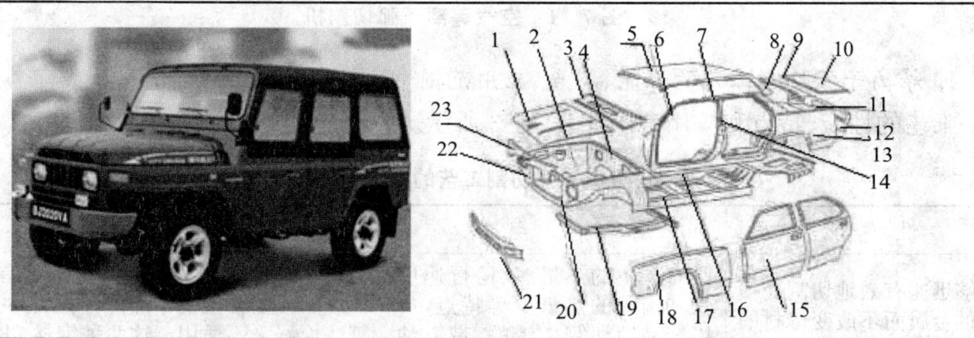
吉普车车身结构图主要零部件：1. 发动机盖；2. 前档泥板；3. 前围上盖板；4. 前围板；5. 车顶盖；6. 前柱；7. 上边梁；8. 顶盖侧板；9. 后围上盖板；10. 行李箱盖；11. 后柱；12. 后围板；13. 后翼子板；14. 中柱；15. 车门；16. 下边梁；17. 底板；18. 前翼子板；19. 前纵梁；20. 前横梁；21. 前裙板；22. 散热器框架；23. 发动机盖前支撑板 损伤部位的作用： 中柱不但支撑车顶盖，还要承受前、后车门的支承力，在中柱上还要装置一些附加零部件，例如前排座位的安全带，有时还要穿电线线束。立柱的刚度很大程度上决定了车身的整体刚度
1. 等离子弧切割相配套的设备工具主要有______、______、______、______等部分所组成 2. 空气压缩机由______、______、______组成 3. 收集等离子弧切割相配套设备工具的相关资料 4. 了解等离子弧切割机切割的操作方法 5. 制定切割设备完成工作计划

当今汽车行业金属切割的最先进的方法之一就是等离子弧切割。它已正在取代氧乙炔切割。现广泛使用为喷气式金属切割机，如图 7-1 所示。

笔 记

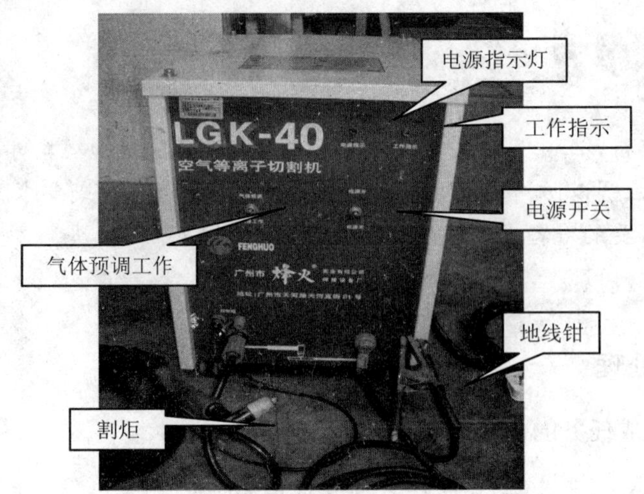

图 7-1 空气等离子弧切割机

1. 等离子弧切割工艺的性能、特点、应用范围

工艺的性能、特点和应用范围如表 7-3 所示。

表 7-3 等离子弧切割工艺的性能、特点、应用范围

性　能	特　点	应 用 范 围
能够迅速有效地切割受损坏的金属而不改变母材的性能	具有产生的热量多、运行速度快和输入的热量少等特点，可以轻易地切割生锈的、带有油漆或覆盖层的金属	在很多整体式车身的轿车上都装有高强度钢或高强度合金钢零部件，而原有的火焰切割法恰好又不适用于这两种钢材，本方法是一种较理想的切割方法

2. 等离子弧切割工艺过程

工艺过程如表 7-4 所示。

表 7-4 等离子弧切割工艺过程

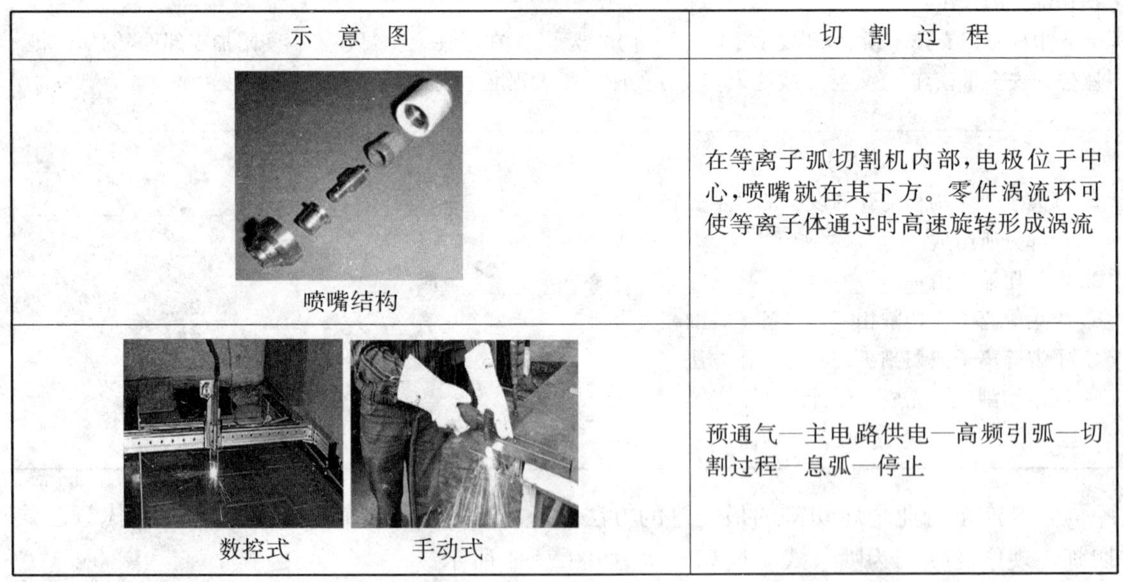

示 意 图	切 割 过 程
喷嘴结构	在等离子弧切割机内部，电极位于中心，喷嘴就在其下方。零件涡流环可使等离子体通过时高速旋转形成涡流
数控式　手动式	预通气—主电路供电—高频引弧—切割过程—息弧—停止

笔记

为了保证正常切割,防止切割时由于输入空气带有水分而造成短路,直接损坏切割焊炬嘴各配件。因此,必须除了空气压缩机外,还配置水油分离器。

3. 空气压缩机的基本结构

空气压缩机由压缩机、储气罐和电动机组成。

活塞式压缩机由曲轴连杆机构、冷却系统、润滑系统和自动调节系统组成。曲轴连杆机构主要包括活塞、连杆、曲轴、曲轴箱、缸体、缸盖、进气阀、排气阀等零部件,如图 7－2 所示。

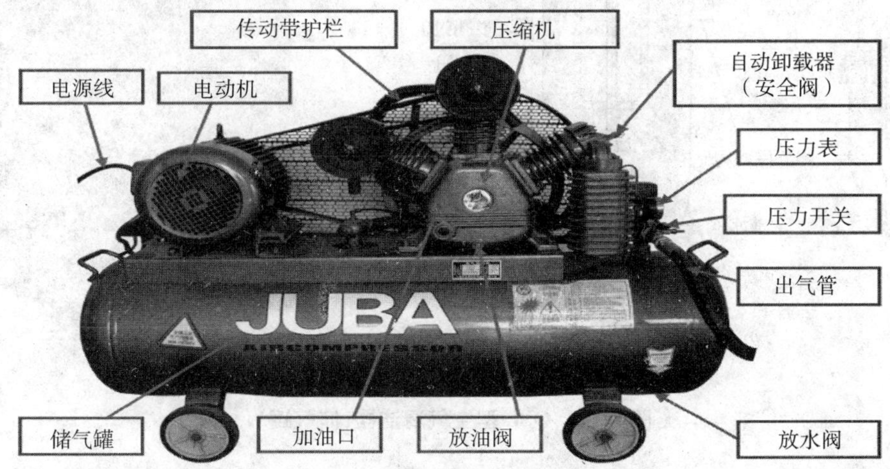

图 7－2　活塞式空气压缩机

4. 空气压缩机的工作原理

1）压缩机的工作原理

空气压缩机以电动机带动压缩机工作,当空气压缩机曲轴回转时,带动活塞连杆组做上下往复运动;当活塞下行时,气缸内压力降低,进气阀打开,气体进入气缸,完成吸气过程,如图 7－3 所示。

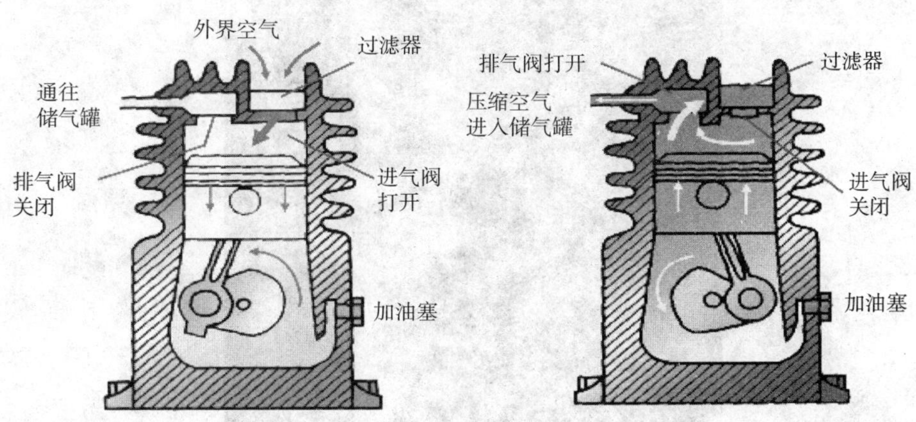

图 7－3　压缩机工作原理

2）储气罐

储气罐用来储存空压机生产出来的压缩空气,储气罐的大小应根据用气量及空压机的

笔 记

产气量来决定，储气罐的容积越大则空压机两次启动间的间隔时间越长，储气罐的工作压力必须大于车间工具所需压力以确保生产需要，如图 7-4 所示。

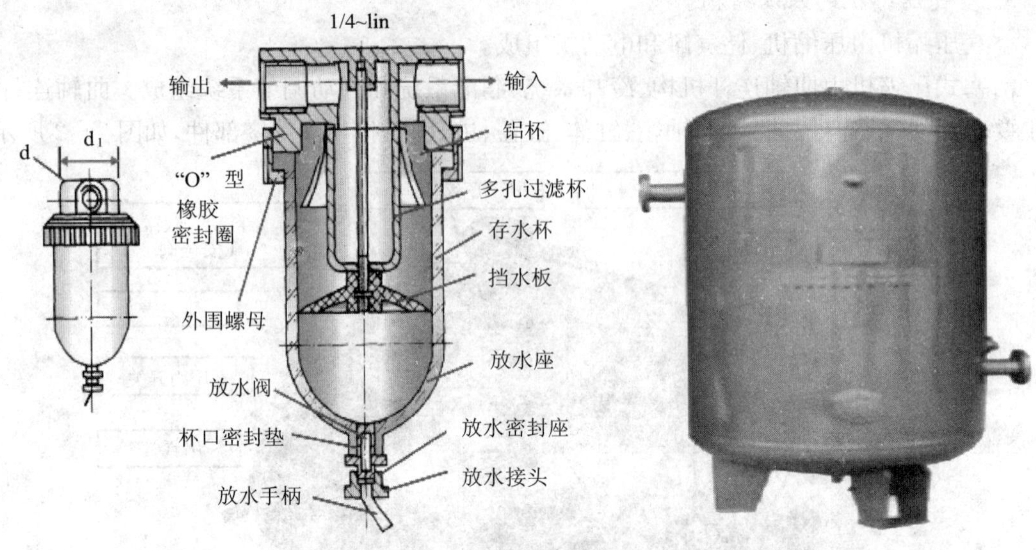

图 7-4 QSL 型空气清洁器(储气罐)

3）空气过滤器

为保证压缩空气的清洁还必须使用空气清洁器，又叫空气转换器、空气过滤器以及储气罐，如图 7-5 所示。

图 7-5 空气过滤器

5. 等离子弧切割的工作原理

等离子弧切割(即等离子空气切割)实质上是在极小的范围内产生一股很强的热气流，这股热气流熔化并带走金属。采用这种方法可以很整齐地切割金属。此外，由于热量非常集中，使在切割薄金属板时，也不会使金属板弯曲，如表 7－5 所示。

表 7－5　等离子弧切割的工作原理

序号	说　明	示　图
1	进行等离子弧切割时，用压缩空气作为屏蔽气体，将割炬喷嘴的外部屏蔽起来，并对该区域进行冷却，使割炬不会过热。空气还用作切割气体。空气在流向喷嘴口的过程中，围绕着电极产生涡流。当设备接通时，在喷嘴和内部电极之间形成一个电锥弧	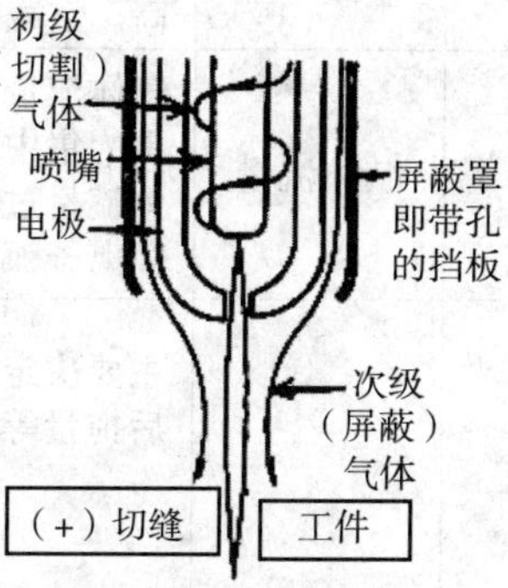 初级（切割）气体　喷嘴　电极　屏蔽罩即带孔的挡板　次级（屏蔽）气体　（＋）切缝　工件
2	切割气体到达这里以后，达到过热状态。这时，气体的温度很高，产生电离，所以能够传递电流(被电离的气体就是等离子体)。狭小的喷嘴口使膨胀的等离子体加速流向工件	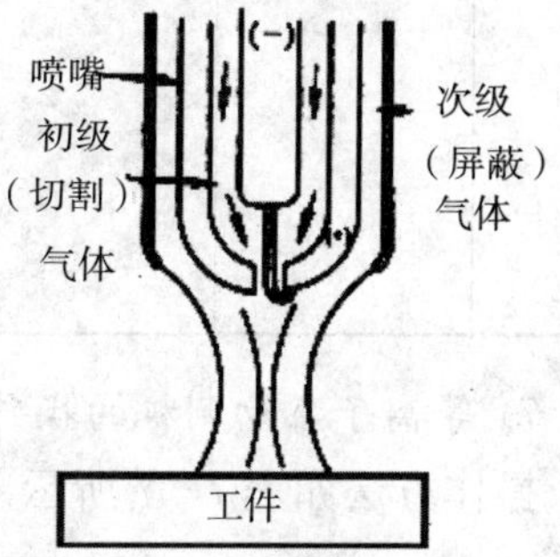 （－）　喷嘴　初级（切割）气体　次级（屏蔽）气体　工件 导引电弧（非转移弧）
3	当等离子体离工件足够近时，电弧穿过这一间隙，同时等离子体将电流传递到这里，这就是切割电弧	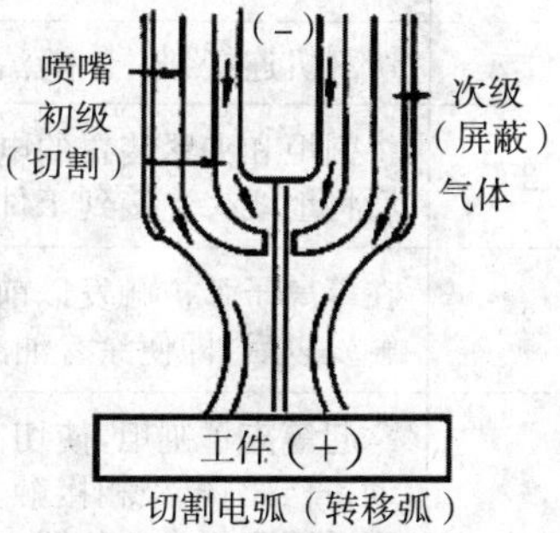 （－）　喷嘴　初级（切割）　次级（屏蔽）气体　工件（＋） 切割电弧（转移弧）

实际上，普通的空气不导电。但当电压很高时，气体分子电离后成为导电体。这时的空气达到过热状态并形成一条通道，使电流能够通过极高的温度和切割电弧的共同作用，在金属上熔化出一条狭窄的通道，使金属扩散到空气中并形成微粒。等离子体的作用力将所有金属微粒吹走，形成一条整齐的切口。

6. 等离子弧切割工艺的主要参数

主要参数如表 7-6 所示。

表 7-6 等离子弧切割工艺参数

序号	工艺参数	说 明 及 示 意 图
1	切割电流	切割电流大，易烧损电极和喷嘴，且易产生双弧，因此相应于一定的电极和喷嘴有一合适的电流
2	空载电压	空载电压高，易于起弧。切割大厚度板材和采用双原子气体时，空载电压相应要高。空载电压还与割枪结构、喷嘴至工件距离、气体流量等有关
3	气体流量	气体流量要与喷嘴孔径相适合，气体流量大，利于压缩电弧，使等离子弧的能量更为集中，提高了工作电压，有利于提高切割速度和及时吹除熔化金属。但是气体流量过大，从电弧中带走的过多的热量，降低了切割能力，不利于电弧稳定 等离子弧切割使用的气体压强为 0.3～0.5MPa
4	切割速度	主要决定于材质板厚、切割电流、切割电压、气体种类和流量、喷嘴结构和合适的后拖量等 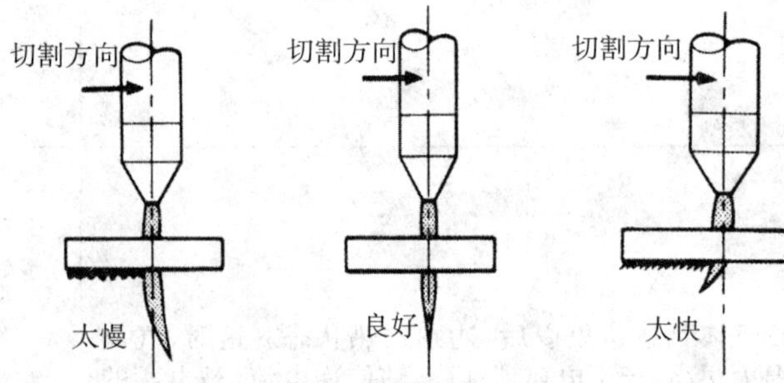 切割方向 切割方向 切割方向 太慢 良好 太快

7. 等离子弧切割机的操作方法

操作方法如表 7-7 所示。

表 7-7 等离子弧切割机的操作方法

序号	操 作 方 法
1	切割机连接到一个清洁、干燥的压缩空气源上
2	将割炬和夹紧装置的电线连接到切割机上。将切割机电源插头插到符合要求的电源上，然后将地线夹连接到工件的一个清洁表面上，连接处应尽量靠近切割部位
3	在等离子弧被触发以前，应先将切割喷嘴与工件上一个导电的部分相接触。一旦离子弧被触发以后，即使涂有油漆的表面，切割机也很容易切入
4	拿起等离子割炬，使切割喷嘴与工件表面垂直。向下推动等离子割炬，使切割喷嘴向下移动，直到与电极相接触。这时，等离子弧被触发。然后，立刻停止推动等离子割炬，让切割喷嘴返回到原来的位置。当等离子弧被触发后，切割喷嘴与工件可以不保持接触，不过，两者保持接触会使切割更容易进行。当切割喷嘴与工件保持接触时，施加在等离子割炬上的向下的力(如果有的话)非常小。只需要将它轻轻地拉到工件的表面上
5	在金属需要切割的部位上移动等离子割炬。切割的速度由金属的厚度决定。如果割炬移动得太快，它将不切割工件；如果割炬移动得太慢，将会有太多的热量传入工件，而且还可能熄灭等离子弧

笔 记

8. 等离子弧切割机电弧不稳定的原因

电弧不稳定的原因如表 7-8 所示。

表 7-8 等离子弧切割机电弧不稳定的原因

序号	等离子弧切割机电弧不稳定的原因
1	气压过高
2	气压过低
3	输入交流电压过低
4	火花发生器不能自动断弧
5	割炬喷嘴和电极烧损
6	地线与工件接触不良
7	切割速度过慢,切割时割炬与工件的垂直度,以及操作者对等离子弧切割机的熟悉程度,操作水平等,都会影响等离子弧的工作切割稳定性

- 在使用等离子弧切割机切割车身钣件时,要注意损坏钣件内部是否有漏拆的油路、线路,以及其他车身零部件和未损伤的连接构件,以免造成火患和不必要的维修麻烦!

9. 等离子弧切割机的注意事项

注意事项如表 7-9 所示。

表 7-9 等离子弧切割机的注意事项

序号	操 作 安 全 事 项
1	当切割厚度在 3mm 以上时,最好使等离子弧切割枪与母材成 45°角
2	切割枪的冷却对延长电极和喷嘴的寿命非常重要 进行长距离的直线切割时,使用一个金属的靠尺会更加方便
3	切割厚度 6mm 以上的材料时,最好先从材料的边缘开始切割
4	修理锈蚀的部分时,可将新的金属材料放在锈蚀部位的上面,然后切割补上去的金属,同时也将生锈的部分切除掉
5	在切割过程中,从切割电弧中喷出的火花会损坏油漆的表面,火花还会在玻璃上留下凹点,可用一个焊接防护套来保护这些表面

10. 等离子弧切割操作的安全防护

安全防护如表 7-10 所示。

笔记

表 7-10　等离子弧切割机操作的安全防护

序号	检修项目	说　明
1	防高温	等离子弧的温度达到(2～3)×10⁴℃,操作中不能接触等离子弧,没有任何防护用品都会造成近距离的烧伤
2	防电击	等离子弧电源的空载电压较高,尤其是在手工操作时有电击的危险。因此电源在使用时必须可靠接地,割枪枪体与手触摸部分必须可靠绝缘。操作人员要穿戴绝缘手套
3	防电弧光辐射	电弧光辐射强度大,主要由紫外线辐射、可见光辐射与红外辐射组成,等离子弧较其他电弧的光辐射更大,尤其是紫外线强度对皮肤损伤严重,操作者在切割时必须要穿长袖工作服,戴吸收紫外线的护目镜
4	防灰尘与烟气	等离子弧切割过程中伴随有大量金属蒸气、臭氧、氮化物等,由于气体流量大,致使工作场地灰尘大量扬起,这些灰尘和烟气对操作工人的呼吸道、肺等会产生严重影响,因此工作场地要通风良好,并且戴上防尘口罩
5	防噪声	等离子弧会产生高强度、高频率的噪声,尤其大功率的等离子弧切割时噪声更大,这对操作工人的听觉系统和神经系统非常有害。操作者必须佩戴耳塞或耳罩
6	防高频	等离子弧采用高频振荡引弧,但高频对人体有一定的危害,要求工件接地可靠

三、制订检修计划

本项目的任务制订汽车中部车身碰撞需更换中立柱故障的检修计划,如 7-11 表所示。

表 7-11　汽车车身切割更换中立柱故障的检修计划

<table>
<tr><td colspan="4">1. 了解北京吉普车车身中立柱要切割部位的连接特点
2. 根据故障现象查阅维修资料或维修站信息系统,做出解决方案
3. 检查中立柱位置与各附件钣件之间的连接关系制订维修方案
4. 选用最佳的切割设备以便更好按质完成修理任务</td></tr>
<tr><td rowspan="4">1. 车辆信息描述</td><td colspan="2">车　辆　描　述</td><td></td></tr>
<tr><td rowspan="3">车身钣金件材料类型</td><td>门槛与中柱金属材料</td><td></td></tr>
<tr><td>门槛结构形状</td><td></td></tr>
<tr><td>中柱结构类型</td><td></td></tr>
<tr><td>2. 汽车车身中立柱故障现象描述</td><td colspan="3"></td></tr>
<tr><td>3. 汽车车身中立柱故障原因分析,画出鱼刺图</td><td colspan="3"></td></tr>
</table>

笔 记

(续表)

<table>
<tr><td>4. 汽车车身中立柱故障检修工作准备</td><td colspan="5">车身中立柱故障
系统分析：形状大小、维修手段、损坏件位置、焊接方式、参考数据
规定：相关安全法规、制造商规定、钣金件维修规范
故障诊断：脱焊、断裂、老化腐蚀、碰撞变形
修理：备件、工作计划、工作流程图
设备：气焊设备、二氧化碳焊机、电阻点焊机、等离子弧切割机</td></tr>
<tr><td rowspan="8">5. 汽车车身中立柱故障检修流程</td><td>步骤</td><td>检修项目</td><td>操 作 要 领</td><td>技术要求或标准</td><td>检修记录</td></tr>
<tr><td></td><td></td><td></td><td></td><td></td></tr>
<tr><td></td><td></td><td></td><td></td><td></td></tr>
<tr><td></td><td></td><td></td><td></td><td></td></tr>
<tr><td></td><td></td><td></td><td></td><td></td></tr>
<tr><td></td><td></td><td></td><td></td><td></td></tr>
<tr><td></td><td></td><td></td><td></td><td></td></tr>
<tr><td></td><td></td><td></td><td></td><td></td></tr>
</table>

- 在使用等离子弧切割机切割车身钣件时，要有一人监护一人操作互相配合进行切割维修，并实时监管，防止在切割工作过程中发生意外事故，如灼伤、电击、火患以及切割到不必要切割的车身钣件。

笔 记

项 目	示 意 图	特 点 说 明
等离子弧切割机	 LGK-40 空气等离子切割机	1. 等离子弧切割是一种常用的金属和非金属材料的切割工艺方法。它利用高速、高温和高能的等离子气流来加热和熔化被切割材料，并借助内部的或者外部的气流熔化材料并将其排开，直至等离子气流束穿透而形成割口 2. 等离子弧柱的温度高，远远超过所有金属和非金属的熔点。因此等离子弧切割过程不是依靠氧化反应，而是靠熔化来切割材料，因而比氧切割方法使用范围大得多，能够切割绝大部分金属和非金属材料 3. 由于热量非常集中，使在切割薄金属板时，也不会使金属板弯曲。它已正在取代氧乙炔切割
等离子弧切割枪	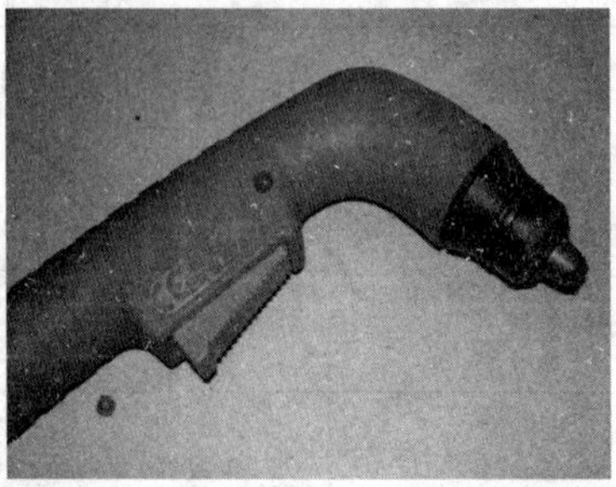	1. 专门切割汽车车身零部件的切割枪是小型的、便于操作的，能在零部件比较密集的部位工作 2. 切割枪上的两个关键部件分别是喷嘴和电极，是等离子弧切割机中的易损件。喷嘴和电极的损坏都将影响切割的质量 3. 它们在每次切割中都略有损耗，而且如果压缩空气中有水分，或切割过厚的材料，操作者水平太低都将使它们过早地损坏
喷嘴	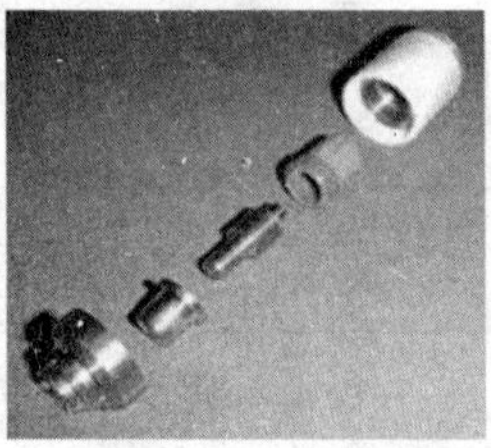 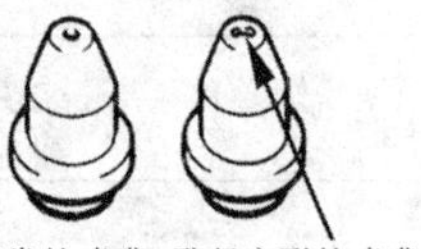 正常的喷嘴　孔径变形的喷嘴	1. 切割枪的电极和喷嘴非常容易损坏，要及时更新 2. 在等离子弧切割机内部，电极位于中心，喷嘴就在其下方。零件涡流环会使等离子体通过时高速旋转形成涡流
空气压缩机	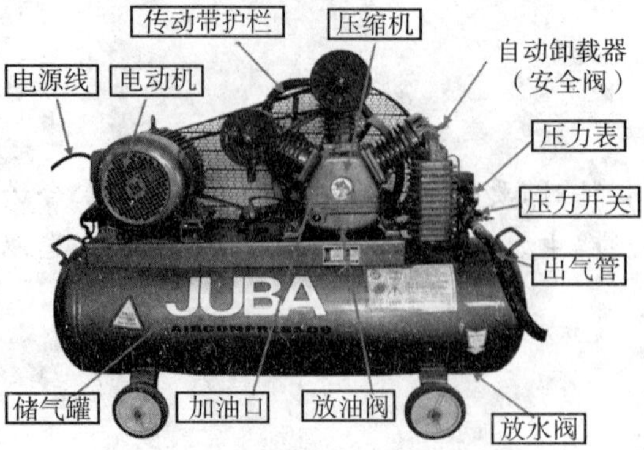 传动带护栏　压缩机　自动卸载器（安全阀）　电源线　电动机　压力表　压力开关　出气管　JUBA　储气罐　加油口　放油阀　放水阀	1. 空气压缩机以电动机带动压缩机工作，当空气压缩机曲轴回转时，带动活塞连杆组做上下往复运动 2. 当活塞下行时，气缸内压力降低，进气阀打开，气体进入气缸，完成吸气过程 3. 空气压力一般应在 0.3～0.5MPa，气压过高或过低都将降低切割的质量、损坏电极或喷嘴，并降低切割机的切割能力

笔记

（续表）

项　目	示　意　图	特　点　说　明
QSL 型空气清洁器（储气罐）		储气罐用来储存空压机生产出来的压缩空气，储气罐的大小应根据用气量及空压机的产气量来决定，储气罐的容积越大则空压机两次起动的间隔时间越长，储气罐的工作压力必须大于车间工具所需压力，以确保生产需要。为保证压缩空气的干燥、清洁还必须使用空气清洁器，又叫空气转换器、空气过滤器以及储气罐
操作安全保护用品		操作过程： 1. 眼睛和面部的防护 进行保护焊、等离子弧切割或氧乙炔焊操作时应佩戴有深色镜片的头盔或护目镜 2. 头部的防护 维修操作时要戴上安全帽、配戴手套、口罩、耳塞 3. 身体的保护 维修操作时身穿长裤长袖防辐射工作服
车身中立柱	内板搭接焊缝 外板搭接焊和塞焊 B型立柱	1. 车身中立柱是高抗拉强度钢板，其强度比低碳钢高，它是经过一定热处理后形成的，此类材料常规加热和焊接方法都不致降低它的强度 2. 在使用等离子弧切割立柱时必须移开所有妨碍切割损坏件的部件、线路等，以防止误割损坏其他完好构件
车门槛板	车门槛板	1. 耐腐蚀钢板（即镀锌钢板）。此类钢板耐腐蚀高，具有极强的刚性 2. 切割更换时通过采用插入件式对接方式进行连接增加强度

笔 记

（续表）

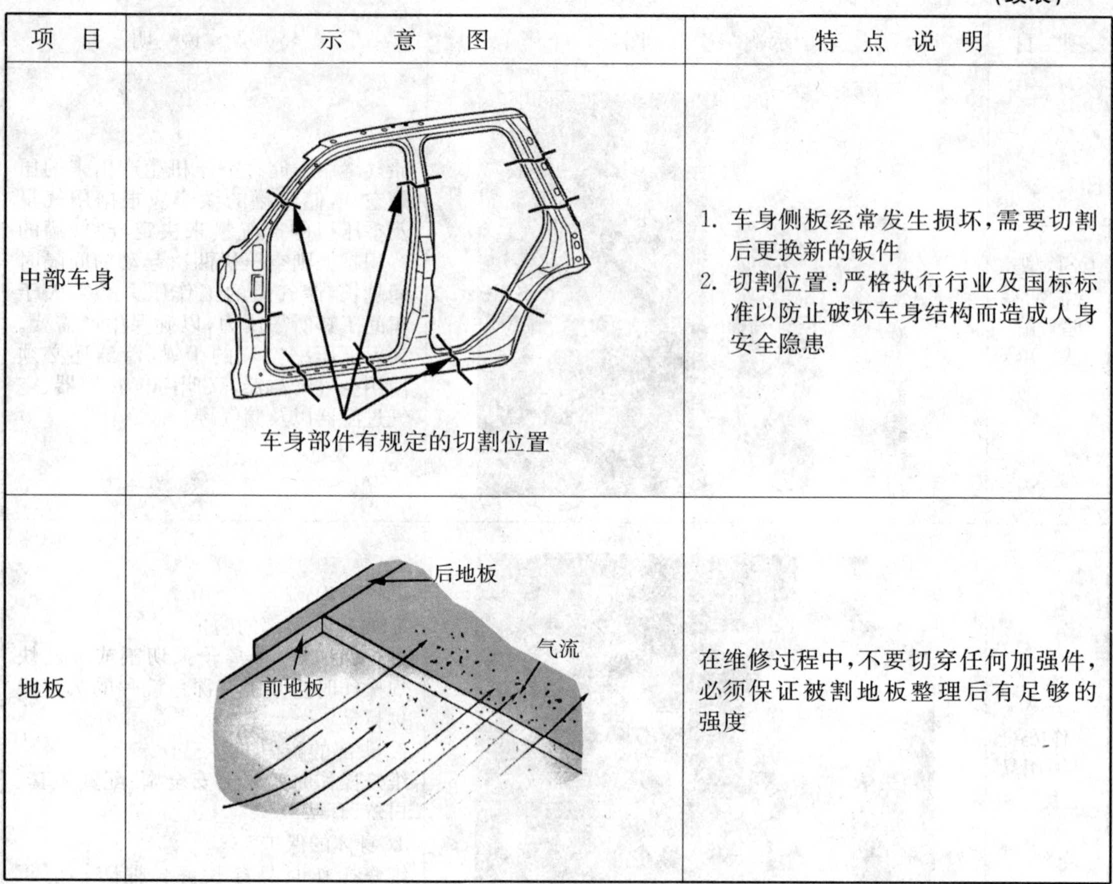

项 目	示 意 图	特 点 说 明
中部车身	车身部件有规定的切割位置	1. 车身侧板经常发生损坏，需要切割后更换新的钣件 2. 切割位置：严格执行行业及国标标准以防止破坏车身结构而造成人身安全隐患
地板	后地板 气流 前地板	在维修过程中，不要切穿任何加强件，必须保证被割地板整理后有足够的强度

四、实施维修作业

等离子弧切割工艺与实训任务书如表 7-12 所示。

表 7-12 等离子弧切割工艺与实训任务书

<table>
<tr><td colspan="3">1. 能收集等离子弧切割工艺相关知识信息，分析等离子弧切割工艺在车身维修中的应用
2. 能描述等离子弧切割工艺的作业安全事项
3. 能对中部车身附件的损坏进行修复作业并按行业规范进行维修质量检验</td></tr>
<tr><td rowspan="3">1. 车辆信息描述</td><td colspan="2">车 辆 描 述</td></tr>
<tr><td>车身焊接工艺描述</td><td>等离子弧切割工艺</td></tr>
<tr><td>汽车车身中立柱结构类型描述</td><td>车身钣件封闭的截面形式</td></tr>
<tr><td>2. 汽车车身等离子弧切割工艺的概述描述</td><td colspan="2"></td></tr>
</table>

笔记

（续表）

检查步骤	检修分类项目	作　业　要　领	检修项目记录
等离子弧切割机切割更换中立柱相关知识信息	等离子弧切割机	1. 将等离子弧切割机连接到一个清洁、干燥的压缩空气源上，切割机和压缩空气连接处的最大输送管压力为0.3～0.5MPa 2. 将焊炬和夹紧装置的电线连接到切割机上。将切割机电源插头插到符合制造厂规定的电源上，然后将地线夹连接到汽车的一个清洁表面上，连接处应尽量靠近切割中柱部位 3. 在等离子弧被触发以前，应先将切割喷嘴与工件上一个导电的部分相接触。必须进行这项操作，以符合安全流程的要求。一旦等离子弧被触发以后，切割机将很容易切入涂有油漆的表面 4. 拿起等离子焊炬，使切割喷嘴与中柱表面垂直，向下推动等离子焊炬，这将迫使切割喷嘴向下移动，直到与电极相接触。这时，等离子弧被触发。然后，立即停止推动等离子焊炬，让切割喷嘴返回到原来的位置 5. 当等离子弧被触发后，不需要再使切割喷嘴与工件保持接触。不过，两者保持接触会使切割更容易进行。当切割喷嘴与工件保持接触时，施加在等离子焊炬上的向下的力非常小。只需要将它轻轻地拉到工件的表面上 6. 开始在金属上需要切割的部位移动等离子焊炬，切割的速度由金属的厚度决定。如果移动焊炬过快，它将不切割工件；如果焊炬移动太慢，将会有太多的热量传入工件，而且还可能熄灭等离子弧	
	等离子弧切割枪	切割汽车车身零部件的切割枪是小型的、便于操作的，能在零部件比较密集的部位工作。切割枪上的两个关键部件分别是喷嘴和电极，是等离子弧切割机中的易损件。喷嘴和电极的损坏都将影响切割的质量。它们在每次切割中都略有损耗，而且如果压缩空气中有水分，或切割过厚的材料，操作者水平太低都将使它们过早地损坏	
	喷嘴	在等离子弧切割机内部，电极位于中心，喷嘴就在其下方。涡流环可使等离子体通过时高速旋转形成涡流	
	空气压缩机	空气压缩机以电动机带动压缩机工作，当空气压缩机曲轴回转时，带动活塞连杆组做上下往复运动；当活塞下行时，气缸内压力降低，进气阀打开，气体进入气缸，完成吸气过程。空气压力一般应在0.3～0.5MPa，气压过高或过低都将降低切割的质量、损坏电极或喷嘴，并降低切割机的切割能力	
	空气清洁器	储气罐用来储存空压机生产出来的压缩空气，储气罐的大小应根据用气量及空压机的产气量来决定，储气罐的容积越大则空压机两次起动的间隔时间越长，储气罐的工作压力必须大于车间工具所需压力以确保生产需要。为保证压缩空气的干燥和清洁还必须使用空气清洁器，又叫空气转换器、空气过滤器以及储气罐	
	夹具及大力钳	可作钣件定位紧固，使两钣件紧贴，可方便进行钣件焊接、铆合螺丝固定时配合使用，夹钳的钳口宽度和夹紧力度可自由调整。各种夹钳和专用夹具都是钣金维修过程中必不可少的定位工具	

（续表）

等离子弧切割机切割更换中立柱相关知识信息	车身中立柱	中立柱的分割与连接： 1. 在外件上，在D环固定点加强件之上进行对接切割 2. 在内件上，在D环固定点加强件之下进行重叠切割 3. 首先安装内件，用新的钣件搭接在原有的钣件上 4. 搭接焊接边缘 5. 将外件安放就位，在边缘上进行塞焊，并且在对接处用连接焊缝封闭截面	
	车门槛板	切割更换时通过采用插入件式对接方式，增加连接的强度。插入件安装在中立柱的内侧，在现有的立柱内侧上搭接新的内侧钣件，然后进行搭接焊。最后沿切割缝采用塞焊，沿立柱采用对接焊	
	地板	1. 切割地板时，不要切穿任何加强件 2. 地板搭接在前板上，使汽车下部地板的边缘总是指向后方 3. 用搭接焊连接所有的地板 4. 在搭接部位进行塞焊搭接 5. 用弹性捻缝材料堵塞上边、向前的边 6. 在下边，用连续焊缝搭接焊重叠的边 7. 用底漆、薄层保护层以及外涂层覆盖搭接焊缝	
	操作安全保护用品	操作过程： 1. 眼睛和面部的防护 进行保护焊、等离子弧切割或氧乙炔焊操作时应佩戴有深色镜片的头盔或护目镜 2. 头部的防护 维修操作时要戴上安全帽、配戴手套、口罩、耳塞 3. 身体的防护 维修操作时身穿长裤长袖防辐射工作服	

案　例

一辆东风日产轿车前拖车牵拉勾脚发生腐蚀现象，需要等离子弧切割机切割后更换。在修理切割过程中，由于维修工所使用的面罩滤光玻璃破损，眼睛受弧光强光照射，造成眼睛红肿刺痛，影响正常工作。

查明其原因：1. 没有做好眼睛防紫外线辐射防护工作；

2. 维修时所使用的面罩滤光玻璃破损，没有及时更换新的滤光玻璃。

排除方法：个人安全作业意识差；没注意替换成新的滤光玻璃。

提　示

- 等离子弧切割机的安全操作必须按规范要求严格执行。防高温、防电击、防电弧光辐射、防灰尘与烟气、防噪声、防高频等。这是防止作业中人身伤害事故发生的根本！

笔记

五、检验评估

项目七的检验评估如表 7－13 所示。

表 7－13　项目七　检验评估

评价指标	检验说明	检验记录
等离子弧切割工艺与实训检查项目	➤等离子弧切割机的基本原理和切割过程 ➤离子弧切割工艺的性能、特点、应用范围 ➤等离子弧切割工艺主要参数 ➤等离子弧切割机的操作方法 ➤等离子弧切割机的注意事项 ➤其他	
氧乙炔与等离子弧切割工艺与实训的一般流程		

评价内容	检验指标	权重	自评	互评	总评
检查任务完成情况	1. 完成任务的情况 2. 任务完成的质量 3. 在小组完成任务过程中所起的作用				
专业知识	1. 能描述等离子弧切割机的各配套附件组成 2. 能描述等离子弧切割机工作原理和切割过程 3. 能描述离子弧切割工艺的性能、特点、应用范围 4. 会根据检修作业任务书检修故障				
职业素养	1. 学习态度：积极主动参与学习 2. 团队合作：与小组成员一起分工合作，不影响学习进度 3. 现场管理：服从工位安排、执行实训室“5S”管理规定				
综合评议与建议					

任务检验与评估

1. 检查训练任务：真实、完整、有效。
2. 按各学习活动进行自评或互评。

笔记

序号	任务检验与评估项目	标　　准	课程权重	自我综合评价
1	等离子弧切割机的基本原理	熟知等离子弧切割机的基本原理	10%	
2	等离子弧切割机的切割过程	通过切割车身断裂损伤附件，掌握等离子弧切割机的切割过程	10%	
3	等离子弧切割工艺的性能、特点、应用范围	能描述离子弧切割工艺的性能、特点、应用范围	10%	
4	等离子弧切割工艺主要参数及注意事项	能描述等离子弧切割工艺主要参数及注意事项	10%	
5	等离子弧切割机的操作方法	能掌握通过切割车身断裂损伤附件，掌握等离子弧切割机的操作方法同时能检验维修质量	15%	

想一想：

一台陆风越野车大梁需要改装，在切割横梁时可以用等离子弧切割机切割改装修理吗？

笔 记

项目八 车身电烙铁焊接工艺与实训
——车门玻璃升降器不能升降工作故障的检修

Description 项目描述	一辆马自达轿车车门升降器电机外接导线断开,起升架失灵有故障。需要你对电机升降器进行检测,确定最佳的焊接方式,以便更好地选用焊接类型进行修理,完成任务
Objects 项目目标	1. 了解汽车玻璃升降器电动机的工作原理 2. 能熟知电烙铁焊接的特点 3. 能准确操作电烙铁的焊接方法 4. 能按照电烙铁使用注意事项进行维修作业
Tasks 项目任务	1. 收集汽车玻璃升降器电动机的相关信息,制订玻璃升降器电动机的维修计划 2. 任务:实施电烙铁焊接修复——故障排除 3. 能描述电烙铁的焊接特点及操作技术 4. 能对车身玻璃升降器电动机附件的损坏进行修复作业并按行业规范进行维修质量检验
Implementation 项目实施	客户报修 → 维修接待 收集信息 → 信息处理 制订计划 → 制订计划 故障排除 → 实施维修 故障检验 工作考核 → 检验评估

笔 记

一、维修接待

按照表 8-1 完成待修车辆的维修接待，并准确填写接车问诊表。

表 8-1 维修接待与接车问诊表

1. 通过询问客户了解轿车发生故障情况，填写接车问诊表
2. 车间检测初步确认结果及主要故障零部件

接 车 问 诊 表

车牌号：________ 车架号：________ 行驶里程：________(km)

用户名：________ 电 话：________ 来店时间：____/____

用户陈述及故障发生时的状况：**一辆马自达轿车车门电机升降器外接导线断开，起升架失灵的故障**

故障发生状况提示：**行驶速度、发动机状态、发生频度、发生时间、部位、天气、路面状况、声音描述**

接车员检测确认建议：**需对电机升降器进行检修**

车间检测确认结果及主要故障零部件：**需对电机升降器进行检修，必要时需更换车身附件**

车间检查确认者：________

外观确认：

(请在有缺陷部位作标识)

功能确认：(工作正常✓ 不正常×)

□音响系统 □门锁(防盗器) □全车灯光 □工具
□后视镜 □顶窗 □座椅 □护杠
□玻璃升降器 □玻璃 □车门

物品确认：(有✓ 无×)

F E

□贵重物品提示
□工具 □备胎 □灭火器
□其他(　　　　)
旧件是否交还用户 □是 □否
用户是否需要洗车 □是 □否

· 检测费说明：本次检测的故障如用户在本店维修，检测费包含在修理费用内；如用户不在本店维修，请您支付检测费。本次检测费：¥______元。

· 贵重物品：在将车辆交给我店检查修理前，已提示将车内贵重物品自行收起并保存好，如有遗失恕不负责。

接车员：________ 用户确认：________

笔记

- 对车辆的维修接待，必须仔细询问顾客车辆故障的原因，细心观察车辆除故障范围外的其他损伤情况，并注明以防不必要的纠纷发生；对车内贵重物品应妥善保存或要求顾客自行处理，为维修作业做充分的准备，并如实准确地填写接车问诊表。

二、信息收集与处理

按照表 8 - 2 完成任务的信息收集与处理。

表 8 - 2　信息收集与处理

绳轮式电动玻璃升降器由摇窗电动机、绳索部件、卷丝筒、调整弹簧、支架机构、滑动支座（又称玻璃卡子）等组成如下图所示。

支架机构
滑动支座
摇窗电动机
绳索部件
电源线断开故障点
卷丝筒

升降器总成

1. 汽车玻璃升降器由______、______、______、______、______和______等部分组成
2. 电烙铁焊接设备工具主要有______、______、______、______、______
3. 烙铁头的形状有______、______、______、______、______等不同的形状
4. 收集汽车绳轮式电动玻璃升降器的相关资料
5. 了解汽车绳轮式电动玻璃升降器导线触点断开常见故障的检修方法

（一）汽车玻璃升降器电机的结构原理

（1）绳轮式电动玻璃升降器主要构造由摇窗电动机、绳索部件、卷丝筒、调整弹簧、支架机构、滑动支座（又称玻璃卡子）等组成。

（2）升降器原理：由电动机带动减速器输出动力，拉动钢丝绳移动玻璃安装托架，迫使

笔记

门窗玻璃作上升或下降的直线运动。而塑料带式电动玻璃升降器的导绳是用塑料带，带上有孔，用来移动和定位塑料带，控制门窗玻璃的升降。

(二) 电烙铁焊接工艺的特点

1. 电烙铁的特点

一般由烙铁头、烙铁芯、外壳、手柄、插头等部分所组成。烙铁头安装在烙铁芯内，用以热传导性好的铜为基体的铜合金材料制成。烙铁头的长短可以调整(烙铁头越短，烙铁头的温度就越高)，且有凿式、尖锥形、圆面形、圆形、尖锥形和半圆沟形等不同的形状，以适应不同焊接面的需要。

2. 电烙铁分类

分类如表 8-3 所示。

表 8-3 电烙铁分类

序号	分 类	说 明
1	外热式电烙铁	一般由烙铁头、烙铁芯、外壳、手柄、插头等部分所组成。烙铁头安装在烙铁芯内，用以热传导性好的铜为基体的铜合金材料制成。烙铁头的长短可以调整(烙铁头越短，烙铁头的温度就越高)，且有凿式、尖锥形、圆面形、圆形、尖锥形和半圆沟形等不同的形状，以适应不同焊接面的需要
2	内热式电烙铁	由连接杆、手柄、弹簧夹、烙铁芯、烙铁头(也称铜头)5 个部分组成。烙铁芯安装在烙铁头的里面(发热快，热效率高达 85%以上)。烙铁芯采用镍铬电阻丝绕在瓷管上制成，一般 20W 电烙铁其电阻为 2.4kΩ 左右，35W 电烙铁其电阻为 1.6kΩ 左右

3. 常用的内热式电烙铁的功率与工作温度

工作温度如表 8-4 所示。

表 8-4 内热式电烙铁的功率与工作温度

烙铁功率/W	20	25	45	75	100
端头温度/℃	350	400	420	440	455

一般来说电烙铁的功率越大，热量越大，烙铁头的温度越高。焊接集成电路、印制线路板、CMOS 电路一般选用 20W 内热式电烙铁。使用的烙铁功率过大，容易烫坏元器件(一般二极管、三极管结点温度超过 200℃ 时就会烧坏)和使印制导线从基板上脱落；使用的烙铁功率太小，焊锡不能充分熔化，焊剂不能挥发出来，焊点不光滑、不牢固，易产生虚焊。焊接时间过长，也会烧坏器件，一般每个焊点在 1.5 ～ 4s 内完成。

4. 电烙铁的选择

(1) 选用电烙铁一般遵循以下原则，如表 8-5 所示。

表 8-5　选用电烙铁的原则

序号	原 则 说 明
1	烙铁头的形状要适应被焊件物面要求和产品的装配密度
2	烙铁头的顶端温度要与焊料的熔点相适应，一般要比焊料熔点高 30～ 80℃（不包括在电烙铁头接触焊接点时下降的温度）
3	电烙铁热容量要恰当。烙铁头的温度恢复时间要与被焊件物面的要求相适应。温度恢复时间是指在焊接周期内，烙铁头顶端温度因热量散失而降低后，再恢复到最高温度所需时间。它与电烙铁功率、热容量以及烙铁头的形状、长短有关

（2）选择电烙铁的功率原则如表 8-6 所示。

表 8-6　选择电烙铁的功率原则

序号	原 则 说 明
1	焊接集成电路、晶体管及其他受热易损件的元器件时，考虑选用 20W 内热式或 25W 外热式电烙铁
2	焊接较粗导线及同轴电缆时，考虑选用 50W 内热式或 45～75W 外热式电烙铁
3	焊接较大元器件时，如金属底盘接地焊片，应选 100W 以上的电烙铁

5. 电烙铁焊剂的分类

焊剂分类如表 8-7 所示。

表 8-7　焊剂的分类

序号	剂 类	说 明
1	助焊剂	助焊剂的熔点低，只有 265 度。用它电烙铁可进行焊接铝、铜、不锈钢以及它们之间的焊接。助焊剂一般可分为无机助焊剂、有机助焊剂和树脂助焊剂，能溶解去除金属表面的氧化物，并在焊接加热时包围金属的表面，使之和空气隔绝，防止金属在加热时氧化；可降低熔融焊锡的表面张力，有利于焊锡的浸润。配合焊丝使用，有焊点饱满光亮牢靠，焊后不开裂，无腐蚀，环保等优点。为电器行业的高性能环保焊接材料，在电机和电子变压器中应用得比较多
2	阻焊剂	限制焊料只在需要的焊点上进行焊接，把不需要焊接的印制电路板的板面部分覆盖起来，保护面板使其在焊接时受到的热冲击小，不易起泡，同时还起到防止桥接、拉尖、短路、虚焊等情况

- 使用焊剂时，必须根据被焊件的面积大小和表面状态适量施用，用量过小影响焊接质量；用量过多，焊剂残渣将会腐蚀元件或使电路板绝缘性能变差。

6. 电烙铁焊接技术参数

技术参数如表 8-8 所示。

笔记

表 8-8 电烙铁焊接技术参数

技术参数	说明
抗拉强度	达到 22 000psi(b/in^2),(152N/mm^2)
工作温度	265℃～509℃
颜色匹配性	对铝很好
导电率	良好
耐腐蚀性	良好
直径/英寸	1/16″(1.6mm)

7. 电烙铁焊接操作方法

操作方法如表 8-9 所示。

表 8-9 电烙铁焊接操作方法

序号	操作方法	示图说明
1	焊前准备：准备好电烙铁以及镊子、剪刀、斜口钳、尖嘴钳、焊料、焊剂等工具，将电烙铁及焊件搪锡，左手握焊料，右手握电烙铁，保持随时可焊状态。用烙铁加热备焊件。送入焊料，熔化适量焊料。移开焊料。当焊料流动覆盖焊接点，迅速移开电烙铁	1—焊丝条；2—电烙铁焊炬；3—焊锡膏；4—电源插头
2	掌握好焊接的温度和时间：在焊接时，要有足够的热量和温度。如温度过低，焊锡流动性差，很容易凝固，形成虚焊；如温度过高，将使焊锡流淌，焊点不易存锡，焊剂分解速度加快，使金属表面加速氧化，并导致印制电路板上的焊盘脱落。尤其在使用天然松香作助焊剂时，锡焊温度过高，很易氧化脱皮而产生炭化，造成虚焊	

8. 对焊接点的基本要求

基本要求如表 8-10 所示。

表 8-10 对焊接点的基本要求

序号	说明
1	焊点要有足够的机械强度，保证被焊件在受振动或冲击时不致脱落、松动。不能用过多焊料堆积，这样容易造成虚焊、焊点与焊点的短路
2	焊接可靠，具有良好导电性，必须防止虚焊。虚焊是指焊料与被焊件表面没有形成合金结构，焊料只是简单地依附在被焊金属表面上
3	焊点表面要光滑、清洁、有良好光泽，不应有毛刺、空隙，无污垢，尤其是不能有焊剂的有害残留物质，为此要选择合适的焊料与焊剂

9. 电烙铁的握法

电烙铁的握法如表 8-11 所示。

表 8-11　电烙铁的握法

序号	操作方法	说　　明
1	反握法	是用五指把电烙铁的柄握在掌内。此法适用于大功率电烙铁，焊接散热量大的被焊件
2	正握法	此法适用于较大的电烙铁，弯形烙铁头一般也用此法
3	握笔法	用握笔的方法握电烙铁，此法适用于小功率电烙铁，焊接散热量小的被焊件，如焊接收音机、电视机的印制电路板等

10. 电路板的焊接过程

1）焊前准备

首先要熟悉所焊印制电路板的装配图，并按图纸配料，检查元器件型号、规格及数量是否符合图纸要求，并做好装配前元器件引线成型等准备工作。

2）焊接顺序

元器件装焊顺序依次为：电阻器、电容器、二极管、三极管、集成电路、大功率管，其他元器件为先小后大。

11. 电容器焊接

将电容器按图装入规定位置，并注意有极性电容器其“＋”与“－”极不能接错，电容器上的标记方向要易看可见。先装玻璃釉电容器、有机介质电容器、瓷介电容器，最后装电解电容器。拆焊的方法用在调试、维修过程中，或由于焊接错误对元器件进行更换时就需拆焊。拆焊方法不当，往往会造成元器件的损坏、印制导线的断裂或焊盘的脱落。良好的拆焊技术能保证调试、维修工作顺利进行，避免由于更换器件不得法而增加产品故障率。

12. 普通元器件的拆焊

(1) 选用合适的医用空心针头拆焊。

(2) 用铜编织线进行拆焊。

(3) 用气囊吸锡器进行拆焊。

(4) 用专用拆焊电烙铁拆焊。

(5) 用吸锡电烙铁拆焊。

13. 电烙铁使用注意事项

使用注意事项如表 8-12 所示。

表 8-12　电烙铁使用注意事项

序号	注　意　事　项
1	电烙铁使用电压为 220V 交流或直流电。使用前，先检验电压是否与额定值相符。务必检验电源线是否完好，如发现脱皮、铜线外露等危及安全的现象，应更换电源线
2	电烙铁结构精密，不能任意敲击，并要小心使用，不要从高处下掉，否则会损坏内部发热元件
3	在使用时宜用松香焊接，切忌用酸性焊接剂，烙铁整体应保持干燥，以免受潮而引起漏电
4	使用时不可接近易燃易爆物品，以免发生火警。为避免烧伤，使用时不可触摸或紧握除手柄外的发热部分
5	在工作过程中，不使用时应放置在专用的烙铁支架上，工作完毕应让其自行冷却后方可保存
6	新烙铁首次使用时因电热元件烘热而可能轻微发烟，这是正常现象，十分钟后会自然消失

笔 记

三、制订检修计划

车门玻璃升降器不能升降工作故障的检修计划，如 8 - 13 表所示。

表 8 - 13 汽车车门玻璃升降器故障检修计划

<table>
<tr><td colspan="4">1. 了解玻璃升降器的结构、特点、原理等
2. 分析汽车车门玻璃升降器电动机故障的原因
3. 熟悉车门玻璃升降器电动机故障检修规范
4. 熟练车门玻璃升降器电机故障检修流程
5. 制订车门玻璃升降架电机故障检修流程
6. 确定选用电烙铁焊接方式</td></tr>
<tr><td rowspan="5">1. 车辆信息描述</td><td colspan="3">车 辆 描 述</td></tr>
<tr><td rowspan="4">车门玻璃升降器电机外导线连接类型</td><td>钎 焊</td><td></td></tr>
<tr><td>机械连接</td><td></td></tr>
<tr><td>电铬铁焊接</td><td></td></tr>
<tr><td>粘 接</td><td></td></tr>
<tr><td>2. 车门升降器电动机故障现象描述</td><td colspan="3"></td></tr>
<tr><td>3. 车门玻璃升降器电动机故障原因分析，画出鱼刺图</td><td colspan="3"></td></tr>
<tr><td>4. 车门玻璃升降器电动机故障检修工作准备</td><td colspan="3">形状大小
维修手段
损坏件位置
焊接方式
参考数据
系统分析
规定
相关安全法规
制造商规定
钣金件维修规范
电机外导线断开
脱焊
断裂
老化腐蚀
碰撞断开
故障诊断
备件
工作计划
工作流程图
修理
设备
电铬铁焊具</td></tr>
</table>

(续表)

	步骤	检修项目	操作要领	技术要求或标准	检修记录
5. 车门玻璃升降器电动机故障检修流程	(1)	电池	检查电池正负极有无腐蚀电源输出量是否正常	通电正常	
	(2)	电动机	双联开关按钮控制开关的控制可做正转和反转,即玻璃的上升或下降	运转升降正常	
	(3)	减速器	检查升、降、关等三个工作状态是否正常	控制完善	
	(4)	导线接头	检查各触点是否接触不良、断开	接头牢固	
	(5)	导向槽	检查导轨有无黄油润滑,导向槽是否变形等	导向槽升降玻璃正常	
	(6)	钢丝绳(塑料带)	控制门窗玻璃的升降有无断裂	坚实牢固无刺	
	(7)	导向板	紧固玻璃螺丝有无松脱	夹紧玻璃正常	
	(8)	焊接导线断头	操作电烙铁焊接断头丰满光亮至牢固	焊点牢固,输电正常	
	(9)	外热式电烙铁	左手握焊料,右手握电烙铁,保持随时可焊状态。用烙铁加热备焊件。送入焊料,熔化适量焊料。移开焊料。当焊料流动覆盖焊接点时,迅速移开电烙铁	焊头牢固,焊点饱满光亮	
	(10)	助焊剂	能溶解去处金属表面的氧化物,并在焊接加热时包围金属的表面,使之和空气隔绝,防止金属在加热时氧化;可降低熔融焊锡的表面张力,有利于焊锡的浸润。配合焊丝使用,可使焊点饱满光亮牢靠,焊后不开裂,无腐蚀,环保等	助焊后不开裂、无腐蚀、焊点饱满、光亮、牢靠	

- 检查升降器电动机故障,通常从电池—保险—控制开关—电机—线路进行检查,这样能正确找到故障发生原因。当最终决定故障原因后可制订维修方案,选择最佳维修办法排除故障。

笔记

四、实施维修作业

车身电烙铁焊接工艺与实训任务书如表 8－14 所示。

表 8－14 车身电烙铁焊接工艺与实训任务书

<table>
<tr><td colspan="4">1. 能收集电烙铁焊接工艺相关知识信息，分析电烙铁焊接工艺在车身维修中的应用
2. 能描述电烙铁焊接工艺焊接安全事项
3. 能对车身附件的损坏进行修复作业并按行业规范进行维修质量检验</td></tr>
<tr><td colspan="2" rowspan="2">1. 车辆信息描述</td><td colspan="2">车 辆 描 述</td></tr>
<tr><td>车辆车门玻璃升降器系统类型描述</td><td></td></tr>
<tr><td colspan="2">2. 车门玻璃升降器导线断开焊接修复工作情况</td><td colspan="2"></td></tr>
<tr><td>检查步骤</td><td>检修分类项目</td><td>作 业 要 领</td><td>检修项目记录</td></tr>
<tr><td rowspan="3">3. 电烙铁焊接导线触点相关知识信息</td><td>电烙铁焊接导线触点操作方法</td><td>(1) 焊前准备：准备好电烙铁以及镊子、剪刀、斜口钳、尖嘴钳、焊料、焊剂等工具，将电烙铁及焊件搪锡，左手握焊料，右手握电烙铁，保持随时可焊状态。用烙铁加热备焊件。送入焊料，熔化适量焊料。移开焊料。当焊料流动覆盖焊接点后，迅速移开电烙铁
(2) 掌握好焊接的温度和时间：在焊接时，要有足够的热量和温度。如温度过低，焊锡流动性差，很容易凝固，形成虚焊；如温度过高，将使焊锡流淌，焊点不易存锡，焊剂分解速度加快，使金属表面加速氧化，并导致印制电路板上的焊盘脱落。尤其在使用天然松香作助焊剂时，锡焊温度过高，很易氧化脱皮而产生炭化，造成虚焊</td><td></td></tr>
<tr><td>对焊接点的基本要求</td><td>(1) 焊点要有足够的机械强度，保证被焊件在受振动或冲击时不致脱落、松动。不能用过多焊料堆积，这样容易造成虚焊、焊点与焊点间的短路
(2) 焊接可靠，具有良好导电性，防止虚焊。虚焊是指焊料与被焊件表面没有形成合金结构。焊料只是简单地依附在被焊金属表面上
(3) 焊点表面要光滑、清洁，有良好光泽，不应有毛刺、空隙，无污垢，尤其是焊剂的有害残留物质，为此要选择合适的焊料与焊剂</td><td></td></tr>
<tr><td>电烙铁使用注意事项</td><td>(1) 电烙铁使用电压为 220V 的交流或直流电，使用前先检验电压是否与额定值相符。务必检验电源线是否完好，如发现脱皮、铜线外露等危及安全使用现象，应更换电源线后方可使用
(2) 电烙铁结构精密，不能任意敲击，并要小心使用，不要从高处下掉，否则会损坏内部发热元件
(3) 在使用时宜用松香焊接，切忌用酸性焊接剂，烙铁整体应保持干燥，以免受潮而引起漏电
(4) 使用时不可接近易燃易爆物品，以免发生火警。为避免烧伤，使用时不可触摸或紧握除手柄外的发热部份
(5) 在工作过程中，不使用时应放置在专用的烙铁支架上，工作完毕应让其自行冷却后方可保存
(6) 新烙铁首次使用时因电热元件烘热而可能轻微发烟，这是正常现象，十分钟后会自然消失</td><td></td></tr>
</table>

笔记

（续表）

3. 电烙铁焊接导线触点相关知识信息	操作安全保护用品	操作过程： (1) 眼睛和面部的防护 操作时应佩戴有深色镜片的头盔或护目镜 (2) 头部的防护 维修操作时要戴上安全帽、配戴手套、口罩 (3) 身体的保护 维修操作时身穿长裤长袖防辐射工作服	

五、检验评估

项目八的检验评估如表 8-15 所示。

表 8-15　检验评估

评价指标	检验说明			检验记录			
车身电烙铁焊接工艺与实训检查项目	➢电烙铁焊接工艺的特点及分类 ➢电烙铁焊接操作方法 ➢对焊接点的基本要求 ➢电烙铁使用注意事项 ➢电烙铁焊接车身附件的技能 ➢其他						
车身电烙铁焊接工艺与实训的一般流程							
评价内容	检验指标			权重	自评	互评	总评
检查任务完成情况	1. 完成任务的情况 2. 任务完成的质量 3. 在小组完成任务过程中所起的作用						
专业知识	1. 能描述电烙铁的特点及分类 2. 能熟知电烙铁焊接的操作方法 3. 能了解对焊接点的基本要求 4. 能描述电烙铁使用的注意事项						
职业素养	1. 学习态度：积极主动参与学习 2. 团队合作：与小组成员一起分工合作，不影响学习进度 3. 现场管理：服从工位安排、执行实训室“5S”管理规定						
综合评议与建议							

笔记

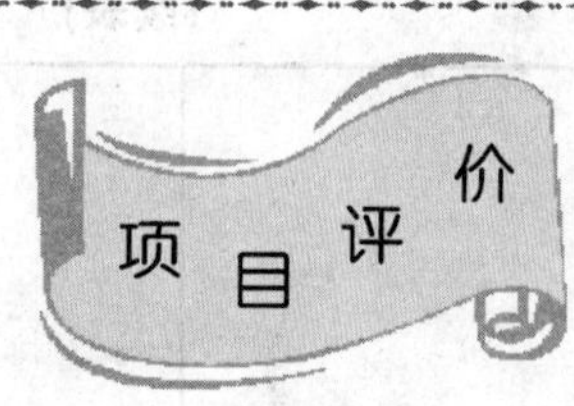

任务检验与评估

1. 检查训练任务：真实、完整、有效。
2. 按各学习活动进行自评或互评。

序号	任务检验与评估项目	标　　准	课程权重	自我综合评价
1	电烙铁焊接工艺的特点及分类	理解电烙铁焊接的基本原理	10%	
2	电烙铁焊接操作方法	通过焊接车身附件，掌握电烙铁操作	10%	
3	对焊接点的基本要求	通过焊接车身故障的附件，掌握电烙铁焊接工艺的操作技术同时能检验维修质量	10%	
4	电烙铁使用注意事项	通过焊接车身附件，掌握电烙铁焊接工艺的安全操作事项	10%	
5	电烙铁焊接车身附件的技能	通过焊接车身附件，掌握电烙铁焊接车身附件的技能同时能检验维修质量	15%	

想一想：

一台轿车空调输送管裂开导致漏气，你可以对铝管进行焊接修复吗？

笔记

参 考 文 献

[1] 赵春奎.高级汽车维修钣金工[M].北京:电子工业出版社,2003.
[2] 刘森.汽车钣金工基本技术[M].北京:金盾出版社,2001.
[3] 黄平.汽车车身修复技术[M].北京:人民交通出版社,2005.
[4] 陈均.汽车钣金[M].北京:电子工业出版社,2005.
[5] 马云贵,谭本忠.汽车钣金教程[M].北京:机械工业出版社,2008.

全国职业教育汽车类专业高技能人才培养论坛介绍

一、论坛介绍

全国职业教育汽车类专业高技能人才培养论坛是由中国高等职业教育汽车类专业教学委员会组织，并定期举办的汽车专业职业教育论坛。论坛旨在搭建职业教育汽车类专业交流平台，促进教学研究活动的开展，提高教育教学质量，推动我国汽车类专业高技能人才培养模式改革和发展。

二、举行时间和地点

论坛年会将于每年8月份举行。每年更换年会地点。

三、论坛参与人员

政府相关主管部门领导；职业院校汽车类专业院长、系主任、教研室主任、学科带头人、骨干教师；职业教育专家；汽车相关企业专家及负责人。

四、主要议题

1. 教学交流：专业建设、培养方案、课程设置、教学改革、教学经验等。
2. 科研交流：科研立项、教改研究、教学资源库建设、立体化教材编写等。
3. 人才交流：高技能师资引进和储备、高技能人才就业与创业等。
4. 信息、资源交流：招生与就业信息、校际合作机制等。
5. 校企合作和国际交流：产学研合作机制、学生国外游学项目、教师海外进修等。

五、论文与出版物

被论坛年会录用的论文将正式出版，经专家评审后的部分优秀论文将推荐在核心期刊上发表。

六、秘书处联系方式

通讯地址：上海市番禺路951号505室　　邮编：200030　　传真：(021)64073126

联系人：张书君　电话：021－61675263

　　　　刘雪萍　电话：021－61675248

E-mail：qicheluntan@foxmail.com

七、论坛相关资料索取

请您认真填写以下表格的内容，并通过电子邮件、传真、信件等方式反馈给我们，我们将会定期向您寄送邀请函、出版物等相关资料。

<table>
<tr><th colspan="6">资料索取表</th></tr>
<tr><td>姓　　名</td><td></td><td>性别</td><td></td><td>职务/职称</td><td></td></tr>
<tr><td>院　　系</td><td colspan="5"></td></tr>
<tr><td>通信地址</td><td colspan="3"></td><td>邮编</td><td></td></tr>
<tr><td>联系电话</td><td colspan="2"></td><td>传　真</td><td colspan="2"></td></tr>
<tr><td>E-mail</td><td colspan="2"></td><td>手机号码</td><td colspan="2"></td></tr>
<tr><td>院长/系主任姓名</td><td colspan="5"></td></tr>
</table>